Ritter! Tod! Teufel?
Franz von Sickingen und die Reformation

Johannes Gutenberg-Universität Mainz,
Evangelisch-Theologische Fakultät,
Prof. Dr. Wolfgang Breul

Generaldirektion Kulturelles Erbe
Rheinland-Pfalz (Hrsg.)

RITTER! TOD! TEUFEL?

Franz von Sickingen und die Reformation

SCHNELL + STEINER

Inhalt

Essays

Katalog

Anhang

Grußwort

In Rheinland-Pfalz gibt es wie in kaum einem der anderen westlichen deutschen Länder zentrale Erinnerungsorte der frühen Reformationszeit. Ich nenne beispielhaft Worms als Austragungsort des wichtigen Reichstags von 1521.

Das Thema Reformation hat 2015 einen starken Auftritt in unserer Landeshauptstadt. Ich freue mich, dass sich die Generaldirektion Kulturelles Erbe Rheinland-Pfalz mit einer attraktiven Ausstellung im Landesmuseum Mainz am Reformationsjubiläum beteiligt. Ausstellungen im Bischöflichen Dom- und Diözesanmuseum und dem Gutenbergmuseum Mainz werden weitere interessante Aspekte dieser bedeutenden Epoche darstellen. Gerne habe ich die Schirmherrschaft über diese besonderen Vermittlungsprojekte im Rahmen des Reformationsjubiläums übernommen.

Mit der Schau »Ritter! Tod! Teufel? Franz von Sickingen und die Reformation« ist es gelungen, die Darstellung der Frühzeit der Reformation mit dem reichen kulturellen Erbe unseres Landes zu verbinden. Schließlich ist die Hauptfigur der Ausstellung, Franz von Sickingen, noch heute mit seinen Burgen wie der Nanstein bei Landstuhl und der Ebernburg bei Bad Münster am Stein in der Region präsent.

Die Ebernburg war für die frühe Reformation im Südwesten des Reichs ein wichtiges »Strategiezentrum«, wo Humanisten und Reformatoren wie Ulrich von Hutten und Martin Bucer wirkten. Ich freue mich, dass diese bedeutenden Ereignisse unserer Geschichte, die auch Impulse für die reichspolitische und europäische Entwicklung gesetzt haben, nun wissenschaftlich aufbereitet und zugleich so anschaulich in einer Ausstellung dem Publikum vermittelt werden. Die Kooperation mit der Evangelisch-Theologischen Fakultät der Johannes Gutenberg-Universität und der interdisziplinär zusammengesetzte Wissenschaftliche Beirat haben dazu beigetragen, dass unser Geschichtsbild – nun um manche Facetten reicher – aktualisiert wurde. So bietet sich uns ein Blick auf die frühe Renaissance in unserem Land, der gleich drei Perspektiven erlaubt: jene der Geschichtsforschung, der Theologie und der Kunstgeschichte.

Allen, die zum Gelingen beigetragen haben, gelten mein Dank und meine Anerkennung. Allen voran der Generaldirektion Kulturelles Erbe Rheinland-Pfalz mit ihrem Generaldirektor Thomas Metz und der Direktorin des Landesmuseums, Dr. Andrea Stockhammer, die dieses Projekt zu einem so überzeugenden Ergebnis geführt haben und dafür sorgen, dass die Schätze unseres Landes immer wieder lebendig erlebbar und in aktuellem Kontext thematisiert werden.

Ich danke auch dem Beirat und der Johannes Gutenberg-Universität, insbesondere Professor Wolfgang Breul, der als Urheber des Ausstellungskonzeptes die ein wenig aus dem Blick geratenen Zusammenhänge zwischen dem Schicksal des niederen Adels und der Entwicklung der frühen Reformation in Rheinland-Pfalz neu aufbereitet hat. Schließlich ist etwa das Thema des Miteinanders unterschiedlicher Glaubensrichtungen, das – wie die Ausstellung zeigt – in Polen schon im 16. Jahrhundert zu einer beispielhaften Toleranzvereinbarung führte, auch heute von ungebrochener Aktualität.

Malu Dreyer
Ministerpräsidentin von Rheinland-Pfalz

Grußwort

Die Ritterschaft, die in der Ausstellung des Landesmuseums Mainz in erster Linie durch Franz von Sickingen vorgestellt wird, war ein wichtiger Faktor in der frühen Reformationszeit, der in Teilen Europas wesentlich zur Pluralisierung der konfessionellen Verhältnisse beigetragen hat. Das Nebeneinander unterschiedlicher Kirchen, Konfessionen und Glaubensausübungen gab Anlass zu Konflikten, bot aber auch Gelegenheit zur Einübung praktischer religiöser Toleranz. Das gegenseitige Verständnis von Konfessionen und Religionen ist eine entscheidende Voraussetzung für den Frieden einer Gesellschaft. Europa musste und muss bis heute Wege finden, um das friedliche Miteinander der Konfessionen zu gewährleisten und das Nebeneinander unterschiedlicher Wahrheitsansprüche auf Toleranz und Respekt zu gründen.

Die Reformation bewirkte gesellschaftliche Veränderungen weit über die christliche Kirche hinaus. Sie ist – so hat es der Deutsche Bundestag formuliert – ein Ereignis von Weltrang. Im Rahmen der Lutherdekade beleuchten Akteure aus Kirche und Politik, aus Kultur und Gesellschaft die vielfältigen Veränderungen und ihre Auswirkungen bis in die Gegenwart. Staat und Kirche gestalten gemeinsam in zehn Themenjahren den Weg hin zum Reformationsjubiläum. Als Kulturstaatsministerin koordiniere ich die Aktivitäten des Bundes und kann aus meinem Etat jährlich fünf Millionen Euro zur Verfügung stellen. Das kommt auch zahlreichen Projekten in Rheinland-Pfalz zugute.

Mit der Ausstellung »Ritter! Tod! Teufel? Franz von Sickingen und die Reformation« ist ein bisher wenig beachteter Aspekt der Reformation unter Berücksichtigung ihrer reichspolitischen und europäischen Dimensionen wissenschaftlich fundiert aus verschiedenen fachlichen Perspektiven neu bearbeitet worden. Es ist mir eine Freude, dieses herausragende Projekt aus dem Förderprogramm »Reformationsjubiläum 2017« zu unterstützen.

Ich danke dem Land Rheinland-Pfalz für sein Engagement im Rahmen der Lutherdekade und gratuliere der Generaldirektion Kulturelles Erbe Rheinland-Pfalz sowie der Johannes Gutenberg-Universität Mainz zu dieser fachlich exzellenten und zugleich anschaulichen Umsetzung des Themas. Den Besucherinnen und Besuchern der Ausstellung wünsche ich viele neue Eindrücke und Erkenntnisse.

Prof. Monika Grütters MdB
Staatsministerin bei der Bundeskanzlerin

Vorwort

Franz von Sickingen gehört zu den herausragenden Persönlichkeiten unserer Landesgeschichte. In einer Zeit des Umbruchs war er ein Wortführer der Ritterschaft und zugleich ein aktiver Förderer reformatorisch gesinnter Theologen und Humanisten. Er steht im Mittelpunkt dieser Ausstellung. Die Ermittlung und Vermittlung seiner historischen Rolle war Anlass für die Zusammenarbeit zwischen der Generaldirektion Kulturelles Erbe Rheinland-Pfalz und der Johannes Gutenberg-Universität Mainz. Die Bedeutung des Ritteradels für die Entwicklung der frühen Reformation in Rheinland-Pfalz ist im landläufigen historischen Bewusstsein nur wenig präsent. Das Reformationsjubiläum 2017 bietet nun eine gute Gelegenheit, sich den Schnittmengen zwischen ritterschaftlicher Standespolitik und kirchlicher Erneuerung zu widmen.

Eine schlüssige wissenschaftliche Aufbereitung dieses vielschichtigen Themas und die daraus resultierende Ausstellung in einem Kunstmuseum erfordern die Beteiligung mehrerer Disziplinen, vor allem der Geschichtswissenschaft, der Kirchengeschichte und der Kunstgeschichte. Daraus kann ein lebendiges und aktuelles Geschichtsbild entstehen. Um den verschiedenen fachlichen Aspekten des Themas gerecht zu werden, ist die Generaldirektion Kulturelles Erbe Rheinland-Pfalz eine Kooperation mit der Evangelisch-Theologischen Fakultät der Johannes Gutenberg-Universität Mainz eingegangen. Während der Generaldirektion auf diese Weise eine Fachkompetenz zuwuchs, die ihr in den eigenen Reihen nicht zur Verfügung steht, bietet die Ausstellung der Universität die Möglichkeit, Ihre Forschungen der Öffentlichkeit auf anschauliche Weise zu präsentieren.

Ganz besonders danken wir allen Leihgebern, ohne deren Entgegenkommen und Vertrauen diese Ausstellung nicht realisierbar gewesen wäre. Desgleichen danken wir den Mitgliedern des interdisziplinär zusammengesetzten wissenschaftlichen Beirats, der die Vorbereitung der Ausstellung begleitet hat, für Ihre engagierte Unterstützung. Der aus solcher Zusammenarbeit erwachsene Katalog mag der weiteren Beschäftigung mit dem Thema Ritterschaft und Reformation in Rheinland-Pfalz und darüber hinaus neue Impulse geben.

In Rheinland-Pfalz sind viele Orte mit der Geschichte Franz von Sickingens verbunden, manche von Ihnen wie die Dahner Burgen oder die Hardenburg werden von der GDKE verwaltet, darunter die Burg Nanstein, die im Rahmen eines EFRE-Projektes touristisch in Wert gesetzt und baulich für den Besucherverkehr optimiert wird. Das Rheinische Landesmuseum Trier zeigt unter dem Titel: »Franz von Sickingen belagert Trier im Jahr 1522« eine Präsentation zur Verteidigung der Stadt durch Kurfürst Richard von Greiffenklau aus der Sicht Trierer Zeitzeugen und präsentiert einen Münzschatz aus dem Jahr 1522. Ein Reiseführer wird schließlich Kulturinteressierte zu den Wirkungsstätten Franz von Sickingens, seiner Anhänger und Gegner im deutschen Südwesten begleiten. Im Zusammenhang mit allen diesen Aktivitäten danken wir den vielen, mit der Geschichte Franz von Sickingens verbundenen Kommunen, die die Einladung der Generaldirektion zur Zusammenarbeit angenommen haben und mit ihren vielfältigen kulturellen Angeboten dem Thema im Land zu einer breiten Resonanz verhelfen wollen.

Wir danken der Projektleiterin und Direktorin des Landesmuseums Mainz, Dr. Andrea Stockhammer, die mit großem Engagement fundierte Wissenschaft und populäre Vermittlung zu einer gelungenen Synthese geführt hat, und ihrem Partner in der Ausstellungsleitung, Prof. Dr. Wolfgang Breul, dem Prodekan der Evangelisch-Theologischen Fakultät, der das Konzept der Ausstellung erstellte, diese fachlich begleitete und die Beiträge für den von ihm konzipierten Katalog koordinierte und wissenschaftlich betreute. Unser besonderer Dank gilt der Kuratorin der Ausstellung Dr. Karoline Feulner für ihren erheblichen persönlichen Einsatz und die Begeisterung, mit der sie das Projekt stets souverän in allen Phasen betreut hat.

Univ.-Prof. Dr. Georg Krausch
Präsident der Johannes Gutenberg-Universität Mainz

Thomas Metz
Generaldirektor Kulturelles Erbe Rheinland-Pfalz (GDKE)

Danksagungen

Damit ein Projekt dieser Größenordnung gelingen kann, bedarf es des Engagements vieler. Alexandra Vinzenz und Mathias Müller haben äußerst umsichtig die Redaktion des umfangreichen Ausstellungskatalogs koordiniert. Ohne Julia Ellinghaus, die in der Presse-und Öffentlichkeitsarbeit sowie als Kuratorin der interaktiven Ausstellung für Kinder außerordentlichen Einsatz und Ideenreichtum zeigte, oder der wissenschaftlichen Volontärin Monika Uliarczyk, die neben dem Begleitprogramm auch sonst das Projekt vielseitig unterstützte, wäre diese Ausstellung in dieser Form nicht realisierbar gewesen.

Wir danken der Leiterin von Restaurierung und Technik, Frau Dr. Eva Brachert, für ihr ebenso routiniertes wie kreatives Management des Ausstellungsaufbaus und die konservatorische Betreuung des Projektes, unterstützt durch Ihre KollegInnen Manuela Fürstenau, Madlon Gunia und Peter Schnellbächer. Gedankt sei auch vielen anderen MitarbeiterInnen des Landesmuseums Mainz wie etwa Ursula Rudischer, deren zahlreiche Fotografien den Katalog verschönern.

Wir danken weiter Frau Birgit Stuhlmacher mit ihrem Team für die Leitung des Ausstellungsmarketings, das von den Agenturen Michael Bonewitz, C.A.B. Artis und SRG Mannheim kompetent unterstützt wurde, Joachim Weiler mit Noelia Kraus und Christian Thiel für die Unterstützung im Bereich Finanzverwaltung und Christian Wostry für eben diese im Bereich Personal.

Es war eine Herausforderung, das komplexe Thema der Ausstellung für das Publikum leicht verständlich und attraktiv aufzubereiten. Das Architekturbüro Würth und Winderoll war dafür die perfekte Wahl, unterstützt durch das Technikteam des Landesmuseum, allen voran Oliver Gruber.

Wir danken den Autoren für die perspektivenreichen, wissenschaftlich fundierten Beiträge und dem Verlag Schnell und Steiner für die gewohnt professionelle Betreuung und ganz besonders der Verlagslektorin Elisabet Petersen, die mit großer Geduld und enormem Engagement den Katalog souverän umgesetzt hat. Auch allen, die hier nicht genannt werden können, sagen wir für die hervorragende Zusammenarbeit bei der Realisierung dieses Ausstellungsprojektes Dank.

Thomas Metz
Generaldirektor Kulturelles Erbe Rheinland-Pfalz (GDKE)

Dr. Andrea Stockhammer
Direktorin Landesmuseum Mainz (GDKE)

Einleitung

»Geschwinde Zeiten« haben die Menschen des frühen 16. Jahrhunderts häufig ihre eigene Gegenwart genannt. Damit drückten sie das Gefühl aus, in einer Epoche zu leben, in der sich die Dinge schneller veränderten als in den Generationen zuvor. Manches konnte diesen Eindruck fördern: Die Bevölkerung wuchs seit dem ausgehenden 15. Jahrhundert stärker und dies machte sich auf dem Land ebenso wie in den Städten bemerkbar. Das Ackerland wurde in manchen Regionen des Heiligen Römischen Reichs knapp und die Unzufriedenheit unter den Bauern bekundete sich wiederholt in Aufstandsbewegungen. Nicht wenige drängten vom Land in die Stadt, andere suchten im Bergbau und Hüttenwesen ihr Glück, wo sich frühkapitalistische Wirtschaftsformen entwickelten.

Der Eindruck eines raschen Wandels aber wurde weniger vom Ökonomischen und Sozialen geprägt, als von den geistesgeschichtlichen und religiösen Veränderungen. »Geschwinde Zeiten« wurden die ersten Jahrzehnte des neuen Jahrhunderts vor allem durch den Umbruch der Reformation. Der Humanismus um 1500 war in vielerlei Hinsicht der Wegbereiter der religiösen Erneuerung, auch wenn die Bildungsbewegung zunächst auf eine Elite beschränkt blieb, die bevorzugt an Fürstenhöfen, Bischofssitzen und Universtitäten Heimat fand. Die Humanisten erschütterten das Establishment in der Kirche und an den Universitäten – mit der feinen Klinge des »Lobs der Torheit« aus der Feder des Erasmus ebenso wie mit der groben Keule der »Dunkelmännerbriefe«. Das Streben nach klassischer antiker Bildung bedeutete einen Bruch mit vielen über Jahrhunderte gewachsenen theologischen und philosophischen Traditionen und Gewohnheiten. Dem Ruf zu den Quellen (»ad fontes«) wohnte ein kritisches Moment inne, das sich bald religiös im Schriftprinzip der Reformation manifestieren sollte. Das Bemühen um die ethische und literarische Bildung des Menschen konnte kirchliche Regeln relativieren und klerikalen Habitus konterkarieren. Zwar führt keine gerade Linie von der humanistischen Bildungsreform zur Reformation, doch ist es kein Zufall, dass sich viele ihrer jungen Protagonisten wenige Jahre später unter den Reformatoren finden: »Ohne Humanismus keine Reformation« (Bernd Moeller).

Das gilt auch für Franz von Sickingen. Ihm begegnete der Humanismus in Gestalt eines seiner prominentesten Vertreter, seines Standesgenossen Ulrich von Hutten. Der aus Osthessen stammende und mit dem Poetenlorbeer gekrönte Humanist gewann den pfälzischen Ritter 1519 für den Kampf, den die Humanisten bereits seit einigen Jahren gegen die sog. »Dunkelmänner« führten. Im Reuchlinstreit drohte er den Kölner Dominikanern nach den literarischen Attacken Huttens und anderer Humanisten militärische Gewalt an.

Franz von Sickingen stand zu diesem Zeitpunkt auf dem Höhepunkt seiner militärischen Macht und seines politischen Einflusses. Vier erfolgreiche Jahre lagen hinter ihm, als er Hutten begegnete. Sein Großvater und Vater hatten mit umsichtigem ökonomischen und politischen Handeln in Anbindung an den kurpfälzischen Hof einen beachtlichen Besitz zusammengebracht und waren mit den Adelsfamilien der Region gut vernetzt. Nach dem Tod seines Vaters hatte Sickingen diese Politik ein Jahrzehnt lang fortgesetzt, seit

1515 jedoch begann er eine Fehdeführung im neuen Stil. Unbeeindruckt vom Fehdeverbot des Wormser Reichstags von 1495, der auch die ritterschaftlichen Konflikte auf den Rechtsweg verwies, weitete er das alte Mittel zur adligen Rechtsdurchsetzung massiv aus. Unterstützt von Reitern und Fußknechten adliger Standesgenossen und von angeworbenen Söldnern brachte er Heere von beachtlicher Größe zusammen. Reichsstädte und sogar herzogsgleiche Territorien konnte er bedrohen und in die Knie zwingen – zunächst die Reichsstadt Worms, später auch Metz und Frankfurt und vor allem die scheinbar übermächtige Landgrafschaft Hessen. Sickingen diente die Fehde letzlich zur Ausdehnung seiner ökonomischen und politischen Machtbasis. Am Ende machte der Kaiser, der ihn noch 1515 gebannt hatte, zu seinem Heerführer und nach dessen Tod überwachte er 1519 die Wahl seines Nachfolgers in Frankfurt am Main mit Truppen. In diesen Monaten ließ er sich einen kostbaren siebenteiligen Stapelbecher anfertigen, jeder mit einem Wahlspruch aus antiker Tradition – einer davon lautet: *IN EXTREMO MALO AVDENDVM AtqVE AGENDVM NON CONSVLTANTANDVM* (richtig: CONSVLTANDVM) *EST.* »In extremer Not muss man wagemutig sein und handeln, nicht [lange] beratschlagen«.

Als sich Sickingen und Hutten kennenlernten, hatte die Ablasskritik Martin Luthers bereits erste Wellen geschlagen, vor allem in Humanistenkreisen verbreitete sie sich wie ein Lauffeuer. Hutten blieb zunächst reserviert. »Fresset einander, damit ihr voneinander gefressen werdet« kommentierte er das aus seiner Sicht nutzlose »Theologen-Gezänk«. Erst seit der Leipziger Disputation Luthers vom Sommer 1519, die viele Humanisten auf die Seite des Wittenbergers zog, wandte er sich seinen Ideen zu. Binnen kurzem hatte er auch Franz von Sickingen gewonnen. Bereits Anfang 1520 schrieb Hutten wiederholt in Sickingens Auftrag an Philipp Melanchthon und bot Luther Asyl auf der Ebernburg an, wenn die Lage in Wittenberg zu bedrohlich werde. Im September 1520 quittierte Hutten die Dienste beim Mainzer Erzbischof Albrecht von Brandenburg und zog auf die Ebernburg. Im unmittelbaren Vorfeld des Wormser Reichstags von 1521 bemühten sich Hutten und Sickingen noch einmal Luther für einen Aufenthalt auf der Ebernburg zu gewinnen. Doch diesmal mischten auch Vertreter des Kaisers mit, die offensichtlich einen publikumswirksamen Auftritt des Wittenberger Augustinermönches vor dem Reichstag verhindern wollte. Luther durchschaute das Spiel hinter den Kulissen zwar nicht, blieb aber misstrauisch und setzte seinen Weg nach Worms fort.

Andere aber folgten in den nächsten Jahren dem Ruf auf die »Herbergen der Gerechtigkeit«, wie Ulrich von Hutten Sickingens Burgen genannt hatte. Die Ebernburg bot vom Frühjahr 1521 an einer Reihe von später herausragenden Reformatoren eine Zuflucht. Vor allem Martin Bucer ist hier zu nennen, der spätere Wortführer der Straßburger Reformation, der Calvin wichtige Impulse gab und seit den späten 1530er Jahren neben Melanchthon zum Wortführer der Protestanten bei den Religionsverhandlungen im Reich avancierte. Neben und nach Bucer fanden auch andere für kürzere oder längere Zeit auf der Ebernburg Schutz: Kaspar Aquila, seit den späten 1520er Jahren Exponent der lutherischen Reformation im thüringischen Saalfeld, Johannes Oekolampad, bis zu seinem frühen Tod Wortführer der Basler Reformation, und schließlich Johannes Schwebel, der spätere Reformator Zweibrückens.

Das Pathos, das die jungen Humanisten und Theologen der Ebernburg antrieb, spiegelt ein Vorwort, das Johannes Schwebel für eine reformatorische Flugschrift Franz von Sickingens verfasste. »Vorzeiten haben die Bischöfe das Schwert des Wortes Gottes gebraucht zum Heil der Seelen und die weltliche Gewalt das zeitliche Schwert zur Bestrafung der Bösen. Jetzt aber geben die Bischöfe das Wort Gottes auf, ja, wollen es mit weltlicher Gewalt tyrannisch unterdrücken. [...] Aber diejenigen, die bisher das [weltliche] Schwert geführt haben, nehmen sich des Wortes Gottes an [...] Die Sehenden werden blind und die Blinden sehend, so wunderbar ist Gott in seinen Werken«. Diese Verkehrung der Verantwortung konnte sich auf Luthers Schrift »An den christlichen Adel« vom August 1520 berufen, die wohl wichtigste Programmschrift des Reformators. Allen Menschen sei durch Taufe und Glauben Kompetenz in religiösen und kirchlichen Fragen verliehen. Und wenn der Papst und die Bischöfe versagten, dann stünden Kaiser, Fürsten, Ritter und alle übrigen Gläubigen in der Verantwortung. Dieses »Priestertum aller Gläubigen« konnte man auch gegen die politische Herrschaft von Bischöfen und Äbten wenden. Sickingens Fehde gegen den Trierer Kurfürsten Richard von Greiffenklau könnte auch durch solche Überlegungen Luthers und seiner Anhänger motiviert gewesen sein. Die Theologen der Ebernburg jedenfalls scheinen so gedacht zu haben.

Wie bei anderen politisch Verantwortlichen der frühen Reformationszeit ist auch bei Sickingen nicht sicher zu entscheiden, wie tief und wie weit sein Verständnis reformatorischer Theologie reichte. Politisches Kalkül und religiöse Überzeugung waren unlösbar miteinander verwoben. Die antiklerikale Propaganda, die seinen Zug gegen Kurtrier begleitete, sprechen weder gegen politische Motive, noch gegen seine reformatorische Haltung. Sicher aber war Sickingens militärische Potenz nicht mehr dieselbe wie drei Jahre zuvor. Dem neuen Kaiser Karl V. und seinem Umfeld war es gelungen, den Fehdeführer zu schwächen, indem man ihm seine pekuniäre Potenz entzog. Der Kaiser blieb dem Ritter einen hohen Kredit und die immensen Kosten für einen Feldzug im kaiserlichem Auftrag schuldig. Vergeblich wurde er am Brüsseler Hof Karls V. vorstellig. So zog Sickingen im Frühherbst 1522 mit begrenzter militärischer Macht gegen einen offensichtlich gut vorbereiteten Trierer Kurfürsten. Die mahnenden Stimmen in Sickingens Umfeld sollten Recht behalten, die Belagerung Triers scheiterte schnell, Bemühungen um weitere Bündnispartner waren vergeblich, im Frühjahr 1523 zog das Heer einer Fürstenkoalition gegen Sickingens Burgen. Die durchschlagskräftigen Kanonen des pfälzischen Kurfürsten, des Trierer Erzbischofs und des hessischen Landgrafen beschädigten die Burg Nanstein so schwer, dass er am 7. Mai 1523 kapitulierte und schwer verletzt wenige Stunde später verstarb.

Mit Sickingens Tod endete aber nicht die ritterschaftliche Reformation. Die Herren von Gemmingen im Kraichgau, die Herren von der Thann in der Rhön, Georg von Wertheim in Franken und viele andere Standesgenossen führten in ihren Herrschaftsgebieten kirchliche Reformen im Sinne der Reformation ein. Während die ritterschaftliche Reformation im Reich vor allem in den »Schütterzonen« (Kurt Andermann), die von der kaiserlichen und fürstlichen Macht nur unzureichend erfasst wurden, Fuß fassen konnte, boten die adlig dominierten politischen Räume Ostmitteleuropas andere Rahmenbedingungen. In Polen und Litauen, Böhmen und Mähren sowie in Siebenbürgen entwickelte sich seit den 1540er Jahren unter ritterschaftlichen Vorzeichen eine bunte religiöse Landschaft, in der abhängig von der Konfession der Adelsfamilien nicht nur katholische, lutherische und calvinistische Kirchtümer, sondern auch täuferische und antitrinitarische Gemeinden entstanden, die im Reich verfolgt wurden. Die beachtliche religiöse Vielfalt führte unter bestimmten politischen Konstellationen zu für das 16. Jahrhundert bemerkenswerten Vereinbarungen religiöser Toleranz (Siebenbürgen 1557, Warschau 1573).

Das vielfältige und bemerkenswerte Erbe der ritterschaftlichen Reformation ist durch Franz von Sickingen eng mit dem heutigen Rheinland-Pfalz verknüpft. Die Mainzer Ausstellung möchte mit zahlreichen und hochkarätigen Exponaten den religiösen Umbruch des frühen 16. Jahrhunderts in seinen vielen Facetten lebendig werden lassen. Sie erinnert auf diese Weise daran, dass die Reformation nicht nur ein ostdeutsches und schweizerisches Ereignis war, sondern auch im Gebiet von Rheinland-Pfalz wichtige Erinnerungsorte besitzt wie Worms, Speyer und insbesondere die Ebernburg, die 2013 europäische Kulturerbestätte wurde.

Wolfgang Breul
Andrea Stockhammer

Essays

Die ritterliche Lebenswelt im Übergang zur Neuzeit

KURT ANDERMANN

Wollte man Friedrich Engels (1820–95) glauben – und Generationen »bürgerlicher« Historiker haben das getan –, wäre die ritterliche Lebenswelt um die Wende zur Neuzeit zutiefst trostlos gewesen: »Der niedere Adel, die Ritterschaft ging ihrem Verfall rasch entgegen. Ein großer Teil war schon gänzlich verarmt und lebte bloß von Fürstendienst in militärischen oder bürgerlichen Ämtern; ein anderer stand in der Lehnspflicht und Botmäßigkeit der Fürsten; der kleinere war reichsunmittelbar. Die Entwicklung des Kriegswesens, die steigende Bedeutung der Infanterie, die Ausbildung der Feuerwaffe beseitigte die Wichtigkeit ihrer militärischen Leistungen als schwere Kavallerie und vernichtete zugleich die Uneinnehmbarkeit ihrer Burgen. Gerade wie die Nürnberger Handwerker wurden die Ritter durch den Fortschritt der Industrie überflüssig gemacht. Das Geldbedürfnis der Ritterschaft trug zu ihrem Ruin bedeutend bei. Der Luxus auf den Schlössern, der Wetteifer in der Pracht bei den Turnieren und Festen, der Preis der Waffen und Pferde stieg mit den Fortschritten der gesellschaftlichen Entwicklung, während die Einkommensquellen der Ritter und Barone wenig oder gar nicht zunahmen. Fehden mit obligater Plünderung und Brandschatzung, Wegelagern und ähnliche noble Beschäftigungen wurden mit der Zeit zu gefährlich« (Engels, Bauernkrieg).

» Was die adligen Wirtschaftsverhältnisse betrifft, so widerlegt insbesondere Franz von Sickingen (1481–1523) alle hergebrachten Vorstellungen. «

Indes: Friedrich Engels war kein die Quellen studierender Historiker, der wie sein Zeitgenosse Leopold von Ranke (1795–1886) danach fragte, »wie es eigentlich gewesen«, sondern ein politischer Agitator, dem es darauf ankam, seine Texte nach ihrem weltanschaulichen Zweck zu gestalten. Gleichwohl hat ihm die historische Wissenschaft lange Zeit das Feld überlassen und wenig Interesse an den wirtschaftlichen und sozialen Verhältnissen des Adels gezeigt. Erst in jüngerer Zeit hat sich das geändert. Seit etwa einem Vierteljahrhundert steht die historische Adelsforschung regelrecht in Blüte.

Was die adligen Wirtschaftsverhältnisse betrifft, so widerlegt insbesondere Franz von Sickingen (1481–1523) alle hergebrachten Vorstellungen. Aus einer Kraichgauer Familie von ursprünglich unfreien Dienstleuten (Ministerialen) stammend, war es schon seinen Vorfahren gelungen, in enger Anlehnung an den pfalzgräflichen Hof in Heidelberg und mit Hilfe einer umsichtigen Heiratspolitik einen beträchtlichen Herrschaftsbesitz zu erwerben. Sowohl sein Großvater als auch sein Vater hatten reiche Erbtöchter geheiratet, die ihnen das stattliche Eigengut ihrer im Mannesstamm erloschenen Herkunftsfamilien zubrachten. So verfügte Franz beiderseits des Rheins, im Kraichgau, im Wasgau, im Westrich und an der Nahe, über zahlreiche Burgen, Dörfer und vielerlei sonstige Güter und nutzbare Rechte,

Aufzeichnungen über kurpfälzische Lehen der Familie von Sickingen im Lehnbuch des Pfalzgrafen Friedrich I., 1471, Tinte auf Pergament, Generallandesarchiv, Karlsruhe

ja sogar über Bergwerke, mit zum Teil hohen Erträgen an Natural- und Geldeinkünften. Aber auch Familien wie die Kämmerer von Worms genannt von Dalberg in den Landschaften um den Mittelrhein, die von Gemmingen und von Neipperg am Neckar und im Kraichgau, die von Bach in der Ortenau oder die von Berlichingen, von Thüngen und von Seinsheim-Schwarzenberg in Franken waren ausgesprochen wohlhabend, ja geradezu reich. Und sie waren nicht die einzigen. Nicht von ungefähr gehörten in Südwestdeutschland die weitaus meisten und potentesten Kreditgeber von Fürsten und Landesherren nicht etwa dem städtischen Bürgertum an, sondern dem landgesessenen Ritteradel, der mithin über die dafür nötigen finanziellen Ressourcen verfügte. Daneben gab es selbstredend auch weniger betuchte und gewiss auch arme Adlige, aber aufs Ganze gesehen dürften Wohlstand und Armut im Adel des ausgehenden Mittelalters nicht anders verteilt gewesen sein als im Bauerntum und im Bürgertum.

Erwirtschaftet hat der Adel seine finanziellen Erträge ganz offensichtlich zum größten Teil aus seinen Grund-, Vogtei- und Gerichtsherrschaften, das heißt mit Meierhöfen, bäuerlichen Leihegütern, Wäldern und Schäfereien, dazu mit Renten und Nutzungsentgelten aus Mühlen, Keltern, Schankstätten, Badstuben und sonstiger dörflicher Infrastruktur sowie mit Steuern, Bußen und Strafen, vereinzelt auch mit Einkünften aus Straßen- oder Brückenzöllen, Montanbetrieben und anderem mehr. Hinzu kamen mitunter sehr einträgliche Getreide-, Wein-, Garten- und Blutzehntrechte, der Anspruch auf gemessene oder ungemessene Frondienste sowie Zinse und Todfallabgaben von Leibeigenen. Auch Kirchenpatronate zählten zu den von Angehörigen des Ritteradels häufig wahrgenommenen herrschaftlichen Befugnissen, waren allerdings, zumindest vor der Reformation, weniger von wirtschaftlicher Bedeutung, als dass sie dem herrschaftlichen Selbstverständnis entsprachen und damit dem adligen Prestige schmeichelten.

Naturgemäß und aus vielerlei Gründen lassen sich in der individuellen Zusammensetzung dergleichen ritteradliger Herrschaften und mithin in ihren Erträgen große Unterschiede sowohl qualitativer als auch quantitativer Art beobachten. Gemeinsam ist ihnen, dass Grundrenten und sonstige Abgaben zum weit überwiegenden Teil nicht in Geld, sondern in Naturalien entrichtet wurden. Zwar wurde die bäuerliche Leistungspflicht gelegentlich und zunehmend auch mittels Geldzahlungen erfüllt, aber entscheidend blieb dabei, dass in den von der Herrschaft geführten Sal- und Lagerbüchern die Pflichten ihrer Hintersassen und Untertanen ganz überwiegend in Naturalien verzeichnet waren und so die gegebenenfalls zu entrichtenden Geldäquivalente von Fall zu Fall in Einklang mit dem jeweils aktuellen Marktwert festgesetzt werden konnten. Deshalb trifft die Behauptung, die adligen Einkünfte aus der Grundherrschaft und sonstigen Gerechtsamen seien von einem schleichenden Geldwertverfall aufgezehrt worden, für das späte Mittelalter und die frühe Neuzeit allenfalls zum geringeren Teil zu.

Ebenso wenig war es wirtschaftliche Not, die Angehörige des Ritteradels in fürstliche Dienste treten ließ. Vielmehr war der Herrendienst dem Ritteradel gewissermaßen angeboren, weil dieser aus der Ministerialität, das heißt aus der unfreien Dienstmannschaft, hervorgegangen war. Zwar wurde solcher Dienst in den klassischen Hofämtern, auf Burgen, in Amtmannsstellungen und in diplomatischen Missionen sowie im Krieg anfangs mit Lehen, später auch mit Geld und Naturaldeputaten vergütet, aber ein standesgemäßes Auskommen war damit am Ende des Mittelalters meist nicht mehr gewährleistet. Überdies konnte kein Fürst daran interessiert sein, Leute vom unteren sozialen Rand des Adels an seinen Hof und in seine Dienste zu ziehen. Vielmehr musste es ihm darauf ankommen, nach Möglichkeit Vertreter der jeweils tonangebenden Geschlechter einzubinden, denn nur der regional etablierte und konsolidierte Adel, der einem bestimmten Landesherrn zuneigte, verfestigte durch seine aus eigenem Interesse gewachsenen Familienverflechtungen den territorialen Zusammenhang und stabilisierte ihn nach außen (Moraw, Verfassung). Im Grunde bestand also zwischen Fürst und Adel ein symbiotisches Verhältnis: Einerseits umgab sich der Fürst mit einem glänzenden Gefolge aus der näheren und weiteren Umgebung und profitierte von dessen Kenntnissen, Ansehen und sozialen Strukturen, andererseits hatte der bei Hofe verkehrende oder in der Territorialverwaltung mitwirkende Ritteradel Anteil an der fürstlichen Herrschaftsausübung und gelangte darüber seinerseits zu wichtigen Informationen, zu Einfluss und zu politischem Gewicht. Außerdem gab der Hof ihm die Möglichkeit, an der seinem Stand gemäßen Gesellschaft teilzuhaben. Für Habenichtse war das Leben im Umkreis eines Fürsten schon deshalb kaum geeignet, weil der dort unvermeidliche demonstrative Konsum Kosten verursachte, die sich nicht jeder leisten konnte. Wer freilich in der Lage war mitzuhalten, dem winkte auch sozialer Nutzen in Gestalt vorteilhafter Heiraten, karriereträchtiger Pfründen und sonstiger Besitzvermehrung.

Unter den Angehörigen des Ritteradels war am Ende des Mittelalters die gegenseitige Anrede als Vetter oder Schwager weit verbreitet. Darin kam zum einen ein geburtsständisches Zusammengehörigkeitsgefühl zum Ausdruck, zum anderen aber auch das Bewusstsein, irgendwie, und sei es nur entfernt, miteinander verwandt oder verschwägert zu sein, was gewöhnlich auch zutraf. Sichtbar wurden Verwandtschaft und Schwägerschaft in den damals aufgekommenen Allianzwappen an Gebäuden und namentlich in den Ahnenwappen auf Grabdenkmälern, deren Zweck es war, die vornehme, eben adlige Abkunft der Verstorbenen zu dokumentieren. Die Abkunft von adligen Eltern und Großeltern war längst unerlässliche Voraussetzung dafür, ein Vasallenlehen zu empfangen, eine der begehrten Dom- oder Stiftsherrenpfründen zu erlangen, in einen Ritterorden aufgenommen zu werden, zum ritterlichen Turnier antreten zu dürfen oder überhaupt standesgemäße Ehepartner zu finden und bei Hofe wie bei vielen anderen Gelegenheiten gesellschaftlich akzeptiert zu sein. Deshalb achtete man sehr genau darauf, mit wem man Eheverbindungen einging und mit

Epitaph für Hans III. Landschad von Steinach und seine zweite Gemahlin Margarethe von Fleckenstein, 1572, Sandstein, Evangelische Pfarrkirche, Neckarsteinach

wem nicht, und es entstanden so regelrechte Heiratskreise, in denen Mitgiften und Aussteuern gewissermaßen herumgereicht wurden. Dabei waren ambitionierte Heiraten nach oben, mit Grafen oder Herren, in Kreisen des Ritteradels ähnlich unerwünscht wie solche unter Stand, weil so mitunter hohe Beträge dem standesinternen Kapitalkreislauf entzogen wurden und aus riskantem Ehrgeiz zugunsten von Übergenossen verlorengingen.

Wenn es ans Erben ging, waren zumindest die adligen Söhne grundsätzlich gleichberechtigt, was, weil Primogeniturerbfolgen und gebundener Stammgutsbesitz noch nicht gebräuchlich waren, beinahe regelmäßig zu Besitz- und Herrschaftsteilungen führte. Allerdings hatte man mit der Zeit auch gelernt, allzu weitgehende, die künftige Zugehörigkeit zum Adel gefährdende Besitzzersplitterungen zu vermeiden, weshalb bei einer großen Kinderzahl die jüngsten Söhne mitunter finanziell abgefunden wurden. Der Eintritt nachgeborener Söhne in den geistlichen Stand kann allerdings nur dann als Versorgungsmaßnahme gelten, wenn es um niedere Pfründen oder gar um den Eintritt in ein Kloster ging. Hingegen bedeutete der Erwerb hochdotierter Dom- und Stiftsherrenpfründen einen erwünschten Karriereschritt, weil er die Aussicht auf höhere Dignitäten oder sogar auf fürstliche Würden eröffnete, zumindest aber die Teilhabe an qualifizierten adligen Netzwerken zum Nutzen von Geschwistern und Vettern verdichtete. Beim Eintritt von Töchtern in Klöster oder Frauenstifte stand der bloße Versorgungsgedanke sehr viel stärker im Vordergrund, waren doch die bei dieser Gelegenheit verlangten Mitgiften deutlich geringer als im Fall einer Heirat. »Ausgesteuert« wurden die Töchter im einen wie im anderen Fall, womit regelmäßig der rechtsförmliche Verzicht auf Erbansprüche gegenüber den Geschwistern und ihren Nachkommen verbunden war. Waren gar keine Söhne vorhanden, erbten schließlich doch die Töchter. Das galt weniger für den Lehnsbesitz, der entsprechend altem Herkommen in der Regel nur an Söhne vererbt werden konnte, aber in vollem Umfang galt es für den Allodial- beziehungsweise Eigenbesitz, der trotz einer mit der Zeit zunehmenden Bedeutung des Mannesstamms fast immer in der Blutslinie vererbt wurde. So kam es zu den allseits begehrten »Erbtöchtern«.

Erzogen wurde der ritteradlige Nachwuchs, wie wir nicht allein vom Beispiel Götz von Berlichingens (1480–1562) wissen, zunächst im elterlichen Haushalt. Um 1500 gehörte zu den Inhalten seiner elementaren Erziehung auch das Lesen und Schreiben, was der örtliche Pfarrer, vielleicht sogar eine nahe Kloster- oder Stadtschule vermittelten, denn ganz abgesehen vom unmittelbaren Nutzen für die Verwaltung der eigenen Güter wurde dergleichen an fürstlichen Höfen und vor allem in landesherrlichen Verwaltungen, wo der Adel längst mit Gelehrten bürgerlicher Herkunft in Konkurrenz stand, inzwischen als selbstverständlich vorausgesetzt. Adligen »Schliff« erhielten die Buben anschließend, indem sie als Knappen zu Verwandten oder Freunden gewissermaßen in die Lehre gingen. Der anschließende Edelknabendienst an diesem oder jenem fürstlichen Hof trug nicht nur dazu bei, die Manieren zu verfeinern, sondern vermittelte darüber hinaus auch vielfältige nützliche Kenntnisse und persönliche Kontakte, verdichtete also einmal mehr bereits bestehende soziale Netzwerke und konnte den Grund für künftige Karrieren legen. Nach Möglichkeit ließ man auch Töchter bei Hofe erziehen, schon um sie bei passender Gelegenheit an den richtigen Mann zu bringen.

> »Im Grunde bestand also zwischen Fürst und Adel ein symbiotisches Verhältnis«

Vielleicht noch größere Sorgfalt als auf die Ausbildung seiner Kinder verwendete der Adel auf die Vorsorge für sein Seelenheil, wozu ihm Jahrzeit- und vielerlei sonstige geistliche Stiftungen zur Feier des liturgischen Totengedenkens dienten. Die am Ende des Mittelalters aus einer allgemeinen Heilssehnsucht und Heilsangst erwachsene tiefe Frömmigkeit hatte auch den Adel erfasst und fand ihren Niederschlag in der geradezu massenhaften Stiftung von Pfarr-, Kaplanei-, Altar- und Messpfründen sowie in der Gründung zahlreicher Bruderschaften; hie und da errichtete man sogar Klöster und Spitäler. In der Jakobskirche der kleinen ritteradligen Ganerbenstadt Adelsheim (Bauland) gab es zur Feier der herrschaftlichen Jahrgedächtnisse derart viele Priesterpfründen, dass beinahe der Eindruck eines Residenzstifts entstehen konnte. Auch im neippergischen Schwaigern bei Heilbronn wirkten in der zwischen 1514 und 1520 im Auftrag von Herrschaft und Gemeinde in ungewöhnlich großen Dimensionen neuerrichteten Johanneskirche mehr als ein halbes Dutzend Geistliche für das Seelenheil der herrschaftlichen Familie. Im benachbarten Gemmingen war es nicht anders; dort kam, für eine ländliche Siedlung eher ungewöhnlich, 1512 auch noch eine allein zur Wortverkündigung bestimmte Prädikaturpfründe hinzu, deren Inhaber bald darauf die örtliche Lateinschule, wenig später eine Kaderschmiede der frühen Reformation in Südwestdeutschland, leitete. Bei den reichen Gemmingen auf Burg Guttenberg über dem Neckar ist von der Mitte des 15. Jahrhunderts bis in die Zeit der Reformation aufgrund vielerlei Aktivitäten eine über mehrere Generationen ganz besonders intensive Frömmigkeit zu beobachten (▸ 6.5). Die ambitionierten Ritter von Hirschhorn am Neckar hatten zu Füßen ihrer Burg bereits 1406 ein Karmeliterkloster gestiftet, desgleichen 1409 die von Seinsheim in Astheim bei Volkach am Main eine Kartause. Franz von Sickingen errichtete 1510 in Vollzug des letzten Willens seines Vaters nahe der Ebernburg die Trombacher Klause, eine Kirche mit Konventgebäuden für acht Beginen. Dass sie für das Seelenheil ihrer Angehörigen beteten, erwartete man selbstverständlich nicht zuletzt von den vielen adligen Töchtern, die zur gleichermaßen kostengünstigen wie standesgemäßen Versorgung ins Kloster geschickt wurden. Mit der Reformation wandelte sich

Wappenfries der Gesellschaft mit dem Esel, vor 1450, Fresko, Heiliggeistkirche, Heidelberg

schließlich auch die Darstellung des Verstorbenen auf seinem Grabdenkmal. Zeigte man davor gern den stolzen Ritter aufrechtstehend in vollem Harnisch, so blieb danach der Edelmann zwar noch gerüstet, kniete aber mit abgelegtem Helm und Handschuhen in demütiger Anbetung vor dem gekreuzigten Erlöser.

Dem Totengedenken respektive den Begängnissen ihrer Mitglieder dienten neben mancherlei anderen Zwecken auch die seit dem zweiten Drittel des 14. Jahrhunderts aufgekommenen Adelsgesellschaften. So war die Gesellschaft mit dem Esel von Main- und Tauberfranken über den Odenwald, das Bauland, den Kraichgau und den Speyergau bis an den Mittelrhein und in die Wetterau verbreitet. Sie hatte sich in betont frommer Bescheidenheit als Abzeichen, das jedes Mitglied stets zu tragen verpflichtet war, das Tier erkoren, das einst Maria auf der Flucht nach Ägypten getragen hatte und auf dem auch Jesus in Jerusalem eingezogen war. Ihre Hauptsitze waren die pfalzgräfliche Residenz Heidelberg (Heiliggeist) sowie die Königswahl- und Handelsstadt Frankfurt am Main (St. Bartholomäus). Im Chor der Heidelberger Heiliggeistkirche, wo bis ins 17. Jahrhundert die Pfälzer Kurfürsten ihre letzte Ruhe fanden, zeugt noch heute ein Fresko mit 35 farbigen Wappen ihrer Mitglieder von der dort bei periodisch veranstalteten Zusammenkünften der Gesellschaft mit Totenmessen gefeierten Memoria. Bei diesen gewöhnlich zweimal im Jahr stattfindenden Kapiteln herrschte Präsenzpflicht. Über das Totengedenken hinaus dienten die Adelsgesellschaften auch der inneren und äußeren Friedenswahrung. Erwartet wurde von den Mitgliedern, dass sie mit aller Entschiedenheit für ihre persönliche und die Ehre – das heißt: für die Belange – ihres Standes eintraten. Von großer Bedeutung war nicht zuletzt die Gestaltung des gesellschaftlichen Lebens und die Pflege der Gemeinschaft mit geselligem Beisammensein, Hofhaltung, Festmahl, Tanz und Turnier. Bei all dem achtete man sorgfältig auf soziale Exklusivität, indem zunächst nur Personen aufgenommen wurden, deren Eltern bereits rezipiert waren; später wurde der Nachweis vier adliger Großeltern und einer ebenbürtigen Ehe gefordert. Indes grenzte man sich nicht allein nach unten ab; auch Übergenossen, das heißt Fürsten, Grafen und Herren, wurden nur mit Konsens aller Mitglieder rezipiert. Um die Mitte des 15. Jahrhunderts geriet die Eselsgesellschaft in Vergessenheit, wurde aber 1478 unter dem Eindruck äußerer Bedrängnis neu belebt, und im Siegel der Kraichgauer Reichsritterschaft lebte ihre Tradition bis zum Ende des Alten Reiches fort.

> »Vielleicht noch größere Sorgfalt als auf die Ausbildung seiner Kinder verwendete der Adel auf die Vorsorge für sein Seelenheil«

Ritterliche Turniere als streng geregelte kriegerische Kampfspiele zu Pferd mit dem Zweck sportlicher Ertüchtigung gab es im westlichen Europa seit dem 12. Jahrhundert immer häufiger und mit einer leichten zeitlichen Verzögerung auch in Deutschland. Unter Kaiser Maximilian I. (1459 bzw. 1493–1519) erlebte das Turnierwesen hierzuland seine letzte große Blüte. Die ritterlichen Kampfspiele wurden sowohl von Fürsten als auch von Vereinigungen des Adels veranstaltet, als Bühne dienten meist die Städte, weil man dort das erwünschte zahlreiche Publikum fand. Der spätmittelalterliche Ritteradel instrumentalisierte das Turnier vor allem für seine geburtsständische Konsolidierung unter Ausschluss der städtischen Oberschichten und sonstiger unerwünschter Emporkömmlinge, die bei der dem Zweikampf vorangehenden Helmschau unter bisweilen demütigenden Umständen zurückgewiesen wurden. Auch die zwischen 1479 und 1487 von regionalen Adelsgesellschaften in wechselnden Städten Oberdeutschlands veranstalteten Vier-Lande-Turniere – Franken, Schwaben, Rheinstrom und Bayern – verfolgten diesen Zweck. Sie stellten nicht nur einen glanzvollen Höhepunkt in der Geschichte des Turnierwesens dar, sondern wirkten mittels gedruckter und handschriftlicher, mitunter aufwendig illuminierter Turnierbücher (▸ 1.6, 1.7, 6.4) noch generationenlang fort und schmeichelten durch die Zuschreibung fabelhafter, angeblich bereits im 10. Jahrhundert turnierender Vorfahren den einzelnen Familien in ihrem altadligen Selbstbewusstsein.

Die Repräsentation des spätmittelalterlichen Ritteradels darf man sich im Übrigen nicht zu großartig vorstellen. Abgesehen von den gelegentlichen Turnieren sowie von sorgfältig inszenierten Auftritten in Städten und bei höfischen Festen wurden die Ritter in ihrer alltäglichen Umwelt wohl vor allem mit ihren Häusern wahrgenommen; das waren noch um 1500 nur ausnahmsweise wehrhafte Höhenburgen mit Türmen, Mauern und Gräben. Zumeist handelte es sich vielmehr um ortsnah oder innerorts gelegene, vergleichsweise kleine Anlagen, häufig hervorgegangen aus einstigen Meierhöfen, auf denen zunächst ein turmartiges Gebäude aus Holz oder Stein entstanden war, das sich hernach über Generationen hinweg zu einem ummauerten und mit Gräben umfassten Gebäudekomplex von eher bescheidenen Dimensionen fortentwickelt hatte. Derartige Häuser mit steinernem Fuß und hohem Ziegeldach, wie sie im Amorbacher Rüdtenhof oder im Topplerschlösschen bei Rothenburg ob der Tauber noch heutigentags zu bewundern sind, unterschieden sich von den sie umgebenden eingeschossigen und mit Stroh gedeckten Bauernhütten in erster Linie durch ein oder zwei aus Stein gebaute Sockelgeschosse, über denen zwei oder drei allseits überkragende Fachwerkgeschosse aufragten. Wie zahlreiche »hohe Häuser« namentlich in Franken noch heute zu erkennen geben, entwickelten sich derartige Adelssitze bis zum Ende des Mittelalters immer stattlicher, wurden zunehmend aus Stein errichtet und hatten vor allem hohe, mit Ziegeln gedeckte Dächer. Gewöhnlich wiesen sie auch Türme beziehungsweise Türmchen auf und waren mit Mauern und Gräben umgeben, aber dergleichen Accessoires waren eher ein standesspezifisches Erfordernis, als dass ihnen eine ernstzunehmende wehrhafte Funktion zukam. Eine besondere Bedeutung hatte auch das Wappen als sichtbarer Beweis, dass man »zu Schild und Helm geboren« war. Folgerichtig wurde es allenthalben angebracht, über Türen und Toren, an Gebäuden, auf Gewölbescheitelsteinen und auf Grenzsteinen sowie nicht zuletzt auf Grabplatten und Grabdenkmälern in Kirchen und Klöstern. Auch sonst war die Herrschaft in der Kirche heraldisch beinahe allgegenwärtig, überall dort, wo sie gebaut und gestiftet hatte, sowie am Herrschaftsstand, dem privilegierten Platz nahe dem Altar und gegenüber der Kanzel, der ihr aufgrund ihrer orts- oder patronatsherrlichen Stellung einzunehmen vorbehalten war. Selbstverständlich distanzierte sich der Adel auch gern in seiner Kleidung vom Gemeinen Mann, aber größerer Aufwand wurde diesbezüglich wohl nur bei ritterlichen und höfischen Festen getrieben, dann vor allem trugen Ritter golddurchwirkte Ärmel, Edelknechte silberdurchwirkte. Zur alltäglichen Repräsentation adliger Herrschaft gehörten schließlich allfällige Huldigungen, die mehrmals im Jahr stattfindenden Gerichtstermine sowie die regelmäßige Ausübung der Jagd als exklusives Vorrecht des Adels.

Am Ende des 15. Jahrhunderts war der Selbstfindungsprozess des Ritteradels im Wesentlichen zum Abschluss gekommen. Nach seinem sozialen Aufstieg hatte er sich inzwischen als eigener Stand etabliert und seine Herkunft aus der Unfreiheit der Ministerialität endgültig hinter sich gelassen. Die ständischen Grenzen gegenüber Bauerntum und Bürgertum waren hinreichend deutlich gezogen, so deutlich jedenfalls, dass im Bauernkrieg 1525 nicht allein Fürsten, Grafen und Herren, sondern auch die ritterlichen Edelleute als eigener Stand wahrgenommen und angefeindet wurden. Zur Schau getragen hat er das derart gewonnene Selbstbewusstsein gelegentlich sogar in der gezielten, dem adligen Selbstverständnis entgegenkommenden Gestaltung von Ortsnamen wie Adelsheim im Bauland (davor Adlatzheim, Alletzheim etc.) oder Adelshofen im Kraichgau (davor Odelshofen, Udelshofen etc.). Auch neue Formen des ritteradligen Schlossbaus trugen dem um jene Zeit Erreichten Rechnung.

Schloß zu Grombach (Bad Rappenau, Baden-Württemberg): Die einstige Wasserburg wurde im 15. Jahrhundert zu einem Turmhaus weiterentwickelt.

Empfindlich gestört wurde diese scheinbar intakte Lebenswelt des etablierten Ritteradels um die Wende zur Neuzeit weniger durch die unterschiedlichen ökonomischen Verhältnisse seiner Angehörigen als vielmehr durch eine immer intensivere herrschaftliche Verdichtung. Vor allem die sehr eigenständigen Ritter in Schwaben, Franken und am Rhein sahen sich in ihrer über Generationen erlangten Autonomie nun nicht mehr allein von Seiten der Territorien bedrängt, sondern seit den Beschlüssen des Wormser Reichstags von 1495 mit dem allgemeinen Fehdeverbot des Ewigen Landfriedens und der Steuerforderung des Gemeinen Pfennigs inzwischen auch von Seiten des Reiches. Zur gleichen Zeit erwuchs im Bauerntum, das die herrschaftliche Verdichtung über eine vermehrte Schriftlichkeit in der Verwaltung und eine immer weiter um sich greifende Anwendung des gelehrten, seinem Alltag wesensfremden Rechts massiv zu spüren bekam, ebenfalls ein Protestpotential. Die in weiten Kreisen keimende Unruhe stellte einen nachgerade idealen Nährboden dar für alte und neue Heilsbotschaften, wie Martin Luther (1483–1546) sie seit 1517 öffentlich verkündete, namentlich in seiner Schrift *Von der Freiheit eines Christenmenschen* (1520). Nicht von ungefähr machten die Bauern sich zentrale Forderungen Luthers zueigen, und auch große Teile des Ritteradels schlossen sich spontan der neuen Lehre an. Dabei war damals noch gar nicht abzusehen, dass mit dem dann im Augsburger Religionsfrieden von 1555 verankerten *ius reformandi* die Ritterschaft sogar noch ein weiteres Herrschaftsinstrument hinzugewinnen würde. Von einem generellen Verfall der Ritterschaft kann um die Wende zur Neuzeit überhaupt keine Rede sein!

Lit.: Andermann, Niederadel. – Andermann, Raubritter. – Andermann, Rittersitze. – Carl/Lorenz, Anpassung. – Engels, Bauernkrieg. – Moraw, Verfassung. – Morsel, Soziogenese. – Pfeifer/Andermann, Ansitz – Rabeler, Lebensformen. – Ranft, Adelsgesellschaften. – Spiess, Familie.

Reich – Ritterschaft – Reformation

MATTHIAS SCHNETTGER

Ritter sind keineswegs nur ein mittelalterliches Phänomen, es gab sie bis zum Ende des Heiligen Römischen Reiches deutscher Nation im frühen 19. Jahrhundert, und die »Reichsritterschaft« im Sinne eines Zusammenschlusses aller unmittelbar dem Kaiser unterstehenden Niederadligen ist sogar gänzlich ein neuzeitliches Phänomen. Ihre Entstehung hängt mit einer Reihe von Herausforderungen und Veränderungen zusammen, mit denen sich die Ritter in der ersten Hälfte des 16. Jahrhunderts, im Zeitalter der Reformation, konfrontiert sahen. Sie standen in Zusammenhang mit dem Aufstieg der Fürstenstaaten und der Transformation des Reichs in den Jahrzehnten um 1500. Diese Entwicklung soll hier nachgezeichnet und abschließend die Haltung der Ritter gegenüber der Reformation in den Blick genommen werden, weil auch sie nicht zuletzt durch ihre Stellung im Reich geprägt war. Dieser Zusammenhang hat auch Franz von Sickingens Handeln bestimmt; sein Scheitern bedeutete jedoch keineswegs das Ende der Ritterschaft im Reich.

Die Herausbildung der Territorialstaaten und die Umgestaltung des Reichs als Herausforderungen für den reichsunmittelbaren Niederadel

Die Verfassungsentwicklung im spätmittelalterlichen Reich war durch eine weitgehende Diskontinuität und zunehmende Schwäche des Königtums gekennzeichnet, das nach und nach immer mehr Rechte und Güter den geistlichen und weltlichen Fürsten überlassen musste. Angesichts der Schwäche und Ferne des Königs gewannen die sich seit dem 13. Jahrhundert machtvoll entwickelnden fürstlichen Territorialstaaten auch für die Niederadligen immer mehr an Bedeutung. Sie waren einem (oder mehreren) Fürsten durch das Lehnsband als Vasallen verbunden, und die entstehenden fürstlichen Höfe, Regierungen und Verwaltungen boten vielfältige Möglichkeiten, Güter, Einfluss und Ehre zu erwerben. Eine besonders enge Verbindung bestand zwischen der Ritterschaft und den geistlichen Fürstentümern, denn die meisten Domkapitel und zahlreiche weitere Stifter wurden zu Domänen des Niederadels, dessen nachgeborene Söhne hier eine Versorgung fanden und unter Umständen durch die Wahl zum Bischof sogar in den Rang eines geistlichen Fürsten aufsteigen konnten.

Andererseits stellten die Fürsten aber auch eine Bedrohung dar, indem sie zunehmend danach strebten, ihre Kompetenzen gegenüber den Rittern auszuweiten, sie insbesondere der eigenen Gerichtsbarkeit und Steuerhoheit zu unterwerfen, kurz: sie in den entstehenden Territorialstaat einzugliedern und so zu ihren Untertanen zu machen.

Während aber im Norden des Reichs der Niederadel flächendeckend in die Fürstenstaaten eingegliedert wurde, waren vor allem im Südwesten des Reichs, in Schwaben, am Rhein und in Franken, die geistlichen und weltlichen Fürsten nicht in der Lage, bisweilen auch gar nicht willens, die Ritter ihrer Territorialherrschaft zu unterwerfen. So scheinen die Kurfürsten von Mainz und der Pfalz lange Zeit mehr auf die traditionellen Lehnsbindungen und die Pflege von Klientelbeziehungen gesetzt und von der Ausdehnung ihrer Territorialgewalt auf die benachbarten Ritter abgesehen zu haben. Oft war bis weit in die Frühe Neuzeit nicht absehbar,

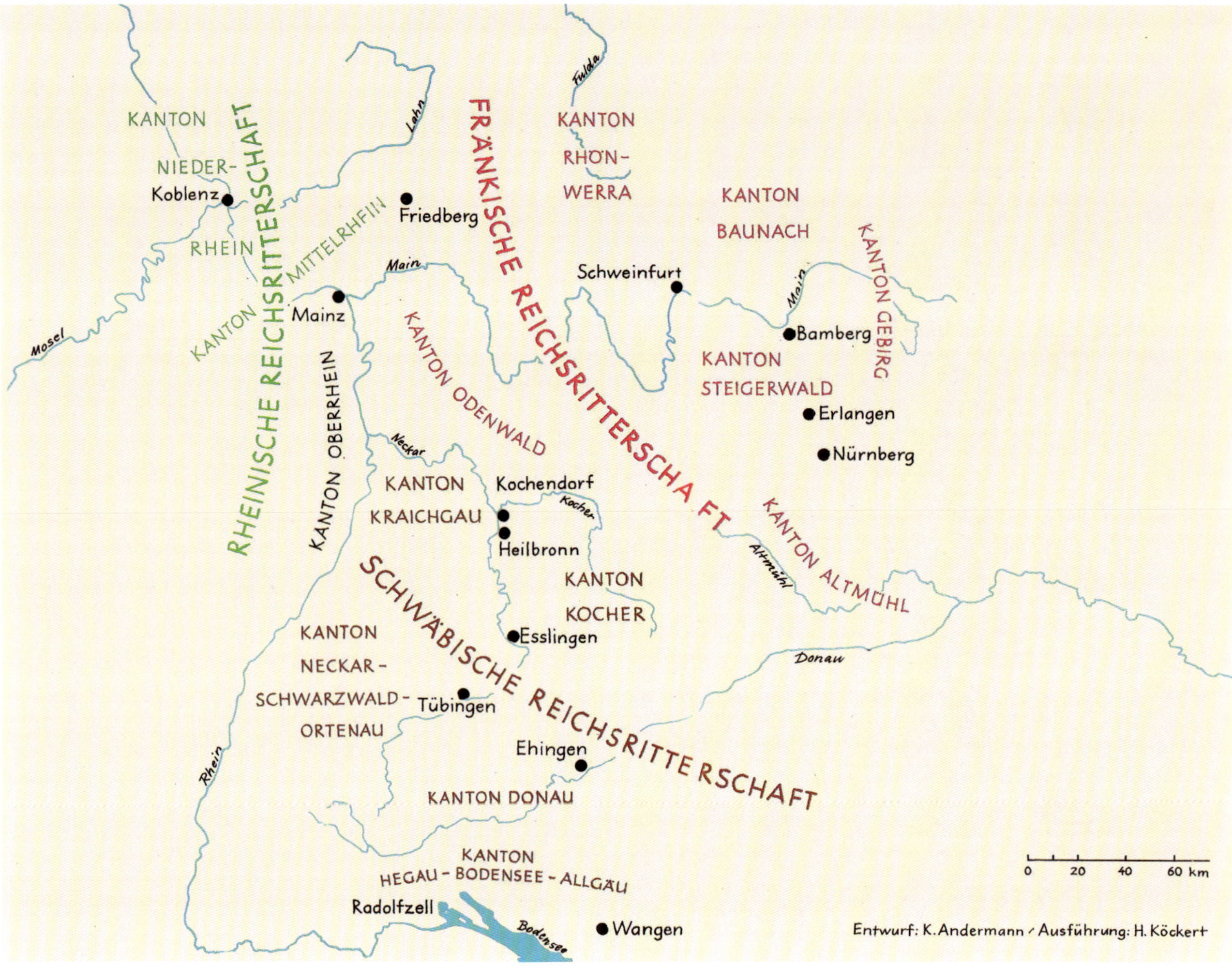

Karte: Kreise und Kantone der freien Reichsritterschaft.

welche Ritter in die Landsässigkeit herabgedrückt werden und welche reichsunmittelbar bleiben würden. Keineswegs verliefen die Entwicklungen immer geradlinig: Beispielsweise nahmen im 15. Jahrhundert Ritter an württembergischen Landtagen teil, schieden jedoch vor 1514 endgültig aus dem Herzogtum aus.

Das Verhältnis der Ritter zu den fürstlichen Territorialstaaten ist also kaum auf einen einfachen Nenner zu bringen. Festzuhalten ist jedoch, dass die reichsfürstliche Territorialisierungspolitik für den reichsunmittelbaren Adel eine erstrangige Herausforderung darstellte. Diese Herausforderung wurde noch dadurch verstärkt, dass Fürsten und Reichsstädte seit dem Ende des 15. Jahrhunderts darangingen, das Reich nach ihren Vorstellungen umzugestalten.

Die Jahrzehnte um 1500 waren eine Zeit der Weichenstellungen, Wandlungen und Neuanfänge für das 1512 erstmals so bezeichnete »Heilige Römische Reich deutscher Nation«. Manche Fragen und Probleme, die die Akteure im Reich während des späten Mittelalters beschäftigt hatten, wurden nun definitiven oder zumindest vorläufigen Lösungen zugeführt. Der Gießener Historiker Peter Moraw hat für diese Entwicklung die treffende Formulierung »Von offener Verfassung zu gestalteter Verdichtung« (Moraw, Verfassung) gefunden. Man spricht in diesem Zusammenhang auch vom Zeitalter der Reichsreform, wobei es sich allerdings nicht um eine Reform aus einem Guss handelte, sondern um eine Vielzahl von mehr oder weniger erfolgreichen, teils auch widersprüchlichen Reformansätzen. Jedenfalls veränderte sich die Gestalt des Reichs in tiefgreifender Weise. Das blieb nicht ohne Folgen für die reichsunmittelbare Ritterschaft, die ihren Platz in einem sich wandelnden Reich behaupten bzw. neu finden musste.

Als ein, wenn nicht *der* Höhepunkt der Reichsreformbewegung um 1500 gilt der Wormser Reichstag von 1495.

Hans Burgkmair d. Ä. »Quaternionenadler« als allegorische Darstellung des Heiligen Römischen Reiches und seiner Glieder: der kaiserliche Doppeladler mit dem Kreuz Christi auf der Brust und den Wappen der Reichsstände als Federn, Augsburg 1510, Holzschnitt, Kuperstichkabinett, Staatliche Museen zu Berlin – Preußischer Kulturbesitz, Berlin, Inv.Nr. 443-10

Im frühneuzeitlichen Reichstag hatten geistliche und weltliche Kurfürsten und Fürsten, Prälaten und Grafen sowie die Reichsstädte, nicht aber die Reichsritter Sitz und Stimme. Damit waren sie auf Dauer von dem höchsten Entscheidungsgremium des Reichs ausgeschlossen. In Worms wurde 1495 der Ewige Landfrieden beschlossen, der zu den Grundgesetzen des frühneuzeitlichen Reichs gerechnet wurde (▸ 1.1). Er dekretierte ein generelles, unbefristetes Fehdeverbot, das dem adligen Selbstverständnis und den Interessen der Ritter massiv widersprach. – Freilich musste ein solches Verbot erst einmal durchgesetzt werden.

Statt durch die Fehde sollten Rechtsstreitigkeiten künftig vor Gericht ausgefochten werden. Der Reichstag von 1495 rief daher das Reichskammergericht als höchstes Reichsgericht ins Leben, dessen Richter zum größeren Teil von den Reichsständen, zum geringeren Teil vom König ausgewählt wurden. Die Ritter waren daran nicht beteiligt. Auch an einer weiteren wichtigen Neuerung dieser Reformjahre partizipierten sie nicht: den Reichskreisen, in denen sich die Reichsstände einer bestimmten Region zusammenschlossen.

Die »gestaltete Verdichtung« des Reichs fand also im Wesentlichen ohne die Reichsritter statt; sie hatten an den meisten neugeschaffenen Institutionen keinen aktiven Anteil. Dies war allerdings nicht etwa das Ergebnis einer zu einem bestimmten Zeitpunkt ein für allemal getroffenen Entscheidung der Reichsstände, die auf eine Marginalisierung der Ritter abzielte, sondern das Ergebnis einer langjährigen Entwicklung.

Andere Veränderungen in der Architektur des Reiches betrafen das Kaisertum. Für die Ritter war weniger wichtig, dass der deutsche König seit dem 16. Jahrhundert auch ohne Krönung durch den Papst den Titel »Erwählter Römischer Kaiser« führte, als die dynastische Kontinuität des

Kaisertums im Hause Habsburg seit 1438, die (mit einer kurzen Unterbrechung im 18. Jahrhundert) bis zum Ende des Reichs im Jahr 1806 andauerte. Diese Entwicklung bedeutete eine Chance für die Ritter, denn so konnten Klientelbeziehungen zum Reichsoberhaupt, wie sie für Mindermächtige von essentieller Bedeutung waren, eine größere, generationenübergreifende Dauerhaftigkeit und Verlässlichkeit erlangen, als dies bei wechselnden Kaiserhäusern mit je eigenen Interessen möglich gewesen wäre.

Die Entstehung der Reichsritterschaft

Um ihre Reichsunmittelbarkeit gegen die Fürsten zu verteidigen, boten sich für die mindermächtigen Adligen im Prinzip zwei Lösungen an: die Kooperation mit ihren Standesgenossen und die Anlehnung an einen machtvollen Beschützer, wofür in erster Linie der König bzw. Kaiser in Frage kam. Tatsächlich waren dies die beiden Mittel, durch die die Ritter ihre Unabhängigkeit auf Dauer behaupten konnten.

Zusammenschlüsse des Reichsadels unter königlichem Schutz waren nichts Neues. Schon ein Privileg König Sigismunds (1368–1437) aus dem Jahr 1422 gestattete ausdrücklich Vereinigungen des Adels. Aus dem 15. Jahrhundert ist eine Reihe regionaler Bünde des fränkischen, rheinischen und schwäbischen Adels bekannt. Außerdem wurden immer wieder auch Verbindungen mit Grafen, mit Prälaten und mit Reichsstädten eingegangen, anderen mindermächtigen Herrschaftsträgern im Reich, bisweilen auch mit Fürsten. Die bei weitem bedeutendste Vereinigung dieser Art war der Schwäbische Bund, der 1488 auf Initiative Kaiser Friedrichs III. (1440–93) ins Leben gerufen wurde und dessen Nukleus die ins frühe 15. Jahrhundert zurückgehende, aus Prälaten, Grafen und Rittern bestehende Gesellschaft zum St. Jörgen-Schild bildete. Er trug nicht nur den Sicherheitsinteressen der Ritter Rechnung, sondern durch ihn wurden sie auch »in neue, konstantere Formen politischen Zusammenlebens eingeübt« (Press, Karl V., 18). Gleichzeitig fungierte die schwäbische Ritterschaft im Rahmen des Bundes als eine wichtige Stütze des Kaisertums.

> »Auf diesen Höhenflug folgte mit dem katastrophalen Scheitern der Fehde Sickingens gegen den Kurfürsten von Trier (1522/23) und mit der gleichzeitigen Strafexpedition des Schwäbischen Bundes gegen einige niederadlige fränkische Landfriedensbrecher die jähe Ernüchterung«

Während die Habsburger mit ihren vorderösterreichischen Besitzungen über eine beachtliche eigene Machtbasis im deutschen Südwesten verfügten und deswegen für die schwäbischen Ritter attraktive Partner und Patrone waren, waren sie an Rhein und Main eine eher ferne Größe. Auch darum versagten sich die rheinischen und fränkischen Ritter lange Zeit dem Werben der Reichsoberhäupter um eine engere Kooperation. Dabei suchte insbesondere Maximilian I. (1493–1519) in seinen Bemühungen, ein Gegengewicht gegen den wachsenden Einfluss der Fürsten zu schaffen, die Verbindung zum Reichsadel. Dieser war jedoch trotz aller Konflikte mit den Territorialstaaten, wie sie besonders in Franken bestanden, nicht bereit, sich entschieden auf die Seite des Reichsoberhaupts zu stellen. Entnervt klagte Maximilian I. 1501 über die Ritter, gegen den König beriefen sie sich auf die Fürsten, gegen die Fürsten auf den König. 1517 unternahm der Habsburger einen neuen Anlauf, eine überregionale ritterschaftliche Organisation ins Leben zu rufen, und stellte eine Regelung des Fehdeverbots und der Gerichtsbarkeit in Aussicht, die den ritterlichen Wünschen Rechnung tragen sollte. Doch wieder verweigerten sich die Umworbenen, sei es, wie etwa Franz von Sickingen, aus einem Gefühl der Stärke heraus, sei es, weil sie nicht durch ein eindeutiges Votum für den Kaiser ihre Beziehungen zu den Territorialfürsten gefährden wollten, die eben nicht nur eine Bedrohung darstellen, sondern auch lukrative Karrierechancen bieten konnten. Noch waren die Ritter nicht bereit, das Spiel mit den multiplen Bindungen und Loyalitäten aufzugeben.

In den Jahren um 1520 erlebte die rheinische und die fränkische Ritterschaft einen Höhepunkt ihres Selbstbewusstseins. 1519 bemühte sich der habsburgische Thronkandidat, der künftige Karl V. (1500–58 bzw. 1519–56), intensiv um sie – nicht zuletzt um Franz von Sickingen –, um seine bevorstehende Kaiserwahl militärisch abzusichern. Und der Wormser Reichstag von 1521 kam den Forderungen der Ritter nach, ihnen ebenso wie dem höheren Adel das Recht auf Inanspruchnahme der Austrägalgerichtsbarkeit, einer Form der Schiedsgerichtsbarkeit, einzuräumen – und somit die Jurisdiktion des beargwöhn-

Hans Bocksberger d. Ä., König Ferdinand I., um 1550, Gemäldegalerie, Kunsthistorisches Museum Wien, Inv.Nr. GG_4386

ten Reichskammergerichts zu umgehen. Das ritterliche Selbstbewusstsein jener Jahre leuchtet besonders aus den Schriften Ulrich von Huttens hervor, der zugleich die Verbindung zwischen den Rittern und dem Kaiser betonte, den er sozusagen zur »Gegenautorität gegen den bedrohlich nahen Fürsten« (Press, Adel, 341) stilisierte.

Auf diesen Höhenflug folgte mit dem katastrophalen Scheitern der Fehde Sickingens gegen den Kurfürsten von Trier (1522/23) und mit der gleichzeitigen Strafexpedition des Schwäbischen Bundes gegen einige niederadlige fränkische Landfriedensbrecher um Hans Thomas von Absberg (1477–1531) die jähe Ernüchterung: Die Fürstenstaaten machten ernst mit der Durchsetzung ihrer Landfriedensvorstellungen und erwiesen sich auf ganzer Linie als militärisch überlegen. Auf ritterlicher Seite mangelte es dagegen an Geschlossenheit. Sickingen hatte 1522 in Landau zwar große Teile der rheinischen und Kraichgauer Ritter um sich scharen können; eine allgemeine Adelsvereinigung war der Landauer Bund aber nicht. Vielmehr beteiligten sich an dem Zug des Schwäbischen Bundes gegen die fränkischen Landfriedensbrecher auch Teile des südwestdeutschen Adels. Auch wenn es später noch Konflikte zwischen einzelnen Fürsten und Rittern gab – die Zeit des bewaffneten Kampfes der Ritter gegen den Fürstenstaat war Mitte der 1520er Jahre vorbei.

Der Deutsche Bauernkrieg 1524/25 sorgte unter den Rittern für weitere Verunsicherung. Zwar hegte Anfang der 1520er Jahre unter anderem Ulrich von Hutten (1488–1523) noch Visionen eines Zusammengehens von Niederadel und Drittem Stand gegen den expandierenden Fürstenstaat, und einige Ritter ließen auch jetzt noch Sympathien für die Bauern erkennen. Die meisten aber sahen sich durch den Aufstand in ihrer Existenz bedroht und suchten ihr Heil in einer gesamtadligen Standessolidarität mit den Fürsten gegenüber dem Gemeinen Mann. In der Tat erwies sich der Schwäbische Bund, der ja einen übergreifenden Zusammenschluss unterschiedlichster Herrschaftsträger im Südwesten darstellte, als das effektivste Mittel, um die Bauern niederzuwerfen. 1534 aber zerbrach der Bund, vor allem an den sich verschärfenden konfessionellen Gegensätzen unter seinen Mitgliedern. Seine niederadligen Mitglieder hatten zudem seit einiger Zeit Unbehagen über das steigende fürstliche Gewicht in dieser Allianz empfunden. Damit war das Konzept eines Zusammengehens der Ritter mit den höheren Reichsständen gescheitert.

Etwa zeitgleich begann ein neues habsburgisches Werben um die Ritter, das zunächst vor allem vom jüngeren Bruder Karls V., Ferdinand I. (1503–64), ausging, der ihn schon in den 1520er Jahren im Reich vertreten hatte und 1531 zum Römischen König und damit zum Nachfolger Karls im Kaiseramt gewählt worden war. Am erfolgreichsten war Ferdinand bei den schwäbischen Reichsrittern, die den Habsburgern schon lange eng verbunden waren und durch das Ende des Schwäbischen Bundes ihren wichtigsten sicherheitspolitischen Rückhalt verloren hatten. Viele von ihnen sahen sich vor allem durch den aus dem Exil zurückgekehrten Herzog von Württemberg gefährdet. Dieser konnte mit Waffenhilfe des Schmalkaldischen Bundes, des 1531

Johann Stephan Burgermeister, Codex Diplomaticus Equestris Cum Continuatione, oder Reichs-Ritter-Archiv mit dessen Fortsetzung, Ulm 1721, Titelkupfer von Band 2, Universitätsbibliothek Heidelberg, Sign. B 3665 RES

gegründeten Verteidigungsbündnisses protestantischer Fürsten und Städte (das aber den Beitritt von Grafen und Rittern nicht vorsah), 1534 die Herrschaft über sein Stammland zurückgewinnen und die seit 1519 andauernde habsburgische Herrschaft beenden. Es lag also durchaus nahe, dass sich König und Ritter zusammenschlossen, um diesen für sie beide gefährlichen Entwicklungen zu begegnen. In den 1530er Jahren wurden von Ferdinand und den Rittern verschiedene Bundesprojekte ventiliert, von denen jedoch keines zum Erfolg gelangte. Indem ihre früheren Bundesgenossen, die Grafen und Prälaten, stattdessen in den sich konstituierenden Schwäbischen Reichskreis eingebunden wurden, standen die Ritter vielmehr endgültig allein da. In dieser Situation gewann der Gedanke einer rein ritterlichen Selbstorganisation in Schwaben ebenso an Boden wie in Franken, wo der Niederadel Ende der 1530er Jahre wieder in eine verstärkte Frontstellung zu den Fürsten geriet.

Die vom Speyrer Reichstag 1542 beschlossene Türkensteuer, eine Finanzhilfe des Reichs zur Abwehr der bis nach Ungarn vorgedrungenen Osmanen, brachte den Stein ins Rollen. Diese Steuer sollte in Form eines »Gemeinen Pfennigs« erhoben werden, das heißt: Jeder Reichsuntertan hatte diese Abgabe zu leisten, die im Normalfall durch die betreffenden Landesherrn eingezogen wurde. In welcher Form und an wen aber sollten die Ritter die Steuer abführen? Der Reichstag bevollmächtigte den König, darüber mit den Rittern in Schwaben, am Rhein und in Franken zu verhandeln.

Dieser Beschluss ist unter mehreren Gesichtspunkten wichtig: Zunächst einmal erkannte der Reichstag damit implizit die Reichsunmittelbarkeit dieser Ritter an, im Gegensatz zu ihren landsässigen niederadligen Standesgenossen in anderen Regionen des Reichs, die die Steuer an ihre fürstlichen Landesherren zu entrichten hatten. Zum Zweiten wurde ihnen, die ja nicht auf dem Reichstag vertreten waren, grundsätzlich ein Verhandlungsrecht zuerkannt, auch wenn gleichzeitig, zum Dritten, die grundsätzliche Steuerpflicht der Ritter bekräftigt wurde. Ein wesentlicher Antrieb für diesen Beschluss dürfte in dem Wunsch zu erblicken sein, die notorisch zahlungsunwilligen Ritter endlich auch einmal zur Kasse zu bitten.

In der Tat hatten sich in der Zeit Maximilians I. die Ritter stets allen Steuerzahlungen verweigert, indem sie sich auf das Privileg beriefen, ihren Dienst für das Reich mit der Waffe zu leisten. Die fränkischen Ritter hatten 1501 sogar eine Einung zur Abwehr der Reichssteuerforderungen geschlossen! Die Bewilligung einer Türkenhilfe durch den Niederadel in Franken und Schwaben (1532) blieb zunächst eine Episode.

1542 gingen die schwäbischen, fränkischen und rheinischen Ritter auf die an sie herangetragene Steuerforderung ein. Dies hing mit ihrer erschütterten Stellung im Reich zusammen, lag aber auch an der geschickten Verhandlungsführung Ferdinands I. Er ernannte angesehene Ritter zu seinen Beauftragten und bahnte so den günstigen Beschlüssen der allenthalben einberufenen Ritterversammlungen den Weg, deren Entscheidungen nach dem Willen des Königs auch die Abwesenden banden. Dadurch verschaffte er dem Prinzip Geltung, dass jeder reichsunmittelbare Ritter zur Steuerzahlung an das Reichsoberhaupt verpflichtet sei. Im Umkehrschluss galt: Wer nicht zahlte, war landsässig.

Volker Press hat gezeigt, dass genau hier der Ursprung der organisierten neuzeitlichen Reichsritterschaft lag: »die Steuern zwangen die Ritter, sich quasi-territorial zu organisieren« (Press, Karl V., 49). Um die Steuererhebung zu regeln, schufen sich die Ritter nach und nach eine dauerhafte Organisation – es blieb nämlich nicht bei der einen Forderung von 1542. Die neue ritterschaftliche Organisation knüpfte an ältere Strukturen an, so in Schwaben an die vier Ritterorte des Schwäbischen Bundes und in Franken an etablierte Adelsgesellschaften. Die rheinische Ritterschaft gliederte sich erst später in Ritterorte. Diese Ritterorte oder -kantone, die alle reichsunmittelbaren Ritter einer bestimmten Region und ihre Güter in ihren Matrikeln aufführten, bildeten künftig die wichtigsten Organisationseinheiten der Reichsritterschaft und übernahmen mit der Zeit über die Steuererhebung und -verwaltung hinaus weitere wichtige Aufgaben, wie die Entschuldung von Mitgliedern, die Einrichtung von Vormundschaften für minderjährige Ritter oder die Regelung interner Konflikte. Dazu bildeten sie neben dem Plenum aller Mitglieder, dem schließlich nur noch besonders wichtige Fragen vorbehalten blieben, Ausschüsse zur schnelleren Beschlussfassung aus und als Exekutivorgan Direktorien, die aus einem Direktor oder Hauptmann mit meist vier bis sechs Ritterräten bestanden. Später kamen eine Kanzlei mit Registratur und Archiv hinzu. Wichtig war selbstverständlich auch die Kasse des Kantons, die sogenannte Rittertruhe.

Seit den 1560er Jahren organisierten sich die Ritterorte in den Kreisen Schwaben (mit den Orten Hegau-Bodensee-Allgäu, Donau, Neckar-Schwarzwald, Kocher und Kraichgau), am Rheinstrom (Orte Ober-, Mittel- und Niederrhein) und Franken (Orte Odenwald, Rhön-Werra, Baunach, Steigerwald, Altmühl und Gebürg). Dauerhaft außerhalb der Kreisorganisation verblieb der Kanton Unterelsass. 1575 gab es in Schwäbisch Gmünd erstmals einen Generalkorrespondenztag aller Reichsritterschaften, ein deutliches Zeichen dafür, dass die Ritter erkannt hatten, dass sie gemeinsam die größten Chancen zur Durchsetzung ihrer Interessen hatten.

Für die Ausbildung der ritterlichen Selbstorganisation war die Unterstützung der Kaiser von entscheidender Bedeutung, die ein erhebliches Interesse daran hatten, die Ritter außerhalb der reichsständischen Institutionen zu halten und eng an sich zu binden. Einerseits torpedierten sie alle Pläne, die Ritter in die Reichskreisorganisation einzubeziehen oder ihnen Sitz und Stimme auf dem Reichstag zu verschaffen. Andererseits verliehen sie den Rittern umfassende Privilegien, die sie gegenüber den fürstlichen Expansionsbestrebungen schützen und damit zugleich die als *Subsidia charitativa* bezeichneten Zahlungen der Ritter auf Dauer sicherstellen sollten. Mit anderen Worten: Um die Mitte des 16. Jahrhunderts wurde ein kaiserlich-ritterliches Patronageverhältnis geschmiedet, das beiden Seiten erhebliche Vorteile brachte und wesentlich zum Überleben der Reichsritterschaft bis in die letzten Jahre des Alten Reiches beitrug.

Ritterschaft und Reformation

Generalisierende Aussagen darüber, wie die Reichsritter zur Reformation standen, lassen sich nur schwer treffen, denn je nach familiären und individuellen Interessen, Abhängigkeiten, aber auch persönlichen Glaubensüberzeugungen fielen ihre Positionierungen höchst unterschiedlich aus. Häufig lagen sie im Trend der Zeit. So ließen sich einige von Martin Luthers (1483–1546) Schrift *An den Christlichen Adel deutscher Nation* (1520) (▸ 6.1) ansprechen und traten früh als engagierte Anhänger des Reformators auf. Dabei ist freilich nicht immer klar zu erkennen, ob das aus einer intensiveren Auseinandersetzung mit seiner Lehre oder aus einer traditionellen Pfaffenfeindschaft heraus geschah. Einige Kraichgauer Ritter aus dem Geschlecht derer von Gemmingen beriefen bereits 1521/22 Anhänger der Reformation auf die Pfarrstellen in ihren Besitzungen und boten verfolgten Geistlichen Zuflucht. Große Berühmtheit erlangte die Ebernburg Franz von Sickingens als er dort zur selben Zeit so bedeutende Persönlichkeiten wie Martin Bucer (1491–1551) und Johannes Oekolampad (1482–1531) aufnahm (▸ Essay *Die Herberge der Gerechtigkeit*).

Die Existenz so herausragender Anhänger »des Evangeliums« wie Franz von Sickingen oder Ulrich von Hutten sollte andererseits nicht den Blick dafür verstellen, dass die Mehrzahl ihrer Standesgenossen sich mitnichten als frühe Unterstützer Luthers profilierte. Für einen kleinen Adligen war nämlich ein offenes Bekenntnis zur Reformation nicht ohne Risiko. Denn das Wormser Edikt von 1521 wurde zwar nicht konsequent umgesetzt, bedrohte aber doch alle Anhänger Martin Luthers mit der Reichsacht (▸ 3.13).

Eher ernüchternd dürfte auf viele ritterliche Sympathisanten Luthers gewirkt haben, dass der Reformator seit der zweiten Hälfte der 1520er Jahre immer deutlicher auf ihre politischen Gegner, die Fürsten, setzte. Demgegenüber war spätestens seit 1530 klar, dass Karl V. und Ferdinand I., auf deren Schutz man sich angewiesen sah, beim alten Glauben bleiben würden. Und so verhielten sich viele Ritter eher abwartend, hüteten sich jedenfalls davor, sich zu exponieren, auch wenn der Kaiser den evangelischen Rittern im Vorfeld des Schmalkaldischen Krieges (1546/47) signalisierte, dass sie des Glaubens wegen von ihm nichts zu befürchten hätten.

Eine grundsätzliche Änderung der Situation trat ein, als der Augsburger Reichstag von 1555 den Schutz des Reichslandfriedens auf die Anhänger des Augsburger Bekenntnisses von 1530 ausdehnte. Damit war das Luthertum als zweite Konfession neben dem Katholizismus reichsrecht-

Christoph Amberger, Kaiser Karl V., um 1532, Öl auf Lindenholz, Gemäldegalerie, Staatliche Museen zu Berlin – Preußischer Kulturbesitz, Berlin, Inv.Nr. 556

lich zugelassen. Der Augsburger Religionsfrieden gestand den Fürsten des Reichs das sogenannte Reformationsrecht zu, also das Recht, zwischen diesen beiden Bekenntnissen zu wählen und diese Entscheidung auch für ihre Untertanen verbindlich zu machen. Für die Ritter war von größter Bedeutung, dass sie ausdrücklich nicht der fürstlichen Religionshoheit unterworfen wurden, sondern gemäß Artikel 26 des Religionsfriedens selbst ihr Bekenntnis bestimmen konnten. Es wurde zwar nicht klar gesagt, ob das auch das Reformationsrecht über ihre Untertanen einschloss. Die Ritter interpretierten den Religionsfrieden aber in diesem Sinne und handelten danach.

Für eine Reihe von Reichsrittern lässt sich nachweisen, dass sie in den Jahren nach 1555 mit ihren Territorien den offenen Übergang zum Augsburger Bekenntnis vollzogen. Einige Kantone, wie etwa der Kraichgau, wurden komplett evangelisch. Welche Faktoren für die Annahme des Luthertums handlungsleitend waren, war von Fall zu Fall verschieden. Neben Glaubensüberzeugungen oder einer Vorliebe für den deutschsprachigen Gottesdienst spielten auch zutiefst weltliche Beweggründe eine Rolle, wie das Bestreben, Zugriff auf das Kirchengut zu erhalten und die Herrschaft über die eigenen Untertanen zu intensivieren. Teilweise scheinen die Ritter auf Glaubensdifferenz zu den benachbarten Fürstenstaaten gesetzt zu haben, teilweise richteten sie sich mit ihrer Bekenntniswahl an ihnen aus. So blieben die im habsburgischen Einflussbereich lebenden Ritter in den südlichen schwäbischen Kantonen überwiegend katholisch, nicht zuletzt weil sie den für die ritterlichen Familien so bedeutenden Zugang zu den kirchlichen Pfründen nicht verlieren wollten.

Bemerkenswert ist, dass die Ritter die Tendenzen zur Konfessionalisierung, die für das Reich seit dem letzten Viertel des 16. Jahrhunderts so prägend und zerstörerisch waren, kaum mitvollzogen. Bei vielen Rittern, die dem Luthertum anhingen, blieben altgläubige Bräuche in Übung, sie hörten nicht auf, sich in katholischen Stiftskirchen bestatten zu lassen und sich um kirchliche Pfründen zu bewerben. Zahlreiche Familien lassen sich gar nicht eindeutig einer bestimmten Konfession zuordnen, sondern oszillierten mit ihren verschiedenen Zweigen zwischen den großen konfessionellen Lagern. Das reformierte Bekenntnis scheint, wohl nicht zuletzt aufgrund seines lange ungeklärten reichsrechtlichen Status, von den meisten Rittern nicht als attraktiv empfunden worden zu sein. Einzelne Calvinisten finden sich aber durchaus. Ja, es gab auch mehr oder minder offene Unterstützer radikalprotestantischer Gruppierungen wie der Täufer und Schwenckfeldianer. Damit trugen die Reichsritter einiges zur konfessionellen Vielfalt des Alten Reiches bei.

Kennzeichnend für die Reichsritterschaft war jedoch vor allem eines: Die berühmte »unsichtbare Grenze« (François, Grenze) zwischen den Bekenntnissen war in reichsritterlichen Kreisen ausgesprochen schwammig und porös. Richard Ninnes hat in diesem Zusammenhang von einem »konfessionellen Niemandsland« unter der Reichsritterschaft gesprochen (Ninnes, Niemansland). Die unterschiedliche konfessionelle Ausrichtung ihrer Mitglieder hatte dann auch bis in die Zeit des Dreißigjährigen Krieges kaum nachteilige Auswirkungen auf die reichsritterschaftliche Organisation.

Lit.: Andermann, Ritterschaft. – François, Grenze. – Moraw, Verfassung. – Neumaier, Ort Odenwald. – Ninnes, Niemandsland. – Press, Adel. – Press, Karl V. – Press, Ritterschaft. – Riedenauer, Reichsritterschaft. – Schneider, Niederadel. – Ulrichs, Lehnhof. – Wüst, Reformation.

Hutten, Luther und die Reformation

JOHANNES SCHILLING

Es war eine merkwürdige Trias – Sickingen, Hutten und Luther. Für einen Moment der Geschichte trafen diese drei Gestalten zusammen. Franz von Sickingen (1481–1523) war dabei die kurzlebigste Erscheinung, Hutten überdauerte ihn in dem gemeinsamen Anliegen, wenn auch nicht lange, und Luther suchte andere Wege und andere Mitstreiter für seine Reformation als eben diese beiden Herren von Adel.

In den Anfangsjahren der Reformation richteten sich die Erwartungen und Hoffnungen zahlreicher Menschen und Gruppen auf die von Wittenberg ausgehende neue Bewegung, ihre Botschaft und ihre Leitfigur Martin Luther (1483–1546). Luthers neues Verständnis des christlichen Glaubens und seine Ideen zur Reform der Kirche erweckten bei vielen Zeitgenossen Interesse, ja, Begeisterung. Innerhalb der ritterschaftlichen Bewegung war Ulrich von Hutten (1488–1523) die herausragende Gestalt, der diesem Interesse und dieser Begeisterung in seinen Schriften Ausdruck verlieh.

I.

Ulrich von Hutten war ein produktiver Schriftsteller, aber er war vor allem ein lateinischer Dichter. Als solcher wurde er am 12. Juli 1517 in Augsburg zum *poeta laureatus* gekrönt – die Dichterkrönung mochte ihm den Doktortitel ersetzen, den er während seines unbeständigen Universitätsbesuchs nicht erworben hatte. Im Lateinischen war er versiert, das Deutsche musste er sich als Literatursprache erst mit Mühe aneignen. Als Verfasser einer lateinischen Poetik hat er nach seinem Tode fortgewirkt, lange noch, nachdem der Autor reformatorisch-polemischer deutscher Flugschriften vergessen oder verdrängt worden war. Die Humanisten erwiesen ihm in der lateinischen Poeten- und Gelehrtenrepublik ihre Reverenz; dem deutschen Hutten wurde – sieht man von den Lobsprüchen auf sein deutsches Lied *Ich habs gewagt* einmal ab – gleiche Wertschätzung nicht zuteil. Mit der *Klag und Vormanung gegen dem übermässigen unchristlichen gewalt des Papstes zu Rom und der ungeistlichen Geistlichen*, der ersten Schrift, die er von vornherein in deutscher Sprache verfasste, wandte er sich im Herbst 1520 an ein neues, deutschsprachiges, nicht gelehrtes Publikum:

> *Latein ich vor* [früher] *geschriben hab*
> *das was eim yeden nit bekandt.*
> *Yetzt schrey ich an das vatterlandt*
> *Teütsch nation in irer sprach,*
> *zu bringen dißen dingen rach.*
> (Hutten, Opera III, 484, V. 262–266)

1519 hatte Hutten seinen Dialog *Febris* für Franz von Sickingen übersetzen lassen, dem er bei einem Besuch Huttens lateinisch vorgelesen worden war. Dabei *mercket ich ewer neygung vnnd willen, daß yr solchs gern in deutsch transferiert haben woltet. Auff das ich nu (wie ich alweg geflissen) euch hyr yn wilfare, vnd ewerm beger volge thu ... so hab ich solchs buchlein, vom latein in dz deutsch, wie wol das im latein vyl lieplicher vn kunstlicher dan im deutschen lauten mag, verwandelen lassen* (Hutten, Opera I, 247, 11–18).

Ulrich von Hutten, Clag und vormanung, Bl. Av, Straßburg: Johann Schott, Oktober/November 1520, Hessische Hochschul- und Landesbibliothek Fulda, Sign. Hutten Benzing 144

In den Anfängen des Ablassstreites befand sich Hutten in den Diensten des Erzbischofs Albrecht von Mainz. Er hatte diesen bei seinem feierlichen Einzug in seine Mainzer Residenz am 8. November 1514 mit einem großen Huldigungsgedicht willkommen geheißen. Hutten formulierte seine Ansicht über den Ablassstreit am 3. April 1518 in einem Brief an den Grafen Hermann von Neuenahr (1492–1530): *Nun aber, was du vielleicht noch nicht weißt, ist zu Wittenberg in Sachsen eine Partei gegen die Gewalt des Papstes aufgetreten, während die andere den päpstlichen Ablass verteidigt. Von beiden Seiten nimmt man einen gewaltigen Anlauf und bietet viel Kraft auf. Mönche stehen an der Spitze der Kämpfenden. Die Heerführer selbst sind rasch und hitzig, voll Mut und Eifer; bald rufen sie und schreien, bald jammern sie und klagen das Schicksal an. Neuestens haben sie sich auch an das Schreiben gemacht. Die Buchdrucker bekommen zu tun. Es werden Streitsätze und Corollarien, Schlüsse und – was schon manchem übel bekommen ist – Artikel verkauft. So hoffe ich, werden sie sich gegenseitig zu Grunde richten. Ich selbst habe neulich einem Ordensbruder, der mir die Mitteilung machte, zur Antwort gegeben: Fresset einander, damit ihr voneinander gefressen werdet. Mein Wunsch ist nämlich, dass unsre Feinde so viel als möglich in Zwietracht leben und sich hartnäckig untereinander aufreiben mögen. Ja, gebe Gott, dass alle zugrunde gehen und aussterben, welche der aufkeimenden Bildung hinderlich sind, damit die lebendigen Pflanzungen der herrlichsten Tugenden, die sie so oft zertreten haben, endlich sich erheben mögen* (Hutten, Opera I, 167, V. 11–25).

Diese Einschätzung änderte sich nach der Leipziger Disputation zwischen Luther, Andreas Karlstadt (1486–1541) und dem Ingolstädter Professor Johannes Eck (1486–1543) im Juni/Juli 1519, durch die zahlreiche interessierte junge Leute auf Luther aufmerksam und zu seinen Anhängern wurden. In den beiden folgenden Jahren, 1520 und 1521, nahmen die Beziehungen zwischen Hutten und Luther zu; in der Zeit um den Wormser Reichstag im April 1521 erreichten sie ihren Höhepunkt.

Huttens Weg zu Luther führte über Philipp Melanchthon (1497–1560). Am 20. Januar 1520 schrieb er diesem einen Brief (Melanchthon, Briefwechsel 72/Texte 1, 162 f.), in dem er Luther Sickingens Hilfe anbot. Dieser habe schon Reuchlins Sache betrieben, und Melanchthon möge Hutten glauben: Sicherer als bei Sickingen sei die Luthersache nirgends aufgehoben. Am 28. Februar wiederholte er sein Angebot, betonte aber, die Sache solle geheim bleiben. Luther solle sich schnellstens auf den Weg zu Sickingen aufmachen; eventuell könne er ihn, Hutten, treffen, im Gasthaus *zu dem Beren* in Fulda wisse man, ob er auf Steckelberg sei (Melanchthon, Briefwechsel 74/Texte 1, 164 f.). Luther kam nicht – der Kontakt musste brieflich fortgesetzt werden. Am 4. Juni 1520 schrieb Hutten aus Mainz einen ersten Brief an Luther.

Es sind insgesamt vier Briefe Huttens an Luther erhalten, zwei aus dem Jahre 1520, die beiden anderen von 1521, alle lateinisch (Luther, Briefwechsel (WA) II, Nr. 295, 360, 398, 399). Es bestand Interesse an der Publikation dieser Schreiben, und daher wurden sie im Druck veröffentlicht; Privatbriefe im späteren Sinne sind sie nicht gewesen. Die Überschriften dieser Briefe bringen Huttens Verhältnis zu Luther aus seiner Sicht treffend zum Ausdruck. Im ersten Brief vom Juni 1520 lautet die Adresse: *Es lebe die Freiheit! Ulrich von Hutten, Ritter, wünscht dem Theologen Martin Luther Heil.* Im zweiten Brief, im Dezember 1520 auf der Ebernburg geschrieben, wünscht *Ulrich von Hutten dem niemals besiegten Herold des göttlichen Wortes Martin Luther, seinem Bruder und innig geliebten Freund, Heil.* Am 17. April 1521, dem Tag, an dem Luther in Worms vor Kaiser und Reich stand, lautet die Anrede: *Martin Luther, dem Theo-*

logen, dem immer unbesiegten Evangelisten, seinem heiligen Freund. Und das letzte Schreiben, ein paar Tage später, fasst die vorausgegangenen Adressen gleichsam zusammen: *Martin Luther, dem Theologen, dem immer unbesiegten Evangelisten, seinem heiligen Freunde, wünscht Ulrich von Hutten, Ritter, Heil in Christus, unserem Erlöser.*

In den Briefen selbst nimmt Hutten lebhaften Anteil an Luthers Geschick und ermutigt ihn zum Durchhalten, teilt ihm auch allerhand über sich selbst und Sickingen sowie über Ereignisse in seinem Umkreis mit, übersendet seine neuesten Schriften und kündigt nächstens erscheinende an. Vor allem versichert er ihn immer wieder seines unverbrüchlichen Beistands. Der Brief vom 17. April 1521 besteht fast nur aus Psalmworten; ein Zeichen für die außerordentliche Spannung dieser Tage. In diesem Brief findet sich auch eine Verhältnisbestimmung der beiden aus Huttens Sicht: *Aber darin unterscheiden sich unser beider Absichten, dass die meinen menschlicher Art sind, du aber schon fortgeschrittener bist und ganz von himmlischen Dingen abhängst.*

In mehreren Klageschriften wandte sich Hutten zudem an die Obrigkeiten des Reichs, an den Kaiser, an Landesfürsten und an die gesamte deutsche Nation, unter dem 11. September 1520 auch an den Kurfürsten Friedrich den Weisen von Sachsen, Luthers Landesherrn (Hutten, Klage). Er bedrängte ihn heftig, die Freiheit des Vaterlandes gegen die römische Tyrannei zu verteidigen; Fürsten und Herren hätten hier ihre ureigenste Aufgabe zu erfüllen. Alle hätten sich, so Hutten, dem Papst unterworfen, *allein das E.*[uer] *C.*[hurfürstlichen] *G.*[naden] *Doctor Martinus Luther, von allen menschen verlassen, heldeth und geacht würt in sich erneren und unterhalten ein funcken der alten stercke und veste, welcher einst mocht das aller heiligwertigst fewer anzünden* (Ebd., 697, 15–18). Hutten beschwor sogar die Erinnerung an Arminius, den gleichsam göttlichen Befreier der Deutschen von den Römern – ihm sollten die Sachsen nacheifern. Dabei schreckt er auch vor Gewalt nicht zurück; in hartnäckigen Fällen braucht man eben die *allerhefftigsten artzneyen* (Ebd., 699, 4) – sonst ist Abhilfe unmöglich. Erst die Trennung von Rom würde *die christlich lieb wider auffbringen, die kirchen meren und in deß, das man in gemein* [allgemein] *der gantzen Christenheit hilfft, dem vatterland merckliche fürderung und vorteil erzeigen* (Ebd., 702, 13–16). Wie ein einsamer Rufer schreit Hutten seine Klagen ins Land hinaus, und er sieht sich schon jetzt in der Märtyrerrolle: *ich kan sterben, aber ich kan nicht unerlich unterworffen und dienstbar sein* (Ebd., 703, 1 f.).

Am 12. November 1520 hatte der päpstliche Nuntius Aleander (1480–1542) in Köln und am 29. November in Mainz Bücher Luthers verbrennen lassen. Hutten verfasste daraufhin lateinische und deutsche Verse, die er Luther mit einem Begleitbrief am 9. Dezember von der Ebernburg aus zusandte. In den Gedichten beklagte Hutten, dass das göttliche Wort verbrannt, das Evangelium verachtet, die deutsche Nation ausgeraubt, ja Gott selber feil gehalten würden. Luther, der Gottesknecht, werde unrecht behandelt; man lade ihn nicht vor ein ordentliches Gericht, Willkür und Gewalt herrschten allenthalben. Zum Schluss des kleinen Werkes wendet sich Hutten direkt an Luther:

Dich aber liebster bruder meyn,
Durch sollich macht vorgwaltigt seyn,
Byn deynethalben ich beschwert,
Doch hoff ich es werdt widerkert,
Vnnd werdt gerochen [gerächt] *deyn vnschuldt.*
Drumb diener gottes hab gedult.
Mocht ich dir aber beystandt thun,
Vnnd raten [abhelfen] *dissen sachen nun,*
So wolt ich was ich hab am gutt
Nit sparen noch meyn eygen blut.
Got wirt es aber rechen baldt,
Vorwar du mir das glauben salt,
Dann er den grechten nie vorließ,
Da laß dich auff, es ist gewiß.
Ich habs gewagt.
Vlrich vonn Hutten.
(Hutten, Opera III, 459, V. 118 ff.).

Am 1. Mai 1521 berichtete Hutten dem Nürnberger Humanisten Willibald Pirckheimer (1470–1530) von den Wormser Ereignissen und wandte sich heftig gegen die Feinde des Gottesknechts, ungestümen Christen und Lehrer des Evangeliums, wie er Luther nennt. Unbegreiflich ist ihm, wie sich die deutschen Fürsten in den Wormser Verhandlungen verhalten haben. *Daß sein unser teutsche fursten, waß werden frembden hiertzu sagen? Ich schem mich schier meiens* [!] *Vaterlands* (Hutten, Brief Pirckheimer, 558, 30 f.). Noch einmal wird Sickingen als Beschützer der Reformation herausgestellt: *Wyr haben Frantzen auff unser seiten, ytzund nit allein gunstig, sundern gentzlich hitzig und entzündet. Er hat den Luter gantz in sich getruncken, also tzu reden, seine buchlein lest er tzu tisch lesen. Ich hab in schweren hörn, wie ehr nit wolle vorlassen die warheit, es treff an was es wolle. Du solst eygentlich* [ausdrücklich] *dise wort vor gütliche stim halten, so gros ist sein bestendigkeit* (Ebd., 559, 25–30). Und Luthers göttliche Sendung ist Hutten gewiss: *Es ist gantz klar am tage, das er aus gotlichem eingeben getzogen schleust aus alle menschliche redt, und hangt gantz an Got. Aber den tot veracht er als irgent einer. Christus bewar seinen evangelisten ein kleine etzliche tzeitlang, bis das in den hertzenn der menschen die recht frumckeit aufwachß* (Ebd., 559, 38 und 560, 2).

Seit Anfang 1518 hatte Hutten nachweislich Kenntnis von Luther und seiner Sache. Was ihm zunächst unerheblich, ja unerfreulich schien, machte er sich später zu eigen. Er stellte den Kontakt zwischen Sickingen und Wittenberg her und warb in zahlreichen Schriften 1520 und 1521 für die Luthersache. Sein Einfluss sollte indes nicht überschätzt werden; Luther brauchte Hutten als Propagandisten nicht, und die Ausbreitung seiner Ideen hing nicht von Huttens Einsatz ab.

> »Wyr haben Frantzen auff unser seiten, ytzund nit allein gunstig, sundern gentzlich hitzig und entzündet. Er hat den Luter gantz in sich getruncken«

II.

Während Hutten Luther in seinen Schriften reichlich thematisierte, kommt er selbst in Luthers Schriften überhaupt nur zweimal vor. Die erste Erwähnung findet sich in der Vorrede zu der Schrift *Von der Beicht, ob die der Bapst macht habe zu gepieten* (Luther, Werke (WA) VIII, 129; 138–185; 204), die Luther unter dem 1. Juni 1521 von der Wartburg *Dem gestrengen und vhesten Francisco von Sickingen, meynem beßondernn Hernn und patronn* (Ebd., 138, 3 f.) als Zeichen seiner Dankbarkeit für *vielfeltige ewr trostung und erbieten mir unwirdigen geschehen* (Ebd., 139, 25 f.) zueignete. Am Ende dieser Vorrede heißt es knapp: *Er* [Herrn] *Ulchrichen von Hütten und Martinne Bucerum laß ich E.*[uer] *G.*[naden] *befolhen seyn* (Ebd., 140, 5 f.). Und am Schluss eines Sendschreibens an den Reichsritter Hartmuth von Cronberg (1488–1549) vom März 1522 heißt es: *Grusset alle unßere fründ ym glawben, her Frantzen und her Ulrichen von Hütten unnd wer yhr mehr sind. Gottes gunst sey mit euch. Amen* (Luther, Werke X/2, 60, 21 f.).

Zwischen 1520 und 1529 taucht Hutten gelegentlich in Luthers Briefwechsel auf. Ende April 1520 hatte der Erfurter Humanist Crotus Rubeanus (1480–1539) Luther mitgeteilt, dass Sickingen, *der große Führer des deutschen Adels*, Luther Zuflucht gewähren wolle; er könne Ruhe, ein Haus zum Theologietreiben, einen Diener, Essen und Asyl vor seinen Verfolgern und alles Lebensnotwendige in Fülle erhalten. Und am 3. August des gleichen Jahres schrieb Luther auch seinem alten Ordensbruder, dem Augustinereremiten Johannes Voigt in Magdeburg (Luther, Briefwechsel (WA) II, 162 f., Nr. 323), dass ihm Sickingen durch Hutten Schutz gegen alle Feinde angeboten habe, desgleichen Sylvester von Schaumberg (zwischen 1466 und 1471–1534). Diese Zusage hatte Luther doch wohl das Gefühl von Sicherheit vermittelt. Außerdem äußerte Luther seine Befriedigung darüber, dass Hutten sich mit Schriften hervorgewagt habe; hätte er doch nur Caracciolo und Aleander unschädlich gemacht!

Am 15. Dezember 1520 hatte Luther eine Ausgabe von Huttens *Conquestiones* von Crotus Rubeanus erhalten; am 14. Januar 1521 schrieb er an Johann von Staupitz (um 1465–1524) in Salzburg, Hutten habe die Bannbulle Leos X. (1475–1521) mit gesalzenen Glossen gegen das Papsttum versehen und plane Weiteres in dieser Sache; am 16. Januar schickte er Huttens Ausgabe der Bannbulle mit einigen anderen seiner Werke samt Huttens Brief vom 9. Dezember 1520 an Georg Spalatin (1484–1545), der sich bereits in Worms befand. Aber im Unterschied zu den Rittern hält Luther fest: *Ich möchte nicht, dass mit Gewalt und Blutvergießen für das Evangelium gestritten wird, so habe ich an diesen Menschen geschrieben. Durchs Wort ist die Welt überwunden, durchs Wort ist die Kirche erhalten worden, und durchs Wort soll sie auch wieder hergestellt werden. Aber auch der Antichrist, wie er ohne Gewalt begonnen hat, so soll er ohne Gewalt zerschmettert werden durch das Wort* (Luther, Briefwechsel (WA) II, 249, 12–15). Die Scheidung lag in der Gewaltfrage: *non vi, sed verbo* – nicht mit Gewalt, sondern allein mit dem Wort sollte für die Sache des Evangeliums gestritten werden.

III.

Am Silvestertag des Jahres 1520 verfasste Hutten auf der Ebernburg die Vorrede zu seinem *Gesprächbüchlein* (▸ 4.8), in dem er vier seiner lateinischen Dialoge in deutschen Übersetzungen zusammenstellte. In der Widmungsvorrede preist Hutten Sickingen als Leuchte des deutschen Adels und dankt ihm für seine bewährte Freundschaft. Anfang 1521 erschien die Erstausgabe bei Johann Schott in Straßburg. Das Titelblatt zeigt vier Holzschnitte von Hans Baldung Grien, oben Gottvater und König David in den Wolken, unten den Sturm von Landsknechten auf Papst und

»Christianae Libertatis propugnatoribus M. Luthero Vl. Ab. Hutte«, Doppelbildnis Martin Luther und Ulrich von Hutten, Holzschnitt Straßburg: Johann Schott 1521, Handschriftenabteilung, Staatsbibliothek zu Berlin – Preußischer Kulturbesitz, Berlin, Sign. Port.Slg.Luther AI II 34

Klerus, in der Mitte Hutten und Luther in voller Figur. Luther ist in der Mönchskutte dargestellt, in den Händen hält er die Heilige Schrift. Hutten erscheint als Ritter, in Rüstung und mit dem Schwert. Der Luther zugeordnete Bibelvers stammt aus Spr 8,7: Mein Mund redet Wahrheit; das Hutten zugewiesene Wort: Endlich muss man durchbrechen, man muss durchbrechen, entstammt nicht direkt der Bibel, erinnert aber im lateinischen Text an Ps 2,3, einen Psalm, der in der Reformationspolemik sehr häufig gebraucht wurde. Gemeint sind Papst und Klerus, von denen es mit Ps 25 (26), 5 heißt: Ich hasse die Versammlung (die Kirche) der Boshaften.

In derselben Zeit brachte Schott einen Einblattdruck mit Porträtdarstellungen von Luther und Hutten heraus. Er trägt die Überschrift: Den Vorkämpfern der christlichen Freiheit Martin Luther – Ulrich von Hutten und zeigt links Luther als Mönch vor einer Nische, rechts ist Ulrich von Hutten als Ritter mit Rüstung und Schwert und als gekrönter Dichter mit dem Lorbeerkranz dargestellt. Am 8. Februar 1521 schrieb der päpstliche Nuntius Aleander (1480–1542) aus Worms an den Vizekanzler Medici: *Gestern sah ich auf einem und demselben Blatt Luther mit einem Buche und Hutten mit der Hand am Schwerte abgebildet und darüber in schönen Buchstaben »Christianae libertatis propugnatoribus M. Luthero, Ulrico ab Huten«, unter jedem ein Vierzeiler, der Huttens drohte mit dem Schwerte. Ein Edelmann zeigte mir solches Bild, weitere Exemplare haben sich davon nicht gefunden. So weit ist es mit der Welt gekommen, dass diese Deutschen*

Triumphus Veritatis, Ulrich von Hutten mit den überwundenen Vertretern der Papstkirche, rechts Martin Luther vor dem Triumphwagen, 1524, Holzschnitt, Landesbibliothekszentrum Rheinland-Pfalz, Pfälzische Landesbibliothek, Speyer, Sign. 109-6358 Rara, VD16 ZV 6175

sich überstürzen, jene beiden Schurken noch zu Lebzeiten anzubeten, die schamlos genug waren, eine solche Kirchenspaltung hervorzurufen, deren Worte der Nächstenliebe und dem Gebote des Evangeliums ins Gesicht schlagen und die den ungenähten Rock unseres Herrn Jesus Christus zerreißen. Und in die Hände von solchen Leuten bin ich gegeben! (Brieger, Aleander, 56).

Seine eindrücklichste Darstellung im Kontext von »Reformation« hat Hutten wohl im *Triumphus Veritatis. Sick der warheyt* eines Nürnberger Verfassers, der sich in reformatorischem Freiheitspathos Hans Heinrich Freiermut nannte, aus dem Jahr 1524 erhalten.

Im Inneren der Schrift findet sich ein Holzschnitt, der den Siegeszug der Wahrheit darstellt. In der Mitte der Darstellung, hoch zu Ross und in ritterlicher Rüstung, reitet Ulrich von Hutten. Er führt eine größere Schar zum Teil merkwürdiger Gestalten in Ketten. Die vorderen sind mit Mitra und Stab unschwer als geistliche Würdenträger zu erkennen: Dem Papst ist die Spitze seines Stabes abgebrochen und die Tiara abgefallen, dem Bischof fällt die Mitra gleichfalls herunter. Die nachfolgenden tierköpfigen Gestalten bezeichnen und verhöhnen zeitgenössische Theologen und Gegner der Reformation: Der Straßburger Franziskaner Thomas Murner (1475–1537) ist als Katze, der Ingolstädter Professor Johannes Eck als Schwein, Hieronymus Emser (1478–1527) aus Leipzig als Bock, der Tübinger Theologieprofessor Jakob Lemp (zwischen 1460 und 1470–1532) als Hund, der Leipziger Franziskaner Augustin Alveldt (um 1480 – um 1535) als Esel, der Kölner Ketzermeister Jakob van Hochstraten (1460–1527) mit einer Ratte und der Konstanzer Generalvikar Johann Fabri (1478–1541) als »Schmied« mit Hammer und Blasebalg dargestellt. Darüber steht ein Text, der aus mehreren Bibelstellen kompiliert ist: Offenbart ist der Mensch der Bosheit, der Sohn des Verderbens und der Greuel, den Gott mit dem Stabe seines Mundes geschlagen hat. Die biblischen Vorlagen, 2 Thess 2,3 und Jes 11,4, reden vom Auftreten des Widersachers vor der Wiederkunft Christi und vom Messias und seinem Friedensreich. Die Textfassung des Holzschnittes bezeugt: Die biblische Ankündigung ist eingetroffen, der Papst ist als der Antichrist gestürzt und gefangen, und der Salvator, Christus, kann mit den Seinen in seine Stadt einziehen. In den Hutten zugewiesenen Versen fordert dieser zur Freude auf:

Dan got hat sich gethon erbarmen
Uß gnaden über uns vil armen
Und hat uns ein propheten gsant,
Der Martin Luther ist genant,

Durch den uns der barmherzig got
Solch große gnad bewisen hot,
Daß wir durch in hand [haben] *widerum*
Das heilig evangelium,
Durch welchs uns got anbeut sein huld,
Verzeihung aller sünd und schuld
Und uns darzu verheißt zu geben
Alein uß gnad das ewig leben
(Schade, Satiren, 201).

Die Trias Luther, sein Wittenberger Kollege Karlstadt und Hutten begegnet auch in der *Passio Doctoris Martini Lutheri*, die bald auch in deutschen Übersetzungen zu lesen war. Luthers Auftreten in Worms ist hier mit biblischen Worten dargestellt. In deutlicher Parallele zur biblischen Passionsgeschichte werden die Wormser Ereignisse geschildert. Der Kreuzigung Christi etwa entsprechen die folgenden Worte: *Vnd nach dem alle fürsten vnd herren von Wurms kamen machten sy ain grossen brennenden holtz hauffen vor des byschoffs von Mentz hoff / da sy die buecher verbranten Vnd vber des Luthers haubts byldung* [Bildnis] *stundt sein geschribende vrsach / das ist Martinus Luther Doctor gőtlicher warheyt / …*

Vnnd mit im zwen verbrantt warden / doctores Huttenus mit nam der ain / der ander Karolostadius / ainer zuo der rechten handt / der ander zuo der lingken handt Aber deß Luthers bildung in kainerley maß mocht verbrennen also lang biß die nachrichter es verwickleten in ain geschir vol bech / vnd stiessen da es inn des feür biß es verzeret wardt / vnd in zarte fyncklen verschwandt

Das sahe ain fürst / vnd verwundert sich seer sprach Warlich ist der ain christ / vnd alles volck das dise ding sahe giengen wider in sich selber vnd schlugen ire brist (Schilling, Passio, 47, 146–161). – Hier waren sie 1521 schon einmal als Leidensgenossen versammelt gewesen, Luther, Karlstadt und Hutten. Der *Triumphus Veritatis* erinnerte 1524 noch einmal daran.

IV.

Die frühen Jahre der Reformation waren durch eine bis dahin ungekannte Medienrevolution geprägt. Seit den Anfängen der »Luthersache« wurde diese in zahlreichen Schriften öffentlich diskutiert. Luther selbst nutzte das Medium, aber auch seine Gegner wandten sich mit Schriften öffentlich gegen ihn, wenn auch in der Regel mit deutlich geringerem Erfolg.

Thomas Murner, History Von den fier ketzren, Neuausgabe, Straßburg: Johann Prüss d. J. 1521, Universitätsbibliothek Würzburg, Sign. Horn 608

Innerhalb der Flugschriftenproduktion nahmen Luther und Hutten bemerkenswerte, aber höchst unterschiedliche Positionen ein. Luther war der bei weitem erfolgreichste Schriftsteller in deutscher Sprache, dessen Auflagenzahlen kein anderer Autor auch nur annähernd erreichte. Nach den ersten Auseinandersetzungen und Klärungen mit der römischen Kirche erschienen 1520 seine großen theologischen Hauptschriften, die das geistige und geistliche Gepräge der Reformation bestimmten. Scheidungen und Parteiungen waren noch nicht entstanden; es gab gleichsam eine offene Situation, aus der heraus verschiedene Entwicklungen möglich schienen. In dieser Situation machte Hutten die Luthersache zu der seinen. Innerhalb eines breiteren Spektrums von »Reformation« verbanden sich auch seine Ideen und

Vorstellungen mit der Luthersache. Freilich zeigte sich bald, dass die Motive und die Ziele der beiden verschieden waren: Die merkwürdige Trias Sickingen, Hutten und Luther konnte keinen Bestand haben. Denn Huttens Antiklerikalismus, sein beinahe fanatischer Hass gegen Rom und seine Geistlichen und sein leidenschaftlicher Kampf um die Freiheit der deutschen Nation waren etwas anderes als Luthers Theologie, seine Rede von der Rechtfertigung des Gottlosen, seine Verkündigung der freien Gnade Gottes und seine Botschaft von der Freiheit eines Christenmenschen. Und diese Botschaft war es, die die kommenden Jahre bestimmen sollte.

Lit.: Benzing, Hutten. – Brecht, Luther. – Brieger, Aleander. – Hutten, Brief Pirckheimer. – Hutten, Klage. – Hutten, Opera. – Kaufmann, Kommentar. – Kreutz, Hutten. – Luther, Briefwechsel (WA). – Luther, Tischreden (WA). – Luther, Werke (WA). – Melanchthon, Briefwechsel. – Schade, Satiren. – Schilling, Hutten. – Schilling, Passio.

Franz von Sickingen und die Herberge der Gerechtigkeit – Historie und Mythos

THOMAS KAUFMANN

Es war der bekannte neulateinische Dichter Ulrich von Hutten (1488–1523), das Enfant terrible des deutschen Humanismus, der in einer auf Sylvester 1520 datierten Vorrede zu seiner ersten auf Deutsch abgefassten Schrift, dem *Gesprächsbüchlein*, den Burgherrn der Ebernburg, Franz von Sickingen (1481–1523), zum Liebhaber der Wahrheit und ritterlichen Beschützer all derer stilisierte, die ihretwegen Leid ertrügen. Sickingen habe ihm, dem Verfolgten, so ließ der Poet die Öffentlichkeit wissen, seine *häußer* [...] *auffgethan*; Hutten nenne sie deshalb *Herbergen der gerechtigkeit*. Hier, unter Sickingens Schutz, finde die *angefochten und veriagte warheit* eine Zuflucht und könne sich *in den armen deiner*, Sickingens, *beschirmung gantz kecklich* erhalten (HUTTEN, Opera I, 448).

Tobias Stimmer, Ulrich von Hutten, 1590, Holzschnitt, Germanisches Nationalmuseum, Nürnberg, Inv.Nr. P 13888

Wegen seines zwei Jahre zuvor eröffneten literarischen Kampfes gegen die römische Kurie, die er für zutiefst korrupt hielt und für die finanzielle »Aussaugung« Deutschlands verantwortlich machte, hatte Hutten eines kirchlichen Prozesses gewärtig zu sein. Seinem ritterlichen Freund Sickingen, den er einige Jahre zuvor kennen und schätzen gelernt hatte, war es durchaus recht, nun einen brillanten Stilisten, feurigen Polemiker und fintenreichen Lobredner in seinen Diensten zu haben. Sickingens Verklärung zum deutschen Freiheitshelden, die freilich erst im 19. Jahrhundert, unter nationalistischem Vorzeichen, ihren Höhepunkt erreichte, hat niemand so kunstvoll und erfolgreich betrieben wie der dichtende Ritter Hutten.

Auch der Mythos von der Ebernburg, die als »Wartburg des Westens« (SCHÄUFELE, Herberge der Gerechtigkeit) zum Pendant des nationalen Erinnerungsortes am Rande des Thüringer Waldes avancierte, verdankt sich im Kern der literarischen Invention Ulrich von Huttens. Dass verfolgte Gelehrte, vor allem Anhänger der Reformation, auf der Sickingenschen Burg oberhalb Kreuznachs Unterschlupf fanden, den intellektuellen Austausch pflegten und sich

Hans Baldung Grien, Gesprächsbüchlin Herr Ulrichs von Hutten, Straßburg, 1521, Titelholzschnitt, Universitätsbibliothek Würzburg, Sign. 35/A 20.14

hier auf ihre große Aufgabe einer Reformation der Kirche vorzubereiten vermochten, ist eine in lockerem Anschluss an Hutten vor allem durch Sickingens Biografen Heinrich Ulmann geschaffene Konstruktion. Wie sich dieses Bild zu den historischen Fakten der tatsächlich nachweisbaren Aufenthalte späterer Reformatoren auf der Ebernburg verhält, ist Gegenstand dieses Essays.

Hutten und Sickingen hatten sich im Vorfelde eines Feldzuges kennengelernt, den der Schwäbische Bund und der bayrische Herzog Wilhelm (1493–1550) 1519 gegen Ulrich von Württemberg (1487–1550) führten. Der Poet nahm an der militärischen Aktion teil, da er seinen Vetter Hans von Hutten (1477–1515), einen Hofmeister des schwäbischen Herzogs, den dieser 1515 wegen einer Ehebruchsaffäre erschlagen hatte, rächen und die Ehre der Familie wieder herstellen wollte. Sickingen und Hutten waren einander durch ein gemeinsames Zeltlager während des Feldzuges freundschaftlich nähergekommen. Ulrich von Hutten war zu diesem Zeitpunkt zum meistgelesenen deutschen Humanisten avanciert; auch der Fehdeunternehmer Sickingen stand auf dem Zenit seiner Macht. Gemeinsam besuchten sie den von den Nachstellungen der Inquisitoren gedrückten großen Humanisten Johannes Reuchlin (1455–1522) in Stuttgart; Sickingen drohte dem für den sich endlos hinziehenden Reuchlin-Prozess mitverantwortlichen Dominikanerorden kurzerhand eine Fehde an. Nichts dürfte das Image des Reichsritters unter den Humanisten mehr begünstigt haben, als dieser »handfeste« Einsatz für den von »Dunkelmännern« verfolgten Hebraisten.

Hutten hatte sich im Laufe des Jahres 1519, wohl im Nachgang des »Medienechos« der Leipziger Disputation, nach und nach positiver zu Luther gestellt.

Seit September 1520 hielt sich Hutten dauerhafter bei Sickingen auf der Ebernburg auf; unter der Luthers Lehre verurteilenden Bannandrohungsbulle *Exsurge Domine*, die Leo X. (1475–1521) am 15. Juni unterzeichnet hatte, fand sich auch sein Name. Nicht zuletzt beider Feindschaft gegen Rom ließ Luther und Hutten, die einflussreichsten Publizisten Deutschlands, in den Jahren 1520/21 näher zusammenrücken, als es beider Denken, Habitus und Mentalität eigentlich entsprach. Durch Hutten wurde auch Sickingen in Luthers Schriften eingeführt; nach und nach bediente sich nun auch der pfälzische Kondottiere reformatorischer Termini und Legitimationsmuster. Im Lichte der »altgläubigen« Publizistik sollte die Trierer Fehde als eine unmittelbare Wirkung der Wittenberger Ketzerei erscheinen.

Martin Luther, An den Cristlichen Adel deütscher Nation: von des Christlichen stands besserüg D. Martinus Luther. Vuittenberg;, Augsburg: Melchior Ramminger, 1520, Herzog August Bibliothek, Wolfenbüttel, Sign. 154.3 Theol. (1), VD16 L 3751

Luthers programmatische Schrift *An den christlichen Adel deutscher Nation von des christlichen Standes Besserung* vom August 1520 (▸ 6.1) bildete einen besonders wichtigen Auslöser dafür, dass sich auch Vertreter der Reichsritterschaft und des niederen Adels verstärkt für den Wittenberger Reformator zu interessieren und um ihn zu werben begannen. In der »Adelsschrift« hatte er neben dem Kaiser, aber auch neben anderen »christlichen Ständen« unter Einschluss der Städte und des »Nährstandes«, also der Bauern, vor allem die Vertreter des höheren und des niederen Adels angesprochen. Freilich sei jeder durch Taufe und Glauben geweihte Christenmensch sowohl berechtigt, als auch verpflichtet, zur »Besserung«, das heißt zur »Reformation« des verderbten Kirchenwesens beizutragen. Insbesondere die höheren weltlichen Stände sahen in Luthers Programmschrift eine Handlungsermächtigung, um einen gestaltenden Einfluss auf die Veränderung des Kirchenwesens zu nehmen. Die schon im späten Mittelalter forcierten Bemühungen der weltlichen Obrigkeiten, ihren

Einfluss auf die Kirche zu verstärken, schienen nun, durch Luthers Reformprogramm, realisierbar. Die politische Attraktivität der Reformation für den *status politicus* ist demnach hoch einzuschätzen. Auch die politischen Interessen vieler Ritter, durch eine besondere Nähe zum Kaiser eine eigenständige herrschaftliche Position auf- oder ausbauen, um dem aufstrebenden Städtewesen und der Übermacht der Territorialfürsten Paroli bieten zu können, schienen durch Luthers »Adelsschrift« Unterstützung zu finden. In seinen Bemühungen um den Aufbau einer territorialen Herrschaft mit den Mitteln des Fehdewesens galt Sickingen vielen Standesgenossen im Südwesten und in Franken als Leitfigur. Ohne Luthers grundsätzliche Infragestellung einer politischen Herrschaft des geistlichen Standes wäre wohl Sickingens Angriff auf den Trierer Kurfürsten Richard von Greiffenklau kaum vorstellbar gewesen.

Auch die Hoffnungen, die der Wittenberger Reformator auf den jungen Kaiser zu setzen schien, korrespondierten mit den politischen Idealen mancher Ritter. Sickingen baute in den Jahren 1520/21 intensivere Verbindungen zu Karl V. (1500–58) und dem Hause Habsburg auf; als Militärunternehmer war er für den Kaiser zeitweilig unverzichtbar. Er erreichte vom Kaiser sogar die Zusage, dass dieser sich dafür einsetzen wolle, dass Hutten nicht ohne Verhör verurteilt werden dürfe.

Im Vorfeld des Wormser Reichstages von 1521 war Hutten eine publizistisch höchst einflussreiche, von den Anhängern der römischen Kirche gefürchtete Figur, die für Sickingen durchaus nützlich war. Wie kein zweiter trat Hutten mit seinem Konzept des »Pfaffenkrieges« für eine Entmachtung des Klerus mit den Mitteln physischer Gewalt ein. Die wachsende Militanz eines Teiles der reformatorischen Bewegung, die auch in einer einschlägigen Flugschriftenpublizistik ihren Niederschlag fand, war phasenweise entscheidend von Hutten beeinflusst. Dies gilt auch für »bündische« Zusammenschlüsse von Rittern und Bauern, wie sie etwa in der Huttens Umkreis entstammenden Dialogflugschrift *Gesprächsbüchlein Neu-Karsthans* verfochten wurden. Karsthans, die Symbolfigur des »witzigen«, Luther nachfolgenden Bauerntums, schloss hier einen Bund mit den Rittern, in dem sie unter anderem *ein ewige feindtschafft dem geistlichen rechten, allen Bäpstischen bullen* und *allen doctor Luthers feinden und abgündern* [Neidern] (Bucer, Schriften I, 443, 20f. und 444, 26f.) schworen. Für einen zeitgenössischen Leser dürfte der Bundesschluss keineswegs als fiktiv erkennbar gewesen sein; vielleicht fungierte er gar als ein Modell für Nachahmer.

Markus zum Lamb, Martin Bucer, in: Thesaurus Picturarum, Band 20: »Theologi reformati«, S. 150, Handschrift, Federzeichnung, Universitäts- und Landesbibliothek Darmstadt, Sign. HS 1971/20

Die erwähnte Flugschrift *Neu-Karsthans* ist in der älteren Forschung dem späteren Straßburger Reformator Martin Bucer (1491–1551) zugeschrieben worden. Durchschlagende Gründe dafür gibt es aber nicht. Der aus Schlettstadt gebürtige Dominikaner Martin Bucer, ein gelehrter Humanist von Rang, hatte sich im Laufe des Jahres 1518, auch unter dem Eindruck einer persönlichen Begegnung mit Martin Luther im Zusammenhang von dessen Heidelberger Disputation (26. April 1518), zu einem der engagiertesten Anhänger des Wittenberger Reformators entwickelt; Bucer war auch der erste Gast der »Herberge der Gerechtigkeit«. Seine Entscheidung, Sickingens Schutz zu suchen, dürfte durch Huttens Vermittlung zustande gekommen sein. Seit Herbst 1520 betrieb Bucer seinen Austritt aus dem Dominikanerorden; aufgrund kritischer Äußerungen, die er über den im Reuchlinprozess hervorgetretenen Inquisitor Jakob van Hoogstraeten (1460–1527) getätigt hatte, musste er selbst die Verfolgung durch die Ordensjudikatur fürchten.

Agostino die Musi (gen. Veneziano), Porträt Hieronymus Aleander, 1536, Kupferstich, Bibliothèque Nationale de France, Paris

Bucers Ziel war es, der dominikanischen Ordensgerichtsbarkeit zu entkommen; über einflussreiche Kontaktpersonen an der römischen Kurie gelang es dem in kindlichem, »unkanonischen« Alter zu den Domikanern Gegebenen, sich von seinen Gelübden entbinden und in den Stand eines Weltpriesters versetzen zu lassen. In den dramatischen Wochen der Ungewissheit bis zum Vollzug dieses Rechtsaktes durch den Speyrer Weihbischof Anton Engelbrecht (Amtszeit 1520–25) am 29. April 1521, das heißt seit März 1521, hatte sich Bucer unter Sickingens Obhut auf die Ebernburg begeben. Sickingen trug auch die Prozesskosten, die im Zusammenhang der Entbindung von den Ordensgelübden anfielen, auch bezahlte er dem ehemaligen Bettelmönch neue Kleidung. Offenbar hatte Sickingen sehr schnell eine sehr hohe Meinung von ihm gefasst. Dies erklärt auch, warum er Bucer in die geheimen Verhandlungen involvierte, die er und Hutten mit dem kaiserlichen Diplomaten Paul von Armerstorff und dem Beichtvater des Monarchen, Jean Glapion (ca. 1460–1522), am 6. und 7. April 1521 auf der Ebernburg führten. Zum einen ging es darum, Hutten und Sickingen in die Dienste Karls V. zu nehmen. Zum anderen bemühte sich Glapion im Auftrage des Kaisers, Luther auf die Ebernburg zu ziehen statt nach Worms weiterreisen zu lassen. Dort wolle man Geheimverhandlungen mit ihm führen.

Sickingen hatte Bucer als theologischen »Experten« zu den Gesprächen hinzugezogen. Nach einem Bericht des päpstlichen Nuntius Aleander (1480–1542) bot Bucer Glapion theologisch Paroli. Sickingen habe zwar seine Übereinstimmung mit dem Wittenberger betont, sofern es um *eine allgemeine Reformation der Kirche* gehe; auch da, wo Luther *sonst von christlichen Dingen rede*, sei er unter Einsatz seines Lebens bereit, ihn zu verteidigen; sollte Luther aber *übel in Glaubensfragen* geurteilt haben, *wolle er*, Sickingen, *der erste sein, der das ins Feuer werfe*. Nach Aleanders Referat sei Hutten gleichfalls auf Distanz zu einzelnen von Glapion inkriminierten theologischen Aussagen Luthers gegangen; wichtig sei ihm freilich, *dass die Priester in Zucht genommen würden und auf ihren riesigen Reichtum, den Quell des lasterhaften Wandels, verzichteten* (Kalkoff, Depeschen, 158). Die theologische Urteilskraft der Ritter wird man demnach wohl nicht überschätzen wollen; auch ihre politischen Erwartungen gegenüber dem Reichsoberhaupt stimmten keineswegs völlig mit Luthers Interessen an einer Reformation der Kirche überein. Allerdings war auch Bucer im Laufe der Gespräche mit den kaiserlichen Emissären zu der Überzeugung gelangt, dass eine Verständigung mit der Partei des Kaisers möglich sei, da man das Interesse an einer ernsthaften Reform der Kirche teile.

Bucer war es schließlich auch, der dem nach Worms reisenden Reformator am 15. April 1521 in Oppenheim am Rhein die Verhandlungsofferte und eine Einladung auf die Ebernburg überbrachte. Luther ging auf diesen Plan nicht ein, wohl aus berechtigtem Misstrauen; ohne den spektakulären und überaus wirkungsreichen »Auftritt« Luthers auf dem Wormser Reichstag hätte die »Geschichte der Reformation« zweifellos einen anderen Verlauf genommen.

Im Mai 1521 wechselte Bucer in den Dienst als Hofkaplan des Pfalzgrafen Friedrich; in der abgelegenen Residenz Neumarkt in der Oberpfalz trauerte er der Ebernburg nach; im Frühjahr 1522 kehrte er zu seinem *Gönner* (Bucer, Correspondance, 186, 32) Franz von Sickingen zurück. Dieser verwendete ihn nun für diplomatische Legationen, unter anderem nach Straßburg; für fünf Monate hatte er dann die Pfarrei Landstuhl, die Sickingens Patronat unterstand, inne.

In diese Zeit scheint auch Bucers Eheschließung mit der aus dem Kloster Lobenfeld im Kraichgau entwichenen Nonne Elisabeth Silbereisen zu fallen. Da Sickingen in einer an seinen Schwager Diether von Handschuchsheim (geb. 1487) adressierten programmatischen Flugschrift (*Ein Sendbrief zu Unterrichtung etlicher Artikel christlichen Glaubens*; ▸ 4.7) vom Sommer 1522 seinerseits für die Priesterehe eingetreten war, kann man wohl voraussetzen, dass Bucers Eintritt in den Ehestand die Zustimmung seines Patrons besaß. Im November 1522 verließ Bucer Landstuhl mit Billigung Sickingens; offenbar war an eine interimistische Beurlaubung gedacht, die dem ehemaligen Mönch die Möglichkeit eines Studiums in Wittenberg eröffnen sollte.

» Wie es scheint bildeten die Ebernburg, vielleicht auch die Sickingenschen Gebiete, im Sommer 1522, in jener Zeit, als sich die Trierer Fehde abzuzeichnen begann, eine Speerspitze der reformatorischen Entwicklung «

Freilich stand diese zweite Phase von Bucers Tätigkeit in Sickingenschen Diensten schon ganz im Schatten der Trierer Fehde. Dass die Theologen und Gelehrten im Umkreis Sickingens in dieser Zeit einen lebhaften geistigen Austausch hätten pflegen können, ist quellenmäßig nicht belegt und angesichts des wachsenden militärischen Drucks auf den politisch isolierten Ritter wenig wahrscheinlich. Auch Belege für Kontakte Bucers zu Aquila, Schwebel und Oekolampad, den anderen in Sickingens Dienste eingetretenen Theologen, sind nicht überliefert.

Der zweite später prominente Theologe, der mit Sickingen und der Ebernburg in enger Verbindung stand, war Caspar Aquila (1488–1560), der seit den späten 1520er Jahren als Superintendent in Saalfeld zu einem Exponenten der lutherischen Reformation in Thüringen avancieren sollte. Im Falle Aquilas freilich waren die Verbindungen zu Sickingen älter und nicht durch Hutten vermittelt. Bereits 1515 hatte der Augsburger Patriziersohn Sickingen u. a. als Feldprediger bei der Fehde gegen Worms gedient. Doch nach einem Jahr hatte er die Übernahme einer ruhigen schwäbischen Pfarrei im ostallgäuischen Jengen an der Gemmach in der Diözese Augsburg dem aufwühlenden Leben unter Militärs vorgezogen. Aufgrund der frühen ehelichen Verbindung mit einer Witwe, aus der 1517 ein Kind hervorgegangen war, wurden seit 1520 antireformatorisch akzentuierte disziplinarrechtliche Schritte gegen Aquila eingeleitet, die wohl darauf abzielten, an ihm ein Exempel zu statuieren. Ein halbes Jahr lang wurde er in der bischöflichen Residenz Dillingen in strenger Kerkerhaft gehalten; doch sein Schicksal löste auch in höchsten Gesellschaftskreisen Empörung aus. Die mit dem dänischen König Christian II. (1481–1559) verheiratete Schwester Karls V., Isabella (1501–26), soll den Augsburger Bischof Christoph von Stadion (1478–1543) bedrängt haben, Aquila kurz vor der geplanten Hinrichtung zu begnadigen. Unter der Auflage, seinen bisherigen Wirkungsort zu verlassen, kam er frei. Mit Unterstützung wohlhabender Augsburger Bürger schloss Aquila ein kurzes Studium in Wittenberg an, zu dem er Frau und Kind mitnahm.

Nach der Promotion zum Magister am 24. Januar 1521 trat Aquila im Frühjahr 1521 ein zweites Mal in ein Dienstverhältnis bei Sickingen ein. Er fungierte nun zunächst als Lehrer von Sickingens Kindern; doch bald zog er als Feldprediger mit einem Heer mit, das Sickingen als kaiserlicher Feldhauptmann gegen Sedan, Bouillon und den französischen König führte. Seit Sommer 1522 war Aquilas Existenz ganz von der Trierer Fehde bestimmt. Er hat bis zur Kapitulation der Ebernburg am 6. Juni 1523 ausgeharrt.

Einige Hinweise legen es nahe, dass Aquila von der Ebernburg aus in der näheren Umgebung als reformatorischer Prediger und Schriftsteller wirkte. Vielleicht gab es Ideen zu einer reformatorischen Umgestaltung der unter Sickingens Einfluss stehenden Gemeinden, also einer »ritterschaftlichen Reformation«, die in etwa der in Sickingens *Sendbrief* formulierten Programmatik entsprochen haben könnten. Aufgrund der politischen Katastrophe Sickingens haben sich entsprechende Spuren verloren.

Mit dem Basler Doktor der Theologie, gelehrten Humanisten und Augsburger Domprediger Johannes Oekolampad (1482–1531) kam im März 1522 ein besonders prominenter Gast auf die Ebernburg (▸ 4.6). Im Frühjahr 1520 hatte der frühzeitig für Luther Partei ergreifende Oekolampad seine renommierte Augsburger Stellung quittiert und war überraschenderweise in das nahegelegene Brigittenkloster Altomünster eingetreten. Man hatte ihm zugestanden, Statuten und Gelübde nach Maßgabe der im Worte Gottes grundgelegten »evangelischen Freiheit« auszulegen. In der klösterlichen Zurückgezogenheit hatte Oekolampad eine regsame literarisch-publizistische Tätigkeit aufgenommen. Da er sich auch gegen Luthers Verurteilung durch die römische Kirche ausgesprochen und sich kritisch mit dem Beichtinstitut auseinandergesetzt hatte, wurde seine Lage im Kloster offenbar immer gefährlicher. Im Januar 1522 floh er: Über Heidelberg und Mainz, wo er bei Vertrauten untertauchte und die Möglichkeiten für die Übernahme einer Professur sondierte, gelangte er im März 1522 auf die Ebernburg. Aus seiner Korrespondenz mit dem in Diensten Albrechts von Mainz stehenden Theologen Caspar Hedio (1494–1552), einem der späteren Reformatoren Straßburgs, geht hervor, dass Oekolampad wohl von vornherein eher von einem befristeten Aufenthalt auf der Burg ausging. Er verfolgte hier seine literarischen Projekte, vor allem lateinische Übersetzungen griechischer Kirchenväter, weiter, führte Korrespondenzen mit seinen humanistischen Freunden und unternahm auch Reisen.

Mit Oekolampads Aufenthalt auf der Ebernburg werden auch erste Ansätze einer liturgischen Reform verbunden, deren allgemeine reformationsgeschichtliche Bedeutung allerdings in der älteren Forschung überschätzt wurde. Als gesichert kann gelten, dass die Epistel- und Evangelientexte in der Messe in deutschen Übersetzungen gelesen wurden. Das Wort Gottes nicht in einer den Adressaten verständlichen Sprache vorzutragen, sei ein Akt der Lieblosigkeit, denn das Wort Gottes sei der Schlüssel zum Heil. Im Worte des Predigers, so legte Oekolampad dann in einer durch Hedios Vermittlung in den Druck gegebenen Predigt dar, komme Christus selbst zu seiner Gemeinde. Ansonsten trug Oekolampad der kleinen Ebernburg-Gemeinde geistliche Deutungen überkommener liturgischer Bräuche vor; so ziele das Besprengen mit dem Weihwasser auf eine Reinigung des Geistes ab; das Entzünden der Kerzen enthalte den Appell, sich vom Worte Gottes erleuchten zu lassen; die äußere Kommunion ziele auf die innere Eingliederung in den geistlichen Leib Christi ab. Ob das Abendmahl auf der Ebernburg bereits unter beiderlei Gestalt gefeiert wurde, ist nicht eindeutig; aufgrund von Sickingens nachdrücklichem Einsatz dafür in seinem *Sendbrief* besitzt dies aber große Wahrscheinlichkeit. In Oekolampads Texten verlautet darüber freilich nichts.

Die ritterlichen Burgbewohner drängten den Burgkaplan Oekolampad offenbar dazu, die Messe nur noch an den Sonn- und Festtagen zu feiern, an den Werktagen hingegen lediglich Schriftlesungen, vielleicht auch kurze Auslegungen, vorzutragen. Von den »Laien« gingen also auf der Ebernburg die entscheidenden Schritte zu einer Liturgiereform aus, während der Theologe Oekolampad eher zögerlich agierte. Dass der sich seit Juni 1522 auf der Ebernburg aufhaltende Johannes Schwebel (1490–1540) formulierte, dass nun die Priester *zu den leyen in die schul giengen und von ynen die bibel lernten lesen* (Kück, Schriftstellernde Adlige, 12), bezeugt, dass man mit einem erheblichen Selbstbewusstsein der Laien aus dem Ritterstand auch in Fragen der Liturgiereform zu rechnen hat. Aus einem Schreiben, das der Sickingen nahestehende Ritter Hartmuth von Cronberg, ein regelmäßiger Gast auf der Ebernburg, an Luther richtete, geht hervor, dass man täglich *zu Ebernbergk ein Stuck der Episteln und Evangelii unter der Meß zu teutsch, und nach der ein Propheten, desgleichen Abends zu der Salve-Zeit* (Luther, Briefwechsel (WA) II, 588, 12–14) hörte.

Wie es scheint bildeten die Ebernburg, vielleicht auch die Sickingenschen Gebiete, im Sommer 1522, in jener Zeit, als sich die Trierer Fehde abzuzeichnen begann, eine Speerspitze der reformatorischen Entwicklung. Sickingen selbst ließ seine Vorstellungen durch Johannes Schwebel, einen ehemaligen Priester am Pforzheimer Heilig-Geist-Spital und nachmaligen Reformator Zweibrückens, der im Juni 1522 aus unbekannten Gründen auf die Ebernburg gekommen war, in der Öffentlichkeit verbreiten. Neben der Priesterehe, der nachdrücklichen Forderung eines Abendmahls unter beiderlei Gestalt und einer an der Einsetzung Christi orientierten Messreform in der Volkssprache trat Sickingen programmatisch für den Austritt der Mönche und Nonnen aus den Klöstern und für die Abschaffung der Heiligenverehrung und der Bildnisse ein. Ein Teil der Forderungen erinnert an die *Ordnung des Rates der Stadt Wittenberg* vom 24. Januar 1522, der in der Zeit von Luthers Abwesenheit auf der Wartburg unter dem maßgeblichen Einfluss Karlstadts entstandenen ersten reformatorischen Kirchenordnung überhaupt.

Im Oktober 1522 übernahm Schwebel die von Bucer verlassene Pfarrei in Landstuhl; bis April 1523 hielt er sich hier auf, als er einer Berufung nach Zweibrücken folgte. Ansonsten ist die Nachricht überliefert, dass er mit Förderung Sickingens auf Schloss Landstein seine Hochzeit gefeiert haben soll. Kurz vor Sickingens Ende war auch dieser letzte Gast der »Herberge der Gerechtigkeit« entschwunden.

Sichtet man die verfügbaren Hinweise auf die gelehrten Besucher der »Herberge«, so kommt man zu einer im Ganzen ernüchternden Bilanz. Anhaltspunkte für gemeinsame Planungen reformatorischer Aktivitäten gibt es kaum. Hutten, der sich zwischen September 1520 und August 1521 einigermaßen regelmäßig auf der Ebernburg aufhielt, dürfte sie vornehmlich als Operationsbasis für seine agitatorische Publizistik genutzt haben. Manche der von Hutten stammenden oder inspirierten Flugschriftendrucke, die in Augsburg, Speyer, Worms und Straßburg erschienen sind, werden mit der »Herberge der Gerechtigkeit« in Verbindung gestanden haben. Dies gilt wohl auch für einige der Flugschriften des adligen Schriftstellers Hartmuth von Cronberg (1488–1549; ▸ 6.6), der sein politisches Schicksal an das seines Vettern Franz von Sickingen gebunden hatte und nach dessen Tod noch lange Jahre für eine Restitution seiner verlorenen Güter streiten musste.

Die »Gäste« der Herberge kamen durchweg in einer für sie bedrängenden Lebensphase; sie nahmen den pfälzischen Burgherrn also im Sinne des traditionellen Tugendbildes des christlichen Ritters, als Beschützer der Bedrängten und als Anwalt der zu Unrecht Verfolgten, in Anspruch. Wohl drei der Gäste, Schwebel, Aquila und wahrscheinlich auch Bucer, strebten längere Dienstverhältnisse bei Sickingen an; dass sie bereits reformatorische Veränderungen im Sinne des durchaus programmatisch zu verstehenden Sickingenschen *Sendbriefs* vom Sommer 1522 durchgeführt haben könnten, ist nicht auszuschließen. Dass Sickingen die genannten Personen gezielt »angeworben« hätte, um in seinen Herrschaften eine »ritterschaftliche Reformation« durchzuführen, wird man aber wohl ausschließen müssen. Zu kontingent scheinen die Anlässe und Motive, die sie zu Sickingen führten. Oekolampads Aufenthalt auf der Ebernburg hingegen war eher ein »Missverständnis«; der humanistische Gelehrte, der griechische Manuskripte ins Lateinische übersetzen wollte, hat sich in der Welt der Ritter ziemlich unwohl gefühlt. Wie es scheint, kam er ihrem Drängen nach einem volkssprachlichen Gottesdienst eher zögernd nach; in seinen einschlägigen Publikationen suchte er dann den Eindruck zu erzeugen, dass auf der Ebernburg kaum wesentliche Veränderungen vorgenommen worden waren.

Huttens Beitrag zur »Herberge« bestand vor allem in der propagandistischen Kreation eines Wunschortes idealer, ritterlicher Tugend. In seinem Dialog *Die Bulle oder der Bullentöter* sprach er von der *Herberge der Gerechtigkeit, der Ebernburg,* als einem Ort, *wo Pferde und Waffen etwas gelten, Faulheit und Feigheit aber verachtet werden. Wo Männer echte Männer sind. Wo Gut und Böse an den richtigen Ort gestellt werden, wo der Wert eines jeden von den Menschen anerkannt wird, wo Gottesdienst, Menschen- und Nächstenliebe herrschen* (Hutten, Tyrannen, 65).

Ein Ort intensiver theologischer Debatten ist die Ebernburg nur selten einmal gewesen; in dieser Hinsicht bedarf der Mythos der Kritik. Dadurch freilich, dass Sickingen verfolgten evangelischen Theologen, die eine große Zukunft in sich trugen, zeitweilig Schutz, Kost und Logie gewährte, ihr Überleben sicherte und die Möglichkeit zu literarischer Betätigung eröffnete, hat er einen wesentlichen Beitrag zur Reformation geleistet.

Lit.: Andermann, Evangelium. – Biundo, Aquila. – Böcher, Theologen der Ebernburg. – Bonkhoff, Schweblin, – Bucer, Correspondance. – Bucer, Schriften. – Greschat, Bucer. – Hutten, Opera. – Hutten, Tyrannen. – Jung, Schwebel. – Kück, Schriftstellernde Adlige. – Luther, Briefwechsel (WA). – Press, Ritter. – Schäufele, Herberge der Gerechtigkeit. – Scholzen, Sickingen. – Staehelin, Lebenswerk. – Ulmann, Sickingen. – Wulfert, Kritik.

Sickingens Fehden

WOLFGANG BREUL

In äußerster Not muss man wagemutig sein und handeln, nicht (lange) beratschlagen. Dieses Motto findet sich neben anderen auf dem kostbaren Stapelbecher, den sich Franz von Sickingen (1481–1523) 1519 nach einem Jahr erfolgreicher und einträglicher Fehdeführung hatte anfertigen lassen (▸ 2.15). Es klingt wie ein Leitmotiv der letzten acht Jahre seines Lebens, in denen er zeitweise zu einem der wichtigen Akteure auf der Bühne des Heiligen Römischen Reichs Deutscher Nation avancierte.

Die Grundlagen für das weit ausgreifende militärische und politische Handeln hatten sein Großvater Reinhard (gest. 1472) und sein Vater Schweikard (gest. 1504) durch einträgliche Heiraten, das Betreiben von Bergwerken (▸ 2.4) und eine geschickte Politik als Geldgeber des Pfälzer Kurfürsten Philipp (1476–1508) gelegt. Der am 1. März 1481 auf der Ebernburg geborene Franz setzte diese Linie durch seine Heirat mit Hedwig von Flersheim fort, die auch die Verflechtung mit dem einflussreichen Adel der Region stärkte. Aus der vermutlich 1499 geschlossenen Ehe gingen sechs Kinder hervor, die mehrere Linien der Familie begründeten. Der Tod seiner Frau Hedwig am 9. Januar 1515 markiert einen tiefen Einschnitt im Leben Franz von Sickingens. Mit der Fehde gegen Worms, deren Anfänge noch im Herbst 1514 liegen, begann er die Fehdeführung in großem Stil.

» Der Tod seiner Frau Hedwig am 9. Januar 1515 markiert einen tiefen Einschnitt im Leben Franz von Sickingens «

Fehde und Landfriede

Der Wormser Reichstag von 1495 hatte erstmals einen unbefristeten, »ewigen« Landfrieden beschlossen. An die Stelle der Fehde sollte der rechtliche Austrag von Konflikten vor dem gleichzeitig neu geschaffenen Reichskammergericht als höchster Rechtsinstanz des Reiches treten. Die Richter des Kammergerichts wurde zum größeren Teil durch die Reichsstände, zum kleineren durch den König bestimmt, die Ritter waren daran aber nicht beteiligt. Angesichts des geringen Einflusses auf die Reichsgerichtsbarkeit blieb die Fehde noch längere Zeit eine Form der Rechtsdurchsetzung, insbesondere des Niederadels, sie erlebte sogar durch gut vernetzte Vertreter des Ritteradels wie Götz von Berlichingen (▸ 1.10) und insbesondere Franz von Sickingen eine späte Blüte.

Im Spätmittelalter war die Fehde als ein meist subsidiäres und an bestimmte Normen gebundenes Mittel zur Durchsetzung von Recht in niederadligen Kreisen weithin anerkannt. Sie stand nur Adligen und Institutionen mit obrigkeitlichem Charakter als legitimes Mittel zu. Die Fehde setzte das Vorliegen eines Rechtsgrundes und das erfolglose Bemühen um die Durchsetzung der Ansprüche auf rechtlichem Weg voraus. Dem Fehderecht standen regional und zeitlich begrenzte Landfrieden und Friedensgebote von Landesordnungen entgegen. Auch Adelsbündnisse enthielten in der Regel Elemente eines friedlichen Austrags von Konflikten. Es fehlte jedoch

Albrecht Dürer, Kaiser Maximilian I., um 1519, Holzschnitt, Kupferstichkabinett, Staatliche Museen zu Berlin – Preußischer Kulturbesitz, Berlin, Inv.Nr. 205-2

häufig an Mitteln oder Bereitschaft, gegen Landfriedensbrecher vorzugehen. Ein grundlegender Wandel zeichnete sich erst ab der Mitte des 16. Jahrhunderts ab.

Seit etwa 1500 ist bei einzelnen Vertretern des Niederadels eine verstärkte Tendenz zur Kommerzialisierung der Fehdeführung erkennbar, die meist durch die Übernahme von Rechten Dritter und einen unverhältnismäßigen Einsatz von militärischen Mitteln und entsprechend hohen Schadensersatzforderungen gekennzeichnet ist. Sickingen hat diese Form der Fehdeführung 1518 auf die Spitze getrieben.

1515–18: Fehde gegen Worms und gegen Lothringen

Am 1. November 1514 forderte Franz von Sickingen in einem Brief an den Rat der Stadt Worms die Begleichung einer Schuld von 150 Gulden, die der Wormser Bürger Nicolas Knobellach an den bischöflichen Notar Balthasar Schloer zu zahlen habe. Schloer habe ihm diese Schuld vor einiger Zeit übertragen und Knobellach wiederholt vergeblich zur Begleichung aufgefordert. Hinzu kamen weitere kleinere Forderungen an andere Wormser Bürger. Im Hintergrund standen Konflikte zwischen Bischof und Stadt sowie innerstädtische Differenzen, die 1513/14 zu heftigen Auseinandersetzungen geführt hatten. Schon hier zeigt sich das Muster, das sich in den Fehden des Jahres 1518 wiederholen wird: Franz von Sickingen übernahm fremde Ansprüche, die er mit Macht und einträglichem Gewinn durchzusetzen suchte. Dass dabei auch politische Motive von Beginn an eine Rolle gespielt haben, ist nicht auszuschließen. Die Flersheimer Chronik (▸ 1.12) lässt solche Interessen erkennen, wenn sie von einem Gespräch Sickingens mit seinem Schwager Philipp von Flersheim (1481–1552) kurz nach dem Tod seiner Frau berichtet. Beim Ritt zur Ebernburg, die wesentlich von seiner gerade verstorbenen Frau ausgebaut worden war, lässt die Chronik Sickingen sagen: *Schwager, man muess das ein dapffern bau … sein lassen, unnd solt ich nit etwas mehr thuen, dann gebauet haben, das wurdt mir verechtlich sein.* Mit Blick auf offene Forderungen aus den Fehden seines Vaters Schweikhard heißt es weiter: *Soll ich nun etwas gegen den fursten anfahen, so sein die vom adel, meine freundt, der fursten lehenmenner, der khan ich nit geniessen. … Nun bin ich ganntz entschlossen, mich Balthasers Schlörs gegen denen von Wormbss anzunemmen unnd dermassen, das ich, ob gott will, durch das die sachen dahin arbeiten will, das ich ohne einigen krieg unnd schwertschlagen mein annder forderung zu vertrag bringen* (Waltz, Flersheimer Chronik, 54). Die Aufforderung seines Schwagers, sich wieder zu verheiraten, und seine Warnung vor einer Fehde gegen das kaisernahe Worms schlug Sickingen nach dem Bericht der Chronik seines Schwagers in den Wind. Möglicherweise hat er sich um ein rechtliches Verfahren vor dem Reichskammergericht bemüht. Auf »Krieg und Schwertschlagen« hat er jedenfalls nicht verzichtet.

Am 22. März 1515 überfiel er nach offenkundig sorgfältiger Vorbereitung und mit ansehnlicher Streitmacht zwischen Gernsheim und Oppenheim (auf hessischem Gebiet) ein Schiff Wormser Kaufleute, das auf dem Weg zur Frankfurter Frühjahrsmesse war. Dass die Kaufleute kurpfälzische Geleitbriefe mit sich führten, nützte ihnen wenig. Sie wurden zur Ebernburg transportiert und erst nach der Zahlung einer hohen Lösegeldforderung wieder frei gelassen. Dass Sickingens Fehdebrief die Stadt erst drei Tage nach dem Überfall erreichte, war dagegen ein gravierendes Manko. Bereits am 16. April wurde über Sickingen als Landfriedensbrecher durch das Reichskammergericht die Acht verhängt, die Anfang Mai durch Kaiser Maximilian (1459–1519) bekräftigt wurde. Am 15. Mai wurde Sickingen erneut geächtet, weil er die Richter des Reichskammergerichts bedroht und die Verlegung des Gerichts aus Worms verlangt hatte (▸ 2.6).

Die kaiserliche Achterklärung, die mit dem Wegfall aller adligen Standesrechte und dem Entzug aller Besitzungen verbunden war, schreckte Sickingen nicht ab. Dank der großzügigen Unterstützung ritterlicher Standesgenossen (Götz von Berlichingen [1480–1562] und Hartmuth von Cronberg [1488–1549]) konnte er im Juni 1515 sogar eine Beschießung der Stadt zustande bringen. Es gelang ihm jedoch nicht, die Stadt ernsthaft zu gefährden. Handel und Wirtschaftsleben wurden aber durch die permanente Gefahr, die von Sickingen und seinen Truppen ausgingen, erheblich beeinträchtigt; die Wormser Pfingstmesse konnte 1515 und 1516 nicht stattfinden. Eine Lösung zeichnete sich nicht ab, da die vom Kaiser angestrebte Unterstützung der Stadt durch Reichsstände nicht zustande kam. Stattdessen beharkten sich beide Seiten nun auch publizistisch, indem sie recht umfangreiche Rechtfertigungsschriften veröffentlichen ließen (▸ 2.5).

Wiewohl kein Erfolg in der Fehde gegen Worms absehbar war, beteiligte sich Sickingen im Sommer 1516 an der Fehde des vom englischen König und deutschen Kaiser unterstützten Feldzugs Gangolfs II. von Geroldseck (ca. 1480-1549) gegen Herzog Anton von Lothringen (1489–1544). Mit etwa 1.000 Reitern durchstreifte er das Gebiet des vom französischen König unterstützten Herzogs und richtete erhebliche Verwüstungen an. Als die Zahlungen aus dem Reich und aus England ausblieben, wechselte Sickingen flugs die Seiten, schloss mit Herzog Anton gegen Erstattung der Kriegskosten einen Dienstvertrag mit jährlicher Pension und trat schließlich im Herbst des folgenden Jahres auch in die Dienste des französischen Königs. Damit war Sickingen in der großen Politik angekommen.

Ende 1516 nutzte Kaiser Maximilian I. eine außenpolitische Atempause, um über die Reichskreise Truppen für eine Landfriedensexekution gegen Sickingen vor Worms zu sammeln. Doch kamen diese Bemühungen kaum voran, während Sickingen am 25. März 1517 mit einem Überfall bei Weisenau nahe Mainz auf einen Warenzug von Kaufleuten aus unterschiedlichen süddeutschen Städten den Konflikt weiter eskalieren ließ. Als sich abzeichnete, dass eine Reihe von Reichsständen dem kaiserlichen Truppengebot Folge leisten wollte, überfiel Sickingen am 23. Mai 1517 ohne Fehdeankündigung Viehherden der Reichsstadt Landau und umliegender Dörfer. Wiewohl nun eine Reihe von süddeutschen und südwestdeutschen Reichsstädten sowie der mächtige Schwäbische Bund Kontingente nach Worms entsandten, kam eine militärische Aktion nicht zustande. Als durchsickerte, dass sich Sickingen mit Maximilian I. verständigt habe, zogen die Städte schließlich ihre im Unterhalt kostspieligen Truppen ab. Der Kaiser habe ihn begnadigt, erklärte Sickingen, weil er seine Dienste für sein Vorgehen gegen Herzog Ulrich von Württemberg (1487–1550) benötige (vgl. Scholzen, Sickingen, 100). Für das Vorgehen gegen den seit 1516 wegen eines Mordes geächteten Herzog gab der Kaiser die Landfriedensexekution gegen Sickingen auf. Sickingens Fehde gegen Worms blieb ohne Sanktion, die Wormser blieben auf ihren hohen Kosten, die sie mit 86.200 Gulden bezifferten, sitzen. Sickingen hatte letztlich Erfolg, weil es Kaiser und Schwäbischen Bund nicht gelang, für ein militärisches Vorgehen ausreichend Truppen zusammenzuführen und weil er schließlich bereit war, seine militärische Potenz wieder in den Dienst des Reiches zu stellen.

1518: Kommerzialisierung der Fehdeführung

Die Verständigung mit dem Kaiser gab Sickingen die Rückendeckung für weitere Fehden im Spätsommer und Frühherbst 1518. Gegen die Reichsstadt Metz machte er sich wie zuvor fremde Forderungen zu eigen, sammelte eine große Zahl von Reitern und Fußknechten und konnte die (bis 1552) zum Reich gehörende Stadt ohne militärische Auseinandersetzung zur Zahlung einer Entschädigung im Wert von 25.000 Gulden zwingen (Vertrag vom 7. September 1518).

Noch von Metz aus richtete Sickingen am 8. September einen Fehdebrief an den jungen hessischen Landgrafen Philipp (1504 – 67). Anlass waren einige vergleichsweise geringfügige Forderungen seines Vetters Hans VI. von Sickingen an Philipps Vater Wilhelm II. (1469–1509) aus dem Pfälzischen Erbfolgekrieg (1504/05) im Gebiet der Obergrafschaft Katzenelnbogen um Darmstadt. Sickingen nutzte offensichtlich eine politische Krise der Landgrafschaft, um gegen einen derart mächtigen Fürsten des Reichs vorzugehen: Nach dem Tod Landgraf Wilhelms II. hatten Vertreter des hessischen Adels eine vormundschaftliche Regierung aus ihren Reihen gegen die Ansprüche der Landgrafenwitwe Anna (1485–1525) durchgesetzt. Sie nahmen den vierjährigen Landgrafen Philipp in ihre Obhut. Anna von Hessen gelang es jedoch, große Teile des hessischen Adels auf ihre Seite zu ziehen und schließlich 1514 die Regierung der adligen Regenten zu stürzen. Die Herrschaft ihrer vormundschaftlichen Regierung blieb aber wegen des Unmuts wich-

Grabmal der Landgräfin Anna von Hessen geb. von Mecklenburg, Mutter und Mitregentin Philipps von Hessen, Detail Kopf der Verstorbenen, 1553, Elisabethkirche, Marburg

tiger Adelsfamilien prekär. Im Frühjahr 1518 ließ sie ihren gerade einmal 14-jährigen Sohn vom Kaiser für volljährig erklären und übte die Regentschaft gemeinsam mit ihm aus. Gleichwohl war die Herrschaft des Landgrafen noch nicht gefestigt.

Sickingens Fehdebrief (▸ 2.9) erreichte den Landgrafen erst am 14. September in Marburg. Einen Tag zuvor hatten dessen Truppen bereits den Rhein bei Weisenau nahe Mainz erreicht. Nach Verhandlungen und einer Geldzahlung des Mainzer Domkapitels verzichtete Sickingen auf den Übergang auf Mainzer Gebiet und überquerte den Fluss zwei Tage später bei Roxheim nahe Worms. Zu diesem Zeitpunkt sollen seine Truppen samt der Unterstützung durch adlige Standesgenossen bereits 1.500 Reiter und 8.000 Mann Fußvolk umfasst haben. Die Hessen waren zwar auf Sickingens Überfall nicht völlig unvorbereitet, die Zahl der ihnen zur Verfügung stehenden Reiter und Fußknechte war jedoch deutlich geringer. Sie zogen sich daher rasch nach Darmstadt zurück, das Sickingen belagern und beschießen ließ. So begannen die hessischen Beamten und Adligen in Darmstadt mit der von Sickingen geforderten Zustimmung des Landgrafen schon bald Verhandlungen, während Sickingen die Städte und Dörfer der Obergrafschaft der Umgebung mit Brandschatzungen überzog. Eine Woche nach Beginn der Belagerung wurde am 23. September in Darmstadt ein Vertrag geschlossen, der neben einer stattlichen Brandschatzungszahlung von 35.000 Gulden eine Fülle weiterer Regelungen vorsah, die in die Herrschaftsrechte des Landgrafen eingriffen. So sollten beispielsweise die mit dem Entzug ihrer Güter bestraften Vertreter der früheren Adelsregierung wieder in ihre Rechte eingesetzt werden. Auch eine Reihe weiterer Ansprüche hessischer Adliger machte sich Sickingen im Vertrag zu eigen. Für die Einhaltung des Vertrags wurden etwa 80 hessische Adlige als Bürgen eingesetzt – eine Regelung, die erhebliche Verwicklungen nach sich ziehen sollte.

Landgraf Philipp und seine Mutter zögerten ihre Zustimmung zum Darmstädter Vertrag hinaus. Sie sahen darin nicht zu unrecht einen Versuch Sickingens und der Vertreter des Adels, sich in die hessische Regentschaft einzumischen. Philipp bemängelte, dass der Vertrag etliche Bestimmungen enthalte, die im Fehdebrief Sickingens nicht genannt worden waren. Diese Kritik wurde zum Ansatzpunkt für einen erfolgreichen Vorstoß am Kaiserhof. Genau einen Monat nach Abschluss des Darmstädter Vertrags (▸ 2.10) kassierte Maximilian I. alle Bestimmungen mit Ausnahme der im Fehdebrief enthaltenen Forderungen und der Brandschatzungszahlung, die von hessischer Seite zügig geleistet wurde. Sickingen jedoch erkannte das kaiserliche Mandat nicht an.

Die angespannte Situation sorgte für Unruhe unter den hessischen Adligen. Hinzu kamen Spannungen mit den Adligen, die der alten Regentenregierung (1509–14) angehört hatten. Philipp warf ihnen vor, er habe glaubhafte Hinweise, *wie dieselben gewesen regenten Franciscus angereizt haben sollen, uns dermassen, wie gescheen ist, zu beschedigen*. Angesichts der Reichweite des Sickingschen Netzwerks (▸ 2.17) ist dies nicht völlig unglaubhaft. Unter diesen Umständen suchte der Landgraf in den Monaten nach dem Darmstädter Vertrag alle Bemühungen der Adelsvertreter um eine Versammlung der hessischen Ritter und der übrigen Stände (Städte und Prälaten), einen Landtag, zu verhindern. In zahlreichen Einzel- und Gruppengesprächen gelang es Philipp und seiner Mutter, die hessischen Adligen von ihrer Landtagsforderung abzubringen. Bis zur Einführung der Reformation (1526) fand in Hessen kein Landtag statt.

Nachdem sich so die politischen Spannungen in der Landgrafschaft etwas beruhigt hatten, heizte Sickingen sie wieder an: Ab März 1519 forderte er wiederholt die adligen Bürgen des Darmstädter Vertrags auf, sich gemäß ihrer Zusicherung in einer von ihm benannten Herberge in Mainz einzufinden – auf eigene Kosten. Dies entsprach zeitgenössischer Bürgschaftspraxis. Nachrichten über neuerliche Truppenwerbungen Sickingens, die jedoch mit der militärischen

Wilhelm Dilich, Ansicht von Darmstadt, 1591, Federzeichnung auf Papier, Hessisches Staatsarchiv Marburg, Sign. H Nr. 58

Absicherung der Kaiserwahl durch die Habsburger zusammenhingen, beunruhigten die hessische Führung zusätzlich. Sie veranlasste daher im März und April 1519 eigene Truppenwerbungen (▸ 2.13). Sickingen griff schließlich auch zu offenen Briefen und Formularen, um die Bürgschaftsforderung durchzusetzen (▸ 2.12). Der größere Teil der hessischen Adligen leistete Sickingen trotz des Widerspruchs Landgraf Philipps Folge, die übrigen (29) Adelsvertreter stellte er im Sommer 1520 in einem öffentlich ausgehängten Schmähbrief als hängende und gefesselte Figuren bloß. Die derart in ihrer Standesehre Angegriffenen reagierten mit einem entsprechenden Schmähbrief, der Sickingen ebenfalls gebunden und hängend und die Insignien seiner Standesposition, Wappen, Schwert und Lanze, zerbrochen darstellte (▸ 2.14). Unter diesen Spannungen kam es erneut zu hessischen Truppenwerbungen (wie zuvor schon Anfang 1520). Dies zeigt, wie nervös der hessische Landgraf und seine Räte auf die Aktivitäten Franz von Sickingens reagierten. Erst allmählich gelang ihnen eine Konsolidierung und Beruhigung der Situation. Dies verdankt sich wesentlich außenpolitischen Aktivitäten, Bündnisverträgen und dem Beitritt Hessens zum Schwäbischen Bund (1519).

1519–21: Sickingen in der Reichspolitik

Sickingens Fehden im Frühherbst 1518, zu der auch eine kleine Fehdeerpressung gegenüber der Reichsstadt Frankfurt gehörte, die ihm 4.000 Reichstaler einbrachte, hatten ihm erhebliche Einnahmen verschafft und seine politische Position im Reich gestärkt. Aus diesem Grund warben im Vorfeld der Kaiserwahl 1519 die beiden Konkurrenten Franz I. von Frankreich (1494–1547) und Karl V. von Habsburg (1500–58) um Schutz durch dessen Truppen. Sickingens politische Position wird zudem an der Beteiligung am Zug des Schwäbischen Bunds gegen Herzog Ulrich von Württemberg wenige Monate zuvor deutlich. Sickingen erhielt hohe Kostenerstattungen, die aber durch den aufwendigen Unterhalt der Truppen weitgehend verbraucht wurden.

Gleichwohl verfügte Sickingen über finanzielle Reserven. Nach einem ruhigeren, auch von Krankheiten gezeichneten Jahr, lieh er im Herbst 1520 Kaiser Karl V. ohne Sicherheitsleistungen die enorme Summe von 20.000 Gulden. Der riskante Kredit steht sicherlich in Zusammenhang mit der Erhebung zum kaiserlichen Rat, Kämmerling und Diener für fünf Jahre, die am 19. Oktober 1520 in Brüssel erfolgt war. Offensichtlich setzte der Reichsritter nun auf die Nähe zum neuen Kaiser. Karl V. ließ der Übertragung des Amts neun Monate später einen umfänglichen Auftrag folgen. Sickingen sollte (zusammen mit Graf Heinrich von Nassau) gegen König Franz I. von Frankreich ziehen. Im Sommer 1521 unternahm er mit 4.000 Reitern und 15.000 Fußknechten den geforderten Feldzug; die zugesagte Rückerstattung der Kriegskosten blieb jedoch aus. *Unnd ist er, Franntz, zu Key. Mat. gehn Prüssel geritten, daselbst viel zeit vergeblich gelegen, zuletzt der bezalung halben ein abschiedt nemmen muessen unnd kein gelt empfanngen* (Waltz, Flersheimer Chronik, 70). Sickingen blieb nach seiner vergeblichen Vorsprache beim Kaiser auf den enorm hohen Kriegskosten von mehr als 76.000 Gulden (zuzüglich der geliehenen 20.000 Gulden) sitzen, für die er selbst Kredite hatte aufnehmen müssen. Gewollt oder ungewollt war es Karl V. damit gelungen, die militärische Potenz des Ritterführers auf dem Höhepunkt seines politischen Einflusses wirksam zu schwächen. Hinzu kam, dass Sickingen mit der engen Bindung an den Kaiser die traditionell enge Bindung an seinen Oberlehnsherren und Gönner, den Pfälzer Kurfürsten, unterbrochen hatte. Das sollte bei seiner Fehde gegen Richard von Greiffenklau (1467–1531) in den beiden nachfolgenden Jahren fatale Folgen haben.

» Gewollt oder ungewollt war es Karl V. damit gelungen, die militärische Potenz des Ritterführers auf dem Höhepunkt seines politischen Einflusses wirksam zu schwächen «

1522/23: Fehde gegen Kurtrier

Sickingens Fehde gegen das Kurfürstentum Trier ist vielschichtiger als die vorangegangenen. Im reichspolitischen Kontext war der Gegner gut gewählt. Kurfürst Richard von Greiffenklau hatte sich bei der Königswahl 1519 für Franz I. eingesetzt und war auch im Anschluss dem französischen König treu geblieben. Das Vorgehen Sickingens konnte als Aktion im Sinne Karls V. gedeutet werden. Ein Fehdegrund fand sich wie immer leicht: Eine Geldforderung in Höhe von 5.150 Gulden gegen zwei Trierer Bürger, die er aus der Haft freigekauft hatte, werden im Fehdebrief vom 27. August (▸ 5.1) genannt, der am 29. August 1522 auf dem Ehrenbreitstein (bei Koblenz) übergeben wurde.

Zwei Wochen vor der Abfassung des Fehdebriefs trafen sich in Landau in der Pfalz etwa 600 Ritter aus dem Westen und Südwesten des Reichs und schlossen eine *brüderliche vereynigung.* Sie wählten Franz von Sickingen zum Hauptmann. Aufgrund der zeitlichen Nähe zur Trierer Fehde ist das Ritterbündnis wiederholt mit ihr in Verbindung gebracht worden. Doch dürfte die auf sechs Jahre geschlossene Vereinigung kaum »eine ›revolutionäre‹ Aktionsgemeinschaft des Adels« gewesen sein, wie Volker Press zu Recht feststellt (Press, Ritter, 24). Die historischen Umstände dieser weitreichenden Adelseinung sind zwar historisch noch nicht völlig aufgehellt, doch zeigt der Text der *brüderlichen vereynigung,* dass es wesentlich darum ging, inneradlige Konflikte durch interne Schiedsverfahren zu lösen und damit den Zugriff der Reichsjustiz zu vermeiden. Sickingen dürfte wegen seiner recht weitgestreuten Güter und vor allem seiner weitreichenden Standesverbindungen sowie seiner militärischen Erfolge zum Hauptmann gewählt worden sein. Die einzige Verbindung dieser Standesvereinigung zur Trierer Fehde besteht in einer gewissen antiklerikalen Tendenz: Anders als Fürsten und Städte waren Prälaten vom Beitritt ausgeschlossen.

Sickingen konnte seine Fehde gegen Trier nicht auf die Landauer Vereinigung, sondern nur auf seine – stark geschwächten – finanziellen Ressourcen und auf seine adligen Verbindungen stützen. Sein enger Berater Balthasar Schloer hat ihn vor dieser Fehde eindringlich gewarnt und geraten, eine bessere pekuniäre und politische Situation abzuwarten (Scholzen, Sickingen, 208 f.). Schloer fürchtete vor allem, dass sich der Kaiser mit einer über Sickingen verhängten Reichsacht auch seiner hohen Schulden an den Ritter entledigen werde.

Sickingens Zug fehlte im Spätsommer 1522 weitgehend das Überraschungsmoment. Sein Vorgehen hatte sich seit längerem angekündigt, die Stadt Trier hatte sich zudem schon 1521 nach dem Zug des Ritters gegen Frankreich auf eine Fehde präpariert und forcierte diese Bemühungen nun. Die Nachrichten über Sickingens Truppenstärke sind sehr spärlich; die Schätzungen schwanken zwischen 7.000 und 12.000 Mann, darunter 1.500 bis 2.000 Berittene. Am 31. August, nur zwei statt der vorgeschriebenen drei Tage nach der Übergabe des Fehdebriefes, nahm er die befestigte kurtrierische Stadt Blieskastel ein. Am 3. September kapitulierte auch St. Wendel nach kurzer Belagerung. Von da aus wandte er sich über Tholey zunächst südwärts, vielleicht um weiteren Truppenzuzug außerhalb des kurtrierischen Territoriums abzuwarten, bevor er nordwärts über Grimburg und Saarburg in Richtung Trier zog (▸ 5.4). Angeworbene Truppenkontingente aus Braunschweig und aus Lothringen erreichten Sickingens Lager auf dem Petersberg nahe Trier nicht, weil sie von der Landgrafschaft Hessen bzw. von den Luxemburgern aufgehalten wurden. Kurfürst Richard von Greiffenklau verstand es, den Widerstand nicht nur politisch, sondern auch militärisch zu organisieren. Das Reichsregiment ermahnte Sickingen am 1. September, sich an den Rechtsweg zu halten, und forderte die Reichsstände zur Unterstützung Kurtriers auf. Ein Sendschreiben des Reichsregiments vom 10. September bekräftigte diese Linie. Sickingens Hoffnung, sein Vorgehen könne als Unterstützung des Kaisers zumindest Duldung finden, zerschlug sich. Ein Übriges tat das entschlossene Handeln des Kurfürsten, der durch seine persönliche Präsenz die militärische Gegenwehr der Trierer organisierte und festigte. Als die mehrtägige Beschießung der Stadt seit dem 9. September durch Sickingen keinen entscheidenden Erfolg erzielte, ließ Sickingen Pfeilbriefe in die Stadt schießen (▸ 5.3). Nach einer Woche brach Sickingen die Belagerung am 14. September ab – auch unter dem Eindruck heranziehender Truppenkontingente zur Unterstützung des Kurfürsten. Der Zug gegen Trier war für Sickingen ein Debakel, noch auf dem Rückweg gab er Anweisungen an die Burgbesatzungen des Nansteins und der Ebernburg, Pulver zu beschaffen und die Artillerie zu verstärken.

Sickingens Gegner formierten sich nach seinem Abzug. Sie verständigten sich darauf, Sickingen selbst zunächst unbehelligt zu lassen und gegen seine Unterstützer koordiniert mit dem Schwäbischen Bund, der gegen einzelne Vertreter der fränkischen Ritterschaft vorging, Maßnahmen zu ergreifen. Die verbündeten Fürsten von Kurtrier, Kurpfalz und der Landgraf von Hessen wandten sich zunächst gegen einzelne Unterstützer Sickingens in ihrem Einflussbereich, am 11. Oktober 1522 zogen ihre Truppen dann vereint gegen Hartmuth von Cronberg, eroberten den Ort, den Hartmuth zuvor mit seiner Familie verlassen hatte, und besetzten ihn. Gegen Sickingen wurde am 10. Oktober die Reichsacht verhängt (▸ 5.3), 80 seiner adligen Anhänger wurden vom Reichsfiskal mit der Ächtung bedroht, wenn sie sich nicht von ihm lossagten. Der Mainzer Erzbischof wurde zur Zahlung einer hohen Summe von 20.000 Gulden gezwungen, weil ihm Unterstützung Sickingens unterstellt wurde.

Werkstatt Lucas Cranach d. Ä., Landgraf Philipp von Hessen, 1532, Holzschnitt

Zwischen Herbst 1522 und Frühjahr 1523 gab es Bemühungen um einen friedlichen Ausgleich zwischen beiden Seiten, vor allem das Reichsregiment war daran interessiert, aber auch Kurfürst Ludwig von der Pfalz (1478–1544). Sickingen suchte Unterstützung beim fränkischen Adel (▸ 5.2) und beim in Speyer sich versammelnden Städtetag – vergeblich. Als sich am 22. April die Truppen der verbündeten Fürsten sammelten, war Sickingen durch das Vorgehen seiner Gegner von zahlreichen möglichen Unterstützern isoliert und seiner finanziellen Möglichkeiten weitgehend beraubt. Am 24. April erreichten die Fürstenheere die Burg Nanstein oberhalb von Landstuhl, eine Woche später begannen sie mit der Beschießung (▸ 5.10). Sickingen zeigte sich in zwei – aus der Burg geschmuggelten, aber abgefangenen – Briefen (▸ 5.3) von der Wucht und Zerstörungskraft der gegnerischen Kanonen überrascht. Er sei beim Beschuss

Albrecht Dürer, Ritter und Landsknecht, um 1496/97, Holzschnitt, Kunsthalle zu Kiel, Inv.Nr. A.b f 60

durch *die stein ain wenig geschlagen* (Scholzen, Sickingen, 266), berichtet er seinem Vertrauten Balthasar Schloer. Die Verwundung war offensichtlich weitaus gravierender. Am 6. Mai suchte Sickingen Verhandlungen und fand sich zur Übergabe bereit, am 7. Mai betraten die Fürsten die Burg und sprachen nach dem Bericht des Caspar Sturm (1475–1552) mit dem Reichsritter, bevor er kurz darauf verstarb (▸ 5.9). Die übrigen Sickingen-Burgen kapitulierten mit Ausnahme der Ebernburg, deren Verteidiger erst nach zehn Tagen Belagerung und Beschuss aufgaben (▸ 5.11). Die Fürsten der Siegerkoalition teilten Sickingens Besitz auf und gingen in den nachfolgenden Wochen und Monaten gegen weitere Unterstützer vor. Vereint hatten sie den militärisch geschicktesten und wagemutigsten untern den Rittern in seine Schranken verwiesen. Im Heiligen Römischen Reich gaben nach Sickingens Zwischenspiel in der großen Politik wieder die Fürsten den Ton an.

Schluss: Dem Evangelium eine Öffnung?

Der Zug gegen Kurtrier war Sickingens erste größere selbständig geführte Fehde nach seiner Öffnung für reformatorische Ideen, die wesentlich auf seine Freundschaft mit Ulrich von Hutten (▸ Essay *Luther, Sickingen und Hutten* und 3.4) zurückzuführen ist. Hutten lebte seit September 1520 auf der Ebernburg und dürfte seinem Standesgenossen die grundlegenden Einsichten Luthers nahegebracht haben. Sickingen engagierte sich in der Folge nicht nur im Sinne der Humanisten für Johannes Reuchlin (1455–1522; ▸ 3.2), sondern bot auch Luther und einigen seiner Sympathisanten seit Januar 1520 wiederholt Asyl auf der Ebernburg an. Während Luther diese Offerte auch im Vorfeld des Wormser Reichstags ausschlug, folgten andere, später führende reformatorische Theologen dieser Einladung: Martin Bucer (1491–1551), Johannes Oekolampad (1482–1531), Caspar Aquila (1488–1560) und Johann Schwebel (1490–1540; ▸ Essay *Die Herberge der Gerechtigkeit* und Sektionseinleitung *Die Ebernburg als Zufluchtsort*). Sickingen hatte sich in beachtlichem Maß in die zentralen Fragen der Glaubensdiskussion vertieft (Press, Ritter, 21). Ein vermutlich von Schwebel im Namen Sickingens verfasster und als Flugschrift publizierter Sendbrief Sickingens an Diether von Handschuchsheim verteidigte reformatorische Positionen (▸ 4.7). Ebenso wenig steht außer Frage, dass es eminent politische Faktoren waren, die Sickingen zur Fehde gegen Trier führten. Das Territorium war wie die Landgrafschaft Hessen eine Herrschaft von mittlerer Größe, der Angriff auf ein geistliches Fürstentum ließ sich gut mit antiklerikalen und reformatorischen Motiven verknüpfen. Sickingen konnte so militärische und politische Reputation zurückgewinnen. Ob er damit ernsthaft auch die Kurwürde anstrebte, erscheint aber zweifelhaft, ein derart weitreichender Verstoß gegen die Ständeordnung des Reichs wäre wohl kaum durchsetzbar gewesen. Aber auch weniger verwegene Ziele konnte Sickingen 1522 nicht erreichen; Richard von Greiffenklau zeigte sich besser vorbereitet als der hessische Landgraf 1518. Martin Luther und die Wittenberger durften nach Sickingens Scheitern froh sein, dass sie sich nicht auf eine engere Verbindung mit dem wagemutigen Reichsritter eingelassen hatten.

Lit.: Andermann, Evangelium. – Breul, Trauma. – Kaufmann, Geschichte. – Press, Ritter. – Scholzen, Sickingen. – Waltz, Flersheimer Chronik.

Die Reformation in Polen und die Warschauer Konföderation

MACIEJ PTASZYŃSKI

1549 widmete Johannes Calvin (1509–64) seinen Kommentar zum Hebräerbrief dem polnischen König. Im Widmungsbrief lobte Calvin die in der Welt berühmte Frömmigkeit des Königs und fordert ihn auf, in die Fußstapfen seines Vaters und Johannes a Lasco (1499–1560) zu treten. Calvin fügte noch hinzu, dass er zur Abfassung der Widmungszuschrift durch den polnischen Adligen Florian Suslinga (1520–56), einem Mann großer Frömmigkeit und Gelehrsamkeit, bewegt worden war. Schon 1551 verschwand der Name Suslingas aus der nächsten Ausgabe des Kommentars.

Calvin hatte zwischenzeitlich erfahren, dass Suslinga kein Adliger, sondern ein Warschauer Bürger war, der im Juli 1546 Polen verlassen hatte und über Wien nach Italien gegangen war. Dort besuchte er Venedig, Padua, Verona, Genua und Turin. Im Oktober 1546 immatrikulierte er sich in Heidelberg, anschließend besuchte er Paris. Zwischen Mai und September 1547 weilte er in England, aber schon bald kehrte er auf den Kontinent zurück und besuchte dort 1548 den reformierten Theologen Paul Fagius (1504–49) in Straßburg. Anschließend reiste er nach Emden, um den berühmten Johannes a Lasco kennenzulernen. Später war er in Köln, Heidelberg, Mainz und wieder in Straßburg, wo er bei Martin Bucer (1491–1551) übernachtete. 1549 reiste er nach Genf, wo er Calvin die Empfehlungsbriefe von a Lasco und Bucer übergab, was Calvin zur oben genannten Widmung seines Hebräerbriefkommentars brachte.

Während seiner dreijährigen Odyssee lernte er nahezu jede wichtige Persönlichkeit der reformierten Welt kennen: Bonifacius Amerbach (1495–1562), Theodor Bibliander (1509–64), Heinrich Bullinger (1504–75), Konrad Gesner (1516–65), Rudolf Gualther (1519–86), Konrad Pelikan (1478–1556), Wolfgang Musculus (1497–1563), Oswald Myconius (1488–1552), Lelio Socini (1525–62) und viele andere. Überall knüpfte er Freundschaften, lernte neue Leute kennen und lieh sich Geld aus. 1550 wurde den

Anonym, Johannes a Lasco, um 1555, Öl auf Holz, Johannes-a-Lasco-Bibliothek, Emden, Inv.Nr. 11.01.12

Protestanten allmählich bewusst, dass Suslinga viele Städte ohne Abschied verließ und seine Korrespondenz rätselhafte Widersprüche beinhaltete. A Lasco entschuldigte sich bei Calvin und Bullinger für seinen unverantwortlichen Empfehlungsbrief. Die Odyssee von Suslinga war jedoch noch nicht zu Ende. 1551 ging er nach Rom, wo er zum Katholizismus konvertierte und von der Gründung der ersten jesuitischen Kollegien in Polen träumte.

Der Fall Suslingas zeigt einen wichtigen Moment in der Geschichte der polnischen Reformation, in dem sich die Beziehungen zwischen Polen und der Schweiz verdichteten und das konfessionelle Antlitz der Adelsbewegung immer deutlicher reformierte Züge annahm. Um diese Zeit gewannen auch die entstehenden protestantischen Kirchen ihre institutionelle Gestalt – freilich in starker Abhängigkeit von den individuellen Entscheidungen einzelner Adliger. Die Vorgeschichte der polnischen Reformation vor der Phase der Kirchenbildung währte etwa eine Generation. Sie war aber weder mit der kraftvollen Geste eines Thesenanschlags noch mit dem Trommelwirbel marschierender Truppen verbunden. Es gab keine plötzliche Wende, sondern eher einen langen Verhandlungsprozess, der im pragmatischen Abkommen über das friedliche Zusammenleben gipfelte. Da Polen seit dem Spätmittelalter (1385) mit dem Großherzogtum Litauen in einer politischen Union stand und die vereinigten Fürstentümer zu den größten in Europa zählten, war der Prozess der Rezeption der reformatorischen Ideen sehr komplex. Jede Region und jede soziale Gruppe erlebte die Reformation auf ihre eigene Art und Weise.

» In Gegensatz zur Bildungselite und zu den städtischen Milieus erreichte die Reformation den Adel eher langsam, obwohl ein spätmittelalterlicher Antiklerikalismus verbreitet war «

Die ersten Spuren der reformatorischen Ideen sind schon um 1520 in den größten deutschsprachigen Städten zu finden. Die Bischöfe beschwerten sich damals über den Import der lutherischen Schriften, die von Buchhändlern mehr oder minder öffentlich verkauft wurden. Manche Theologen, Humanisten und Mitglieder der städtischen Eliten, die zum gelehrten Publikum gehörten, fanden die neuen Ideen interessant und anziehend. Viele von ihnen besuchten auch Wittenberg, wo sich von der Gründung der Universität im Jahr 1502 bis 1646 mindestens 536 Polen immatrikulierten. In der ersten Phase (1502–27) waren unter den Studenten der Leucorea insbesondere Danziger Bürgersöhne zahlreich (31) vertreten.

Die Obrigkeit versuchte den Einfluss der Reformation zu unterbinden. Schon am 24. Juli 1520 verabschiedete der polnische König Sigismund I. (1467–1548) das erste antiprotestantische Edikt, das gegen den Import, den Druck und den Verkauf der Schriften Luthers, *die viele Sachen gegen die römische Kurie, öffentliche Ordnung und den kirchlichen und religiösen Zustand beinhalten*, gerichtet war (Balzer, Corpus, 583 f.). Nach diesem Edikt folgten viele weitere, die sowohl generell an alle Bewohner Polens (z. B. drei Edikte aus dem Jahr 1523) oder an einzelne Städte wie Danzig, Elbing, Thorn, Posen oder Krakau gerichtet waren. 1535, 1540 und 1544 wurden auch Reisen zum Studium nach Wittenberg verboten.

Die ersten Edikte aus den Jahren 1520–23 waren vor allem gegen reformatorische Drucke gerichtet, aber die neuen Ideen verbreiteten sich auch mithilfe anderer Medien. Die Wittenberger Ereignisse wurden in den Fastnachtsspielen in Danzig und Elbing dargestellt oder von Wanderpredigern kommentiert. 1522 schrieb sogar Georg Spalatin (1484–1545) an Martin Luther, dass *man sich in Polen überall nach dem Evangelium sehnt, sodass viele Prediger aus Wittenberg gefragt werden* (Luther, Briefwechsel (WA) II, 38). Kurz danach schickte der Stadtrat Danzigs eine offizielle Gesandtschaft nach Wittenberg mit der Bitte um einen Prediger und Lehrer.

In Gegensatz zur Bildungselite und zu den städtischen Milieus erreichte die Reformation den Adel eher langsam, obwohl ein spätmittelalterlicher Antiklerikalismus verbreitet war. Die Adligen beschwerten sich oft über ihre Priester, die ihre Pflichten missachteten, Konkubinen und Kinder hatten oder die Exkommunikation ohne Not in weltlichen Sachen anwendeten. Sie kämpften auch auf Land- und Reichstagen gegen den höheren Klerus wegen dessen Steuerbefreiung und anderer Privilegien. Seit 1520 forderte der Adel einen *gerechten Reichstag*, der die Meinungsunterschiede und Streitigkeiten unter den Ständen beruhigen sollte (Pociecha, Walka). Dieser Kampf zwischen den gesellschaftlichen Ständen gipfelte aber nicht in einer reformatorischen Wende.

Karte Polens im 16. Jahrhundert

Erst eine Generation später, nach Luthers Tod (1546), wuchs die Anzahl der Protestanten in adligen Kreisen, die nach dem Ende des Schmalkaldischen Kriegs wieder nach Wittenberg drängten. In den Jahren 1550–60 immatrikulierten sich dort über 150 Polen, deren Zahl erst nach Melanchthons Tod (1560) langsam abnahm. Der auf Reichstagen geführte Kampf zwischen weltlichem und kirchlichem Stand ging in eine neue Phase über. Ein adliger Priester, Stanisław Orzechowski (1513–66), veröffentlichte Traktate gegen den Zölibat des Klerus (1548 und 1551), heiratete und unterstützte auch seine geistlichen Kollegen – wie Marcin Krowicki (1501–73) – bei dieser Entscheidung. Seit 1548 formulierte der Adel eindeutig protestantische Postulate, z. B. beschwerte er sich auf Reichstagen über *die Unterdrückung des Wortes Gottes* (Szujski, Diariusze, 169). Die Adelsführer knüpften enge Beziehungen mit den Reformatoren in der Schweiz, und es gibt Berichte, nach denen Schriften von Ulrich Zwingli (1484–1531) und Johannes Calvin während des Reichstags 1550 unter den Adligen zirkulierten. Bald danach (1552) weigerte sich ein Anführer der Adligen, Rafał Leszczyński (1526–92), demonstrativ während der Messe, die den Reichstag eröffnete, seine Kopfbedeckung abzunehmen. 1555 versuchten die Adligen, dem König ihr protestantisches Glaubensbekenntnis vorzulegen. Zu diesem Zeitpunkt war klar, dass jede Versammlung des Adels zu neuen Deklarationen der protestantischen Neigung führen würde. Nach der Einschätzung der Historiker war über die Hälfte der von den Landtagen gewählten Gesandten des Reichstags protestantisch.

Es war also kein Zufall, dass Calvin 1549 seinen Kommentar dem polnischen König widmete. Der junge König Sigismund August (1520 – 72), der schon 1530 zum König gewählt und 1540 gekrönt worden war und seit 1548 selbständig regierte, war den neuen Strömungen nicht abgeneigt. Wegen seiner frühen Wahl und Krönung, die noch zu Lebzeiten des Vaters stattfanden, wurde die Religiosität des jungen Königs von Protestanten und Katholiken sehr aufmerksam beobachtet. Angeblich ließ er sich Calvins Werke vorlesen. Seine Hofprediger und Beichtväter wie Laurentius Discordia (1515 – 66), Jan von Koźmin (geb. vor 1510) oder Marcin Kurek (Gallus, Gallinius, gest. 1562) standen unter Verdacht, protestantisch zu sein. Trotz dieser Gerüchte, welche die Konversionshoffnungen am Leben erhielten, blieb der König katholisch, zeigte aber kleine Gesten zugunsten der Protestanten. 1556 stimmte der König zu, Rom um die Erlaubnis für die gottesdienstliche Liturgie in der Volkssprache, die Eucharistie unter beiderlei Gestalt, die Aufhebung des Zölibats sowie um die Einberufung einer Nationalsynode zu bitten. Gleichzeitig hob der König die bischöfliche Jurisdiktion in weltlichen Angelegenheiten auf, was er 1562/63 angesichts fortgesetzter episkopaler Rechtsprechung in weltlichen Sachen wiederholte. 1557/58 verlieh er an Danzig, Thorn und Elbing die Privilegien zur Feier der Eucharistie unter beiderlei Gestalt.

» Der junge König Sigismund August (1520 – 72), der schon 1530 zum König gewählt und 1540 gekrönt worden war und seit 1548 selbständig regierte, war den neuen Strömungen nicht abgeneigt «

Mit diesen Entscheidungen öffnete er der Entstehung von protestantischen Kirchen in institutioneller Gestalt Tor und Tür. Vertreter der ersten Gemeinden trafen in allen Regionen Polens zusammen und organisierten sich in Synoden. 1550 fand die erste reformierte Synode in Pińczów, einer unter adliger Herrschaft stehenden Stadt in der Provinz Kleinpolen, statt. Fünf Jahre später wurde die erste lutherische Synode in der Provinz Großpolens organisiert, und zwar in Posen, einer königlichen Stadt. Von diesen ersten Synoden wurden auch Superintendenten gewählt: 1557 bestätigte die reformierte Synode in Kleinpolen Felix Cruciger (gest. 1563) als Superintendenten und stellten ihm drei Vizesuperintendenten zur Seite. In Großpolen wurde etwa zur gleichen Zeit mit Johann Caper der erste lutherische Superintendent von einer Synode gewählt, dem Erasmus Gliczner als Assistent und kurz darauf vier weitere Personen als Vizesuperintendenten zur Unterstützung ernannt wurden. Neben diesen Strukturen entstand in Großpolen auch eine Kirchenorganisation der Böhmischen Brüder, die einen ähnlichen Aufbau hatte.

In dieser Zeit wurden auch die ersten Bibelübersetzungen veröffentlicht: Das Neue Testament wurde erstmals von dem Lutheraner Stanisław Murzynowski (1528 – 53) übersetzt und 1551 – 53 in Königsberg von Jan Seklucjan (1510 – 78) herausgegeben. Gleichzeitig (1556) erschien auch eine katholische Übersetzung im Verlag Scharffenberg in Krakau. Diesen Teilausgaben folgten die Vollbibeln: 1561 eine katholische von Jan Leopolita (1523 – 72) in Krakau, 1563 eine calvinistische in Brest und schließlich 1572 eine antitrinitarische in Nieśwież (▸ 6.10 – 12).

Die konfessionelle Ausrichtung der Gemeinden und der übergreifenden kirchlichen Strukturen waren aber noch lange nicht entschieden. Die städtischen Kirchen im königlichen Preußen hatten eine klare lutherische Ausrichtung. Die Kirchenführung in Großpolen stand ebenfalls unter starkem Einfluss Wittenbergs. 1557 empfing man von Melanchthon einen Brief, dem das Augsburger Glaubensbekenntnis und die sächsische Kirchenordnung beigefügt waren. Die *Confessio Augustana* wurde von der Synode in Posen 1558 zum offiziellen Glaubensbekenntnis erklärt und im Verlauf des 16. Jahrhunderts dreimal ins Polnische übersetzt.

Die Kirchengemeinden in Kleinpolen standen in der Zeit im engen Kontakt mit den Reformatoren aus der Schweiz, Johannes Calvin und Heinrich Bullinger. Calvin verfasste beinahe 80 und Bullinger 50 Briefe an seine polnischen und litauischen Glaubensgenossen. Unter den Adressaten befanden sich der König und die Vertreter der bedeutendsten Familien. 1557 lehnte Calvin das Superintendentenamt in Polen ab, empfahl aber seinen guten Freund, den polnischen Adligen Johannes a Lasco, der von seiner europäischen Odyssee gerade zurückgekehrt war. A Lasco, der für den Skandal mit Suslinga mitverantwortlich war, gehörte zur alten Familie Łaski, deren Besitz und Stellung in Polen sein Onkel, Erzbischof Jan Łaski (1456 – 1531), sicherte. Nach dessen Tod (1531) und einem riskanten politischen Engagement von a Lascos Bruder geriet die Familie in Schwierigkeiten und verlor an politischer Bedeutung. A Lasco, für dessen Ausbildung der Onkel frühzeitig gesorgt hatte, konvertierte während seiner Bildungsreisen, die ihm nicht nur die Bekanntschaft mit Erasmus von Rotterdam, sondern auch die Freundschaft mit Melanchthon ermöglicht hatten, zum evangelischen Glauben. Nach der Konversion blieb er im protestantischen Europa, zunächst als Superintendent in Ostfriesland (1542–49) und anschließend in London (1549–53). Die Machtübernahme von Maria Tudor zwang a Lasco, England zu verlassen. Vergeblich suchte er nach einem Platz für sich und seine Gemeinde im Reich. Schließlich kehrte er 1556 nach Polen zurück. Im Kleinpolen war sein Einfluss maßgeblich für die helvetische Ausrichtung der Kirchenorganisation.

Mit a Lascos Tod (1560) war aber weder der Prozess der konfessionellen Formierung abgeschlossen, noch die politische Lage der Protestanten gesichert. In den nachfolgenden Jahren kam es unter den politischen Eliten zu einem Generationswechsel. Die Adelsführer, welche die Einführung der Reformation auf ihren Gütern unterstützt hatten, verließen die politische Bühne. Schließlich starb am 7. Juli 1572 auch der König, dessen Konversion noch kurz vor seinem Ableben vergeblich erwartet worden war.

Anonym, König Sigismund II. August von Polen, 1572

Die polnischen Protestanten aller Konfessionen bereiteten sich auf den sich abzeichnenden Tod des Königs vor. 1570 riefen sie eine Generalsynode nach Sendomir ein, wo sich die Vertreter der Lutheraner und der Brüderunität aus Großpolen sowie die Gesandten der Reformierten aus Kleinpolen auf zwei Dokumente einigten: Ein gemeinsames Glaubensbekenntnis (*Confessio Sendomiriensis*) und ein Abkommen (*Consensus Sendomiriensis*), in dem sich beide Seiten in theologischer und organisatorischer Hinsicht gegenseitig anerkannten. Die *Confessio Sendomiriensis* war zwar nur eine Übersetzung von Bullingers *Confessio Helvetica Posterior*, aber sie wurde von ihren Befürwortern als »das polnische Glaubensbekenntnis« gelobt. Mit diesem patriotischen Unterton wollten Reformierte aus Kleinpolen zusammen mit der Brüderunität die Lutheraner für das gemeinsame Glaubensbekenntnis gewinnen. Letztendlich unterzeichneten Reformierte, Lutheraner und Böhmische Brüder den Konsens; über die Annahme des Glaubensbekenntnisses sollte aber jede Kirchenprovinz selbständig entscheiden.

In den folgenden Jahrhunderten war der *Consensus* die Grundlage einer erfolgreichen Zusammenarbeit zwischen Reformierten und Böhmischen Brüdern in Polen, von den Lutheranern aber wurde er abgelehnt. Vermutlich daher wurde der Konsens nach dem Tod des Königs (1572) nicht zur Grundlage des gemeinsamen Handelns. Für die reformierten Adligen war es offensichtlich, dass sie ein gemeinsames Abkommen nicht nur mit den Lutheranern, sondern auch mit den Katholiken, insbesondere mit katholischen Geistlichen, die in der oberen Kammer des Sejm saßen, finden mussten. Deshalb wurde die konfessionelle Debatte während des Interregnums unterdrückt.

Stattdessen wurde nach dem Tod des Königs die Idee einer *Kodifizierung der grundlegenden Rechte* formuliert. Die Vorstellung grundlegender Rechte war umso wichtiger, als der letzte König keinen Nachfolger hatte. Ein neu zu wählender König sollte zwar wie gewöhnlich alle Rechte und Privilegien mit einem Eid bestätigen. Der Adel wollte sich jedoch auf knappe und konkrete Feststellungen berufen können und nicht auf langwierige Auslegungsverfahren verlassen. Zudem stand zu erwarten, dass der Thronanwärter aus dem Ausland kommt, daher wollten die Adligen ihre Republik und ihre Rechte mithilfe der Kodifizierung vor fremden Einflussnahmen schützen. Schließlich sahen Adelsführer die grundlegenden Rechte als eine Möglichkeit, den Zustand der Republik zu verbessern. Schon im August 1572 wurde nach einer Zusammenkunft festgehalten: *Vor*

Die Konföderation von Warschau vom 28. Januar 1573, Tinte auf Pergament, Historisches Zentralarchiv, Warschau

der Wahl eines neuen Herrschers ist es nötig, unsere Rechte in eine gute Ordnung zu setzen, unsere Freiheiten, wenn sie in irgendeinem Punkt verletzt worden waren, zu verbessern und, was ihnen noch fehlt, hinzuzufügen (BIBLIOTEKA, fol 276 f., 291). Mit anderen Worten: Der Adel beanspruchte das Recht, die Verfassungsverhältnisse auch in Abwesenheit des Königs zu ändern. Ein aufsteigender Adelspolitiker, Jan Zamoyski (1542–1605), der bald zu einer der wichtigsten Gestalten im Königreich avancieren sollte, setzte sich für diese Idee ein und schrieb: *Wir sollen jetzt auf nichts anderes achten, als darauf, was der Herrscher uns schuldet. Und so kann es in höchstens 20 Artikeln geschehen, über die wir uns in der heutigen Stunde verständigen können, wenn sie so gefasst werden, dass sie jedem Stand nützlich sind* (SOBIESKI, Archiwum, 14).

Das Ergebnis entsprach Zamoyskis Vorstellungen. Der erste Reichstag des Interregnums, der wegen Abwesenheit des Königs lediglich als *Konvokation* (Zusammenkunft) oder *Konvokationsreichstag* bezeichnet wurde, traf am 6. Januar 1573 zusammen und debattierte bis zum 28. Januar. Sein Ziel war es, über die Zeit und den Ort der Königswahl zu entscheiden, sowie generelle Bestimmungen über die Bewahrung des Friedens in der königlosen Zeit zu beschließen. Während der Verhandlungen einigten sich die Versammelten, die Königswahl im April in Warschau durchzuführen und jedem Adligen das Teilnahmerecht zu gewähren. In dieser Zusammenkunft wurde auch eine Friedensverpflichtung verabschiedet: die Warschauer Konföderation (▸ 6.9a). Sie war eine gegenseitige Verpflichtung des Adels aller Konfessionen (*dissidentes de religione*), den Frieden untereinander zu bewahren. Die *pax inter dissidentes* sollte die freie Religionsausübung garantieren und den Schutz gegen Verfolgung sichern, mit dem Vorbehalt, dass die ständische Ordnung *sub praetextu religionis* (unter dem Vorwand der Religion) nicht verletzt werden dürfe.

Die Verfasser betonen in der Einleitung des Dokuments, dass sie sich als *geistliche und weltliche Räte und ganze Ritterschaft, und andere Stände der Republik [...], und die Städte der Krone* bezeichnen. Damit wird die gesamte polnische Nation zur Ausstellerin der Konföderation. Zu dieser politischen Nation gehört hier vor allem die adlige Schicht: mit den Räten sind sicherlich die Mitglieder der oberen Kammer des Sejm gemeint, die zur Hälfte aus den katholischen Bischöfen bestanden; die Ritterschaft und andere Stände der Republik bezeichnen den übrigen Adel. Als dritte Einrichtung werden die königlichen, d. h. die nicht dem Adel unterstellten Städte genannt.

Die Verfasser bezeichnen sich weiter als *dissidentes de religione* oder – in einer anderen Fassung – *dissidentes in religione*. Unabhängig von dem kleinen semantischen Unterschied zwischen *in* und *de*, steht es außer Zweifel, dass mit diesem Begriff nicht nur Protestanten gemeint waren, die sich von dem Glauben abspalten, sondern sowohl Protestanten als auch Katholiken, die untereinander über die wahre Religion uneinig sind. Ein Augenzeuge der Debatten um die Konföderation und ihre Auslegung, Świętosław Orzelski (1549–98), notierte: *Manche lobten die Konföderation, andere wollten sie nur auf die Augsburgische und die Römische Konfessionen begrenzen, noch weitere wollten alle Sekten zulassen. Es gab auch solche* [...], *die sie so auslegen wollten, dass die Augsburgische und Römische Konfessionen für alle frei wären, aber die anderen* [Bekenntnisse] *nur für den Adel vorbehalten* (Kunze, Orzelski, 90 f.).

Deutsch, Porträt des Stephan Bathory, 1576, Bayerische Staatsgemäldesammlungen, München

Laut der Konföderation verpflichten sich alle Mitglieder der politischen Nation, während des Interregnums *Frieden, Gerechtigkeit, Ordnung und Schutz der Republik* zu bewahren und zu gewährleisten (Art. 1). Diese Verpflichtung betraf vor allem die Königswahl: Kein Stand darf sich von anderen abtrennen, um eine separate Elektion durchzuführen. Der gemeinsam gewählte König sollte nach seiner Wahl die grundlegenden Rechte bestätigen, zu denen auch die Bestimmung gehört, den Frieden unter den vielen Konfessionen zu bewahren (Art. 2). Weiter verpflichteten sich alle Unterzeichner – als die politischen Nation und *Dissidenten* – untereinander Frieden zu halten und wegen der Glaubensspaltung weder Blut zu vergießen, noch vor Gericht zu gehen (Art. 3).

Schließlich betonten die Verfasser, dass diese Bestimmungen die Rechte der Obrigkeit, der die Jurisdiktion *sowohl in geistlichen als auch in weltlichen* zustehe, nicht verletzen soll (Art. 4). Dieser Vorbehalt, der das Fortbestehen der Ständegesellschaft sichern sollte, führte seit dem 19. Jahrhundert zu erheblichen Kontroversen in der Forschung, weil in der Bezeichnung *sowohl in geistlichten als auch in weltlichen* (*tam in spiritualibus quam in secularibus*) offensichtlich ein Objekt fehlt. Historiker haben vorgeschlagen, diese Formulierung entweder mit dem Wort *Sachen* (*rebus*) oder mit dem Begriff *Güter* (*bonis*) zu ergänzen, um die Äußerung sinnvoll zu vervollständigen. Wenn der Obrigkeit das Recht zustehen sollte, über Angelegenheiten (*rebus*) der Untertanen in geistlichen und weltlichen Dimensionen zu urteilen, bedeutete es, in die Rechte aller Kirchen – sowohl katholischer als auch protestantischer – einzugreifen. Diese Möglichkeit wäre weder von den Protestanten noch von den Katholiken akzeptiert worden, obwohl in manchen Abschriften der Konföderation diese Formulierung tatsächlich zu finden ist. Viel sinnvoller scheint die Alternative zu sein: Weder in geistlichen noch in weltlichen Gütern (*bonis*) dürfen die Prärogativen der Grundherren durch die Konföderation verletzt werden.

Zwischen Januar und August 1573 wurde das Dokument der Warschauer Konföderation mehrmals in Gerichtsbücher eingefügt, die traditionell Prozessprotokolle, Urteile und Gesetze enthielten. Dies entsprach der Standardprozedur für alle Gesetze und Edikte, war aber für die rechtliche Gültigkeit der Konföderation nicht entscheidend. Dafür war die Zustimmung bzw. der leibliche Eid des neuen

Königs unumgänglich, der erst am 10. Mai 1573 gewählt wurde. Kurz danach, am 16.–17. Mai, verfassten die Adligen die Wahlbedingungen, die der neu gewählte König vor der Krönung bestätigen sollte. In diesen Konditionen wurde die Bestätigung der Warschauer Konföderation an zweiter Stelle aufgelistet, direkt nach dem Artikel über den Wahlcharakter der polnisch-litauischen Monarchie. In der neu gefassten Formel des königlichen Eides wurde ebenfalls der Artikel über Bewahrung des Frieden und der Ruhe unter in Religionssachen unterschiedlich Gesinnten (*dissidentes de religione*) eingefügt. Die Wahlbedingungen, der Eid und die Warschauer Konföderation wurden von dem in Warschau versammelten Adel nach langen Debatten und politischen Kämpfen angenommen. Die auf den 28. Januar datierte Urkunde der Konföderation wurde am 12. Mai mit 206 Siegeln beglaubigt und bestätigt. Nur Domkapitel und katholische Bischöfe verweigerten die Anerkennung der Konföderation. Aus dem Kreis der kirchlichen Oberhäupter hat nur der Krakauer Bischof Franciszek Krasiński (1525–77) seine Unterschrift und sein Siegel unter dem Akt der Konföderation gesetzt. Ein weiterer Geistlicher, der Bischof von Kamieniec, Dionizy Secygniowski (gest. 1576), stand unter dem Verdacht, es getan zu haben.

> »Letztendlich blieb die Konföderation eine Garantie der Autonomie der Adligen, die damit einen Anspruch auf das Prinzip *cuius regio eius religio* bekamen«

Mit den Wahlkapitulationen reiste die Delegation des Adels nach Paris, um von Heinrich von Anjou (der spätere Heinrich III.; 1551–89) die Bestätigung der Dokumente zu erhalten, die seine Vertreter in Polen schon angenommen hatten. Ohne diese zusätzliche Garantie hätten die Stände den gewählten Kandidaten in ihr Land nicht eingelassen, weil das Risiko, dass er die Kapitulationen ablehnt und die Macht trotzdem übernimmt, einfach zu groß war. Die Warschauer Konföderation erregte dabei auch innerhalb der Gesandtschaft einen Streit. Drei Abgesandte – der Bischof von Posen, Adam Konarski (1526–74), der Woiwode von Sieradz, Albrecht Łaski (1527–1605), und der litauische Marschall, Mikołaj Krzysztof Radziwiłł (1549–1616) – protestierten im Angesicht des neuen Königs gegen die Gleichberechtigung der Protestanten. In Anbetracht des Scheiterns ihrer Mission einigten sich die Gesandten, alle Artikel dem König vorzulegen, und sogar der Bischof erklärte sich bereit, nur schweigend (*tacite*) zu protestieren. Während der Zeremonie der Eidablegung, die am 10. September 1573 in der Kathedrale Notre-Dame de Paris stattfand, erhob sich der Bischof von Posen und machte damit schweigend seinen Widerstand gegen den Eid öffentlich.

Der König sollte aber alle Wahlkapitulationen noch einmal in Warschau während der Krönungszeremonie bestätigen. Nach seiner Ankunft in Polen im Januar 1574 zögerte Heinrich sehr lange mit der Erfüllung dieser Verpflichtung, was einerseits dem Einfluss der katholischen Geistlichen zuzuschreiben ist, andererseits aber auch mit den Verhandlungen über weitere Wahlbedingungen (wie die Heirat mit Anna Jagiellonka [1523–96], die 40 Jahre älter war als Heinrich) zusammenhing. Im Februar 1574 fand schließlich die Krönungszeremonie statt, während der Heinrich nur den Eid ablegte und die Wahlkapitulation bestätigte. Die separate Bestätigung der Konföderation lehnte er unter Hinweis auf die Uneinigkeit des polnischen Adels ab. Da Heinrich aber schon im Juni 1574 Polen verließ, um den vakanten Königstuhl in Frankreich zu übernehmen, kam es 1575 zu einer neuen Königswahl. Der neue König, Stefan Bathory (1533–86), zögerte nicht mit der Bestätigung der Konföderation (▸ 6.8 und 6.9b), die er am 8. Februar in Ungarn und am 1. Mai 1576 in Polen leistete. Seit seinem Regierungsantritt gehört die Konföderation ohne Zweifel zu den grundlegenden Rechten der adligen Republik.

Die Konföderation wurde oft und zum Teil irreführend als *Meilenstein der polnischen Toleranz* bezeichnet. Die historische Forschung der letzten Jahre stellt dieser Interpretation eine andere Deutung entgegen. Die Konföderation ist demnach lediglich ein Teil der Wahlkapitulationen, der zwar den Grundstein für einen Religionsfrieden legte, sich von theologischen Debatten aber fernhielt. In diesem säkularen Rechtsakt wird keine Konfession als privilegiert oder geduldet erwähnt, weil es sich lediglich um ein *Friedensinstrument* (Kriegseisen, Stosunki, 493) handelt, dessen Annahme die Grenzlagen Polen-Litauens und seine gemischte soziale und konfessionelle Struktur erforderte. Die Frage, ob die Orthodoxen oder Antitrinitarier auch unter Schutz der Konföderation stehen, blieb 1573 unbeantwortet.

Laut Michael G. Müller (Bekenntnispolitik, 316 f.) ist dieser Religionsfrieden allein *auf das Prinzip der indivi-*

duellen Glaubensfreiheit ausgerichtet. Es handelte sich aber nicht um ein individuelles Recht, das auf der Vorstellung von der Autonomie des Einzelnen basierte, sondern um die Autonomie der Mitglieder des Adelstandes, der durch die parlamentarische Repräsentation die politische Nation der Republik konstituierte. Vertreter anderer Stände wie Bauern oder Stadtbürger waren mit Ausnahme der königlichen Städte nicht berücksichtigt, wodurch die Reichweite ihrer religiösen Freiheit ein Verhandlungsobjekt blieb. Spätere Deutungsversuche, die nach einer Erweiterung des Ständebegriffs strebten, scheiterten. Letztendlich blieb die Konföderation eine Garantie der Autonomie der Adligen, die damit einen Anspruch auf das Prinzip *cuius regio eius religio* bekamen.

Dieses kollektive Recht war aber individuell in diesem Sinne, dass es die Glaubensfreiheit in Kategorien der persönlichen Entscheidung der Adligen und nicht als eine Garantie der Unantastbarkeit der Institutionen definierte. Für die katholische Kirche hatte diese Regelung geringe oder gar keine Folgen, weil sie rechtlich schon sehr stark in Polen-Litauen verankert war. Für die entstehenden protestantischen Kirchen, die nach institutioneller Anerkennung strebten, hatte diese individuelle Perspektive gravierende Folgen: Ihre Existenz blieb ein Pfand der individuellen Entscheidung des Adels und der politischen Lage in Polen-Litauen.

Lit.: Balzer, Corpus. – Bibliotheka. – Jürgens, a Lasco. – Korolko, Klejnot. – Kossowska, Biblia. – Kriegseisen, Protestanten. – Kriegseisen, Stosunki. – Kunze, Orzelski. – Luther, Briefwechsel (WA). – Müller, Bekenntnispolitik. – Pociecha, Walka. – Schmidt, Felsen. – Schramm, Polnische Adel. – Sobieski, Archiwum. – Szujski, Diariusze.

Geschichte ist die Religion unserer Zeit – Franz von Sickingen in der Bildenden Kunst des 19. Jahrhunderts

STEFAN HEINZ UND ANDREAS TACKE

Im langen Prozess der europäischen Nationalstaatenbildung fiel den Künsten, insbesondere den Bildenden Künsten eine vermittelnde Schlüsselrolle zu: Kein bedeutendes öffentliches Gebäude des Historismus – seien es Bahnhöfe, Justizgebäude, Rathäuser, Universitäten oder Museen – und keiner der vielen evangelischen oder katholischen Kirchenneubauten kam ohne die Rückbindung an Geschichte aus. Zudem wurde das ganze Land mit unzähligen neuaufgestellten (National-)Denkmälern überzogen, die ebenfalls zur Allgegenwärtigkeit von Geschichte beitrugen. Der Maler Anton Teichlein (1820–79) kolportierte 1876 die Auffassung seines verstorbenen berühmten Lehrers Wilhelm von Kaulbach (1805–74) über die Rolle der Bildenden Künstler im werdenden Deutschen Reich: *Geschichte müssen wir malen, Geschichte ist die Religion unserer Zeit, Geschichte allein ist zeitgemäß.*

Durch die Veränderung deutscher Städte in Folge des Zweiten Weltkrieges ist auch diese Allgegenwärtigkeit von Geschichte zerstört worden, eine Geschichte, die wir heute als Geschichtskonstruktionen beschreiben würden. Denn neben einer noch heute gültigen Forschung mit bewundernswerten großen Editionsprojekten war der Historismus auch von dem Versuch geprägt, sich seine eigene Geschichte zu schreiben. Eine Geschichte, die wenig mit der Vergangenheit, sondern vielmehr mit der Gegenwart zu tun hatte. Geschichtsbilder wurden entworfen, die politisch und/oder religiös instrumentalisiert wurden. Vor allem die Frage der Rolle der Konfessionen entwickelte im deutschen Kaiserreich eine Dynamik, deren Schubkräfte man nicht unterschätzen sollte. Sie erfassten auch Franz von Sickingen (1481–1523), der ohne das Ausloten des Verhältnisses von Staat und Kirche im Deutschen Kaiserreich vermutlich eine historische Randfigur in den Geschichtsbüchern geblieben wäre.

Dass Sickingen in einer Hauptrolle die Bühne betreten konnte, verdankt er seiner Vereinnahmung für einen preußisch gefärbten Nationalstaat, welcher seine (auch konfessionellen) Wurzeln in Geschichtskonstruktionen suchte, die man heute allzu schnell als abenteuerlich abtun könnte. Denn sie gehörten damals zum Allgemeinwissen, welches mentalitätsgeschichtlich bis heute nachwirkt.

Franz von Sickingen eignete sich aus mehreren Gründen für eine Vereinnahmung: Auf der einen Seite konnte seine Opposition gegen die ständisch geprägten Kurfürsten als Inbegriff für das Streben nach der Reichseinigung verstanden werden; Sickingen wurde so zu einem Vorkämpfer gegen die deutsche Kleinstaaterei. Auf der anderen Seite spielte seine mutmaßliche konfessionelle Ausrichtung eine wichtige Rolle. Seine – von der modernen Geschichtswissenschaft durchaus in Zweifel gezogene – Bedeutung für die Reformation wurde im 19. Jahrhundert aufgewertet, und er wurde zu einem Streiter für Martin Luther (1483–1546), quasi dessen verlängerter militärischer Arm.

Da beim Ausmalen von Geschichtsbildern historische Eckdaten nicht ausreichen, scheute man im 19. Jahrhundert nicht davor zurück, der Erzählung Farbe zu verleihen und diese auch noch dick aufzutragen: Ein Gesicht musste her und wenn es kein verbürgtes gab, entwickelte man selbst »Porträts«. Einzelne und zum Teil fiktionale Ereignisse aus dem Leben der Darzustellenden entwickelten eine eigene

Ikonografie, die der Wiedererkennbarkeit der Protagonisten diente.

Dieses sind die Voraussetzungen, um Franz von Sickingen im Verlauf des 19. Jahrhunderts immer wieder zu einer bildwürdigen Figur werden zu lassen, nicht nur in der Malerei und auf Denkmälern, sondern in Romanillustrationen, Bilderbögen und in Schulbüchern (▸ 7.8).

Die Ausgangslage für die Künstler war dabei schwierig. Als authentische Porträts Sickingens galten der Hopfer-Stich (den man für einen Holbein hielt) (▸ 2.1), ein Gemälde in Heidelberg, mehrere davon abhängige Kopien späterer Jahre (▸ 7.3), verschiedene Medaillen (▸ 2.16) und (wenn auch fälschlicherweise) Albrecht Dürers (1471–1528) *Paumgartner Altar* (nach 1503).

Ausgehend von diesen wenigen tatsächlichen wie vermeintlichen Bildquellen des 16. Jahrhunderts haben sich zwei unterschiedliche Darstellungstypen in der historistischen Kunst entwickelt. Einmal diejenigen Bildnisse, die Sickingen im strengen Profil zeigen. Ergänzend kann das Gesicht von der großdimensionierten Krempe seines federbesetzten Hutes umrahmt sein. Eine andere Tradition zeigt ihn in Rüstung, aber mit dem markanten Schaller, dessen Visier nach oben geklappt ist. Es sind Albrecht Dürers *Paumgartner Altar* und der großformatige Kupferstich *Ritter, Tod und Teufel* (▸ 1.4), die am Beginn des 19. Jahrhunderts für die Etablierung dieser Ikonografie gesorgt hatten.

» Um 1800 wurde es jedenfalls als allgemeingültige Tatsache akzeptiert, dass der Ritter auf Dürers Kupferstich nur Franz von Sickingen sein könnte «

Dürers Ritter, Tod und Teufel und Sickingen

Das zu den sogenannten drei Meisterstichen zählende Blatt Dürers gehört zu jenen Kunstwerken, welche über Jahrhunderte ihre Faszination nicht eingebüßt haben. Die Interpretationsansätze zu diesem druckgrafischen Werk sind zahlreich und zudem divergierend: Sahen manche die Idealvorstellung des christlichen Ritters nach einer Schrift (*Enchiridon Miles Christianus*) des Erasmus von Rotterdam (um 1467–1536) verwirklicht, vermuteten andere geradezu das Gegenteil. Nämlich einen hinterlistigen, verwerflichen Raubritter, wie er vor allem zum Ende des Mittelalters aufkam. Heute herrscht immerhin soweit Konsens, dass *der Reuter*, wie ihn Dürer selbst bezeichnet, keine historisch verbürgte Person abbildet.

Diese Übereinkunft herrschte indes nicht immer, denn obwohl die Zweifel nie ausgeräumt werden konnten, sah man im 19. Jahrhundert in der Hauptfigur von *Ritter, Tod und Teufel* Franz von Sickingen. Der Urheber dieser Behauptung lässt sich nicht abschließend ermitteln, bei Johann Dominik Fiorillo (1748–1821) und Adam von Bartsch (1757–1821) finden sich frühe Belegstellen. Auch Joseph Heller (1798–1849), der zur ersten Generation der Dürer-Forscher gehört, diskutiert diese Gleichsetzung mit Sickingen. Aufgegriffen wurde die Identifizierung nicht nur von der kunsthistorischen, sondern auch von der historischen Forschung. Um 1800 wurde es jedenfalls als allgemeingültige Tatsache akzeptiert, dass der Ritter auf Dürers Kupferstich nur Franz von Sickingen sein könnte. So schreibt kein Geringerer als Friedrich von Schlegel (1772–1827) im Frühjahr 1804 nach der Besichtigung von Kunstwerken in Paris, dass ihm besonders die Grafiken *vom Hubertus und des Sickingen, der durch den Wald reitet*, beeindruckt hätten. Auch Auktionskataloge und Inventare (z. B. von Johann Frauenholz in Nürnberg [1758–1822] aus dem Jahre 1804) setzten den Ritter mit Sickingen gleich.

Diese Parallelsetzung finden wir auch bei den Nachbarkünsten, beispielsweise in der Literatur. So lässt 1833 der deutsch-österreichische Dichter Eduard Duller (1809–53) Ulrich von Hutten (1488–1523) ausrufen: *…, mein edler Franz! Ritter durch Tod und Teufel!*

Gleichwohl gab es schon früh auch skeptische Stimmen. Der Experte für Druckgrafik Georg Kaspar Nagler (1801–66) vermutet bereits 1858 in seinem Monogrammisten-Lexikon, dass der vor der Jahreszahl stehende Buchstabe »S« (dessen Auflösung immer noch nicht überzeugend gelungen ist) zur Sickingen-Identifizierung geführt habe und wohl auch weil Sickingen *ein Mann nach Dürers Sinn* gewesen sei. Heinrich Ulmann (1841–1931) schloss 1872 Sickingen zwar vollends aus, bemerkte aber, dass sich in Trier *ein ächtes Portrait Sickingens, angeblich … von Holbein* befände (▸ 7.3). Denn im 19. Jahrhundert hielt man das gestochene Sickingen-Porträt von Hieronymus Hopfer (um 1500 – nach 1550) für einen Nachstich nach einem Gemälde von Hans Holbein d. J. (1497–1543), welches sich im Besitz der Nachfahren Sickingens befinden solle.

FRANTZ DE SICKINGEN.

Nachzeichnung von Dürers Ritter, Tod und Teufel mit der Bezeichnung als Franz von Sickingen, in: Ernest de Bouteiller, Historie de Frantz de Sickingen. Chevalier allemand du seizième siècle, S. 214, Metz 1860, Landesbibliothekszentrum Rheinland-Pfalz, Pfälzische Landesbibliothek Speyer, Sign. 22.6501

Darüber hinaus mangelt es im 19. Jahrhundert nicht an Versuchen, Sickingen in älteren Gemälden als verstecktes Porträt (sogenanntes Kryptoporträt) zu entdecken. Ernst (Hermann Joseph) Münch (1798–1841) berichtet in seiner dreibändigen Sickingen-Monografie (1827–29) von einer gemalten Kreuzigung in Frankfurt, auf der Sickingen mit Ulrich von Hutten, Albrecht von Brandenburg (1490–1545) und Albrechts angeblicher Mätresse Ursula Riedinger zu sehen sei; letztere hat auch ihren Auftritt in Paul Hindemiths (1895–1963) Oper *Mathis der Maler* (1938). Noch heute ist unklar, ob Sickingen in dem in New York aufbewahrten, 1522 entstandenen *Brückenproben*-Relief von der Hand des Augsburger Bildhauers Hans Daucher (1486–1538) zu sehen ist. Da benennbare Zeitgenossen dargestellt sind, glaubte man lange, ihn als einen der Ritter zu erkennen, die aufgrund ihrer Untreue zum Kaiser von der Tugendbrücke stürzen. Noch deutlicher werden derartige Identifizierungsversuche an einem anderen Kunstwerk, nämlich Dürers *Paumgartner Altar* von 1503. Die Innenseite des rechten Klappflügels galt ebenfalls als authentische Darstellung Sickingens. Eine Vorstellung, die ab 1830 in druckgrafischen Reproduktionen beispielsweise von (Ferdinand) Wolfgang Flachenecker (1792–1847) oder Ludwig Buchhorn (1770–1856) verbreitet wurde. Dies hatte zur Konsequenz, dass zahlreiche Sickingen-Bilder des 19. Jahrhunderts in Kostüm, Haltung und Physiognomie dem Nürnberger Patrizier Lukas Paumgartner (gest. 1515) ähneln, einem der Stifter des Altares (heute Alte Pinakothek, München), der sich von Dürer als Hl. Eustachius darstellen ließ.

Hutten und Sickingen

Ein zweites großes ikonografisches Thema in der Kunst des 19. Jahrhunderts ist die Freundschaft Sickingens mit Ulrich von Hutten. Bereits auf dem Wartburgfest von 1817 wurden beide anlässlich der Feiern zum 300. Jahrestages des Thesenanschlags Martin Luthers (31. Oktober 1517) zu Nationalhelden erklärt. Bei den national gesinnten Studentenverbindungen des 19. Jahrhunderts galt beider Freundschaft als ein Sinnbild von Gelehrsamkeit und Verteidigungswillen.

Am markantesten spiegeln sich diese Überlegungen im Kreuznacher Denkmal wider (▸ Kurzbeitrag *Hutten und Sickingen in der Denkmalplastik*). Die Pläne für ein Monument am Fuße der Ebernburg, jenem Genius Loci, wo sich Hutten und Sickingen 1520/21 trafen, kursierten bereits ab dem Jahre 1842, konkretisierten sich aber erst 1860 mit einem Entwurf des Bildhauers Karl Cauer (1828–85), der

Albrecht Dürer, Paumgartner Altar, rechte Tafel, Hl. Eustachius, um 1500, Öl auf Holz, Alte Pinakothek, München, Inv.Nr. 706

Karl Cauer und Söhne, Hutten-Sickingen-Denkmal, eingeweiht 1889, Ebernburg, Bad Münster am Stein-Ebernburg

— 581 —

Deutsche Bilder.

Nr. 5.

Sickingen, von Hutten
auf der Ebernburg unterrichtet.

Das Ende des fünfzehnten und das des achtzehnten Jahrhunderts zeigen beide eine unverkennbare Aehnlichkeit: hier wie dort das Wehen einer neuen Zeit, das Morgenroth, welches die aufgehende Sonne verkündet, das Ringen des Menschengeistes, sich aus den Banden der alten Knechtschaft zu befreien. In beiden Fällen war es die Wissenschaft, welche den Kampf mit dem Despotismus aufnahm und in Deutschland die Reformation, wie später in Frankreich die Revolution herbeiführte. Gegen den Glaubenszwang und Geistesdruck der römischen Kirche erhoben sich die durch das classische Alterthum gebildeten Humanisten, die Lehrer und Verläufer eines Luther, während die Encyklopädisten, Voltaire und Diderot an der Spitze, der Tyrannei des absoluten Königthums und einer entarteten, alle menschlichen Satzungen mit Füßen tretenden Aristokratie den Krieg erklärten. Die Gegner waren dieselben: unwissende Pfaffen, gemeine Höflinge, welche die Religion mit ihren fetten Pfründen, die Loyalität mit ihren einträglichen Stellen verwechselten und Thron und Altar zu schützen vorgaben, während sie nur ihre eignen Interessen und Privilegien im Auge hatten. Auch die Waffen waren die nämlichen: von der einen Seite Geist, Witz und Gelehrsamkeit, von der andern Verleumdung, Hinterlist und Bosheit.

Um die Parallele bis zur fast vollkommenen Gleichheit zu erheben, fehlt in beiden großen geschichtlichen Perioden auch die Erscheinung nicht, daß aus den Reihen des Adels und der Geistlichkeit selbst einzelne erleuchtete Männer hervorgegangen sind, welche die Gebrechen ihres Standes und die Nothwendigkeit einer gewaltsamen Umwälzung einsahen, sich ohne Zögern der neuen Bewegung anschlossen und dafür ihr Glück, ihr Leben opferten.

Solch ein wahrer Ritter des Geistes war der edle Ulrich von Hutten, der aus einem alten angesehenen Geschlechte an der Grenze von Franken und Hessen stammte, wo die Stammburg seiner Ahnen drei Meilen von Fulda entfernt sich mit ihren statt-

Sickingen wird von Hutten auf der Ebernburg unterrichtet, in: Die Gartenlaube 1860, Heft 37, Nr. 5, S. 581, Wissenschaftliche Stadtbibliothek Mainz, Sign. 65:4°/18

schließlich nach seinem Tod von seinen Söhnen 1889 umgesetzt werden sollte. Bereits die Inschrift am Sockel lässt die Intention deutlich werden: »Den Vorkämpfern deutscher Einheit und Größe«.

Es war üblich, dass die Einweihung eines solchen Denkmals nicht nur durch ein umfangreiches Begleitprogramm mit Festschriften, Musik und Theateraufführungen gefeiert und durch zahlreiche Würdigungen in der Tagespresse begleitet wurde, sondern sich auch durch andere Medien verbreitete. So wurden anlässlich der genannten Denkmalsenthüllung verschiedene Erinnerungsmedaillen geprägt, beispielsweise bei Lauer in Nürnberg oder Roth in Wiesbaden. Die Vorderseiten zeigen jeweils das Cauersche Hutten-Sickingen-Denkmal und die Rückseiten die Ebernburg.

Hutten und Sickingen sind in der Malerei und Druckgrafik weniger präsent – mit Ausnahme der Darstellung ihres Todes –, aber dennoch lassen sich auch für diese Kunstgattung Beispiele finden. Der Historienmaler Friedrich Wilhelm Martersteig (1814–99) plante einen umfangreichen Hutten-Zyklus, von dem das Deutsche Historische Museum (Berlin) heute die Ölskizzen besitzt. Nur eine Skizze ist großformatig umgesetzt worden, nämlich die der Dichterkrönung Huttens (Köln, Stadtmuseum). Die Berliner Studie mit dem Treffen auf der Ebernburg lässt dennoch Rückschlüsse auf die Intention Martersteigs zu. Nicht die Freundschaft steht bei ihm im Vordergrund, wie beim Cauer-Denkmal, sondern ein Lehrer-Schüler-Verhältnis, bei dem Sickingen sich dem Genius von Hutten unterordnet.

Anders funktioniert die Bildsprache in Buch- und Zeitungsillustrationen. So stellt eine Abbildung der im 19. Jahrhundert recht beliebten Zeitung *Die Gartenlaube* (1860, Heft 37) beide Protagonisten bewusst auf Augenhöhe dar. Sickingen stützt sich demonstrativ auf sein Schwert, die (Fehde-)Handschuhe liegen auf dem Tisch. Hutten hingegen liest aus einem Buch vor. Offensichtlich werden hier nicht nur Buch und Schwert kontrastiert, sondern auch unterschiedliche Temperamente. Nach der Vorlage des Schlachtenmalers Wilhelm Camphausen (1818–85) entstand eine andere

Buchillustration, die 1862 im zweiten Band der *Deutschen Geschichte in Bildern nach Originalzeichnungen deutscher Künstler* publiziert wurde. Hier stürmt Sickingen von der Türschwelle der Ebernburg seinem Freund Hutten regelrecht entgegen, um ihn überschwänglich zu begrüßen.

Häufiger als das Thema der gelehrten Männerfreundschaft finden sich Hutten und Sickingen im größeren Kreis der Unterstützer der Reformation dargestellt. Ein nicht mehr vollständig erhaltenes, aber herausragendes Beispiel hierfür war das 1895 enthüllte Berliner Luther-Denkmal auf dem Neuen Markt, welches von Paul Otto (1846–93) begonnen und Robert Toberentz (1849–95) vollendet wurde. Die große Denkmalanlage bestand aus einer zentralen Lutherfigur auf einem Sockel – sie steht heute isoliert bei der Marienkirche in Berlin-Mitte–, um den sich sechs Zeitgenossen (Melanchthon, Bugenhagen, etc.) in angeregter Unterhaltung vertieft gruppierten. Das Podest des Denkmals war über eine Treppe erreichbar, deren Wangen den Sitzfiguren von Sickingen und Hutten Platz boten; beide von Toberentz gestaltet. Während Sickingen ein Schwert auf seinem Schoß liegen hatte, las Hutten in Denkerpose in einem Buch. Die Kombination von wehrhaft-wachsamem und gelehrtem Ritter zeigt sich auch hier im vertrauten Muster.

»Das Bildnispaar Götz von Berlichingen und Franz von Sickingen erhält im 19. Jahrhunderts allgemeingültigen Charakter, der über Goethes Text hinausgeht und in der Ritter-Romantik verwurzelt ist«

Goethe und die Folgen: Ritterromantik statt Reformation

Kommt es zu Darstellungen Sickingens abseits der Reformations-Thematik, dann ist sein Gegenüber oftmals nicht Hutten, sondern der fränkisch-schwäbische Reichsritter Götz von Berlichingen (um 1480–1562). Wirkmächtiges Vorbild dürfte Goethes gleichnamiges und 1774 uraufgeführtes Schauspiel sein, in dem Franz von Sickingen eine zentrale Rolle spielt (▸ 7.7b). Er heiratet nicht nur Berlichingens Schwester (3. Aufzug), sondern befreit Götz auch aus kaiserlicher Gefangenschaft (4. Aufzug). Entsprechend ist sein Bild in Kostümentwürfen und Illustrationen zu finden. Im Jahr 1864 schufen beispielsweise Friedrich Pecht (1814–1903) und Arthur von Ramberg (1819–75) die *Goethe-Galerie. Charaktere aus Goethes Werken*, in der Sickingen mit einem modernisierten Porträt nach dem Vorbild der Hopfer-Radierung seinen Platz fand. Die Reihe der Buchillustrationen wäre beliebig fortzusetzen, doch sollen hier noch die Wandbilder erwähnt werden, die Clemens Kögl (1808–45) in den Dichterzimmern des Weimarer Stadtschlosses 1836 ausführte, darunter *Goetz' Abschied von seiner Schwester und seinem Schwager Franz von Sickingen*.

Das Bildnispaar Götz von Berlichingen und Franz von Sickingen erhält im 19. Jahrhunderts allgemeingültigen Charakter, der über Goethes Text hinausgeht und in der Ritter-Romantik verwurzelt ist. Als Beispiel sei der Landschaftspark im fränkischen Bettenburg angeführt. Hier ließ Freiherr Christian Truchsess von Wetzhausen (1755–1826) 1789 einen Park anlegen, der mit verschiedenen Denkmälern geschmückt wurde, darunter einer Staffagearchitektur in der Art eines kleinen Triumphbogens mit den Reliefbildern von Berlichingen und Sickingen. Ebenso wurde Sickingen in Bilderbögen in die Riege der »Kriegshelden des Mittelalters« (▸ 7.8) gemeinsam mit Götz aufgenommen, und in der berühmten Erbacher Rüstungssammlung stand die (vermeintliche?) Sickingen-Rüstung neben derjenigen von Götz von Berlichingen.

Sickingen im Kreise der Reformatoren

Bei Reformations-Denkmälern ist es wiederum oftmals Hutten, dem Sickingen als Pendant beigeordnet wird, wenngleich zumeist als Teil einer größeren Anordnung. Die Paarbildung ist nur ein Schritt zu einer Gesamtgruppe von Luther-Unterstützern. Innerhalb der sehr vielschichtigen Bildprogramme der zahlreichen Luther- und Reformationsdenkmäler dürfen beide als Vertreter des Ritterstandes gelten, auch um die Religionserneuerung als gesamtgesellschaftliches Phänomen zu klassifizieren. Mitunter werden Hutten/Sickingen nur im Relief abgebildet, wohl auch um hierarchisch zwischen dem inneren Zirkel und dem weiteren Kreis der Reformation zu trennen. Ein klassisches Beispiel ist das Lutherdenkmal von Worms, welches von Ernst Rietschel (1804–61) entworfen wurde (▸ Kurzbeitrag *Hutten und Sickingen in der Denkmalplastik*). Fertig-

Sickingen als reitender Ritter, in: Deutscher Bilderbogen für Jung und Alt. Kriegshelden des Mittelalters, 1871, Nr. 231, Landesmuseum Mainz, GDKE, Inv.Nr. GS 2014/130

gestellt wurde es 1868 von seinen Schülern; das Sickingen-Porträt schuf Adolf von Donndorf (1835–1916). In der figurenreichen sehr großen Denkmalanlage ist Sickingen wiederum Hutten zur Seite gestellt, allerdings nicht wie in Berlin als Freiplastik, sondern im Reliefmedaillon. Sie sind am Hauptpostament unter der zentralen Figur Luthers auch nicht alleine, sondern werden von weiteren Medaillons begleitet, welche die beiden sächsischen Kurfürsten Johann den Beständigen (1468–1532) und Johann Friedrich den Großmütigen (1503–54) sowie Justus Jonas d. Ä. (1493–1555) mit Johannes Bugenhagen (1485–1558) sowie Johannes Calvin (1509–64) mit Ulrich Zwingli (1484–1531) zeigen.

Ähnlich wie in Worms sind beide als Reliefmedaillons am Unionsdenkmal in der Stiftskirche von Kaiserslautern zu sehen. Das marmorne Denkmal dient der Erinnerung an die pfälzische Union von 1818, in der Lutheraner und Reformierte ihren Zusammenschluss proklamierten. Das 1883 vom Münchner Bildhauer Konrad Knoll (1829–99) vollendete Monument wird von einem stehenden Engel auf einem Sockel dominiert. Er wird von den lebensgroßen Figuren Calvins und Luthers (quasi die historischen Anführer beider Glaubensrichtungen) flankiert. Vorne auf dem Sockel befinden sich die Reliefs von Philipp Melanchthon (1497–1560), Zwingli und Bucer, während die Flachseiten durch die besagten Medaillons von Sickingen und Hutten geschmückt sind.

Gleich zweifach erscheint Sickingen in den Glasfenstern der Speyrer Gedächtniskirche der Protestation (eingeweiht 1904), davon einmal in der sogenannten Märtyrer-Fensterrose, dem reformatorischen Pendant zur Missionsrose mit den Bildnissen der Apostel. Im Kreis der Reformatoren teilt Sickingen sich einen von zehn Vierpässen mit Hutten; neben Zwingli/Calvin das einzige Paar. Das zweite Mal erscheint der Ritter in den Glasfenstern der dortigen Turmhalle (▸ 7.2). Nicht alleine die Fenstergröße von ca. 10 Metern und seine überlebensgroße ganzfigurige Darstellung ist dabei bemerkenswert, sondern besonders die Tatsache, dass er Luthers Beschützer Friedrich dem Weisen (1463–1525) zur Seite gestellt wird, die beide wiederum vis-à-vis zu Ludwig II. von Pfalz-Zweibrücken (1502–32) und Ottheinrich von der Pfalz (1502–59) stehen. Es sind also die reformationswilligen Landesherren versammelt, zu denen Sickingen geschichtsverklärend gezählt wurde.

Man könnte vermuten, dass diese Zusammenstellung lokalpatriotisch motiviert war, doch findet sich ein weiteres Beispiel weit entfernt von Sickingens Erblanden. Im Jahre 1891 wurde der Außenbau der Zwickauer Marienkirche im Zuge weitreichender Renovierungsmaßnahmen mit einem umfangreichen Figurenzyklus geschmückt. Neben 32 biblischen Gestalten an der Südseite und dem Chor finden wir 25 Figuren aus dem Kontext der Reformationsgeschichte, darunter die Künstler Albrecht Dürer und Lucas Cranach (1472–1553). In diesem Zyklus ist Franz von Sickingen – als Ritter nach der Vorlage des *Paumgartner Altars* von dem Bildhauer Emil Huber geschaffen – wieder neben Friedrich dem Weisen zu sehen. Doch erfährt Sickingen in Zwickau noch eine weitere Bedeutungssteigerung, denn die beiden sind am linken Turm der Marienkirche Luther und Bugenhagen sowie Melanchthon gegenübergestellt. Wie in Speyer wird auch in Zwickau die Geschichte umgeschrieben, werden mittels der Bildenden Kunst Kontexte hergestellt, die der historischen Grundlagen entbehren.

Zahlreiche weitere Beispiele für Sickingen im Kreis der Reformatoren ließen sich anfügen: In einer Supraporte der Wormser Lutherkirche ist ein Bronzerelief des Darmstädter Bildhauers Ludwig Habich (1872–1949) angebracht. Es zeigt den Kopf Luthers, der von vier Statuetten begleitet wird: Calvin, Hutten, Melanchthon und Sickingen.

Nicht selten findet eine Einbindung in reale oder fiktionale szenische Zusammenhänge statt. Mit weiteren Zuhörern lauscht Sickingen auf dem *Kulturgeschichtlichen Fries*, den Otto Geyer (1843–1914) für das Treppenhaus der (Alten) Nationalgalerie in Berlin 1870–75 schuf, dem predigenden Melanchthon. Ikonografisch ist man an das Thema »Johannespredigt« erinnert, was einer Sakralisierung der Szene gleichkommt. Der Historienmaler Otto Knille (1832–98) positioniert in seinem Berliner Monumentalgemälde *Die Humanisten grüßen die Reformatoren* (1880) Sickingen in der vordersten Reihe zwischen Hutten, Crotus und Erasmus. Historizität ist dabei ohnehin relativ. So ist Sickingens Teilnahme auf dem Wormser Reichstag von 1521 historisch nicht verbürgt und dennoch auf Hermann Plüddemanns (1809–68) großformatigem Gemälde *Luther auf dem Reichstag zu Worms* (1861–64) fest in das Reichstagsgeschehen integriert. Noch eigenwilliger ist eine 1817 datierte Radierung von Otto Warmholz aus einer zwölfteiligen Folge von Lutherszenen. Sickingen ist als ungelenk winkende Rückenfigur in der Staffage der Teilnehmer kaum erkennbar, wird aber im Begleittext erläutert: »Ritter Franz v. Sickingen giebt Luthers Freunden durch Erhebung seines Arms, das Zeichen seiner Gegenwart, wenn Luther in Gefahr kommen sollte, zu erkennen«.

Hermann Plüddemann, Sickingen als Teilnehmer des Wormser Reichstages, 1864, Öl auf Leinwand, Lutherhaus, Wittenberg, Inv.Nr. S257/58

Nationalheld? Sickingen als Einzelfigur

Luther, Hutten oder Götz – beinahe hat es den Anschein, als wäre Sickingen nicht in der Lage, alleine denkmalwürdig zu erscheinen. Doch gibt es Einzeldenkmäler von Sickingen, die mitunter in einem regionalen Kontext stehen, wie die Brunnenfigur im Hof von Burg Nanstein, die 1871 Wilhelm Hornberger (1819–82) schuf. Auch plante Emil Cauer d. Ä. (1800–67), Vater des uns schon bekannten Karl Cauer, vor der Ebernburg zunächst ein Einzeldenkmal, von dem bis auf die Vorlage (Dürers *Paumgartner Altar*) wenig bekannt ist.

Doch werden diese Beispiele noch nicht dem Bild eines Nationalhelden gerecht, dazu bedurfte es mehr: Für den Park von Schloss Hohenheim bei Stuttgart entwarf Johann Jakob Atzel (Azel) (1754–1820) eine Reihe von Denkmälern großer »Teutscher«, die *durch Verdienst, durch Unglück und durch Größe, merkwürdig und interessant sind*. Bekannt geworden sind die projektierten Denkmäler nicht zuletzt, weil Friedrich Schiller (1759–1805) die Inschriften vorschlug. In der illustren Runde, in der neben Luther und Melanchthon auch Gottfried Wilhelm Leibniz (1646–1716), Johannes Kepler (1571–1630), Friedrich Gottlieb Klopstock (1724–1803) und Herzog Ernst von Gotha (1601–75) sowie Karl der Große (747/748–814) zu finden sein sollten, kommt auch Franz von Sickingen vor. Über das Planungsstadium kam dieses Projekt jedoch nicht hinaus.

Eine umgesetzte und überregionale, tatsächlich sogar nationale Denkmalwürde erlebte Sickingen aber dann doch noch, wie die Büste in der Walhalla dokumentiert. Bereits 1808 schlug Johannes von Müller (1752–1809), der unter Napoleon hohe Staatsämter bekleidete, in einem Brief an den Initiator, den bayerischen Kronprinzen Ludwig (1786–1868), Sickingen als Musterbeispiel der deutschen Ritterschaft vor, weil er *im Charakter, den Maximen, der Kraft, ein herrlicher Stellvertreter* sei. Der Auftrag zur Erstellung der Büste ging an Joseph Ernst von Bandel (1800–76), der sie 1827 aus Carrara-Marmor schuf. Eine weitere Marmorbüste Sickingens für die Ruhmeshalle in München (Theresienhöhe) meißelte Arnold Hermann Lossow (1805–74); sie wurde im Zweiten Weltkrieg jedoch so sehr beschädigt, so dass man den Dargestellten in erster Linie an der Inschrift identifizieren kann.

Der tote Held: Sickingens Ende

Von den unterschiedlichen Darstellungsmustern dürfte das Thema von Sickingen auf dem Sterbelager am verbreitetsten gewesen sein. Die Szene auf Burg Nanstein, in der die drei siegreichen Fürsten von Hessen, Pfalz und Trier dem sterbenden Ritter entgegentreten, ist durch den Bericht des pfälzischen Herolds Caspar Sturm in Text und Titelbild ab 1523 überliefert (▸ 5.9). Die Kunst des 19. Jahrhunderts hat das Thema gerne aufgegriffen und variiert, wenn auch mit stets gleichbleibender Melodie. Sogar in den Schulbuch- und Romanillustrationen ist das Thema allgegenwärtig.

Eine typische Version wurde 1838 von Carl Trost (1811–84) gemalt (▸ 7.6a). Sie zeigt den sterbenden Sickingen niedergesunken auf einem Stuhl. Vor ihm stehen die drei siegreichen Gegner. Der Blick des Trierer Erzbischofs Richard richtet sich abschätzig auf den Sterbenden, ganz im Gegensatz zu Philipp von Hessen, der im Gebet verharrt. Philipp, der sich 1524 zur Reformation bekannte, wird hier in eine direkte Nachfolge Sickingens gestellt, während der Erzbischof als militärischer und konfessioneller Gegenspieler zur Negativfigur wird. Noch theatralischer wird die Szene vom Schweizer Historienmaler Johann Caspar Bosshart (1823–87) im Jahr 1854 umgesetzt (▸ 7.6d). Effektvoll inszeniert er den verwundeten Sickingen als trotzigen Widerstandskämpfer, der sich nicht dem Willen der Fürsten beugt; das Gemälde versinnbildlicht in spätromantischer Verklärung den heroischen Widerstand des Ritters.

»Effektvoll inszeniert er den verwundeten Sickingen als trotzigen Widerstandskämpfer, der sich nicht dem Willen der Fürsten beugt; das Gemälde versinnbildlicht in spätromantischer Verklärung den heroischen Widerstand des Ritters«

In den grafischen Medien ist die Szene gleichermaßen präsent. Ein Kupferstich, der auf eine Zeichnung von Adolph Menzel (1815–1905) zurückgeht, erschien im Jahr 1840 (▸ 7.6b). Menzel illustriert die Szene, in welcher der Trierer Erzbischof Sickingen nach seinen Motiven fragt und jener abfällig zu verstehen gibt, dass alles seinen Grund habe und er jetzt mit einer höheren Macht zu sprechen habe. Menzel orientiert sich im Detail an Vorlagen der Altdeutschen Kunst, zumindest bei der Darstellung Philipps von Hessen (1504–67) und des Pfalzgrafen Ludwig (1478–1544). Im Gegensatz zu ihnen ist die Figur des Trierer Erzbischofs seine Erfindung, die in ihrer Überzeichnung wie die Karikatur eines Prälaten wirkt.

Die hohe Anzahl an Sickingen-Darstellungen – sowohl auf der Ebene einer populären Massenkultur als auch als künstlerisch anspruchsvolles Unikat – wirft die Frage auf, warum der streitbare Ritter erst im 19. Jahrhundert in diesem Maße bildwürdig wurde. Man kann nicht umhin, an eine neue Märtyrer-Ikonografie zu denken. Franz von Sickingen starb für die Sache der Reformation und damit – da im 19. Jahrhundert der Gegenwartbezug allgegenwärtig war – für das deutsche Vaterland. Ganz im Sinne der letzten Worte, die Goethe den sterbenden Götz von Berlichingen mit letzter Kraft sprechen lässt: »Freiheit! Freiheit!«

Lit.: Beck, Glasfenster Speyer. – Gräf/ Tacke, Janssen. – Holsing, Luther. – Menke-Schwinghammer, Kaulbach. – Steger, Bildnisbüsten. – Tacke, Denkmal. – Tacke, Geschichte. – Tacke, Lehnin. – Tacke, Reformation. – Weber, Sickingen.

Katalog

SEKTION 1

Der letzte Ritter? Aufstieg und Niedergang im Rittertum um 1500

Den »letzten Ritter« der Geschichte gab es natürlich nicht, und kein Adliger hätte sich um 1500 als den Angehörigen eines untergehenden Standes oder Leitbildes gesehen: Selbstverständlich nicht der später oft so bezeichnete König Maximilian (1493–1519), der sich zum vorbildlichen Ritter und damit zugleich auch zum idealen Herrscher stilisierte (▸ 1.5 und 1.6); aber auch nicht jene Ritteradligen aus Süd- und Südwestdeutschland, die sich zwischen 1479 und 1487 bei einer Serie von Massenturnieren präsentierten, die in ihrer Art und zeitlichen Dichte einmalig bleiben sollten.

Auch die neuere historische Forschung hat die Vorstellung einer allgemeinen Adelskrise um 1500 mit guten Gründen kritisiert. Zu konstatieren ist vielmehr, dass damals Adlige aller Stände, vom König bis zu den Rittern aus dem Niederadel, die Symbolik und die Rituale der ritterlichen Kultur auf Hoffesten und Turnieren, aber auch auf Grabmälern und Epitaphien (▸ 1.11 und 1.13), in illustrierten Turnier- und Wappenbüchern, in Architektur, Literatur und Kunst mit einer bis dahin unbekannten Prachtentfaltung inszenierten. Hier präsentierte sich eine ökonomisch, politisch und sozial erfolgreiche Spitzenschicht des Niederadels zusammen mit Grafen, Herren und Fürsten als Angehörige einer übergreifenden adligen Elite, die die kulturellen und sozialen Standards ihrer Zeit setzte, nicht zuletzt auch in Abgrenzung zu jenen, die die hier gesetzten Normen nicht erfüllen konnten: zu vermögensschwachen, auf Solddienste oder die Bewirtschaftung ihres kleinen Hofes angewiesenen Ritterbürtigen, aber auch gegenüber den oft sehr wohlhabenden und ebenfalls Adelsstatus beanspruchenden Angehörigen des städtischen Patriziats.

Beim Turnier reklamierten die adligen Teilnehmer in rituell-symbolischer Weise für jeden sichtbar ihren exklusiven Anspruch darauf, dass allein sie es waren, die über die materiellen Mittel und die Fertigkeiten verfügten, die für eine erfolgreiche Kriegsführung nötig waren. Dem mittelalterlichen Ideal nach diente diese Gewaltanwendung dem Schutz von Hilf- und Wehrlosen, von Kirche und Christentum, in der Realität freilich meist der Durchsetzung von wie auch immer definierten eigenen oder fremden Rechtsansprüchen. Die großen zeitgenössischen Turniere, aber auch die Selbststilisierung eines Herrschers wie Maximilian waren eine Reaktion darauf, dass diese »Kern-Kompetenz« des Adels damals neu zur Debatte stand. Dies war der Fall in den Kriegen König Maximilians, für die dieser nicht mehr nur die persönliche Gefolgschaft des Adels, sondern zunehmend auch Steuerbeiträge forderte. Es war aber auch der Fall anlässlich zahlreicher kleiner und großer Ritterfehden

(▸ 1.10, Sektion 2 und Sektion 5), deren Anführer keineswegs, wie man früher oft dachte, durchweg aus verarmten Adelskreisen stammten, deren traditionelle Legitimität aber, unabhängig vom Rang des Fehdeführers, zunehmend bestritten wurde.

Das Recht zur autonomen Gewaltanwendung nichtfürstlicher Adliger wurde nämlich durch einen fundamentalen Vorgang im Heiligen Römischen Reich des 15. und 16. Jahrhunderts in Frage gestellt: durch die Formierung von Fürstentümern, die sich im Hinblick auf Verwaltung, Rechtsprechung, Heeresaufbringung und Steuerwesen auf dem Weg zum frühmodernen Staat befanden. Würden die Ritter ihre ererbten Freiheiten und Privilegien in oder neben diesen Fürstentümern in Zeiten eines immerwährenden, weitgehend von den Fürsten durchzusetzenden allgemeinen Landfriedens (▸ 1.1) noch bewahren können?

Der Reichs- und Fürstendienst bot allerdings auch große Chancen für die Ritter: Denn die Reiterei spielte noch immer eine wichtige militärische Rolle, und die Führungspositionen der Fürstenheere blieben langfristig eine Domäne des Adels. Auch setzte mit König Maximilian ein verstärktes Werben des Reichsoberhaupts um den Ritteradel im Südwesten des Reiches ein, der sich seinerseits selbst zunehmend als »reichsfrei« verstand und sich wenig später zur kaiserlich privilegierten Reichsritterschaft zusammenschloss. Arrivierte Ritteradlige übernahmen – immer öfter auch akademisch gebildet – einträgliche Rats- und Diplomatenstellen sowie führende Verwaltungsposten in den Fürstentümern und bildeten den Kern der fürstlichen Hofgesellschaft. Wer dagegen keinen Anschluss an die Reichsritterschaft oder einen wichtigen Hof fand bzw. nicht wenigstens über sehr große landwirtschaftliche Güter verfügte, dem fehlte bald die notwendige Basis, um den erhöhten Standard adliger Lebensweise zu erfüllen. Regionale Unterschiede spielten dabei hinsichtlich der adligen Einkommensquellen (▸ 1.10) wie der jeweiligen Anforderungen an den Adelsstatus eine wichtige Rolle. Überall gab es um 1500 Verlierer, die aus dem adligen sozialen Leben verschwanden, und Gewinner, die auch unter veränderten Umständen »oben blieben«.

Gemeinsames Kennzeichen des fortexistierenden Adels blieb über die kurzzeitige, schwere Krise im Großen Bauernkrieg hinweg der Anspruch auf Herrschaft über Untertanen, ein Anspruch, der in einer weit zurückreichenden Tradition gemeinsamer materieller Interessen und kultureller Ideale gründete. Auch Ritterspiele und Turniere bildeten noch auf lange Zeit ein wichtiges Element der höfischen Festkultur. Zwar ging die Initiative zur Inszenierung der ritterlichen Kultur auf den Turnieren bald vom föderativ organisierten Ritteradel auf König Maximilian und die Reichsfürsten über, doch haben gedruckte Turnierbücher (▸ 1.7), aber auch individuelle Dynastiegeschichten und Turnieraufzeichnungen (▸ 1.12a und 6.4) die Erinnerung an eine autonome, genossenschaftliche Verwirklichung ritterlichen Lebens jenseits höfischer Domestizierung bewahrt.

Joachim Schneider

Lit.: Ausst.Kat. Kaiser Maximilian I. – Ausst.Kat. Ritterturnier – Geschichte einer Festkultur. – Ausst.Kat. Ritterwelten im Spätmittelalter. – Carl/ Lorenz, Anpassung. – Paravicini, Adelsherrschaft. – Ranft, Adel. – Ranft, Adelsgesellschaften. – Rösener, Adel im Spätmittelalter. – Schneider, Niederadel.

Kunstproduktion im Umfeld der »letzten Ritter«

Aufwendig gestaltete Grafiken und prächtige, handkolorierte Buchausgaben der bedeutendsten Künstler der Zeit, zählen zu den bekanntesten Bildquellen, die den Ritterstand um 1500 darstellen. Meist im Turnierkampf und stolz im Harnisch auf dem Pferd reitend gezeigt, überliefert die bildende Kunst das repräsentative Image ihres Standes. Doch diese zum Teil in großen Auflagen publizierten Bildquellen, die unser heutiges Bild der Ritter nachhaltig geprägt haben, sind in der Regel im Auftrag des Kaisers oder des Hochadels entstanden. Für einen niederadligen Ritter, wie Franz von Sickingen es war, waren solche umfangreichen Projekte kaum realisierbar.

Es sind nur wenige Kunstwerke überliefert, die direkt von Franz von Sickingen in Auftrag gegeben wurden. Dazu zählt eine Münze von 1518, welche die Versöhnung mit Maximilian I. (1459 – 1519; ▸ 2.16a) zeigt, oder der sog. Sickingen-Becher (▸ 2.15), der aus dem Gold, das in den erfolgreichen Fehden von 1518 erbeutet wurde, gegossen und mit Sinnsprüchen geprägt wurde. Auch an Bildnissen, die sein Porträt der Nachwelt überliefern sollten, hatte Sickingen anscheinend wenig Interesse. Bekannt ist neben der Münze von 1518 nur eine weitere Münze, die sein Profil zeigt (▸ 2.16b). Ob er selbst zu Lebzeiten ein Ölgemälde malen ließ, das die Grundlage für den nach seinem Tod entstandenen Gemäldetypus bildete (▸ 7.3 a und b), bleibt unklar. Auch die Radierung von Hieronymus Hopfer (um 1500 – nach 1550) geht auf die Münze von 1518 zurück (▸ 2.1). Franz von Sickingen kann dabei exemplarisch für viele andere niederadlige Rittergeschlechter stehen: Weder Hartmut XII. von Cronberg (1488 – 1549), Eberhard von der Tann (1495 – 1574) oder Götz von Berlichingen (1480 – 1562; ▸ 1.10 a, 6.6 und 6.7) – keiner dieser Vertreter adliger Geschlechter engagierte sich als Kunstmäzen oder gab große Kunstprojekte in Auftrag. Meist sind es nur vereinzelte Bildquellen, die ihre Bildnisse überliefern. Dies ist auch der Tatsache geschuldet, dass Ahnengalerien erst ein bis zwei Generationen später entstanden. Neben Wappenbüchern hat im Niederadel das Totengedächtnis eine elementare Bedeutung. Davon zeugen aufwendige, zum Teil lebensgroße Grabdenkmäler mit detaillierten Darstellungen des Verstorbenen und seinem Wappen sowie Totenschilde (▸ Kurzbeitrag *Ritterschaftliches Gedächtnis*).

Bernhard Strigel (1460 – 1528), Kaiser Maximilian I., um 1500, Öl auf Leinwand, Gemäldegalerie, Kunsthistorisches Museum Wien, Inv.Nr. GG. 4401

Ein großer Kostenfaktor und zugleich unentbehrliches Attribut des Ritterstandes stellte die Ritterrüstung dar. Die Harnischproduktion war ein bedeutender und zugleich mühsamer Prozess, an dem mehrere spezialisierte Handwerker beteiligt waren. Die aufwendig durch Ätzungen, Bläuungen oder Vergoldung mit Dekor bzw. figürlichem Schmuck versehenen Prunkharnische waren dabei reine Luxusgüter und in der Regel nur für den Hochadel, wie etwa den Landgrafen von Hessen (▸ 2.8) oder den Kaiser zu finanzieren.

Die Inszenierung des Ritterstandes durch Prachtbände und Prunkharnische betrieb vor allem Kaiser Maximilian I., der wie kein anderer als Kunstmäzen die besten Künstler der Zeit engagierte und zahlreiche Großprojekte in Auftrag gab. Für ihn arbeiteten unter anderem Albrecht Altdorfer (um 1480–1538), Hans Burgkmair d. Ä. (1493–1531), Lucas Cranach d. Ä. (1472–1553), Albrecht Dürer (1471–1528), Hans Schäufelin (um 1482/83–1539/40) oder Bernhard Strigel (1460–1528). Am bekanntesten dürften die Bücher des *Theuerdank, Freydal und Weisskunig* sein (▸ 1.5 und 1.6) – aufwendige Projekte, die mit zahlreichen Holzschnitten illustriert und zum Teil handkoloriert wurden. Im *Theuerdank*, der autobiografische Züge aufweist, bediente sich Maximilian beispielsweise geschickt der Ritterideale, die er propagandistisch für seine eigenen Zwecke einsetzte. Auch Kurfürst Friedrich der Weise (1463–1525) am kursächsischen Wittenberger Hof trat als wichtiger Kunstmäzen der Reformationszeit in Erscheinung. Er engagierte Lucas Cranach d. Ä. als Hofkünstler und gab zahlreiche Gemälde und Grafiken (▸ 1.8) bei ihm in Auftrag. Solche Großprojekte, an denen viele Künstler gleichzeitig arbeiteten, die zudem koordiniert werden mussten, wären auch finanziell für einen niederadligen Auftraggeber eine große Herausforderung gewesen. Die Beispiele zeigen, dass sich die gesellschaftlichen Veränderungen um 1500 auch in der Kunstproduktion niederschlagen, die nun fast ausschließlich durch den Hochadel bestimmt wurde.

Karoline Feulner

Dieser Beitrag wurde in der alleinigen Verantwortung der GDKE in den Katalog aufgenommen.

Lit.: Ausst.Kat. Kaiser Maximilian I. – Ausst.Kat. Kaiser Maximilian I. und die Kunst der Dürerzeit. – Ausst.Kat. Ritter! Traum und Wirklichkeit.

Reiterharnisch Philipps von Hessen, Eisen getrieben und geätzt, Kassel oder Frankfurt 1534, Hofjagd- und Rüstkammer, Kunsthistorisches Museum Wien, Inv.Nr. HJRKA 348

Memoria und Totengedächtnis in der Ritterschaft

Erinnerung ist seit Jahrtausenden ein konstitutives Element unserer Gesellschaften. Sie hat nicht nur eine zeitliche, rückwärtsgewandte Dimension, sie verbindet durch gemeinsame Erfahrungen die Lebenden miteinander, schafft Erwartungen und lässt in Gruppen einen einigenden »Handlungsraum« entstehen (Assmann, Gedächtnis, 16). Die aus Erinnerung gespeisten Erzählungen entstehen allerdings aus der Perspektive der Gegenwart, denn die Erinnerung ist immer auch eine gesellschaftliche Konstruktion.

Christentum und Judentum haben die Gedächtniskultur des Westens wesentlich geprägt. Im Christentum wird die Memoria selbst zum »konstitutiven Ereignis«, denn im Zentrum des christlichen Kultes steht das gemeinsame Mahl in der Erinnerung an Tod und Auferstehung von Jesus Christus (Oexle, Memoria, 33). Dies steht in der Tradition des antiken Totenmahls, das mit der Vorstellung von der Gegenwart der Toten als wirklichen Teilnehmern bei dem Mahl verbunden war. Im Gegensatz zum antiken Totengedenken entwickelte sich im Christentum aber seit dem 3. Jahrhundert die Vorstellung, man könne den Seelen der Verstorbenen durch Gabendarbringungen zu Hilfe kommen und so die im Jenseits verhängten Strafen mildern. Außerdem betrachtete man die Märtyrer und Heiligen als Vermittler zwischen den Lebenden, den Verstorbenen und Gott.

Das Pflegen der Erinnerung an die Geschichte der eigenen Familie ist unverzichtbarer Bestandteil adliger Existenz. Adlig war man u. a. aufgrund der lang andauernden und besonders kultivierten Erinnerung an die Geschichte des eigenen Geschlechts, aus der man auch den Anspruch auf Herrschaft ableitete. So entwickelte sich durch Rituale, Texte, Bilder und Denkmäler eine eigene Gedächtniskultur, wobei die Erzählungen zu einzelnen Individuen in ein übergreifendes »Gruppengedächtnis« integriert und dabei nicht selten passend gemacht wurden (Oexle, Memoria, 38). Es wurden Ahnen- und Stammtafeln angefertigt und Familienchroniken in Auftrag gegeben (▸ 1.12 a). Für das Selbstverständnis des Adels war die Frömmigkeit von zentraler Bedeutung. Sie war im Ideal des *miles christianus*, des christlichen Kämpfers, zugrunde gelegt. Diese Bezeichnung findet sich erstmals im 3. Jahrhundert als Charakterisierung für christliche Asketen. Im 11. Jahrhundert wird dieser Begriff im Rahmen der Gottesfriedensbewegung für den christlichen Kämpfer verwendet. In der Zeit der ersten Kreuzzüge bildete sich dann eine christliche Ritterschaft zur Verteidigung des Glaubens und seiner heiligen Stätten heraus.

Das genealogische Denken und die Pietas verbanden sich in der Pflege der Totenmemoria. Vorrangiger Ort dieser Memoria war zumeist eine Familiengrablege, die oft in Zusammenhang mit dem Herrschaftssitz stand. Die Totenmemoria war notwendig, um die Seelen der Verstorbenen den Strafen im Fegefeuer zu entreißen. Die Vorstellung vom Fegefeuer als Ort der Läuterung der Seelen und als Vorbereitung auf das Jüngste Gericht lässt sich schon im 6. Jahrhundert nachweisen. Bereits Augustinus hatte propagiert, dass die Lebenden den Toten durch Gebete, Almosenspendungen und das Abhalten der Messe helfen könnten; eine Idee, die Papst Gregor der Große (um 540 – 604) weiter vertiefte, sodass es bereits ab dem 6. Jahrhundert entsprechende Stiftungen gab, mit denen die noch Lebenden diesen Dienst durch ihre Nachkommen sicherstellen wollten. Nachdem Thomas von Aquin eine differenzierte Vorstellung vom individuellen Gericht, das jeden Einzelnen erwarten würde, etabliert hatte, entwickelte sich im 13. Jahrhundert die Idee des Fegefeuers als Inferno, eine Theologie der Angst. Je nach gesellschaftlicher Stellung und Vermögen konnte man schon zu Lebzeiten durch die Stiftung eines Klosters oder einer Kirche für das Jenseits vorsorgen, wie dies Franz von Sickingen durch die Stiftung der Beginenklause im Trombachtal bei Bad Münster am Stein-Ebernburg tat (▸ Kurzbeitrag *Die ritterliche Lebenswelt im Übergang zur Neuzeit*), und man ließ sich als frommer Stifter beispielsweise in Glasfenstern darstellen (▸ 1.13): Nun war die Fürbitte für das eigene Seelenheil langfristig gesichert und außerdem die zunächst exklusive Möglichkeit gegeben, im Kirchenraum bestattet zu werden. Man stiftete ferner Gebetsgemeinschaften und stattete Kirchen und Klöster mit reichen Schenkungen in Form

Epitaph des Siegfried von Schwalbach, 1497, Sandstein, Karmeliterkirche, Boppard

von Vermögen und Grundbesitz aus. Aus diesem Stiftungsvermögen konnten dann Messen und diverse soziale Einrichtungen finanziert werden. In so genannten Nekrologien, Totenbüchern, sammelte man die Namen der Verstorbenen und deren Todestage, um ihrer in den Stundengebeten der Mönche, in der täglichen Liturgie und besonders an ihrem Todestag gedenken zu können. Die so initiierten, vielfältigen Formen des Gedenkens sollten für eine andauernde Gegenwart der Toten unter den Lebenden sorgen und spiegelten auch im Nachhinein Reichtum, Selbstverständnis und das Beziehungsgeflecht einer Familie.

Im Zentrum der Jahrestagsfeiern stand das Grabmal. Seit dem Hochmittelalter ist die Grabplatte der männlichen Angehörigen des hohen wie des niederen Adels vielfach mit der meist lebensgroßen Figur eines Ritters besetzt, der mit seiner Rüstung, Bewaffnung und der Fahne tatsächlich zu einer Vergegenwärtigung des Verstorbenen führt und die Idee des *miles christianus* ins Bild setzt. Während allerdings frühere Grabmäler noch stärker die Situation der Aufbahrung eines Toten ins Bild setzen, wird der Tod in der Neuzeit zunehmend ausgeklammert: Anstelle der Vorstellung von der »Gegenwart des Toten« tritt die reine Erinnerung an eine nun meist als lebend dargestellte Person (Oexle, Memoria, 43, 54). Von den eigens für das Begräbnis angefertigten Funeralwaffen aus Holz, Leder, Pappe oder Gips verblieben die Totenschilde und Trauerfahnen in der Kirche beim Grabmal, wo oft noch die realen Waffen des Verstorbenen an der Wand befestigt waren (▸ 1.12 b). Wir kennen auch Berichte, wonach lebensgroße hölzerne Statuen mit dem Leibharnisch des Verstorbenen gleichsam in ewiger Anbetung verharrend im Kirchenraum aufgestellt wurden. Dies entspricht einem beliebten Denkmaltypus, der den Ritter in Anbetung des Kreuzes zeigt (▸ 1.11).

Die Grabdenkmäler stellten mit ihren Inschriften eine wichtige Quelle der Familiengeschichte dar. Die Grabinschrift lieferte neben dem Lob auf Sittlichkeit und Leistungen des Verstorbenen vor allem Lebens- und Sterbedaten, erklärte genealogische Zusammenhänge und Besitzverhältnisse und fand Eingang in handschriftlich geführte Familienbücher. Neben der Grabplatte, die eine im Boden befindliche Grablege oder ein Hochgrab bedeckte, entwickelte sich im Spätmittelalter das Epitaph als ein Denkmal des Totengedächtnisses, das aufrecht an einer Mauer und räumlich meist nicht in unmittelbarem Zusammenhang mit der Grablege angebracht war. Es präsentiert häufig eine Kombination aus Memorialinschrift, Bibelzitaten und kleinfigurigen Andachtsbildern (▸ 6.5), kann aber in der Gestaltung einer Grabplatte auch völlig gleichen. Die im Verlauf des 16. Jahrhunderts mancherorts üblich gewordene Anbringung der Wappen der Ahnen auf dem Epitaph, die so genannte heraldische Ahnenprobe, war auch ein Mittel der Abgrenzung zu kürzlich nobilitierten Aufsteigern, die eine solche nicht anführen konnten (▸ 7.5).

Mit dem Auftreten Martin Luthers (1483–1546) kam es zu einem Bruch in der Tradition der Memoria. Luther bestritt die Existenz des Fegefeuers und lehnte daher auch Grabbegehungen und Seelenmessen ab. Auch die pompösen Begräbnisse des Adels und die aufwendigen Grabdenkmäler, die schon mehr der weltlichen Repräsentation dienten als der Frömmigkeit Ausdruck zu verleihen, waren ihm ein Dorn im Auge. Doch Luther konnte sich nicht durchsetzen. Obwohl die Grabmäler für die Anhänger der Reformation nun keine liturgische Funktion mehr hatten, blieben sie Gegenstand monumentaler Inszenierung, denn ihr hoher Wert für die Repräsentation des Adels war zu sehr gefestigt, als dass dieser durch eine neue Theologie hätte ausgehebelt werden können. Das Eingebunden-Sein in alte Traditionen, das Erfüllen der Erwartungen der Gesellschaft an ein standesgemäßes Begräbnis und eine entsprechende Grablege waren vorrangig. Daher spielt bei lutherischen Grabmälern die konfessionelle Abgrenzung nur eine untergeordnete Rolle. Die Pflege der Memoria war und blieb vor allem ein soziales Phänomen.

Andrea Stockhammer

Lit.: Assmann, Gedächtnis. – Brinkmann, Grabdenkmäler. – Fey, Hochgrab. – Kroos, Grabbräuche. – Nikitsch, Inschriften Rhein-Hunsrück-Kreis. – Oexle, Memoria. – Scholz, Frömmigkeit. – Scholz, Grabmäler. – Spiess, Memoria. – Zajic, Grabdenkmal.

Der lant friede·

1.1

1.1 Eine neue Reichsfriedensordnung

Der Ewige Landfrieden
Worms, 7. August 1495
besiegelter Druck
ca. 58 × 41 cm
Landeshauptarchiv Koblenz
Best. 1 A Nr. 1721

Der Ewige Landfrieden, der unter dem Datum des 7. August 1495 auf dem Wormser Reichstag in Form einer Urkunde König Maximilians veröffentlicht wurde, wurde in der Frühen Neuzeit zu den sogenannten Grundgesetzen des Reiches gezählt. Er war eines der wichtigsten Ergebnisse der sogenannten Reichsreformbewegung, also der vielgestaltigen Erneuerungsbestrebungen des ausgehenden Mittelalters und des frühen 16. Jahrhunderts, die keineswegs nur die politische, sondern auch die gesellschaftliche und die kirchliche Ordnung im Reich betrafen. Eine besondere Rolle spielte in diesem Zusammenhang der Wormser Reichstag von 1495, auf dem eine Reihe von Reformmaßnahmen beschlossen wurde.

Die dauerhafte Sicherung des Landfriedens, also die Zurückdrängung des im späten Mittelalter ausufernden Fehdewesens, war eine der zentralen Forderungen der Reichsreformbewegung. Die Fehde als ein Instrument der Konfliktregelung in Form bewaffneter Selbsthilfe eines Geschädigten war zwar ein altes Rechtsinstitut, das jedoch von weiten Teilen der Gesellschaft zunehmend als Belastung empfunden wurde. Schon der Mainzer Reichslandfrieden von 1235 hatte die Fehde flächendeckend und unbefristet untersagt. Da es jedoch an einer effizienten übergeordneten Rechtsprechung (und der Exekution der Urteile!) mangelte, blieb er ebenso eine Episode wie die zahlreichen räumlich und zeitlich befristeten Landfriedensbünde des späteren Mittelalters. In Erkenntnis dieser Problematik ging die Verkündung des Ewigen Landfriedens 1495 einher mit der Einrichtung eines neuen obersten Reichsgerichts, des Reichskammergerichts, um so den Rechtssuchenden eine Alternative zur Fehde zu bieten. Das Fehdewesen dagegen wurde reichsweit und unbefristet verboten: Was bis dahin ein anerkanntes Rechtsinstrument gewesen war, wurde nun zum Landfriedensbruch erklärt und mit der Reichsacht bedroht.

Eine Bevölkerungsgruppe, die sich durch den Ewigen Landfrieden massiv beeinträchtigt sah, waren die Ritter. Zunächst einmal entsprach die hergebrachte Selbsthilfe mittels Fehde aufs höchste ihrem adligen Selbstverständnis. Zudem standen diejenigen Ritter, die sich als reichsunmittelbar, also keiner landesfürstlichen Gewalt unterworfen, betrachteten, dem Reichskammergericht misstrauisch gegenüber, dessen Personal zum großen Teil von den Fürsten ausgewählt und bezahlt wurde. Schließlich bedeutete das Ende des Fehdewesens einen erheblichen wirtschaftlichen Schaden für diejenigen Ritter, die das lukrative Geschäft eines Fehdeunternehmers betrieben. Vor diesem Hintergrund und auch weil die Etablierung einer effektiven Reichsgerichtsbarkeit sich als schwierig gestaltete, verwundert es nicht, dass es Jahrzehnte dauerte, bis der Ewige Landfrieden wirklich umgesetzt wurde. Eine der letzten großen Fehden im Reich war diejenige Franz von Sickingens gegen den Kurfürsten von Trier von 1522.

Matthias Schnettger

Lit.: Helm, 1495. – Tischer, Alte Ordnung.

1.2

1.2 Ritter im Kampf

Kampfgruppe (Feld- und Riefelharnisch) mit Fußstreithammer
Feldharnisch, deutsch, 1510: 178 × 77 × 52 cm
Riefelharnisch, deutsch, 1515/20: 176 × 76 × 52 cm
Fußstreithammer, 1. Viertel 16. Jahrhundert [?]:
182 × 23,4 × 12,6 cm
Fußstreithammer, italienisch, 1. Hälfte 16. Jahrhundert:
176,5 × 32,5 × 21,5 cm
Eisen, Messing, Leder, Holz
Stiftung Deutsches Historisches Museum, Berlin
Inv.Nr. W 1421.a-h, W 2319.a-h, W 12, W 14 (Slg. Prinz Karl von Preußen)

Der Fußkampf im Turnier wurde Mann gegen Mann ausgetragen. Ausgerüstet waren die Kämpfer mit gleichen Waffen. Neben den Reiterturnieren wie Stechen und Rennen (▸ 1.6) war dieser duellähnliche Zweikampf wesentlicher Bestandteil des ritterlichen Turniers (ab Mitte des 15. Jahrhunderts). Auch zur Rechtsfindung bei Streitigkeiten wurden derartige Zweikämpfe (sogenannte Gerichtskämpfe) ausgetragen. Als Waffen wurden Schwerter, Dolche, Streitäxte, Stangenwaffen oder, wie in der Berliner Kampfgruppe dargestellt, Streithämmer zugelassen. Sieger war derjenige, der den Gegner zu Boden stieß. Für diese Turnierart wurden eigene Rüstungen entwickelt, die sich durch eine besondere Beweglichkeit auszeichneten und so ein schnelles Ausweichen bei gegnerischen Hieben ermöglichten. Zusätzlich wurde der Helm dieser Rüstungen mit einem Faltenvisier ausgestattet, das eine bessere Sicht ermöglichte und dem Kämpfer durch zahlreiche Löcher im Visier das Atmen bei dieser körperlich anstrengenden Turnierart erleichterte.

Bei der Berliner Kampfgruppe handelt es sich dagegen um keine solchen Spezialrüstungen, sondern um zwei Formen des Feldharnisches aus der Zeit um 1500. Der stehende, sich des Sieges gewisse Ritter trägt einen Riefelharnisch. Diese Bezeichnung ist von der Oberflächenstruktur der Rüstung abgeleitet, die in Falten aufgelegt ist. Technisch mit dem Prinzip eines Wellblechs vergleichbar, ist diese Rüstung äußerst stabil. Zudem konnte man dadurch das Gewicht reduzieren, ohne dass sich die Widerstandsfähigkeit der Rüstung verringerte. Ein weiterer Vorteil lag darin, dass die geriffelte Oberfläche einem Geschoss oder einer Lanze keinen idealen Auftreffwinkel bot. Allerdings war die Herstellung dieser optisch an textile Kleidung angelehnten Rüstung sehr aufwendig und kostspielig.

Der unterlegene Ritter trägt einen schlichteren Feldharnisch, der üblicherweise im Kriegseinsatz Verwendung fand und u. a. durch den schmalen Rüsthaken an der Brust, an dem man die Lanze einhakte, als solcher zu identifizieren ist. Entgegen seiner Anmutung war es in einem solchen Plattenharnisch möglich zu laufen, sich hinzulegen und wieder aufzustehen. Diese Flexibilität der Ritterrüstungen wird bei der Installation der Kampfgruppe nachvollziehbar. Beide Rüstungen hatten ihre Vorteile, so war der Feldharnisch etwas mehr auf Beweglichkeit ausgerichtet, dafür war der Riefelharnisch sicherer konstruiert.

Karoline Feulner

Lit.: Ausst.Kat. Burg und Herrschaft, 22–23 (Kat.Nr. 1.1, 1.2, S. Lüken, 1.6 a und b, J. Rüttinger). – Ausst.Kat. Ritter! Traum und Wirklichkeit, 149 (Kat.Nr. 3.8). – Pfaffenbichler, Maximilian I.

1.3 Eine Verteidigung der alten Ordnung

Bartholomäus Bruyn d. Ä. (1493–1555)
Die drei Stände der Christenheit
um 1530/40
Öl auf Holz
137 × 98 cm
LVR-LandesMuseum Bonn
Inv.Nr. 22.477

1.3

Du bete demütig, Du beschütze und Du arbeite: die teils von Engeln gehaltenen Spruchbänder weisen jeder Gruppe ihre Aufgabe zu. Über dem Lehrstand, Wehrstand und Nährstand, den drei Ständen der mittelalterlichen Gesellschaft, thront der von einer Wolkengloriole umgebene Christus. Er segnet, aber durch Regenbogen und Weltkugel ist er als endzeitlicher Weltenrichter erkennbar, der in der Vorstellung der Zeit jede weltliche Ordnung garantiert. Der Stifter, vermutlich der 1538 gestorbene Notar und Kanoniker Lambert Bracke, führt die Aufgabe der Geistlichkeit, zu beten, sichtbar aus. Hinter ihm repräsentieren Papst (mit den Schlüsseln des Petrus), Kardinal (der hl. Hieronymus), Bischof und ein weiterer Kleriker vier Stände der Geistlichkeit. Sie werden vom Apostel Andreas flankiert, dem Titularheiligen des Chorherrenstifts, dem Bracke seit 1516 verbunden war. St. Andreas war von Brun (925–965), Kölner Erzbischof im 10. Jahrhundert und Bruder Kaiser Ottos I. (912–973), gegründet worden, mit dem der zum Betrachter blickende heilige Bischof identifiziert wird. Auf der anderen Seite befindet sich der Adel in seiner Funktion ritterlicher Beschützer. Der hl. Georg (mit dem Drachen) sowie vielleicht der in Köln besonders verehrte hl. Gereon stehen links und rechts im Gefolge zweier einander zugewandten Helden aus der Zeit vor und nach Christus. Der aufgespießte Kopf des besiegten Gegners kennzeichnet Judas Makkabäus – ebenfalls ein spezifischer Kölner Heiliger, vor ihm steht Karl der Große (747/48–814), erkennbar an der Bügelkrone und den Reichsinsignien.

Das ausgeprägte Habsburgerkinn des Herrschers ermöglicht die Überblendung mit Kaiser Karl V. (1500–58), und auch die Klerikerheiligen dürften porträthafte, wenngleich nicht identifizierte Züge besitzen. Die Verschränkung historischer mit gegenwärtigen Persönlichkeiten aktualisiert das Idealbild der Stände. Es blendet allerdings, wie vielfach bemerkt worden ist, die Kölner Realität aus: Der Nährstand in Gestalt zweier anonym bleibender Bauern wird wörtlich in den Hintergrund gedrängt; unter ihm sind auffallend stillschweigend Handwerker und Bürger subsummiert worden. Klerus und Adel sind aber keineswegs gleichberechtigte Hüter der alten Ordnung (so Wohlfeil/ Wohlfeil, Stände und Konfessionen, 273): die Geistlichkeit befindet sich zur rechten Hand Christi – dort, wo sich in den die Stände-Ikonografie prägenden Weltgerichtsdarstellungen die Gerechten befinden. Gegenüber dem schlüsselgewaltigen Papst scheint der Kaiser zurückzuweichen – in Köln unterlag der Rat insbesondere in der Dekade vor Entstehung des Gemäldes immer wieder der Übermacht geistlicher Institutionen.

Almut Pollmer-Schmidt

Lit.: Ausst.Kat. Heiliges Römisches Reich I, 53 f. (Kat.Nr. I.30, Sabine Witt). – Ausst.Kat. Renaissance am Rhein, 284 (Kat.Nr. 137, Alexandra Käss). – Goldkuhle/ Krueger/ Schmidt, Landesmuseum Bonn, 113 f. (Ingeborg Krueger). – Tümmers, Altarbilder Bruyn, 96 (Nr. A 128). – Vignjević, Darstellungen, bes. 44–46. – Wohlfeil/ Wohlfeil, Stände und Konfessionen. – Wohlfeil/ Wohlfeil, Verbildlichung.

1.4 Ritter! Tod! Teufel!

Albrecht Dürer
Ritter, Tod und Teufel (Der Reiter)
1513
Kupferstich
24,4 × 18,9 cm
Staatsbibliothek Bamberg
Sign. I D 32

1.4

Ziehet an die Waffenrüstung Gottes, dass ihr bestehen könnt gegen die listigen Anläufe des Todes (Eph 6,11). Technisch brillant ausgeführt reitet ein Ritter auf seinem Pferd eine düstere und karge Felsenschlucht entlang. Seinen Weg säumen auf einer Schindmähre sitzend zum einen der Tod, der ihm warnend das Stundenglas mit der zur Hälfte abgelaufenen Lebenszeit entgegenhält, und zum anderen ein fratzenhafter Teufel, der seine Klaue nach ihm ausstreckt. Begleitet von einem Hund scheint der Ritter jedoch keine Notiz von diesen Gefahren zu nehmen und verfolgt weiterhin geradlinig seinen Weg. Ist dieser Ritter etwa der von Erasmus beschriebene christliche Ritter (miles christianus, vgl. auch Erasmus von Rotterdam *Enchiridion militis christiani*, 1503), der den Personifikationen von Tod und Teufel hinter ihm aufgrund seines Glaubens mutig die Stirn bietet?

Gerüstet ist der Reiter mit einem spätgotischen Harnisch, der 1513 bereits veraltet war und aus einzelnen nicht ganz zusammenpassenden Stücken zusammengesetzt wurde. Dass es sich um einen wohlhabenden hochadeligen Ritter handelt, ist daher kaum anzunehmen. Der Fuchsschwanz auf seiner Lanze und die Eichenkränze, die sein Pferd schmücken, deuten auf eine siegreiche Heimkehr – vielleicht zu der Burg im Hintergrund, zu der ein schmaler Weg führt. Aufgrund der antiquierten Rüstung und dem Fehlen von christlichen Symbolen vermutete man vor allem im 19. Jahrhundert auch die Darstellung eines »Raubritters« oder sogar eines »Geisterreiters«. Für dieses druckgrafische Medium wäre der Hinweis auf das »Raubrittertum« jedoch eine ungewöhnliche Kritik an der politischen Situation.

Dürer selbst nannte das Blatt nur »Reuther«, der heutige Titel entstammt aus dem ausgehenden 17. Jahrhundert. Es gibt zahlreiche und mitunter auch abstruse Identifizierungen des Ritters, die von Ulrich von Hutten, Martin Luther, Savonarola bis zu Franz von Sickingen reichen. Gerade zu Beginn der wissenschaftlichen Bearbeitung des Werkes von Dürer um 1800 von u. a. Adam Bartsch oder Joseph Heller, ist man sich anscheinend einig, dass es sich bei dem Ritter um Franz von Sickingen handelt. War doch auch dieser durch sein risikoreiches Handeln stets vom Tod bedroht und setzte sich als Befürworter der Reformation gegen »teuflische« Mächte ein. Vielleicht hatte auch das »S« neben der Datierung auf dem Signaturtäfelchen im Bildvordergrund als Hinweis gedient (bisher gibt es noch keine überzeugende Deutung dieses Buchstabens). Auch die von Eberhard Kieser (ab 1583–1631) um 1620/30 publiziert Radierung (▸ 7.4a), die Sickingen in einer Kopie des Dürer Kupferstiches mit dem heiligen Georg gleichsetzt und große Ähnlichkeiten mit *Ritter, Tod und Teufel* aufweist, hatte eventuell Einfluss auf diese Identifizierung mit Sickingen. Wie kein anderes Werk Dürers wurde *Ritter, Tod und Teufel* im 19. Jahrhundert zur nationalen Ikone erhoben und zu Beginn des 20. Jahrhunderts stark national vereinnahmt.

Karoline Feulner

Lit.: Ausst.Kat. Dürer, 258 (Karoline Feulner). – Ausst.Kat. Kaiser Maximilian I. und die Kunst der Dürerzeit, 336 (Thomas Schauerte). – Schoch/ Mende/ Scherbaum, Dürer Kupferstiche, 169–173.

1.5

1.5

1.5 Eine Selbstdarstellung als Ritter: Kaiser Maximilians Theuerdank

Kaiser Maximilian I., Marx Treitzsaurwein (um 1450–1527), Melchior Pfinzing (1481–1535)
Theuerdank (Die geuerlicheiten vnd einsteils der geschichten des loblichen streytparen vnd hochberuembten helds vnd Ritters herr Tewrdannckhs)
[Augsburg: Johann Schönsperger d. Ä., 1519]
Leonhard Beck (um 1475/80–1542), Hans Burgkmair d. Ä., Hans Schäufelin (um 1485 – um 1539) und anonyme Meister
Holzschnittillustrationen, teilweise koloriert
36 × 25,5 cm
Bibliotheca Bipontina, Zweibrücken, Landesbibliothekszentrum Rheinland-Pfalz
Sign. nL 71 B, VD16 M 1650

König Romreich hat für seine Tochter und Nachfolgerin Ehrenreich einen Ehemann auserkoren: *Theuerdank*. Nach vergeblichen Versuchen des Teufels, den Ritter zu Stolz, Hoffart und Unehrlichkeit zu verleiten, macht sich dieser auf den Weg zu Ehrenreich. Drei ihrer Hofleute sollen nun als »Dienstmannen« des Teufels Theuerdanks Ankunft verhindern. Fürwittig, Unfalo und Neidelhart führen ihn stets aufs Neue in gefährliche Situationen. Fürwittig prüft den jugendlichen Leichtsinn (»Fürwitz«) und lässt ihn vor allem Jagdabenteuer erleben. Durch Unfalo treten verschiedene Seenöte, Schnee- und Steinlawinen im Hochgebirge, scheuende Pferde und ein Blitzstrahl, falsche Medizingaben sowie durch Besonnenheit abgewendete Unfälle in Gebäuden und mit geladenen Kanonen und Pulverfässern hinzu. Die letzten Abenteuer mit Neidelhart, dessen Name Neid und Hass verrät, absolviert der Held in goldener Rüstung. Zum Ritter gereift, kämpft er in Schlachten, übersteht aber auch hinterlistige Mordanschläge. Am Hof Königin Ehrenreichs siegt Theuerdank schließlich in einem großen Turnier; die drei Gegner werden entlarvt und hingerichtet. Zum Schluss tritt – als Gegenpart zur teuflischen Versuchung – ein Engel auf, der ihn anhält, nach christlicher Tugend zu streben: Nach der Hochzeit zieht Theuerdank als Kreuzritter ins Heilige Land. Das letzte Kapitel würdigt ihn als *domitor fortuna*, als Bezwinger des Schicksals.

Kaiser Maximilian I. hat die Verse des *Theuerdank* höchstselbst diktiert und von seinem Sekretär Marx Treitzsauerwein bearbeiten sowie 1514 von Melchior Pfinzing redigieren und abschließen lassen. Pfinzings Anmerkungen lassen keinen Zweifel: Maximilian selbst hat zahlreiche der Abenteuer erlebt, abwechselnd in den Alpen, in Schwaben oder in Flandern, Brabant und Holland. Diese werden mit historischen Begebenheiten – die dynastische Verbindung der Häuser Habsburg und Burgund durch Maximilians Ehe mit Maria (Ehrenreich) und der Kampf gegen die ständische Opposition in den Niederlanden (die drei Gegner) – sowie dem unausgeführten Plan eines Kreuzzugs neu verwoben (die Seiten des entsprechenden Kapitels bleiben leer). *Theuerdank* folgt in Struktur und Motivik der mittelalterlichen Heldenepik wie dem Nibelungenlied oder den Artusromanen; einige Texte haben sich nur durch das humanistische Traditionsbewusstsein am kaiserlichen Hof im *Ambraser Heldenbuch* erhalten. *Theuerdank* ist Teil eines umfassenden multi-medialen Denkmals, das sich Maximilian I. gesetzt hat und zu dem neben seinem Grabmal Porträts, die *Ehrenpforte,* Dürers gedruckter und Altdorfers gemalter *Triumphzug* sowie weitere Bücher und Manuskripte zählen. Zusammen mit dem unvollendet gebliebenen *Freydal* (▸ 1.6) repräsentiert er das Ritterideal am stärksten, welches der Kaiser auf seine Person hin aktualisiert hat. Dem entspricht der – teils auf Pergament realisierte – Druck des Buchs, der mit den avanciertesten Mitteln der Vervielfältigung an eine höfische Handschrift gemahnt: Die kalligrafische Fraktur ist eigens für den Kaiser entwickelt worden; Bildaufbau und Ikonografie der Holzschnitte aus fünf Augsburger und einer Nürnberger Werkstatt haben nicht zuletzt mittelalterliche Heldenzyklen zum Vorbild.

Almut Pollmer-Schmidt

Lit.: Müller, Gedechtnus, bes. 108–130, 159–169. – Silver, Emperor Maximilian I. – Füssel, Kaiser Maximilian. – Silver, Marketing Maximilian, 5, 21, 38, 118, 138–140 passim. – Ausst.Kat. Kaiser Maximilian I. und die Kunst der Dürerzeit, 285–297 (Kat.Nr. 73, Larry Silver).

1.6 Holzschnitte für ein Turnierbuch Kaiser Maximilians

a
Albrecht Dürer
Das Welsche Gestech
Nürnberg, um 1500
kolorierte Holzschnitte zum geplanten Turnierbuch »Freydal«
46 × 31 cm
Graphische Sammlung, Germanisches Nationalmuseum, Nürnberg
Inv.Nr. Graph. Slg. H 368, Kapsel 18

b
Albrecht Dürer
Das Scharfrennen
Nürnberg, um 1500
kolorierte Holzschnitte zum geplanten Turnierbuch »Freydal«
46 × 31 cm
Graphische Sammlung, Germanisches Nationalmuseum, Nürnberg
Inv.Nr. Graph. Slg. H 370, Kapsel 18

Seinen herrschaftlichen Ruhm sowie die heldenhaften Taten in zahlreichen Schlachten für die Nachwelt festzuhalten, war Kaiser Maximilian I., der u. a. aufgrund seiner Vorliebe für Turniere den Beinamen der »letzten Ritter« erhielt, ein großes Anliegen. Um sicher zu gehen, dass seine Persönlichkeit auch lange nach seinem Ableben nicht in Vergessenheit gerät, ließ er u. a. drei umfangreich illustrierte Bücher anfertigen. Die Werke *Weißkunig, Theuerdank* (▸ 1.5) und *Freydal* erzählen der Reihe nach Maximilians Lebensgeschichte, seine Hochzeitsfahrt und die Geschichte seiner ritterlichen Minnefahrt. Die Inhalte aller drei Werke sind neben den deutlichen autobiografischen Zügen durch zahlreiche fiktive Geschichten propagandistisch ausgeschmückt. Während *Weißkunig* und *Theuerdank* noch zu Lebzeiten Maximilians fertiggestellt wurden, blieb der *Freydal* bis zu seinem Tod 1519 fragmentarisch. Eingebettet in eine unvollständige Rahmenhandlung sollten im *Freydal* alle von Maximilian veranstalteten und besuchten Turniere dargestellt werden. Der Text berichtet von der Aventüre des jungen Ritters Freydal (Maximilian), der von drei Jungfrauen ausgeschickt wurde, um an verschiedenen Turnierhöfen zu bestehen. Nach den zahlreichen bestandenen Prüfungen nimmt er eine der tugendhaften Damen zur Frau, die unschwer als

1.6a

1.6b

Maximilians erste Frau Maria von Burgund (1457–82) zu erkennen ist. Das Werk beschreibt insgesamt 64 Turnierhöfe, an denen der Ritter jeweils ein Rennen, ein Stechen und einen Fußkampf bestreiten muss. Dem folgt an jedem Hof die Teilnahme an einem Maskenball (*Mummerey*). Diese vier Ereignisse sollten für jeden der Turnierhöfe bildlich dargestellt werden. Von diesem umfangreichen Bildprogramm sind 255 ganzseitige Miniaturen erhalten, von denen jedoch nur fünf in Holz geschnitten wurden. Bei diesen fünf Holzschnitten handelt es sich um Musterstücke, die nach den Zeichnungen Albrecht Dürers von Hans Schönsperger (1455–1521) in Nürnberg geschnitten wurden.

a. Der Holzschnitt *Das Welsche Gestech* zeigt den jungen Freydal alias Maximilian im Kampf gegen den Ritter Jacob de Heri. Das Stechen zählte zu den beliebtesten Varianten des Turnierkampfes. Hierbei ritten die Kontrahenten getrennt durch eine hölzerne Barriere mit einer Geschwindigkeit von bis zu 60 km/h aufeinander zu. Ziel war es die Lanze am Schild (Tartsche) des Gegners zu brechen oder den Gegner gar durch die Wucht des Aufpralls vom Pferd zu stoßen. Der siegreiche Maximilian reitet hinter der Barriere und reckt seine zersplitterte Lanze triumphal empor. Der Stoß war hier wohl so heftig, dass de Heri samt seinem Pferd zu Boden ging.

b. *Das Scharfrennen* wurde im Gegensatz zum Stechen mit spitzen Lanzen und im offenen Feld ohne Barriere geritten, außerdem wurde die Tartsche nur lose montiert, so dass sie bei einem Aufprall leicht abfliegen konnte. Das höhere Risiko und die erhöhten Chancen von spektakulären Stürzen, machte das Scharfrennen beim Publikum sehr beliebt. Maximilian wird hier im Zweikampf gegen Antonio de Caldonazo gezeigt. Beide Gegner verloren beim Aufprall ihre Tartsche, der siegreiche Maximilian, rechts im Bild, hält jedoch seine Lanze noch fest in der Hand, während die Waffe des Verlierers am Boden liegt.

Anke Hillen

Lit.: Ausst.Kat. Kaiser Maximilian I. Bewahrer und Reformer, 241. – Ausst.Kat. Mythos Burg, 248f. – Ausst.Kat. Ritter! Traum und Wirklichkeit, 162–165. – Schoch/ Mende/ Scherbaum, Dürer Buchillustrationen, 152–163.

1.7 Eine zeitgenössische Turniergeschichte

Georg Rüxner (in Nürnberg um 1525/26 nachweisbar)
Von Anfang, Vrsachen, vrsprung, vnd herkommen/ der Thurnier im heyligen Römisch Reich Teutscher Nation [...]
[Simmern: Hieronymus Rodler, 1532]
Druck auf Papier
56 × 29,6 cm (aufgeklappt)
Rheinische Landesbibliothek, Koblenz, Landesbibliothekszentrum Rheinland-Pfalz
Sign. 89A/1519 P-Som

1.7

Seit dem hohen Mittelalter zählt das ritterliche Turnier zu den unabdingbaren Elementen der höfischen Festkultur. Der Innovationssprung im Militärwesen änderte daran wenig. Im gleichen Maße, wie die ursprüngliche Bedeutung der militärischen Ausbildung junger Prinzen in den Hintergrund trat, wurde die repräsentative Bedeutung in der Renaissancekultur wichtiger. Das Turnier betonte aufgrund seines elitären Teilnehmerkreises die weit zurückreichende Tradition der adeligen Herrschaft. Mit der Wende zur Neuzeit erfolgt eine kontinuierliche Strukturierung des Turnierablaufs im Rahmen des höfischen Festes. Das von Georg Rüxner verfasste Turnierbuch, das nach einer Erstauflage von 1530 mehrfach wiederaufgelegt wurde, diente der Vorbereitung solcher Feierlichkeiten.

Der prachtvoll bebilderte Band erläutert 36 (historisch teilweise nicht zu belegende) Turniere, von denen das erste 938 in Magdeburg und das letzte 1487 in Worms stattgefunden hat. Lange Listen der Teilnehmer ergänzen den Band. Unter ihnen finden sich mehrere Vorfahren Sickingens, u. a. sein Vater Schweikard (gest. 1504), der als Mitglied der Rittergesellschaft zum Esel, mit aufgeführt wird. Das Rüxnersche Turnierbuch umfasst über 400 Blätter und ist mit 128 Text- und 246 Wappenholzschnitten illustriert. Trotz dieser üppigen Ausstattung mit Holzschnitten handelt es sich tatsächlich um vergleichsweise wenige Druckstöcke, die redundant verwendet werden. Die einzelnen Abbildungen haben folglich nur eingeschränkten dokumentarischen Charakter. Neben einer wirklichkeitsgetreuen Schilderung des Hoflebens, das nach festen Regeln organisiert war und stets auch eine eminent wichtige politisch-herrschaftliche Dimension besaß, dienen die Illustrationen auch dazu, durch das Abspulen bekannter Festelemente eine bestimmte Erwartungshaltung der Leser und Betrachter zu befriedigen.

Der Autor Georg Rüxner, kurpfälzischer »Herold mit vielen Namen« (Graf, Herold), widmete das Turnierbuch Johann II. von Pfalz-Simmern (1492–1557), Herzog einer kurpfälzischen Nebenlinie. Dieser versuchte systematisch, die kleine Stadt Simmern im Hunsrück zu einer Residenz mit allen zugehörigen Bausteinen auszugestalten. Entsprechend betrieb sein Kanzler Hieronymus Rodler ab 1530 eine Hofdruckerei, aus der insgesamt zehn Werke hervorgingen. Neben dem Turnierbuch, das sicherlich als das bekannteste Druckerzeugnis der Offizin anzusehen ist, veröffentlichte die Werkstatt u. a. eine Gerichtsordnung, verschiedene Gedichtbände mit Minnethemen, ritterliche Erzählstoffe und nicht zuletzt einen Nachdruck von Albrecht Dürers *Underweysung im Messen*. Legitimiert wurde der Raubdruck mit dem Argument, Dürers Original sei für junge Künstler viel zu kompliziert.

Stefan Heinz

Lit.: Graf, Herold. – Ausst.Kat. Burg und Herrschaft, 191–192 (Kat.Nr. 10.3, Jan Rüttinger). – Ausst.Kat. Die Wittelsbacher am Rhein, Bd. 1, 453-454 (Kat.Nr. D4.03, Annika Stello).

1.8 Ein Turnier am Wittenberger Hof 1508

a
Lucas Cranach d. Ä.
Das Turnier mit dem Samsonteppich
(II. Turnier am Wittenberger Hof)
Wittenberg, 1509
Holzschnitt
30,5 × 42,3 cm
Graphische Sammlung, Städel Museum,
Frankfurt am Main
Inv.Nr. 31248

b
Lucas Cranach d. Ä.
Das Lanzenturnier (III. Turnier am Wittenberger Hof)
Wittenberg, 1509
Holzschnitt
29,8 × 41,6 cm
Graphische Sammlung, Städel Museum,
Frankfurt am Main
Inv.Nr. 31247

Der kursächsische Wittenberger Hof zelebriert sich selbst durch ein großes Turnierfest. Am 15. und 16. November 1508 richteten der Kurfürst Friedrich der Weise und sein mitregierender Bruder Herzog Johann I. (1468–1532) ein mehrtägiges Turnier aus. Überliefert wurde dieses kostspielige Großereignis durch drei großformatige Holzschnitte des Hofkünstlers Lucas Cranach d. Ä. und durch ein langes Lobgedicht des Wittenberger Universitätsprofessors Georg Daripinus Sibutus (*Torniamenta*; um 1480 – nach 1528). Die Grafiken lassen die Pracht, den Aufwand und den Zuspruch dieser großen Spektakel erahnen, die zugleich eine öffentlichkeitswirksame Demonstration ritterlich-adliger Tugenden waren.

Lucas Cranach d. Ä. bietet einen Blick mitten in das Geschehen auf dem mit Sand präparierten Turnierplatz, der von einer Zuschauertribüne am oberen Bildrand gerahmt ist. Zahlreiche Besucher verfolgen in sicherem Abstand die nervenaufreibenden Kämpfe. *Das Turnier mit dem Samsonteppich* (**a**), benannt nach einem zentral an der Tribüne hängendem Teppich, der den Kampf Samsons (auch als Herkules gedeutet) mit dem Löwen zeigt, gibt mittig ein Stechen mit spitzen Lanzen wieder. Die Lanze des linken, getroffenen Ritters fällt wie auch der Besiegte selbst gerade zu Boden. In der linken Ecke findet ein Kampf mit stumpfen Schwertern statt. Dagegen reiten im *Lanzenturnier* (**b**), zwei große Gruppen gegeneinander. Die Lanzen sind bereits angelegt, die Pferde im Galopp, die Musiker spielen. Es ist der dramatische Augenblick kurz vor dem Aufeinandertreffen des Lanzenstechens. Ob die prächtigen Rüstungen oder der Schmuck der Pferde, zahlreiche Details hält Cranach fest. Dadurch sind die Ritter zwar unterscheidbar, eine Identifizierung der Teilnehmer ist trotzdem bisher noch nicht gelungen. Auch wenn der Eindruck einer Momentaufnahme der Ereignisse entsteht, orientierte sich Cranach an anderen vergleichbaren Kompositionen (u. a. Monogrammist MZ, Turnier, um 1500, Kupferstich) und entlehnt dort beispielsweise einzelne Figurengruppen.

Zu Beginn des 16. Jahrhunderts erfuhr das Turnierwesen einen grundlegenden Wandel. Dienten die niederadligen Turniere des hohen Mittelalters ursprünglich auch noch der Waffenübung für den ernsten Kampf, bekamen diese Ereignisse immer mehr einen rein repräsentativen Charakter zugesprochen. Im Gegensatz zu etwa den sogenannten Vier-Lande-Turnieren 1479 bis 1487 (▸ 1.7), die durch den Niederadel selbst gemeinschaftlich organisiert wurden, war das von Cranach dargestellte Turnier allein vom kursächsischen Hof ausgerichtet. Die Turniere boten

1.8a

1.8b

Franz von Sickingen – für mich ist er ein streitbarer Geist im wahren Wortsinn, der sich mit aller Macht gegen den Bedeutungsverlust der Ritterschaft stemmte. Er war Bannerträger des niederen Adels und zugleich tragischer Held an der Wende vom Mittelalter zur Neuzeit. Sein Name steht noch heute für den Typus Mensch, der sich nicht tatenlos in sein Schicksal fügt, sondern sein Ding macht, auch wenn ihn dieser Weg in den Untergang führt. Sickingen – das ist der Rebell und Hasardeur, der seinen Teil zu den zahlreichen Ecken und Kanten der Pfälzer Wesensart beigetragen und die Geschichte des historischen Raums unseres Landes mitgeprägt hat.

Malu Dreyer, Ministerpräsidentin von Rheinland-Pfalz

nun die wichtigste Gelegenheit zur höfischen Selbstdarstellung und werden in diesem Kontext als ein Teil der höfischen Festkultur zelebriert.

Karoline Feulner

Lit.: Ausst.Kat. Apelles, 228–233 (Kat.Nr. 1.5.03–05, Ruth Hansmann). – Ausst.Kat. Cranach der Ältere, 178–181 (Kat.Nr. 32–34, Bodo Brinkmann). – Ausst.Kat. Welt des Lucas Cranach, 131 (Kat.Nr. 44–46, Armin Kunz).

1.9 Petrarca: Von Rittern und Feinden

Francesco Petrarca (1304–74)
Von der Artzney bayder Gluk, des guten und widerwartigen
[Augsburg: Heinrich Steyner, 1532]
sogenannter Petrarcameister (vor 1500–36)
Von der Ritterschaft (a)
Von der Feindschaft (b)
Holzschnitte
31,5 × 20 cm
Universitätsbibliothek Würzburg
Sign. 35/A 10.19, VD16 P 1725

Mit welchen Freuden und Leiden ist die Menschheit gestraft? Der italienische Humanist Francesco Petrarca diskutiert dies in seinem grundlegenden Werk *De Remediis utrisque fortunae* (1354–1367). Die deutsche Ausgabe wurde unter Mitwirkung des Humanisten Sebastian Brant (1457–1521) unter dem Titel *Von der Artzney bayder Gluk, des guten und widerwartigen* (1532) herausgegeben. Als Grundaussage vermittelt Petrarca, dass die Leiden der Menschen nicht – wie es die scholastische Theologie behauptete – Folgen der Erbsünde seien, sondern dass dieses Elend menschlichen Ursprungs ist.

Illustriert wurde diese Ausgabe mit 261 Holzschnitten, die jedes Kapitel einleiten. Da der Künstler weder im Vorwort der Ausgabe erwähnt wird, noch die vereinzelten Monogramme der Holzschnitte zu einer Identifizierung (Hans Weiditz? [um 1500–36]) führten, wird er als sogenannter Petrarcameister bezeichnet. Fertiggestellt hat er die Vorlagen für die Holzschnitte in zwei Teilen für den Verleger Heinrich Steyner in den Jahren 1519 und 1520. Zu diesem Zeitpunkt stand dem Künstler allerdings für seine Arbeit noch kein deutscher Text zur Verfügung, weil dieser zumindest in den von dem Humanisten und Theologen Georg Spalatin (1484–1545) 1521 übersetzen Textzeilen noch gar nicht existierte. Vermutlich hatte Sebastian Brant den Künstler mit dem Inhalt der Kapitel bekannt gemacht und gemäß der Vorrede des Druckers das Bildprogramm bestimmt. Die Herausforderung dieses Projektes bestand darin, dass abstrakte Werte wie Freude und Leid dargestellt werden mussten.

Als Beispiel für schlechte Charaktereigenschaften fungiert die Ritterschaft, die der sogenannte Petrarcameister stets als negativ und Unheil bringend konnotiert. In der Illustration des Kapitels *Von der Ritterschaft* überzeichnet er den sich übermütig präsentierenden Stand. Übergroße Federn und übertrieben gebauschte und geschlitzte Gewänder charakterisieren ihn. Dem groß am rechten Bildrand dargestellten Ritter, werden von einem schlicht gekleideten alten Mann die Sporen als Zeichen seiner Ritterwürde angelegt. Ein Knecht zäumt mit Mühen sein Pferd. Mit überheblicher Geste gibt er den anderen Landsknechten ein Zeichen, dass er den Zug gleich anführen wird – die beiden Knechte würdigt er keines Blickes.

Auch die *Feindschaft* wird durch Ritter verkörpert: In einem dunklen Wald wird in dieser Szene ein Kaufmann bedroht und genötigt, einen Beutel herauszugeben. Ein Ritter richtet seine Armbrust auf ihn, weitere bewaffnete Landsknechte warten im dunklen Dickicht. Durch viele An-

Das Erst bůch/von Artzney

mal/ein dorfman gewest ist/ was ist er nun anderst dann ein waldman/odder gar Siluanus/oder ein waldthier? Rom hett berayt die zeyt/angefangen zů sein ein dorff/yetzt ist sie ein wald. Freud. Jch bin ein Regent des Lands. Vernunfft. Du bist mit eerlichem Ellende verdampt/du hast verdauscht/ die heußlichen růe/vnd müssigkait/vnd aufwendige sorgfältigkayt/ darffest dich nichts süsses/oder růwsames verhoffen/der Regenten glück/vnd stand/ist bitter vnd trůbsam/sy werden getriben von festlichen tägen/von spylen vnd wirtschafftē Das hauß ist beschlossen/den/gaubē ist dē zanck od hadgeöffnet/dein hauß ist ler der kurtzweyl/ vol der klag vnd zangks/alles das schwach/das kranck/das verschmarret/verborgen ligt/in den innwonern des lands/das alles můstu handeln/rechtfertigen/vnd versorgen/O ein herts werck/dann warumb/ wie vil es geschäffts sey/vil zů straffen ist offennbar/doher kompt/das gar wenig leüt sich selbs straffen.

Vonn der Ritterschafft/das
XLVIII. Capitel.

FReud. Jch bin mit Ritterlicher gyrtel gezyerdet Vernunfft. Haben dich nit die vblen ding des lebens/wenig bedüncket/anderst dann das du zů der Reytterey fiegest/inn der du von nötten allwegen vnrůwig/oder ernloß/oder der gefärligkait oder verachtung/vnderworffen můst sein. Freud. Jch bekenn mich ein Krieger sein/ Vernunfft.

1.9a

Das ander Bůch/von Artzney
Von der Feyndtschafft/
Das XXXII. Capitel.

SChmertz. Jch hab feyndtschafft. Vernunfft. So gedenck das du ein freund der gerechtigkayt seyest/ Dañ es ist kein gewyser behelff/ Die warhafftig tugent veracht vñ verschmecht/ die betrawunng des glücks. Schmertz. Jch hab feyndtschafft. Vernunfft. So wyrdest du dester fürsichtiger vnd bekannter werden/ Dann die feyndtschafft haben vil leut bekannt gemacht/die sunst verborgen vnd vnbekannt weren bliben/wenn sie nicht feynd gehabt hetten. Schmertz. Jch hab vberall feynd. Vernunfft. Sie werden verhindern die wollust/die vnsichparen feynd in die gemůth zů gehen / Das glück hat dir nicht so fast feynd/ alls behůter vñ verwarer zůgeordnet/Das grösser vbel wirt durch das vbel vertriben werden. Schmertz. Jch werd allenthalben von den feynden angefochtenn. Vernunfft. Sie werden auch durch jre anmůtigkayt angefochten / vnd du hast bey jnen dein rächer/der dich richt/vnd nicht ein einigen/ Dann für dich machē parthey vnd verbinden sich zůsamen/der zorn/die forcht/der haß/ die vnrůwe/ vnd fordern den peenfal/auch der noch nicht verbrachten vbelthat / Also gehet offt der rachsal/der belaydigung vor/wölche belaydigunng villeicht auch nicht erfolget noch geschicht/Sie werdenn sich rüsten/bearbayten/bemühen/schwitzen/ersenfftzen/entpörig sein/vnd der selben wirt dich villeicht gar kains angeē/ Vil leut haben offt mit schwerem haß jnen selbst/vñ nit andern geschadet. Sch. Jch

1.9b

spielungen auf Zeitereignisse sind diese Holzschnitte einzigartige Quellen des Alltagsleben und der Wahrnehmung des niederen Adels. Petrarcas Werk wurde zu einem häufig gelesenen Buch seiner Zeit und mehrmals bis 1620 wieder aufgelegt.

Karoline Feulner

Lit.: Kessler, Heilmittel. – Michel, Transformation, 349–377. – Scheidig, Petrarca-Meister.

1.10 Götz von Berlichingen: Der Ritter mit der eisernen Hand

a
Anonymer Maler
Bildnis des Götz von Berlichingen
1535
Öl auf Erlenholz
32,3 × 44,5 cm
Privatbesitz der Freiherren von Berlichingen,
Schloss Jagsthausen

b
Eiserne Hand
Götz von Berlichingen zugeschrieben
Nachbildung von 2011
Hartplastik
ca. 11 × 57 × 11 cm
Privatbesitz der Freiherren von Berlichingen,
Schloss Jagsthausen

c
Urbar des Hans Christoph von Berlichingen (gest. 1571)
1532
Tinte auf Papier, Buchdeckel aus Holz
30,5 × 21,5 cm
Privatbesitz der Freiherren von Berlichingen,
Berlichinger Archiv, Schloss Jagsthausen
Inv.Nr. 3387

Götz von Berlichingen stellt man sich gemeinhin als Raufbold vor. Goethes (1749–1832) gleichnamiges, in der Sturm-und-Drang-Periode entstandenes Drama hat von dem »Ritter mit der eisernen Hand« ein Bild entworfen, das

1.10a

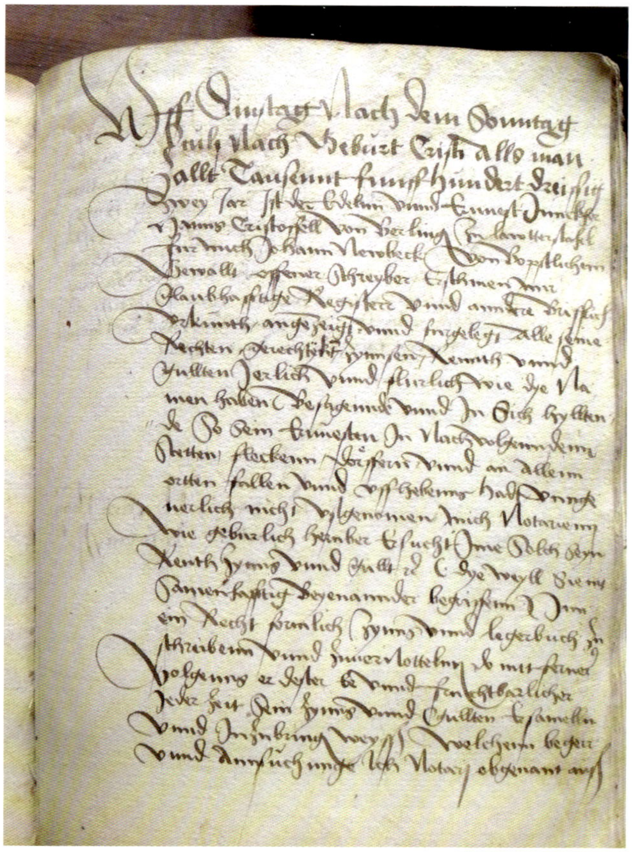

1.10c

der Realität nur sehr bedingt entspricht. Insbesondere der in zugespitzter Version kolportierte »Krautheimer Gruß«, der in züchtigen Schulausgaben lange Zeit nur mit den berühmten drei Punkten wiedergegeben wurde, charakterisiert Sickingens Bundesgenossen in höchst unzureichender Weise.

a. Angesichts dieser populären Vorstellungen von Götz von Berlichingen wird man sich wundern, den Adligen auf dem Gemälde in einem bürgerlich anmutenden Gewand mit üppigem Pelzbesatz und goldener Kette zu sehen, statt in ritterlicher Rüstung mit Schild und Schwert. Das Porträt soll 1535 entstanden sein und datiert damit in jene Zeit, als Götz einen vom Schwäbischen Bund verhängten Hausarrest auf seiner Burg Hornberg über dem Neckar zubrachte, nachdem er 1525 gezwungenermaßen den aufständischen Bauern als Hauptmann gedient hatte. Davor hatte er an zahlreichen Kriegen teilgenommen und selbst Fehden geführt, die großes Aufsehen erregten. In erzwungener Ruhe widmete er sich nun ganz der Verwaltung seines ausgedehnten Besitzes und betätigte sich mit einigem Erfolg als Finanzmakler. Götz war ein nicht nur bei Standesgenossen, sondern auch bei Fürsten und beim Kaiser, ja sogar in bürgerlichen Kreisen hochgeachteter Mann, bauernschlau und zutiefst redlich. Mit seinem Zeit- und Standesgenossen Franz von Sickingen verband ihn eine entschiedene Ablehnung der sogenannten Reichsreform, die die althergebrachten Standesrechte des Ritteradels in Frage stellte. Während jedoch der nach Höherem strebende Sickingen den Bogen überspannte und schließlich Besitz und Leben verlor, arrangierte sich Berlichingen mit dem Verfassungswandel und wurde am Ende auf Betreiben wohlmeinender Fürsten durch den Kaiser amnestiert. Sickingen ging in seiner Maßlosigkeit mit der alten Welt unter, Götz hingegen überlebte – ganz anders als Goethe uns glauben machen will – gerade nicht sich selbst, sondern fand sich in der neuen Zeit zurecht. In seiner Stellung zwischen Altem und Neuem ist er eine faszinierende Gestalt.

b. Götzens Eiserne Hand ist ein Meisterwerk der Mechanikerkunst und gilt in der Geschichte der Orthopädie als epochemachend. Hergestellt wurde sie nach 1505, nachdem Götz 1504 im Bayerischen Erbfolgekrieg bei der Belagerung der Stadt Landshut seine rechte Hand durch eine Kugel aus dem eigenen Lager verloren hatte. Besorgt, als adliger Kriegs- und Reitersmann fortan nichts mehr unternehmen zu können, ließ er sich, wohl von einem Dorfschmied, zunächst eine behelfsmäßige Prothese herstellen, bis ihm dann ein Kunstschmied, den man gewiss in einer der großen Reichsstädte suchen muss, die Eiserne Hand anfertigte. An ihr ließen sich mit der gesunden Linken die Fingerglieder in die jeweils gewünschte Stellung bringen und mittels eines Federmechanismus im Inneren arretieren; auf Knopfdruck sprangen sie wieder in die Ausgangsstellung zurück. Vergleichbare Prothesen sind auch anderwärts bezeugt, aber keine erlangte je die Berühmtheit von Götzens Eiserner Hand.

c. Zur Geschichte Götz von Berlichingens existieren umfangreiche Überlieferungen, zahllose Urkunden, auch Korrespondenzen – darunter sogar eigenhändige Briefe in seiner sehr markanten Schrift – und vor allem seine im hohen Alter dem Pfarrer von Neckarzimmern diktierte Lebensbeschreibung, ein Selbstzeugnis von unschätzbarem Wert. Ein Verzeichnis seines gesamten Besitzes hat Götz leider nicht hinterlassen; vermutlich hat nie eines existiert. Von seinem gleichaltrigen Vetter Hans Christoph hingegen, aus der Heidingsfelder Linie der Familie von Berlichingen, ist ein Güterbuch erhalten, das dieser 1532, unmittelbar nach dem Tod seines Vaters mit großer Sorgfalt hat anlegen lassen. Detailliert sind darin sämtliche Güter und Gerechtsame des adligen Herrn verzeichnet, bestehend aus Burgen und Schlössern beziehungsweise »Häusern«, Höfen und sonstigen Liegenschaften, die zumeist verpachtet waren, Vogtei- und Gerichtsbefugnissen, Frondiensten, Bann- und anderen nutzbaren Rechten wie Mühlen, Schankstätten oder Badhäusern, Viehtriebsrechten, Kirchenpatronaten, Zehntrechten sowie vielerlei Natural- und Geldeinkünften. Zumeist handelte es sich dabei um Güter, die von verschiedenen Fürsten und Grafen zu Lehen rührten, zum Teil aber auch um Eigengüter (Allod). Wie in vielen anderen vergleichbaren Fällen streute Hans Christoph von Berlichingens Besitz weiträumig; seinen Kern hatte er natürlich in der heimischen Region um Jagst und Kocher, darüber hinaus reichte er jedoch bis nach Mainfranken. Derart streuende Besitzkonstellationen ergaben sich in der Regel aus Erbschaften und Heiraten. Seit dem früheren 15. Jahrhundert erfasste die vor allem in Klöstern und geistlichen Herrschaften schon viel früher zu beobachtende Expansion der Schriftlichkeit zunehmend auch die Verwaltung adligen Besitzes, jedoch blieben Güterbücher (Urbare) wie das Hans Christoph von Berlichingens beim Ritteradel noch auf lange Sicht eher selten.

Kurt Andermann

Lit.: ANDERMANN, Berlichingen. – ANDERMANN, Grundherrschaften Südwestdeutschland.

1.10b

1.11

1.11 Die ritterschaftliche Grablege wird reformatorisch

Peter Dell d.J. (zugeschrieben; gest. 1600)
Grabmal des Götz von Berlichingen, um 1562
Stein
196 × 107 cm
Kreuzgang, Kloster Schöntal
(nicht im Original ausgestellt)

Auf den ersten Blick irritiert, dass Götz von Berlichingen in einem altgläubigen Kloster zur letzten Ruhe gebettet wurde, nachdem er am 23. Juli 1562 gestorben war. Immerhin hatte er in seiner Herrschaft Hornberg am Neckar schon zu Beginn der 1520er Jahre die Reformation eingeführt. Dieser scheinbare Widerspruch löst sich indes rasch auf, wenn man bedenkt, dass das Zisterzienserkloster Schöntal an der Jagst seit unvordenklichen Zeiten die Grablege der Berlichingen war. Die Familie hatte es über viele Generationen mit schier zahllosen Schenkungen bedacht und folgerichtig für sich den Rang einer zweiten Stifterfamilie in Anspruch genommen. Noch heute zeugt im Kreuzgang von Schöntal eine lange, zutiefst beeindruckende Reihe ganzfigürlicher berlichingischer Ritterdenkmäler von einer jahrhundertealten Grablege. Für den standesbewussten Götz war es eine bare Selbstverständlichkeit, sich in diese Tradition zu stellen

Allerdings bricht das schon zu Götzens Lebzeiten entstandene Grabdenkmal mit der langen Tradition der lebensgroßen Ritterstandbilder, in deren Reihe es steht. Wie sein vor ihm verstorbener Bruder Hans (gest. 1553) ließ sich Götz stattdessen zwar geharnischt, aber barhäuptig in Anbetung vor dem gekreuzigten Erlöser darstellen; der federgeschmückte Visierhelm und die Panzerhandschuhe sind vor ihm am Boden abgelegt. Dies entsprach einer beim lutherisch gesinnten Adel inzwischen weitverbreiteten Gewohnheit. Eine das Denkmal bekrönende Inschrifttafel nennt den Namen des Verstorbenen und zitiert recht willkürlich aus verschiedenen tröstlichen Bibelstellen. Eine kleine Schrifttafel am Sockel schließlich gibt der Glaubensgewissheit Ausdruck: *und erwarthet alhie einer froellichen Auferstehung*. In den Ecken zeugen vier Ahnenwappen von vornehmer Abstammung: Berlichingen (Rad; Vater), Thüngen (mit gewellten Pfählen belegter Balken; Mutter), Adelsheim (Steinbockshorn; Großmutter väterlicherseits) und Steinau genannt Steinrück (drei Räder, 2:1; Großmutter mütterlicherseits). An der Wand gegenüber dem Grabdenkmal ist die in Messing gegossene Platte angebracht, die einst Götzens Grab bedeckte.

Schon wenige Jahre nach Götzens Tod erwiesen sich die Konfessionsunterschiede dann aber doch als unüberbrückbar: Sein Sohn Hans Jakob (gest. 1567) war der letzte Berlichingen, der sich im Kloster Schöntal hat beisetzen lassen. Künftig fanden die Angehörigen der Familie die letzte Ruhe in ihren Patronatskirchen bei ihren jeweiligen Herrschaftssitzen, in Jagsthausen, Dörzbach, Neunstetten und anderwärts.

Kurt Andermann

Lit.: Drös, Inschriften.

1.12 Die Familie Flersheim: Ritterliche Memoria im Sickingen-Umfeld

a

Philipp von Flersheim (gest. 1552) (sowie spätere Fortsetzer aus dem Flersheimer Geschlecht)
Flersheimer Chronik
Entstehung des Textes Udenheim/Speyer (?), 1547 (zweimal fortgesetzt bis 1572/88), Handschrift zwischen 1588 und 1613, spätere Nachträge 17./18. Jahrhundert
Papier
28,8 × 19,8 cm
Universitätsbibliothek Würzburg
Sign. M.ch.f. 78

b

Totenschild Philipps von Flersheim (gest. 1572)
Karmeliterkirche, Boppard
runde Holzscheibe mit tingiertem Wappen derer von Flersheim (geteilt in blau, silber und rot mit einer aufwachsenden Jungfrau als Helmzier) und mit zwischen Randleisten umlaufender, schwarz auf weiß gemalter Inschrift
70 cm (Durchmesser)
Karmeliterkirche, Boppard

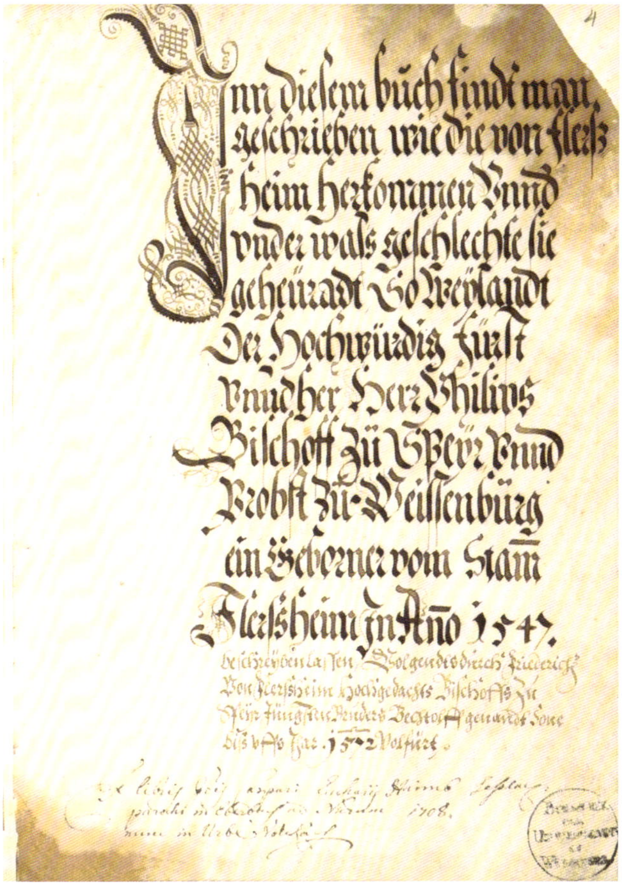

1.12a

1.12b

Philipp von Flersheim, Bischof von Speyer (1529–1552), entstammte einem in der linksrheinischen Pfalz ansässigen Rittergeschlecht. Als zweiter Sohn des pfälzischen Amtmanns und Ritters Hans von Flersheim (gest. 1519) war er für die geistliche Laufbahn bestimmt. Seiner Bischofswahl voraus gingen der Erwerb einer Reihe geistlicher Pfründen sowie Studien in Heidelberg, Köln, Paris und Löwen. 1517 erlangte er die Promotion im Römischen und Kirchenrecht in Heidelberg. Als Bischof ging er auf Distanz zur benachbarten Kurpfalz, die seit langem im Bistum Speyer dominiert hatte, und suchte stattdessen Anlehnung beim Haus Österreich. Damit verbunden war eine entschieden altgläubige Gesinnung Philipps.

In seiner in deutscher Sprache verfassten Geschichte seiner Familie stützte sich Philipp auf mündliche Überlieferung und eigene Erinnerung sowie auf eine Sammlung von Briefen seines Großvaters Friedrich (gest. 1473), die wörtlich in den Text aufgenommen wurden. Philipp verfolgte das Ziel, gegenüber den Söhnen seines Bruders Bechtolf (gest. 1547) die Etablierung des Geschlechts in der prominenten südwestdeutschen Ritterschaft sowie an den Königs- und Fürstenhöfen seit dem 15. Jahrhundert zu dokumentieren. Insgesamt stellt der Text ein Arsenal vorbildlicher ritterlicher Verhaltensweisen der Vorfahren dar. Ihr großer Einsatz für die Kurpfalz sei den Flersheimern allerdings nicht immer gedankt worden, eine Erfahrung, die Philipps eigenen gespannten Beziehungen zu diesem Fürstentum entspricht.

Etwa ein Viertel des Textes befasst sich mit Franz von Sickingen, dem Schwager Philipps. Die Chronik ist damit ein wichtiges lebensgeschichtliches Zeugnis über Sickingen aus Sicht eines nahen Verwandten. Der Autor charakterisiert den Ritter zwar als verwegen, aber keinesfalls als machthungrig, raffgierig oder gar verbrecherisch. Seine Kriegszüge rechtfertigt er im Allgemeinen und interpretiert Sickingens angebliche letzte Äußerungen vor seinem Tod in dem Sinne, es sei ihm nie um den eigenen Vorteil, sondern immer um die Sache der Ritterschaft gegen die um sich greifende Fürstenwillkür gegangen. Die Versammlung von Reformatoren auf der Ebernburg und die Einführung der lutherischen Lehre dort kritisiert er als gefährlich. Doch sei sein Schwager am Ende als ein frommer Christenmensch gestorben, und selbst dessen fürstliche Gegner hätten über alle bisherige Feindschaft hinweg an seinem Sterbebett für ihn gebetet.

Offenbar wurde Philipps Werk von seinen Verwandten geschätzt: So befand sich das ausgestellte Exemplar der Chronik langfristig in den Händen der Flersheimer Nachkommen, die seinen Text mehrfach fortsetzten, abschrieben und ergänzten. So schrieb auch Philipps ältester Neffe Friedrich (gest. 1575), der die Chronik 1547 aus den Händen des Autors erhalten hatte und der offenbar selbst reformatorische Neigungen hatte, die Familiengeschichte bis 1572 fort und ergänzte sie. Ein anderes Exemplar war im Besitz der Sickingen.

Als 1570 die Ehe zwischen Philipps gleichnamigem Großneffen, dem Sohn seines zweitältesten Neffen Hans Erhardt von Flersheim, und einer Anna von Eltz (gest. nach 1609) aus der Linie Schöneck verabredet wurde, traten als Zeugen in der Verlöbnisurkunde seitens des Bräutigams noch immer Vertreter aus jenem Kreis von Verwandten und Freunden der Flersheimer auf, den schon der Speyerer Bischof beschrieben hatte: Vertreter der Sickingen, Kronberg, Landschad, Dalberg und Helmstatt. Wenn der entschieden gegenreformatorisch eingestellte Trierer Erzbischofs Jakob III. von Eltz (1567–81) in jener Urkunde an erster Stelle der Zeugen auf Seiten Annas erschien und wenig später Philipp nach seinem frühen Tod 1572 in der Bopparder Karmeliter-Klosterkirche beigesetzt wurde, so bestätigt beides das Festhalten am katholischen Glauben – ganz im Sinne des Großonkels und Familienchronisten. Jenseits ihrer religiösen Aussage symbolisierten die in Kirchen ausgestellten Grabplatten, Epitaphien oder, wie in diesem Falle, ein einfacher Totenschild, der Name, Sterbejahr und Segenswunsch für den Verstorbenen sowie das Familienwappen zeigt, die Präsenz des betreffenden Geschlechts am Ort und, zusammen mit weiteren Grabmälern, das Konnubium und die dynastische Kontinuität der Adelsgeschlechter.

Joachim Schneider

Lit.: *Chronik*: Decot, Religionsfrieden, 125. – Thurn, Handschriften UB Würzburg 5, 75. – Ammerich, Flersheim. – Krieb, Flersheim. – Fouquet, Pfälzer Niederadel, 407–413. – Waltz, Flersheimer Chronik. – *Totenschild*: Roth, Eltz II, 9–11. – Nikitsch, Totenschild Flersheim.

1.13 Adlige Frömmigkeit im Spiegel von Kirchenfenstern

Umkreis des Hans Baldung Grien (1484/85–1545)
Hl. Christophorus mit Wolff von Windeck (gest. 1542) und hl. Anna Selbdritt mit Anna von Thann (gest. 1542),
Glasgemälde aus der St. Johanneskirche Ottersweier
Straßburg, 1518 (Ergänzungen des 19. Jahrhunderts)
farbige Hüttengläser mit Schwarzlotbemalung
je ca. 82 × 35 cm
Badisches Landesmuseum Karlsruhe
Inv.Nr. 2003/1631 und 2003/1632

Die St. Johannes-Kirche im Gerichts- und Pfarrort Ottersweier in der Ortenau ließ der Patronatsherr und Pfarrrektor Sebastian von Windeck 1517/18 neu errichten. Drei Ehepaare aus Adelsfamilien der Region stifteten die ursprünglich sechs Chorfenster, die eine Straßburger Werkstatt nach Scheibenrissen aus Hans Baldung Griens Umkreis (oder von ihm selbst?) 1518 fertigte. Die Scheiben zeigen die Stifter in aufwendigem zeitgenössischem Kostüm, ihre Familienwappen und die Namen der Dargestellten. Sie knien unter Renaissance-Bögen vor Heiligenfiguren. Bei Wolff von Windeck ist es der hl. Christophorus, Namenspatron von Markgraf Christoph I. von Baden (1453–1527), der bis zur Volljährigkeitserklärung neben seinem Onkel Sebastian (gest. 1531) sein Vormund war. Bei Anna von Thann ist es ihre Namenspatronin, dargestellt als Anna Selbdritt. Das Ehepaar hatte bereits 1516 Scheiben für die ebenfalls von Sebastian von Windeck erbaute Kirche in Bühl gestiftet. Wolff (Wolfgang) von Windeck gehörte wie ein anderer der dargestellten Stifter, Georg (Jörg) von Bach (gest. 1538), zu den Teilnehmern des Rittertags in Landau 1522, auf dem Franz von Sickingen zum Bundeshauptmann, sie beide als Vertreter der Ortenau in den Bundesausschuss gewählt wur-

1.13a

1.13b

den. Anna (Johanna) stammte aus der pfälzischen Adelsfamilie von Dahn (auch Tan, Than, Thann). Heinrich XIII. von Dahn (gest. vor 1536) war Anhänger Sickingens; seine Burg Tanstein musste er 1523 nach Niederlage und Tod Sickingens dem Erzbischof von Trier (bis 1544) überlassen. Die Stifter, unter ihnen noch Hans Bock von Gerstheim (gest. 1542) mit seiner Frau Ursula von Fleckenstein, waren auch im Elsass begütert. Die elsässischen Adelsfamilien standen in engen Beziehungen zu den Sickingern: Franz' Mutter war die letzte der Puller von Hohenburg, seine Söhne Schweikard und Franz Konrad waren mit Angehörigen der Familien Andlau und Landsberg verheiratet. Die Stifterscheiben aus Ottersweier gelangten als Geschenk der Gemeinde 1838 in den Besitz des Großherzogs von Baden, wo sie den Rittersaal des neuen Schlosses Eberstein schmückten. Nach dem Verkauf des Schlosses durch das Haus Baden 2001 erwarb sie das Land Baden-Württemberg für das Badische Landesmuseum Karlsruhe.

Anton Neugebauer

Lit.: Bartusch, Inschriften. – Herrbach-Schmidt, Glasgemälde. – Werthmann, Glasgemäldesammlung, 30–38. – Hirschfeld, Kunstdenkmäler.

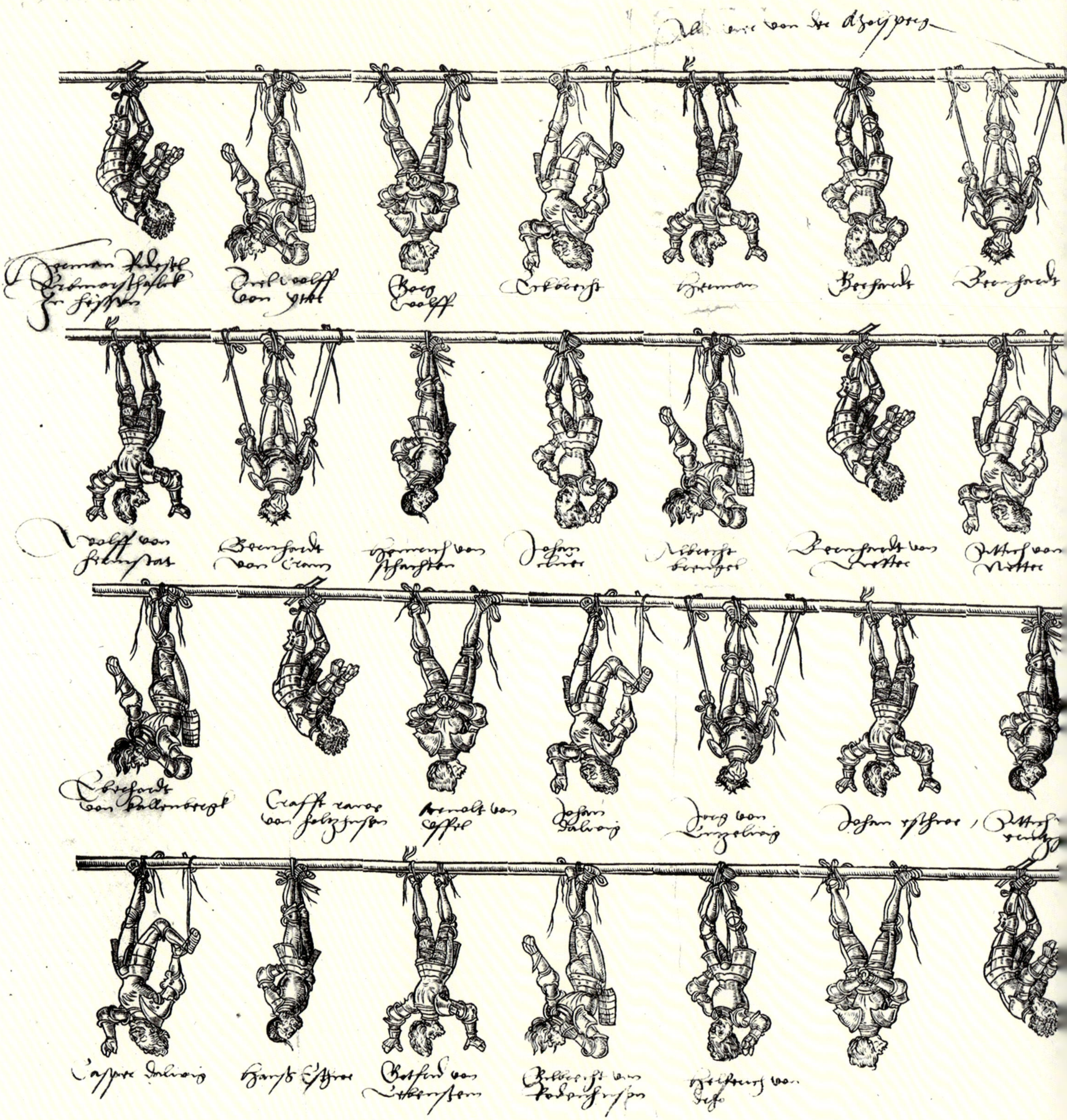

SEKTION 2

In der äußersten Not soll man wagen und handeln, nicht lang überlegen
Franz von Sickingens politischer und militärischer Aufstieg

Die Familie von Sickingen hatte ihren Ursprung im südlichen Kraichgau, in der unfreien Dienstmannschaft vermutlich der Kraichgaugrafen und ihrer Erben. Unter zahlreichen Zweigen entwickelte sich seit der Mitte des 14. Jahrhunderts vor allem der jüngste, von Swicker (1352/66) begründete sehr vorteilhaft. Seine Angehörigen begegnen vielfach in kurpfälzischen, bischöflich speyrischen und sonstigen fürstlichen Diensten, wobei sie beinahe regelmäßig in höchste Hof- und Verwaltungsämter aufstiegen. So fiel es ihnen nicht schwer, karriereträchtige Domherrenpfründen in Speyer, Worms und Trier zu erlangen und aussichtsreiche Heiratsverbindungen mit den einflussreichsten Ritteradelsgeschlechtern des Kraichgaus, Frankens sowie des Ober- und Mittelrheingebiets anzuknüpfen. Das alles ermöglichte ihre Etablierung und Konsolidierung in der obersten Schicht des Ritteradels und schlug sich nicht zuletzt in einem durch Zukäufe und Erbschaften immer reicher werdenden Besitz nieder.

Insbesondere den unmittelbaren Vorfahren Franz von Sickingens (1481–1523) gelang es durch wiederholte Heiraten mit Erbtöchtern aus verlöschenden Geschlechtern, ihren angestammten Besitz beträchtlich zu vermehren und über den Kraichgau hinaus weit in andere Regionen zu expandieren. So erheiratete Franzens Großvater Reinhard (gest. 1472) mit Schonette von Sien (1419–82/83) bedeutende Besitzungen an Nahe und Mosel und sein Vater Swicker (Schweikard; gest. 1504) mit Margarethe Puller von Hohenburg (gest. 1507) umfangreiche Güter im Unterelsass und weit darüber hinaus; im einen Fall gehörte dazu ein Anteil an Burg und Herrschaft Ebernburg, im anderen Fall ein Anteil an Burg und Herrschaft Landstuhl im Westrich und die Hohenburg im Wasgau, welche der am längsten florierenden sickingischen Linie den Namen gab. So boten sich Franz von Sickingen, als er nach dem Tod seines Vaters 1504 das reiche Erbe allein antrat, die denkbar besten Voraussetzungen für ein glanzvolles herrschaftliches Dasein. Auch ohne noch einmal seinerseits eine Erbtochter geehelicht zu haben, dürfte er der wohlhabendste Angehörige des Ritteradels weit und breit gewesen sein. Dazu eröffnete ihm das anspruchsvolle verwandtschaftliche Netzwerk, in das er sowohl durch seine Herkunft als auch durch seine Heirat mit Hedwig von Flersheim (gest. 1515) gestellt war, viele vorteilhafte Optionen.

Nach dem frühen Tod seiner Ehefrau entschied er sich für ein unstetes, kriegerisches Leben. Dabei begnügte er sich nicht mit eher bescheidenen Fehden im Stil des spätmittelalterlichen Ritteradels, sondern agierte, begünstigt durch seine reichen Ressourcen, von Anfang an als Condottiere moderner Art; die von ihm aufgebotenen Heere zählten regelmäßig in die Tausende. So bekriegte er die Städte Worms, Metz und Frankfurt, den Herzog von Lothringen, den Landgrafen von Hessen und den Erzbischof von Köln und wurde mit seinem militärischen Potential vom König von Frankreich, vom Herzog von Lothringen, vom Schwäbischen Bund und vom Kaiser engagiert. Auf die Königswahl in Frankfurt 1519 nahm er allein dadurch entscheidenden Einfluss, dass er mit einem großen Heer vor der Stadt lag. Über das Reich hinaus war Franz von Sickingen ein Machtfaktor, der von vielen seiner Standesgenossen bewundert, von Kaiser und Fürsten aber zunehmend als Bedrohung empfunden wurde.

So war es nur folgerichtig, dass man ihm, als er im August und September 1522 mit seinem Griff nach dem Erzstift Trier den Bogen überspannte, endlich Einhalt gebot. Bei der Belagerung seiner zur Festung ausgebauten Burg Nanstein über Landstuhl im Westrich fand er am 7. Mai 1523 den Tod. Sein gesamter Besitz wurde von den siegreichen Fürsten konfisziert und den Söhnen erst 1542 und nur teilweise restituiert. Gleichwohl zählten Franz von Sickingens Nachkommen, die auch künftig gut zu heiraten verstanden, aber längst wieder katholisch waren, noch am Ende des Alten Reiches zur Spitzengruppe des ritterschaftlichen Adels.

Kurt Andermann

Lit.: Kehrer, Sickingen.

Burgenbau um 1500

In der älteren Burgenforschung ist noch vom »Burgensterben« um 1500 die Rede. Burgen zerfielen, wurden in Fehden zerstört, legal oder illegal als Steinbruch genutzt, zugunsten von komfortableren Schlossneubauten aufgegeben oder aber zu Festungen weiterentwickelt. Zumindest die Burganlagen, die als Mittelpunkt einer Herrschaft eine wichtige Funktion für die Herrschaftsausübung besaßen, wurden jedoch weiterhin unterhalten, ja sogar ausgebaut. Sie wiesen sowohl wehrhafte wie repräsentative Bauteile auf. Es wurden sogar noch neue Burgen nach 1500 errichtet.

Gerade die reichsfreien Ritter und Grafen waren bestrebt, an ihren Stammsitzen als Ausweis ihres Standes festzuhalten, auch wenn sie bereits an anderer Stelle einen neuen, repräsentativen Bau errichtet hatten. Ihr Ziel war es, sich möglichst lange dem direkten Einfluss der sich immer mehr ausbildenden Landesherrschaft durch eigene Befestigungen zu entziehen. Da hierfür aber erhebliche finanzielle Mittel notwendig waren, gelang es nur wenigen, sich zu behaupten.

Die größte Herausforderung stellte dabei die zunehmende Verbreitung und Effektivität der Feuerwaffen um 1500 dar. Waren die mittelalterlichen Burgen mit ihren hohen, schmalen Mauern und Schlitzen für Bogen und Armbrust auf eine Verteidigung von oben ausgerichtet, mussten nun die Mauern dem Beschuss von Kugeln standhalten. Die baulichen Antworten auf diese qualitativen Veränderungen waren vielfältig und uneinheitlich, da man quasi durch stetiges Lernen erst die optimale Form finden musste. Neben der generellen Verstärkung der Mauern gehörte die Schaffung von Wehrgängen, Zwingern und neuen Formen von Schieß-

Blick auf die Burgruine Nanstein. Die Burg wurde um 1160 erbaut und liegt oberhalb von Landstuhl (Rheinland-Pfalz)

scharten, flankierende Werke und Türme, vor allem jedoch der Bau von Geschütztürmen und später von Rondellen zu den Neuerungen. Die Anlagen verloren generell an Höhe, um den Angreifern nicht schon ein weithin sichtbares Ziel zu liefern.

Während die Landesherren neue Burgen errichteten, ging es für die Ritterschaft vor allem darum, ihre bestehenden Burgen sowohl mit Blick auf ihre repräsentativen Funktionen als auch auf ihre Wehrhaftigkeit den Erfordernissen der Zeit anzupassen, um sich weiter behaupten zu können.

In diesem Kontext sind die Erweiterung der Burg Nanstein und der Ebernburg durch Schweikard und Franz von Sickingen zu sehen. Die ehemalige Reichsburg Nanstein war um 1523 eine gestaffelte Anlage aus Vor-, Unter- und Oberburg, die durch einen Mauerring mit der Stadt Landau verbunden war. Nach häufigem Besitzerwechsel erbte Schweikard von Sickingen 1482 ein Viertel der Burg, bis 1518 kaufte sein Sohn Franz die restlichen Anteile auf und ließ umfangreiche Umbauarbeiten vornehmen. Die wichtigste Neuerung war ein mehrgeschossiger Geschützturm mit über fünf Meter starken Mauern, Felsen- und Gewölbekammern und einer oberen Geschützplattform. Hinzu kamen die Erweiterung des Zwingers, ein kleines Rondell sowie eine Kapelle und Wohnbauten. Dem Beschuss der Burg 1523, bei dem Sickingen starb, hielten die neuen Werke nicht stand. Nachdem die Erben die Burg 1542 zurückerhalten hatten, begannen sie 1590 mit deren Wiederaufbau zu einem Renaissance-Schloss, das 1689 weitgehend zerstört wurde.

Einen ganz ähnlichen Ausbau erfuhr die Ebernburg. Vermutlich erst im zweiten Drittel des 14. Jahrhunderts entstanden, erwarb Schweikard VIII. von Sickingen 1482 die Herrschaft über die gesamte Burg von Kurfürst Philipp von der Pfalz (1448–1508). Am 2. März 1481 wurde auf ihr sein Sohn Franz geboren. Schweikard baute die verfallene Burg um 1500 wahrscheinlich wieder mit einem *neuwe geheuess* und mit vier Geschütztürmen an den Ecken auf. Unter seinem Sohn bekam sie zunehmend den Charakter einer Residenz. Nach der Belagerung Ende Mai wurde die Burg am 11. Juni 1523 geschleift und in Brand gesteckt. Erst 1542 wurde sie an die Söhne Franz von Sickingens zurückgegeben, die sie wieder aufbauten. 1697 als Folge des Vertrags von Rijswijk niedergelegt, blieb sie bis 1750 im Besitz der Sickingen. Die nunmehr kurpfälzische Burg verfiel und wurde für die Bevölkerung ab 1797 als Steinbruch offen gelassen.

Angela Kaiser-Lahme

Lit.: Backes/Straeter, Burgen. – Brohl, Festungen Hessen. – Burger, Festungen Bayern. – Losse, Festungen Eifel. – Meyer/Thon, Ebernburg. – Dolch/Keddigkeit, Nanstein.

Fehdeführung um 1500

Unter Fehde verstand man im Spätmittelalter ein »rechtlich anerkanntes und geregeltes Verfahren zur individuellen Rechtsdurchsetzung mit Waffengewalt« (Buschmann, Gewalt, 12). Sie galt Adel und Obrigkeiten als legitimes Mittel, sich Recht zu verschaffen, wenn bestimmte Voraussetzungen – besonders das Vorliegen eines rechten Grundes und ein vorgängiger, aber erfolgloser Versuch, auf rechtlichem Wege zum Ziel zu kommen – gegeben waren. Während die hoch- und spätmittelalterlichen Landfrieden Fehdeführung in der Regel für einen bestimmten Zeitraum und oft nur für eine definierte Region verboten hatten, enthielt der 1495 auf dem Wormser Reichstag erlassene *Ewige Landfriede* (▸ 1.1) keine Befristung mehr. Trotz der Androhung der Reichsacht für Landfriedensbrecher blieben die folgenden Jahrzehnte durch die Fortdauer der Fehde gekennzeichnet. Dies gilt sowohl für den politisch motivierten gewaltsamen Konfliktaustrag zwischen Reichsständen als auch für das Geltendmachen individueller Rechtsansprüche. Für manche Adelsfehden lässt sich überdies plausibel machen, dass ihnen über die Verfolgung konkreter Ziele hinaus eine politische Motivation innewohnte: Der Niederadel verteidigte sein Recht auf Fehdeführung, um sich der Einordnung in die sich formierenden Landesherrschaften zu widersetzen. Hier knüpfte Sickingen an, wenn er nach dem Fehlschlag seiner Trierer Fehde versuchte, die Mediatisierungsängste des fränkischen Adels für sich auszunutzen und den Schweinfurter Adelstag vom November 1522 im eigenen Sinn zu beeinflussen.

Möglich wurde die Fortdauer von Fehdeführung zum einen durch die Zählebigkeit fehderechtlicher Vorstellungen insbesondere innerhalb des Adels, zum anderen durch die Bereitschaft von Königtum und Reichsregiment, bei der Sanktionierung von Landfriedensbruch politischen Erwägungen den Vorrang vor rechtlichen Kriterien einzuräumen, und zum Dritten durch die Tatsache, dass die Reichsinstitutionen Exekutionsmaßnahmen gegenüber Landfriedensbrechern nicht sicherstellen konnten. Effektiver waren die

Kaiser Maximilian I./Marx Treitzsauerwein/Melchior Pfinzing, Die Geverlichkeiten und einstheils der Geschichten des loblichen streytparen und hochberübten Helds und Ritters Tewrdanckhs, Wie der Edel Tewrdanck den pösen Fürwittig schlug und er Im enderan, Holzschnitt, Nürnberg 1519, Landesbibliothekszentrum Rheinland-Pfalz, Bibliotheca Bipontina, Zweibrücken, Sign. L-B 72, Blatt Nr. 24

Landfriedensexekutionen des Schwäbischen Bundes, der angegriffenen Bundesmitgliedern Hilfe leistete und der daher z. B. 1523 gegen den fränkischen Ritter Hans Thomas von Absberg (1477–1531) und dessen Anhänger zu Felde zog. In anderen Fällen blieb – wie beim Vorgehen gegen Sickingen 1522/23 – die Landfriedenswahrung politisch interessierten Fürsten(koalitionen) oder den unmittelbar vom Landfriedensbruch Betroffenen überlassen.

Bei aller Kontinuität zum Spätmittelalter sind jedoch auch Veränderungen in der Fehdepraxis um 1500 feststellbar. So treten zwei bereits im Spätmittelalter nachweisbare

Kaiser Maximilian I./Marx Treitzsauerwein/Melchior Pfinzing, Die Geverlichkeiten und einstheils der Geschichten des loblichen streytparen und hochberübten Helds und Ritters Tewrdanckhs, Wie der Tewrlich Held Tewrdanck durch anschickung des Neydelharts eins sorglichen kampff thet und den gewan, Holzschnitt, Nürnberg 1519, Landesbibliothekszentrum Rheinland-Pfalz, Bibliotheca Bipontina, Zweibrücken, Sign. L-B 72, Blatt Nr. 77

Phänomene nun verstärkt in Erscheinung: Dies ist zum einen die Kommerzialisierung von Fehdeführung durch »Fehde-« bzw. Gewaltunternehmer, die teils in eigenem Namen, teils unter Berufung auf die Rechtsansprüche Dritter Fehdeführung gleichsam als Geschäftsmodell betrieben (so z. B. Götz von Berlichingen [um 1480–1562] oder Franz von Sickingen). Diese Männer konnten Netzwerke mobilisieren und größere Fehdegruppen aktivieren. Dank seiner ökonomischen und finanziellen Ressourcen erlangte Sickingen zeitweise sogar politische Bedeutung. Zum anderen gab es nach wie vor Fehdeführung, die von Fehdehauptleuten vermittels Kleingruppen ausgeübt wurde. Solche Befehder konnten sich ebenfalls auf ein tragfähiges und gegebenenfalls weiträumiges Netzwerk stützen, das ihren Aktivitäten infrastrukturellen Rückhalt bot. Charakteristisch waren für sie aber im Umfang begrenzte Aktionen, die unter Ausnutzung eines Überraschungsmoments bis hin zum Geleitsbruch verübt wurden. Zu nennen sind insbesondere Überfälle, die nicht nur mit Raub von Gütern, sondern auch mit Menschenraub einhergingen. Solche als »Plackerei« oder »Heckenreiterei« beklagten Aktionen sind von schnödem Straßenraub umso weniger zu unterscheiden, als Befehder unter den Rahmenbedingungen eines reichsrechtlichen Fehdeverbots und drohender Exekutionsmaßnahmen gegen Landfriedensbrecher teilweise klandestin agierten. Auffällig ist auch die Brutalität dieser Fehdeführer gegenüber ihren Opfern, für die die von Hans Thomas von Absberg vorgenommenen Verstümmelungen die drastischsten, aber nicht die einzigen Beispiele bieten.

Dass der *Ewige Landfriede* von 1495 tatsächlich zur Abschaffung der Fehde führen würde, war für die Zeitgenossen also nicht ersichtlich. Noch die *Constitutio Criminalis Carolina* (1532) »ging … von einer Rechtswirklichkeit aus, in der es legitime Formen von Fehde gab« (Carl, Landfrieden, 498). Erst nach der Mitte des 16. Jahrhunderts zeichnete sich ein Ende der adligen Fehdepraxis ab.

Christine Reinle

Lit.: Buschmann, Gewalt. – Carl, Schwäbischer Bund. – Carl, Landfrieden. – Ritzmann, Fehdetätigkeit. – Ulmschneider, Berlichingen.

2.1 Hieronymus Hopfers prägendes Sickingen-Bildnis

Hieronymus Hopfer (um 1500 – nach 1550)
Bildnis Franz von Sickingen
um 1520/21
Eisenradierung (Nachdruck von der Originalplatte, vermutlich 17. Jahrhundert)
23,2 × 16,6 cm
Graphische Sammlung, Landesmuseum Mainz, GDKE
Inv.Nr. GS 1990/9

2.1

Die Eisenradierung von Hieronymus Hopfer überliefert nicht nur das zeitgenössische Antlitz Sickingens, sondern prägt – auch aufgrund von zahlreichen Kopien und Nachstichen – bis heute unsere Vorstellung vom Aussehen des streitbaren Ritters. Dabei ist sie selbst bereits eine Inszenierung.

Im strengen Profil wendet sich Sickingen nach links. Seine Gesichtszüge sind gekennzeichnet von tiefsitzenden Augen, einer markanten Höckernase und einem rundlichen Kinn. Auffällig sind darüber hinaus die Haare, die sich in leichte Locken kräuseln. Er präsentiert sich als gerüsteter Ritter, aber ohne Helm und ohne den in den späteren Bildnissen so charakteristischen Federhut. Bemerkenswert ist hingegen die Kette um seinen Hals, an der als Anhänger eine Personifikation der Justitia angebracht ist. Die Figur bezieht sich auf den in einer Inschriftenkartusche angebrachten Leitspruch Sickingens: ALLEIN GOT DI ER. LIEB DEN GEMEINE NVCZ. BESCHIRM DI GERECHTIKEI(T). Die darunter befindlichen Initialen »I« und »H« beziehen sich auf den Schöpfer dieser Grafik, (H)Ieronymus Hopfer.

Hieronymus ist einer der Söhne Daniel Hopfers (um 1470 – 1536), eines der produktivsten druckgrafischen Künstler am Beginn der Frühen Neuzeit. Gemeinsam mit seinem Bruder Lambrecht (um 1500 – um 1535) führte er die Werkstatt des Vaters fort und setzte dabei auf ein vergleichbares Portfolio. Bekannt ist er besonders für seine Nachstiche von italienischen Vorlagen, aber auch für seine zahlreichen Porträt-Stiche von historischen und zeitgenössischen Persönlichkeiten. Neben Sultan Süleyman dem Prächtigen (um 1495 – 1566) bildete er auch Erasmus von Rotterdam (um 1467 – 1536), Martin Luther (1483 – 1546) und katholische Kirchenfürsten wie Matthäus Lang von Wellenburg (1469 – 1540) ab.

Hopfer muss keinen der von ihm Porträtierten tatsächlich persönlich gesehen haben. Es ist sogar anzunehmen, dass er für seine Radierungen zumeist auf andere Vorlagen zurückgriff. Somit wird auch Sickingen keine Porträtsitzung hinter sich gebracht haben. Hopfer orientierte sich an verschiedenen Bildnismedaillen, die von Sickingen vorliegen, insbesondere eine Porträtmedaille von 1518. Die Vorbildhaftigkeit ist nicht nur aufgrund der Devise wahrscheinlich, sondern auch wegen der strengen Profilansicht, die in der Radierung am Oberkörper eine perspektivische Verzerrung der Rüstung nach sich zieht, die nur bedingt funktioniert.

Etwas kryptisch bleibt die kreisförmig angeordnete Abkürzung »HIHVS«, die oberhalb der Inschrift prominent in zwei Blattranken platziert wurde. Auch sie ist in der Medaille von 1518 in gleicher Anordnung vorgebildet. Die Numismatik löst diese Buchstabenfolge mehr oder weniger überzeugend entweder mit »Herr Iesus Hilf uns Sündern« oder

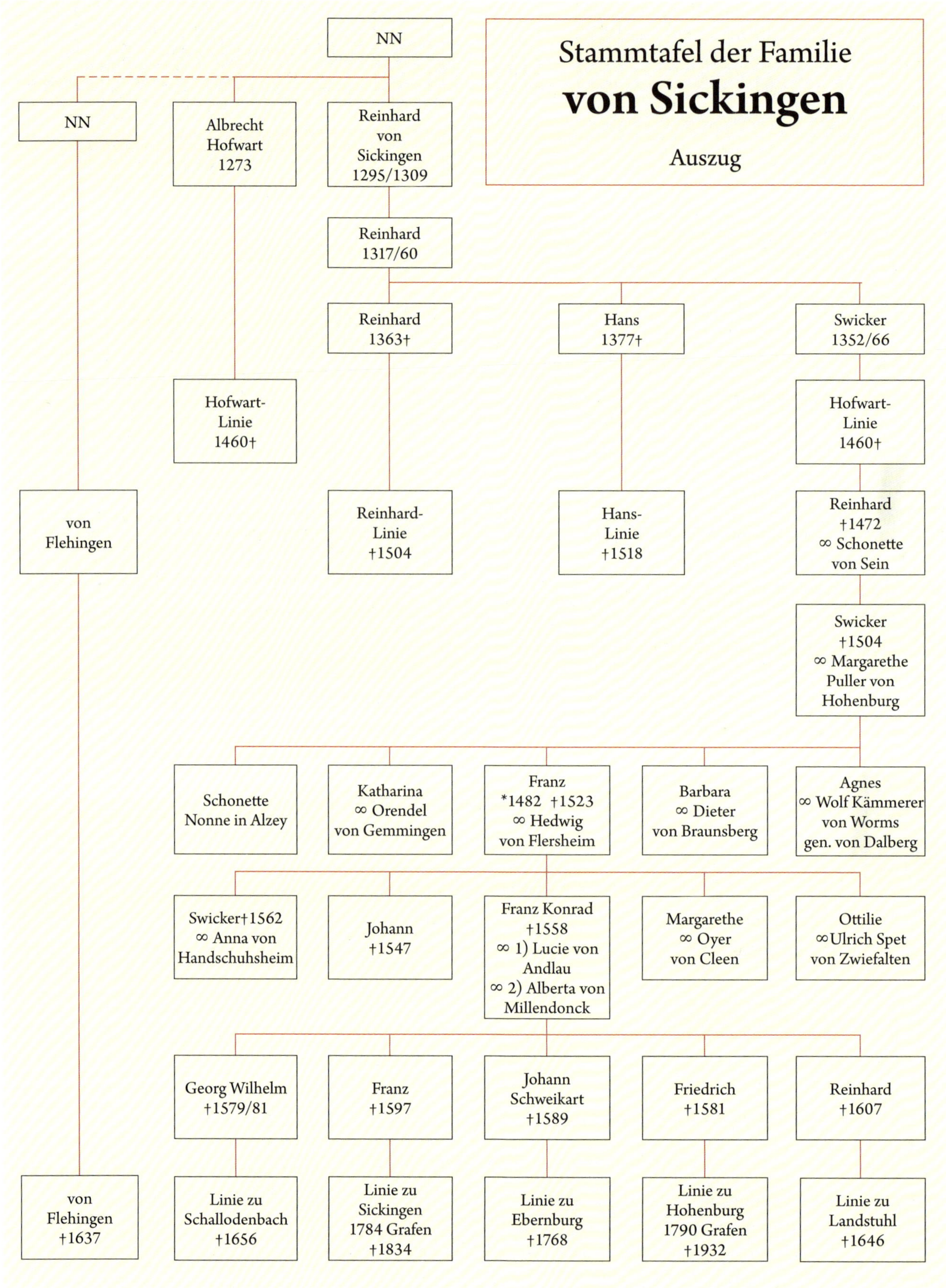
Stammtafel der Familie
von Sickingen
Auszug
NN
NN
Albrecht Hofwart 1273
Reinhard von Sickingen 1295/1309
Reinhard 1317/60
Reinhard 1363†
Hans 1377†
Swicker 1352/66
Hofwart-Linie 1460†
Hofwart-Linie 1460†
von Flehingen
Reinhard-Linie †1504
Hans-Linie †1518
Reinhard †1472 ∞ Schonette von Sein
Swicker †1504 ∞ Margarethe Puller von Hohenburg
Schonette Nonne in Alzey
Katharina ∞ Orendel von Gemmingen
Franz *1482 †1523 ∞ Hedwig von Flersheim
Barbara ∞ Dieter von Braunsberg
Agnes ∞ Wolf Kämmerer von Worms gen. von Dalberg
Swicker†1562 ∞ Anna von Handschuhsheim
Johann †1547
Franz Konrad †1558 ∞ 1) Lucie von Andlau ∞ 2) Alberta von Millendonck
Margarethe ∞ Oyer von Cleen
Ottilie ∞Ulrich Spet von Zwiefalten
Georg Wilhelm †1579/81
Franz †1597
Johann Schweikart †1589
Friedrich †1581
Reinhard †1607
von Flehingen †1637
Linie zu Schallodenbach †1656
Linie zu Sickingen 1784 Grafen †1834
Linie zu Ebernburg †1768
Linie zu Hohenburg 1790 Grafen †1932
Linie zu Landstuhl †1646

2.2

»Hilf ihm, Heiland und Schützer« auf. Die Datierung dieses Stiches schwankt zwischen 1520 und 1525, was die Frage nach sich zieht, ob er posthum entstanden sein könnte. Obwohl dies stilistisch möglich wäre, spricht die Nähe zur Medaille dafür, dass er um 1520/21 entstanden ist.

Stefan Heinz

Lit.: AUSST.KAT. ALBRECHT VON BRANDENBURG, 212 (Kat.Nr. 91). – AUSST.KAT. KÖPFE DER LUTHERZEIT, 186 f. (Kat.Nr. 79, Giesela Hopp). – GÜNTHER, Hopfer, 86–103. – WEBER, Sickingen.

2.2 Stammtafel der Familie Sickingen

Die Sickingen waren bereits im späten Mittelalter eine zahlreiche, weitverzweigte Familie, zu der nach Ausweis ihres Wappens auch die 1637 im Mannesstamm erloschenen Herren von Flehingen zählten. Bis ins zweite Jahrzehnt des 16. Jahrhunderts starben bis auf die Swickersche alle sickingischen Linien aus. Schließlich war Franz der einzige überlebende Agnat, und folgerichtig sind alle späteren Sickingen auf ihn beziehungsweise auf seinen Sohn Franz Konrad (gest. 1558) zurückzuführen. Freilich starben auch die um die Mitte des 16. Jahrhunderts begründeten fünf Linien zu Landstuhl, Schallodenbach, Ebernburg, Sickingen und Hohenburg nacheinander wieder aus, zuletzt und verarmt die zu Hohenburg 1932. Die allerletzte Namensträgerin von Sickingen starb 1954 in Wien.

Kurt Andermann

Blick auf den Bergfried der Burgruine Drachenfels. Die Burg wurde vor 1245 erbaut und befindet sich in der Nähe des Ortes Busenberg (Kreis Südwestpfalz).

2.3 Ganerbenburg Drachenfels: eine ritterschaftliche Fehde- und Eigentümergemeinschaft

Urkunde eines Burgfriedens zwischen 25 Ganerben der Burg Drachenfels
Landau, 11. März 1510
Tinte auf Pergament, 18 Wachssiegel auf Presseln anhängend, zwei Pressel ohne Siegel
48,5 × 66 cm (Urkunde)
Stiftung Deutsches Historisches Museum, Berlin
Inv.Nr. Do 84/93

Ganerbenburgen waren Burgen, die von einer größeren Anzahl vornehmlich ritteradliger Eigentümer (Ganerben, Gemeiner) gemeinsam und zu gleichem Recht genutzt werden konnten. Solche Burgen, die bis ins 16. Jahrhundert vor allem in Südwestdeutschland verbreitet waren, dienten weniger als dauerhafter Wohnsitz, sondern als prestigeträchtige, ständisch-soziale beziehungsweise dynastische Kristallisationspunkte und im Konflikt- und Fehdefall als Rückzugsort gegenüber benachbarten Fürsten, Städten und anderen Standesgenossen. Die Gemeiner konnten durch Belehnung oder Verkauf, durch Vererbung von Burganteilen oder auch durch Beitritt bzw. Einkauf Mitglied einer Ganerbengemeinschaft werden.

Um die gemeinsame Nutzung der Burgen zu regeln, wurden sogenannte Burgfrieden urkundlich verbrieft und von allen Gemeinern beschworen. Der Burgfrieden von 1510 der Burg Drachenfels (heute Ruine, bei Busenberg, Landkreis Südwestpfalz) definiert unter anderem den räumlichen Geltungsbereich, verpflichtet die Gemeiner zum Besuch der jährlichen Versammlungen, verbietet die Nutzung der Burg für eine Fehdeführung zwischen den Gemeinern, regelt den

2.3

Zuzug sowie die Ausrüstung der Burg für den Verteidigungsfall und die Modalitäten für die Aufnahme in die Burg für Nicht-Mitglieder, regelt den Ausgleich von internen Streitigkeiten, die gemeinsame Übernahme der Kosten für den laufenden Unterhalt einschließlich der Kontrolle und Wahl der dafür zuständigen Baumeister sowie die Weitergabe von Ganerbschaftsanteilen. Das Original des Burgfriedens sollte sicher verschlossen werden, während eine Abschrift den Baumeistern zur laufenden Amtsausübung zur Verfügung sein sollte.

Lehensleute für die auf einem Felsmassiv angelegte, schwer zugängliche Burg Drachenfels waren im 15. Jahrhundert die Eckbrechte von Dürkheim. Da diese weitere Adlige zu Miteigentümern der Burg aufnahmen, entstand bald eine kopfstarke und dabei in ihrer Zusammensetzung stark fluktuierende Ganerbengemeinschaft. 1505 trat sogar König Maximilian (1459–1519) als Landgraf im Elsass und Herzog von Österreich vorübergehend bei. Zur Zeit des Burgfriedens von 1510 bestand die Gemeinerschaft neben dem Lehensherren, dem Grafen von Zweibrücken-Bitsch, aus prominenten Rittern in pfälzischen Diensten sowie Rittern aus der näheren Umgebung der Burg. Hier reiht sich auch Franz von Sickingen ein, Erbe der Burg Hohenburg im Elsass und pfälzischer Amtmann zu Kreuznach. Noch erscheint er nicht an führender Stelle der Ganerbschaft, jedoch im regionalen Netzwerk der Ritter eingebunden, die im Burgfrieden ihre Autonomie gegen jedermann betonten. Das von Drachenfels ausgehende Unruhepotenzial wurde schon ein Jahr später deutlich, als ein Gemeiner Bürger aus Speyer auf der Burg gefangen setzte, was zu einem Prozess vor dem Reichskammergericht und zur Reichsacht gegen alle Ganerben führte. Ab 1515 nutzte auch Franz von Sickingen Drachenfels im Kontext seiner Fehde gegen Worms. Als eine große süddeutsche Fürstenkoalition Sickingen selbst sowie seine Verwandten und Helfer als Reaktion auf seine Trierer Fehde niederwarf, wurde auch die nur von einem Vogt und wenigen Bewaffneten besetzte Burg Drachenfels am 10. Mai 1523 ohne Gegenwehr eingenommen und geschleift. Die ritterlichen Gemeiner sahen dem von Ferne tatenlos und machtlos zu.

Joachim Schneider

Lit.: Ausst.Kat. Burg und Herrschaft, 48f. (Kat.Nr. 5.9, R. Atzbach), 230f. (Kat.Nr. 12.31, M. Jarzebowski), 245 (Kat.Nr. 14.61/b, M. Fröhlich). – Fröhlich, Drachenfels. – Heuser, Drachenfels (Textedition der Urkunde, 45–56). – Jendorff, Ganerbenburg. – Rödel, Gemeinschaft. – Schneider, Ganerbschaften.

2.4

2.4 Bergwerke als Grundlage von Sickingens Aufstieg

Urkunde Bergwerksverkauf durch Franz von Sickingen
3. November 1514
Pergament
43 × 49 cm (mit der Länge der Siegel)
Stadtarchiv Mainz
Sign. U/1514 November 3

Die Urkunde dokumentiert den Verkauf eines unweit der Ebernburg gelegenen Bergwerks durch Franz von Sickingen an eine Käufergemeinschaft (den Unternehmer Gregor Hirsch aus Schneeberg im Erzgebirge, den Münzmeister Jost Kutter und den Heidelberger Bürger Melchior Hecht). Im Stadtarchiv Mainz ist zu diesem im Deutsch jener Zeit abgefassten Vertrag der Revers vorhanden; er ist unter dem Abfassungsdatum zu finden: *Datum: 1514 November 3*. Der Schriftsatz wurde auf hochwertigem, gut erhaltenem Pergament niedergelegt. Der Vertragstext erstreckt sich auf insgesamt 40 Zeilen; der Text wurde im »Blocksatz« ausgeführt. Im Dokument bestätigen Hirsch, Kutter und Hecht den Inhalt der Verkaufsurkunde vom gleichen Tag und regeln Details. Man bekennt sich zum abgeschlossenen Rechtsgeschäft und zur hierüber ausgefertigten Urkunde: Sickingen verkauft sein Bergwerk im Bereich [...] *bym Ringraffen Steyn auff Ebberberger gemark* [...] an die drei Unternehmer. Diese werden zur Einhaltung von Bedingungen verpflichtet: Sie sollen dem Verkäufer den Zehnten des Gewinns an Silber und Kupfer aus der Schmelzhütte abgeben; Sickingen behält den Erbstollen und damit verbundene Rechte und Abgaben; am Rheingrafenstein gehört der Zehnt der Kurpfalz. Da Sickingen dort erhebliche Investitionen hatte, müssen sich die Käufer verpflichten, das geförderte Silber zu festgelegtem Preis an ihn zu verkaufen; ein neutraler Beauftragter ist für die Schmelze des Silbers verantwortlich; das Bergwerk soll instand gehalten werden; wollen es die Betreiber auflassen, so müssen sie es binnen Monatsfrist an die Sickinger zurückgeben. Gleiches gilt für die Schmelzhütte und deren Zubehör. Eine von den neuen Betreibern selbst erbaute Hütte dürfen diese zu ihrem Nutzen verkaufen; beide Seiten vereinbaren eine Bergordnung; alle am Vertrag Beteiligten sind zur Einhaltung der Bestimmungen verpflichtet. Dass Sickingen entgegen seinem sonstigen ökonomischen Handeln Besitz abgab, steht vermutlich in Zusammenhang mit Problemen mit der Ausbeutung des Bergwerks und dem Absatz des Edelmetalls. Sickingen suchte in dieser Situation offensichtlich die Unterstützung eines Konsortiums aus einem Fachmann für den Bergbau (Hirsch), einem Münzmeister (Kutter) und einem Geldgeber (Hecht), von denen er sich eine bessere Ausbeute des Bergwerks erwartete. Sie übernahmen das risikoreichere Geschäft des Bergbaus, während sich Sickingen auf die Einnahmen durch die festgelegte Abgabe beschränkte.

Hans-Joachim Bechtoldt

Lit.: Bechtoldt, Aspekte. – Scholzen, Sickingen, 43.

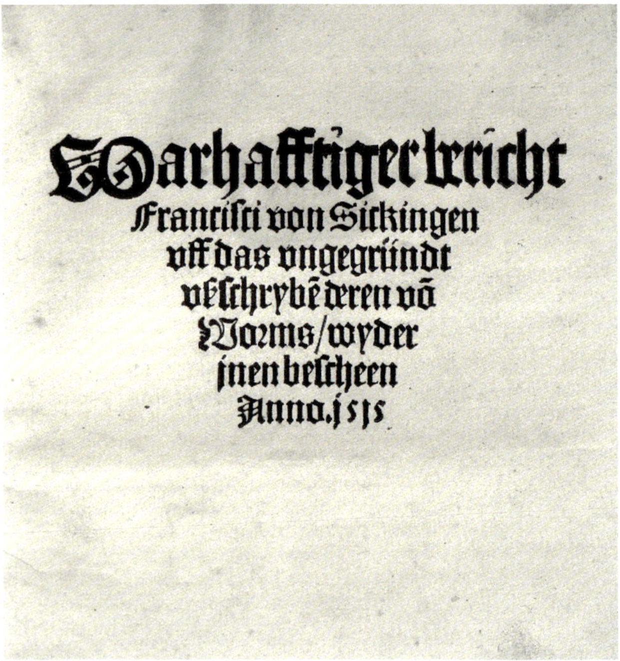

2.5

Der Statt Wormbs Warhafftig bericht: der arglistigenn boßhafftigen geschwinden Emborungen vnd Auffleuffe/ Auch der vnrechtlichen vehden/ so Frantz der sich nennet von Sickingen/ vnd wes sich darunder begeben hat, Mainz: Johann Schöffer 1515, Landesbibliothekszentrum Rheinland-Pfalz, Pfälzische Landesbibliothek, Speyer, Sign. 1a 5033 Rara, VD16 W 4391

2.5 Franz von Sickingen rechtfertigt seinen Angriff auf Wormser Kaufleute

Franz von Sickingen
Warhafftiger bericht Francisci von Sickingen uff das ungegründt ußschreyben deren von Worms, wyder inen bescheen Anno 1515
Druck auf Papier
14,7 × 19,8 cm
Bayerische Staatsbibliothek, München
Sign. Res/4 Ded. 102, VD16 S 6317
(nicht im Original ausgestellt)

Zu Beginn des 16. Jahrhunderts kam es in Worms immer wieder zu Streitigkeiten zwischen dem Bischof und der Stadt. Franz von Sickingen vertrat die Interessen des bischöflichen Notars Balthasar Schloer, dessen Vermögen vom Wormser Rat beschlagnahmt worden war. Zunächst ging er den Rechtsweg, der seit 1495 im *Ewigen Landfrieden* (▸ 1.1) vorgeschrieben war, danach griff er zu drastischen Mitteln.

Mit seiner ersten militärischen Aktion traf Sickingen die Wormser an einer besonders empfindlichen Stelle. Am 22. März 1515 überfiel er unweit von Oppenheim ein Wormser Kaufmannsschiff. Die wertvolle Fracht wurde erbeutet und verkauft und mehrere Kaufleute als Geiseln genommen. Obwohl der Kaiser wenig später über Sickingen die Reichsacht verhängte (▸ 2.6), setzte der Ritter seine Aktionen gegen die Stadt am Rhein fort. Dabei wurde er von zahlreichen Standesgenossen tatkräftig unterstützt. U. a. stellte ihm Götz von Berlichingen (▸ 1.10 und 1.11) für seine militärischen Aktionen Reiter zur Verfügung.

In dieser Schrift trug Sickingen am 24. Mai 1515 seine Sichtweise über die Ursachen und den Verlauf der Streitigkeiten mit Worms vor. Dabei stellte er seine umfangreichen Bemühungen heraus, durch Gespräche mit dem Rat der Stadt und schließlich auf dem Rechtsweg für Balthasar Schloer eine befriedigende Lösung zu erreichen. Auch in einem Brief an die Wormser Zünfte habe er die Sachlage geschildert und sich um eine friedliche Lösung bemüht. Dieser Versuch sei jedoch von den Stadträten vereitelt worden, indem sie den Boten, der den Brief überbringen sollte, abgefangen und ihm das Schriftstück abgenommen hätten. Noch am 5. März 1515 schlug Sickingen vor, den Streit gütlich beizulegen. Erst nachdem alle diese Versuche gescheitert seien, habe er den Angriff auf das Kaufmannsschiff unternommen, schreibt er in seiner Rechtfertigungsschrift. Sickingen wehrt sich gegen den Vorwurf, er habe das Schiff auf kurpfälzischem Territorium angegriffen. Er betont, der Angriff sei

2.6

auf hessischem Territorium geschehen, wo es nicht durch einen Geleitbrief geschützt war. Zu allem Überfluss hätte die Schiffsbesatzung mit der Schießerei begonnen, seine Männer hätten sich also nur gewehrt. Nachdem die bei Oppenheim gefangen genommenen Kaufleute auf seiner Burg eingetroffen seien, habe er den Wormsern seinen Fehdebrief zugesandt, aber danach noch mehrere Tage lang nichts gegen die Stadt unternommen.

In genauer Kenntnis der schwierigen Rechtslage und der widerstreitenden Interessen versucht Sickingen, die Stadt Worms ins Unrecht zu setzen. Er stellt sich als der uneigennützig handelnde Ritter dar, der lediglich versucht, Balthasar Schlör zu seinem Recht zu verhelfen.

Reinhard Scholzen

Lit.: Scholzen, Fehde.

2.6 Sickingens Fehde gegen Worms trägt ihm die kaiserliche Acht ein

Achtbrief von Kaiser Maximilian I. gegen Franz von Sickingen
15. Mai 1515
Druckfarbe auf Büttenpapier
42 × 60,6 cm
Stiftung Deutsches Historisches Museum, Berlin
Inv.Nr. 1988/1798

Der Achtbrief Kaiser Maximilians I. gehört in den Kontext der Fehde, die Franz von Sickingen seit 1514 gegen die Reichsstadt Worms führte und die dem Reichsritter erstmals die Aufmerksamkeit der Reichsöffentlichkeit sicherte. Dabei griff Sickingen in einen internen Wormser Konflikt ein, in den auch der Ortsbischof als ehemaliger Stadtherr involviert war. Nachdem Sickingen ein Wormser Kaufmannsschiff, das sich auf dem Weg zur Frankfurter Messe befand, überfallen hatte, erwirkte die Reichsstadt gegen ihn am 16. April 1515 beim Reichskammergericht die Verhängung der Reichsacht, wie es dem *Ewigen Landfrieden* von 1495 (▸ 1.1) entsprach. Diese

Entscheidung bestätigte der Kaiser mit dem hier vorliegenden Achtbrief, der Sickingen aufgrund seiner Drohungen gegen das Reichskammergericht wegen Majestätsbeleidigung den Adelsrang aberkannte, ja, ihn unter die *vnuernünfftigen Thier vnnd Eerlosen menschen* einreihte. Zudem verhängte er den Sequester über alle seine Besitzungen und bedrohte auch alle Unterstützer des Ritters mit hohen Geldstrafen.

Die folgenden Ereignisse zeigten jedoch, wie weit das 1495 verhängte Fehdeverbot noch von seiner Umsetzung entfernt war. Ungestraft (wenn auch vergeblich) belagerte Sickingen mit einem starken Heer Worms und weitete in den folgenden Jahren seine Kriegszüge bis nach Lothringen aus. Er schloss sogar einen Soldvertrag mit dem französischen König Franz I. (1494–1547). Alle meist ziemlich halbherzig gegen Sickingen ergriffenen Maßnahmen wie die, die Reichsacht durch den Oberrheinischen Reichskreis vollstrecken zu lassen, liefen ins Leere. Obwohl die Reichsacht ihn eigentlich für rechtlos erklärt hatte, fand keineswegs eine wirkliche Ausgrenzung Sickingens statt, zu dem vielmehr zahlreiche Fürsten und sonstige Obrigkeiten weiterhin offene oder verdeckte Kontakte pflegten – bis hinauf zum Kaiserhof. Insbesondere der Kurfürst Ludwig V. von der Pfalz (1478–1544) hielt lange die schützende Hand über Sickingen. Statt die durch die Reichsgesetze vorgesehenen Strafen zu erleiden, erwarb sich Sickingen durch seine erfolgreichen Kämpfe gegen Fürsten und Reichsstädte ein hohes Ansehen nicht zuletzt bei seinen Standesgenossen und festigte seinen Ruf als fähiger Heerführer.

Im Gegensatz zur späteren Trierer Fehde ging die Wormser Fehde, nicht zuletzt wegen der mangelnden Standessolidarität auf der Seite seiner Gegner, für Sickingen gut aus. Obwohl er durch einen Überfall auf Kaufleute aus Augsburg, Ulm und anderen süddeutschen Reichsstädten, die unter pfälzischem Geleit standen, am 15. März 1517 in der Nähe von Mainz den Konflikt erneut auf die Spitze trieb, wendete sich wenig später das Blatt. Nach einer plötzlichen und zumindest vordergründig einigermaßen überraschenden Annäherung an Maximilian I. löste ihn dieser aus der Reichsacht und nahm ihn nach einer persönlichen Unterredung in Innsbruck 1518 in seinen Dienst. In der Folgezeit unternahm Sickingen seine Kriegszüge, unter anderem gegen die Reichsstadt Metz, die Landgrafen von Hessen und den Herzog von Württemberg – unter dem Schutz bzw. im Dienst des Kaisers.

Matthias Schnettger

Lit.: Carl, Landfriedensbrecher. – Scholzen, Sickingen.

2.7 Erzbischof Albrecht von Mainz gibt Sickingen Rückendeckung

Lucas Cranach d. Ä. (Werkstatt)
Bildnis Kardinal Albrechts von Brandenburg (1490–1545)
1543 (?)
Öl auf Eichenholz
51 × 37,6 cm
Landesmuseum Mainz, GDKE
Inv.Nr. 304

Das Porträt zeigt den nicht mehr ganz jungen Erzbischof in einer auf den heutigen Betrachter wenig vorteilhaft wirkenden Darstellung: Der ausdrucksarme Blick ist in die Ferne gerichtet, nur das Birett macht Albrecht als geistlichen Würdenträger erkennbar, während der auffällig präsentierte, exzessive Fingerschmuck ihn eher als prunkliebend-säkularen Renaissancefürsten erscheinen lässt, wie ihn die Nachwelt allgemein in Erinnerung behalten hat.

Zu Beginn der 1520er Jahre aber, als das Drama um Franz von Sickingen seinem Höhepunkt zusteuerte, galt der Erzbischof vielen noch als reformorientierter Hoffnungsträger, der – beeinflusst durch humanistische Berater – die Erneuerer in der Kirche zu begünstigen schien. Nachdem Albrecht im Ablassstreit 1517/18 zunächst in scharfen Gegensatz zu Luther geraten war, hatte er inzwischen ein im Ganzen freundliches Verhältnis zu dem Reformator gefunden – eine Entwicklung, die 1525 in dem berühmten erzbischöflichen Geldgeschenk an Luther zu dessen Hochzeit kulminieren sollte. Auch zu Sickingen stand Albrecht mittelbar in Beziehung; sein Hofmeister Frowin von Hutten (gest. 1529) gehörte zu den aktiven Förderern des streitbaren Ritters. Generell dominierte im Mainzer Erzstift der mittelrheinische Adel und damit jenes Netzwerk ritterbürtiger Familien, aus dem auch Sickingen emporgewachsen war. Im Mainzer Domkapitel konnte Franz von daher auf mancherlei Unterstützung rechnen. So wäre es für den Erzbischof allein schon aus innerpolitischen Gründen schwer gewesen, sich 1522 offen gegen Sickingen zu stellen. Indes hatte Albrecht noch andere Gründe, wenn er sich damals weigerte, der von Trier, Pfalz und Hessen gebildeten Anti-Sickingen-Koalition beizuspringen. Denn die Kurpfalz und insbesondere Hessen gehörten zu den entschiedenen regionalpolitischen Rivalen des Erzstiftes, die seit langem die mainzische Machtstellung am Mittelrhein bedrohten. Eine weitere Stärkung dieser alten Konkurrenten durch Ausschaltung Sickingens konnte nicht im Interesse der Mainzer Politik liegen.

2.7

So kam es, dass Albrecht auf die Hilferufe des von Sickingen angegriffenen Trierer Erzbischofs im Spätsommer 1522 ausweichend bis ablehnend reagierte und die mainzische Neutralität sich im Effekt – u. a. durch Offenbleiben der von Mainz kontrollierten Rheinpassagen – eher zugunsten des fehdeführenden Ritters auswirkte. Als Franz im Oktober mit seiner Belagerung Triers gescheitert und zurückgeschlagen war, musste Albrecht freilich seine Haltung bitter büßen und im wahrsten Sinne des Wortes teuer bezahlen. Ihre militärische Überlegenheit ausnutzend, beschuldigten die drei Siegerfürsten den Mainzer Erzbischof der aktiven Begünstigung des von Sickingen verübten Landfriedensbruchs und verlangten unter Androhung von Gewalt eine hohe Entschädigung für die ihnen bei der Abwehr des Ritters entstandenen Kosten. Obwohl Albrecht seine Unschuld beteuerte, musste er am 18. Oktober 1522 unter demütigenden Umständen in die Zahlung von 25.000 Gulden einwilligen.

So gehörte der Mainzer Erzbischof zu den großen Verlierern der letzten Sickingen-Fehde. Dadurch, dass er seinen fürstlichen Standesgenossen in deren Kampf gegen den Ritter die Solidarität verweigert hatte, stand er am Ende auf der historisch »falschen Seite«, womit der langfristige Niedergang der Mainzer Machtposition am Mittelrhein nur bekräftigt und beschleunigt wurde.

Wilhelm Ernst Winterhager

Lit.: Ausst.Kat. Albrecht von Brandenburg, 193f. (Kat.Nr. 45). – Ausst.Kat. Der Kardinal I–II, hier bes. 187–189. – Jürgensmeier, Albrecht. – Scholzen, Machtkampf.

2.8 Ritterliche Rüstung und fürstliche Repräsentation: der Harnisch Landgraf Philipps von Hessen

Harnisch Landgraf Philipps von Hessen (1504 – 67)
Kassel oder Frankfurt (nicht gemarkt), 1534
Eisen getrieben und geätzt
187 cm (mit Helm), 157,5 cm (Kinnhöhe)
Hofjagd- und Rüstkammer, Kunsthistorisches Museum Wien
Inv.Nr. A 348

Rüstungen dienten nicht nur der bewaffneten Auseinandersetzung und dem Turnier, sondern auch der fürstlichen Repräsentation, sie verdeutlichten die Zugehörigkeit zum Fürstenstand. Diese Rüstung des hessischen Landgrafen mit ihrem reichen Dekor diente offensichtlich beiden Zwecken, denn sie zeigt am Helm an Kamm und oberer Visierkante deutliche Hiebspuren. Diese Gebrauchsspuren verweisen zumindest auf den Gebrauch im Turnier, vielleicht auch im Kampf. Auf einem Täfelchen im oberen Querstreifen der Brust ist zwischen zwei springenden Hirschen die Jahreszahl 1534 eingeätzt. In diesem Jahr fanden aus Anlass des erfolgreichen Württemberg-Feldzugs des Landgrafen und der nachfolgenden Wiedereinsetzung Herzog Ulrichs in seine Herrschaft Turniere am Hof Philipps und Herzog Ulrichs statt. Im Folgejahr veranstaltete der Landgraf ein Turnier zu Ehren des Besuchs seines Schwiegervaters Herzog Georg von Sachsen. Vielleicht war die Rüstung für einen dieser Anlässe in Auftrag gegeben worden.

Der Harnisch besteht aus geschlossenem Helm mit zweiteiligem Visier, Achselkragen mit Schwebescheiben, Brust mit Rüsthaken, Bauchreifen und steifen Beintaschen, Rücken mit Gesäßreifen, dreiteiligem Armzeug mit Armkacheln, Panzerhandschuhen (der rechte davon ursprünglich nicht zur Rüstung gehörig) und ganzem Beinzeug mit Harnischschuhen. Stilistisch entspricht der Harnisch einer

2.8

Elias Godefroy, Grabmal für Philipp den Großmütigen und seine Frau Christine von Sachsen, Detail Standfigur des Landgrafen, 1567, Marmor und Alabaster, Martinskirche, Kassel

im vierten Jahrzehnt des 16. Jahrhunderts aufkommenden neuen Mode: Die kugelförmige Brust der älteren Rüstungen wurde durch eine eher rechteckige Form mit Mittelgrat abgelöst, an die Stelle von Zierriefeln traten geätzte Bänder. Ein Holzschnitt Hans Brosamers aus demselben Jahr stellt den Landgrafen noch in einem Harnisch älteren Typs dar (s. Abb.). Dagegen zeigt das kurz nach Philipps Tod begonnene Grabmonument in der Martinskirche zu Kassel den Landgrafen trotz einiger Abweichungen zweifelsfrei in dem hier vorgestellten Harnisch (s. Abb.). Darauf weisen die großen Armkacheln, die mit geriebenen Blattmotiven geschmückten Beintaschen und die – nur angedeutete – Ätzverzierung. Die Abweichungen der Kasseler Grabskulptur z. B. im Kragen und in den Schultern bei ähnlichem Ätzdekor lassen den Schluss zu, dass es sich bei diesem Harnisch ursprünglich um eine Garnitur mit wechselbaren Elementen handelte. Eine solche Garnitur wird in einem Inventar der Kasseler Rüstkammer des Landgrafen erwähnt. Das Inventar wurde 1572 abgefasst, dem Jahr, in dem das Kasseler Grabmonument vollendet wurde. Neben einer schwarzen Rüstung *so lanttgrave Philips der elter im tzuge vor Ingolstadt* [1546] *gefüertt* und einer ebenfalls schwarzen Rüstung, *so landtgrave Philips uff den Nassawischen vertragstag zu Frankfurt* [1557] *hat machen lassen,* ist dort ein *gantzer*

Hans Brosamer, Bildnis des Landgrafen Philipp von Hessen, um 1546, Holzschnitt, Hessisches Staatsarchiv, Marburg

geetztter curiß [Reiterharnisch] beschrieben, der *mit aller tzugehör... Landtgravenn Philipsen des Elternn gewesenn.* Als *tzugehör* werden dort genannt *ein gardebrust, ein schiffung* [Brustverstärkung], *zwei spaneröll* [Achselkragen], *zwo axelnn* [Harnischschultern], *ein brechscheibe* [Handschutz für den Turnierspieß], *unnd zwo schwertscheide.*

Vermutlich gingen diese zusätzlichen Elemente verloren, als die Rüstung 1582 von Erzherzog Ferdinand II. (1529–95) für dessen »Heldenrüstkammer« erbeten wurde. Landgraf Ludwig IV. ließ sich die Herausgabe des *herrn vatters gottseliger gedechtnus leibcuriß* mit Gegenleistungen vergüten. In ein Fass verpackt trat der Harnisch im Sommer 1582 die Reise nach Innsbruck an, wo er am 18. Juli eintraf. 1601 wurde er erstmals in einer Publikation Jakob Schrenck von Notzings (1539–1612) zur Ambraser Heldenrüstkammer, dem vermutlich ältesten erhaltenen Museumskatalog, abgebildet.

Wolfgang Breul

Lit.: Breiding, Reiterharnisch.

2.9 Franz von Sickingen erklärt Landgraf Philipp von Hessen die Fehde

Fehdebrief an Landgraf Philipp von Hessen
Metz, 9. September 1518
Papier
32,5 × 33,5 cm
Hessisches Staatsarchiv Marburg
Best. 1 Nachträge Nr. 60

Anfang Januar 1518 hatte Franz von Sickingen Landgräfin Anna (1485–1525) und ihre Räte aufgefordert, einige Güter, die sein Vetter Hans VI. von Sickingen besessen hatte, zurückzugeben. Sie waren infolge des bayrisch-pfälzischen Erbfolgekriegs (1504/05) an Landgraf Wilhelm den Mittleren (1469–1509), den Vater Philipps, übergegangen. Es handelte sich um einige Wiesen beim heutigen Biblis und *etlich nutzungen und gefell zu Seheim an der Berckerststraszen* (heute Seeheim-Jugenheim). Franz von Sickingen hatte sich die strittigen Rechte übertragen lassen und machte sich außerdem Ansprüche des hessischen Adligen Konrad von Hattstein zu eigen. Landgräfin Anna stellte in ihrer Antwort vom 3. Februar zu Recht fest, dass sie von *nit gros schezung*, nicht von großem Wert, seien.

Auch in ihrer Summe waren diese Forderungen keinesfalls ausreichend, um einem großen Territorium wie der hessischen Landgrafschaft die Fehde zu erklären. Ausschlaggebend dürften vielmehr politische Gründe gewesen sein. Die mächtige Landgrafschaft war nach dem Tod Wilhelms in eine politische Krise geraten. Der hessische Adel machte der Landgrafenwitwe erfolgreich die Ansprüche auf eine vormundschaftliche Regierung streitig, die ihr Mann in seinem zweiten Testament eingesetzt hatte. Doch gelang es Anna von Hessen im Laufe der Jahre große Teile des hessischen Adels auf ihre Seite zu ziehen und die adlige Regierung schließlich 1514 zu stürzen, freilich um den Preis, dass große Teile des Adels ihrer Regentschaft reserviert bis feindselig gegenüberstanden. Im März 1518 erwirkte sie, dass Kaiser Maximilian ihren nicht einmal vierzehnjährigen Sohn Philipp für volljährig und damit zum hessischen Regenten erklärte. Doch noch immer standen große Teile des hessischen Adels der landgräflichen Regierung feindselig gegenüber. Dies nutzte Franz von Sickingen.

Am 9. September 1518 erklärte er noch von Metz aus, dass er des Landgrafen *abgesagter fyant sein vnd hiemit myn ere vor mich* [für mich] *myne helffer helffer vnd helffers helffer vnd alle[n]*, die mit dem Landgrafen verbündet seien, *schaden bringen* wolle. Sickingen war auf die Fehde gut vorbe-

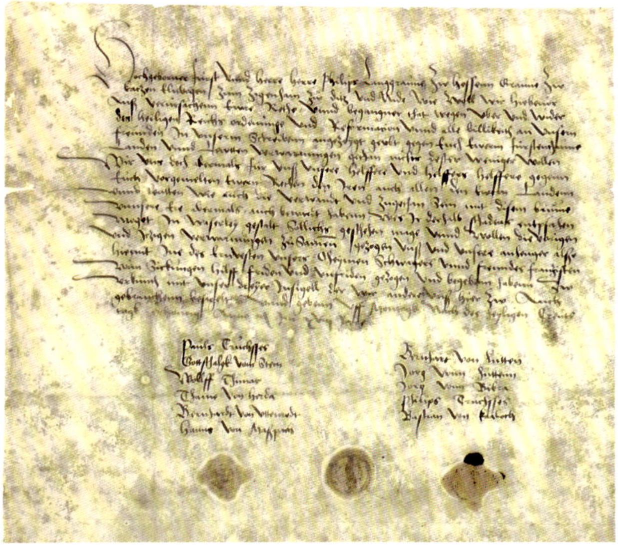

2.9

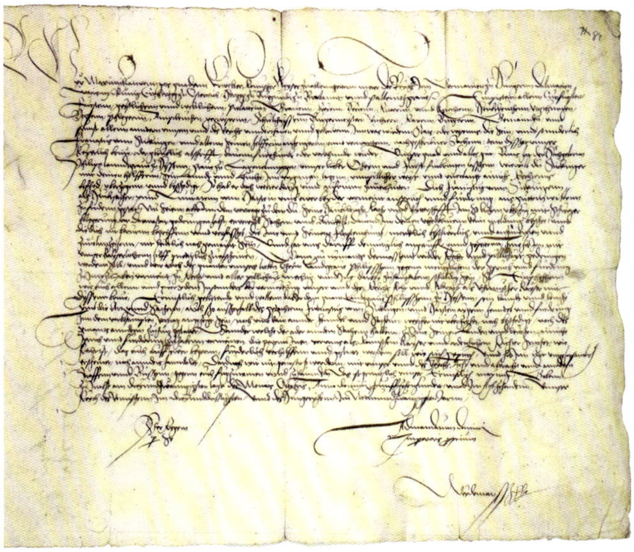

2.10

reitet. Vor der Stadt Metz, gegen die er gerade eine Fehde erfolgreich abgeschlossen hatte (▸ Essay *Sickingens Fehden*), hatte er etwa 2.500 Reiter und etwa sieben- bis achttausend Mann Fußvolk zusammengezogen. Schneller als sein Fehdebrief, der am 14. September in Marburg übergeben wurde, erreichten Sickingens Truppen den Rhein. Am 13. Mai standen sie bei Weisenau nahe Mainz. Mit einer Geldzahlung konnte das Mainzer Domkapitel den Flussübergang auf ihrem Gebiet verhindern. Zwei Tage später überquerten Sickingens Truppen schließlich bei Roxheim nahe Worms den Rhein. Vor ihnen lag der südliche Teil der Landgrafschaft, der nur unzureichend auf die feindliche Übermacht vorbereitet war.

Wolfgang Breul

Lit.: Breul, Trauma.

2.10 Kaiser Maximilian erklärt den Darmstädter Vertrag teilweise für ungültig

Kassation Darmstädter Vertrag durch Kaiser Maximilian I.
23. Oktober 1518
Papier
34 × ca. 44 cm
Hessisches Staatsarchiv Marburg
Best. 3 Nr. 86, Bl. 84

Das Dokument markiert eine wichtige Etappe in den Auseinandersetzungen zwischen der Landgrafschaft Hessen und Franz von Sickingen. Nachdem Sickingen Mitte September 1518 ohne größere militärische Auseinandersetzungen Darmstadt und den Südteil der Landgrafschaft Hessen hatte besetzen können (▸ Essay *Sikingens Fehden*), schloss er mit den in Darmstadt anwesenden hessischen Adligen am 23. September 1518 einen Vertrag. Der junge Landgraf Philipp, nicht ganz vierzehn Jahre alt, und seine noch mitregierende Mutter Anna waren in den Verlauf der Verhandlungen nicht einbezogen und auch nicht um Zustimmung zum Vertragswerk gefragt worden. Der Darmstädter Vertrag legte eine Brandschatzung in Höhe von 35.000 Gulden fest. Viel problematischer als diese hohe Zahlung war jedoch, dass eine Fülle von Regelungen enthalten waren, welche massiv in die Herrschaft des Landgrafen eingriffen – vor allem zugunsten hessischer Adliger. Ihr Ziel war eine längerfristige Schwächung der Landgrafschaft. Etwa 80 hessische Ritter bürgten für das Darmstädter Abkommen – auch dies eine Regelung mit Folgen.

Landgraf Philipp zögerte sichtlich verärgert seine Zustimmung zum Vertrag hinaus und sah darin nicht ganz zu Unrecht den Versuch, dass *etliche von der Ritterschafft in willen und furnemen stehen solten* […] *uns ihres gefallens regiment und ordenug zusetzen* (Staatsarchiv Marburg, Best. 3, Nr. 85, f. 18r). Er bemängelte, dass der Darmstädter Vertrag etliche Artikel enthalte, die im Fehdebrief nicht genannt worden seien – ein rechtlich schwerwiegendes Argument. Als Sickingen die landgräflichen Einwände ablehnte und auf der Erfüllung aller Forderungen bestand, wandte sich Philipp an Kaiser Maximilian. In seinem am 23. Oktober 1518 ausgestellten Mandat nahm der Kaiser das hessische Argument auf, dass der Vertrag etliche Regelungen enthalte, *dauon Inn denen vhedebriuen kain meldung beschee, vnnd die dich* [Franz von Sickingen] *nit beruren begriffen vnnd verfasßet, die Ime* [Landgraf Philipp] *vnnd Seinem Furstenthumb* daher nicht zuzumuten seien. Kaiser Maximilian kassierte das Vertragswerk mit Ausnahme der Brandschatzungszahlungen und der Forderungen des hessischen Adligen Konrad von Hattstein, auf die sich Sickingen in seinem Fehdebrief (▸ 2.9) berufen hatte. Damit hatte der Landgraf auf dem Rechtsweg eine weitgehende Revision seiner Niederlage vor Darmstadt erreichen können.

Die Brandschatzungszahlung wurde von hessischer Seite am 31. Oktober in einer Mainzer Herberge in voller Höhe übergeben. Die übrigen Punkte erkannte Philipp gemäß dem kaiserlichen Mandat nicht an. Dies versetzte die hessischen Adligen in Unruhe, weil sie einen erneuten Überfall durch Sickingens Truppen fürchteten. Zugleich erhöhte Franz von Sickingen den Druck, indem er die hessischen Adligen als Bürgen aufforderte, sich nach den Bestimmungen des Vertrags in einer Mainzer Herberge auf eigene Kosten einzufinden. Dies führte letztlich zu einer Spaltung des hessischen Adels, weil ein großer Teil der bürgenden Adligen Sickingens Forderung folgte – entgegen dem expliziten Willen des Landgrafen. Die Landgrafschaft befand sich in einer prekären politischen Situation, zumal das Reich nach dem Tod Kaiser Maximilians I. am 12. Januar 1519 ohne Regent war.

Wolfgang Breul

Lit.: Breul, Trauma.

2.11 Sickingen mahnt hessische Adlige öffentlich

Offener Brief Franz von Sickingens
1519
Papier
ca. 134 × 32 cm
Hessisches Staatsarchiv Marburg
Best. 3 Nr. 85, Bl. 37/II

Mit diesem »offenen Brief« begann Franz von Sickingen die öffentliche Auseinandersetzung mit hessischen Adligen, die er als vertragsbrüchig ansah. Den Höhepunkt dieser

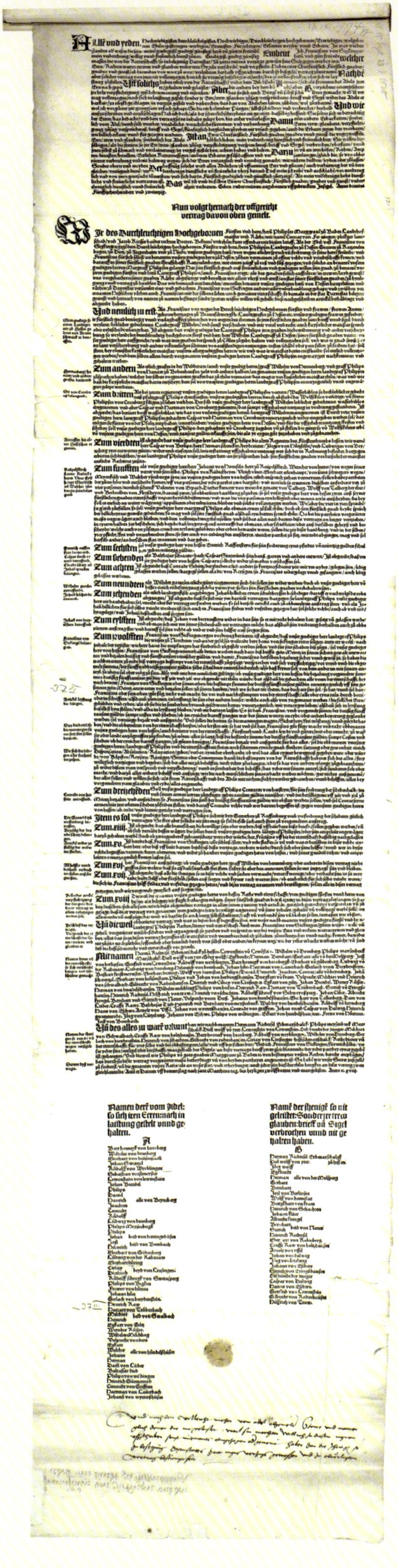

2.11

Auseinandersetzung bilden die wechselseitig ausgestellten Schmähbriefe vom Sommer 1520 (▸ 2.14).

Nach seiner Fehde gegen die Landgrafschaft Hessen, die zur Einnahme Darmstadts und des Südteils der Landgrafschaft Hessen und dem Darmstädter Vertrag (23. September 1518) geführt hatte (▸ Essay *Sickingens Fehden*), war das Vertragswerk auf Bitten des hessischen Landgrafen in wesentlichen Teilen durch Kaiser Maximilian kassiert worden (23. Oktober 1518). Franz von Sickingen weigerte sich, das Mandat anzuerkennen, und setzte hessische Adlige und Amtleute mit Brandschatzungsforderungen unter Druck. Die Situation wurde von dem jungen – gerade einmal vierzehn Jahre alten – Landgrafen Philipp und seiner mitregierenden Mutter Anna als bedrohlich empfunden. Im Frühjahr 1519 versuchten sie einerseits, den hessischen Adel hinter sich zu bringen und andererseits einem erneuten Überfall Sickingens durch Truppenanwerbungen und -aufgebote und durch politische Bündnisse zu begegnen. Sickingen seinerseits trieb einen Keil in den hessischen Adel, indem er sie aufforderte, sich als Bürgen des Vertrags auf eigene Kosten in einer Mainzer Herberge einzustellen. Er hat dies in einzelnen handschriftlichen Schreiben getan, so z. B. an einen der führenden hessischen Beamten, Hermann Riedesel (16. März 1519; Staatsarchiv Marburg, Best., Nr. 87, f. 10), oder auch – verwaltungstechnisch höchst modern – mit Hilfe von gedruckten Formularen (▸ 2.12).

Eine neue Form der Auseinandersetzung stellt auch der vorliegende Druck dar, der mit seinem plakatähnlichen Format offensichtlich für den Anschlag an Türen und Bäumen, also für die öffentliche Auseinandersetzung, bestimmt war. Sickingen beklagt darin den Bruch des Darmstädter Vertrags vom 23. September 1518 und nennt am Ende die hessischen Adligen, die ihrer Pflicht als Vertragsbürgen nachgekommen und sich auf eigene Kosten in einer Mainzer Herberge eingefunden haben (49 Personen unter Buchstabe A), und diejenigen, die *ire trew glauben brieff vn[d] Sigel verbrochen vnnd nit gehalten haben* (28 Personen unter Buchstabe B). Die Reihenfolge der aus Sickingens Sicht vertragsbrüchigen und damit entehrten Ritter entspricht mit einer Ausnahme exakt der des Schmähbriefs, den Sickingen im Sommer des nachfolgenden Jahres veröffentlichte (s. o.). Fast zwei Drittel der genannten hessischen Adligen stuften ihre ritterschaftlichen Standespflichten höher ein als die Loyalität zu Landgraf Philipp, der ihnen untersagt hatte, Sickingens Aufforderung zur Bürgschaftsleistung nachzukommen. Unter ihnen befinden sich Familien, welche der ehemaligen Adelsregierung (1509–14) angehört hatten, aber auch Amtleute des Landgrafen wie z. B. Batt (Bartholomäus) Horneck von Hornberg (gest. nach Dez. 1518). Sickingen war es gelungen, den hessischen Adel zu spalten und die Herrschaft des Landgrafen zu destabilisieren.

Wolfgang Breul

Lit.: Breul, Trauma.

2.12 Sickingen fordert hessische Adlige zur Bürgschaftshaft

Gedruckte Einmahnung von Bürgen des Darmstädter Vertrags, Franz von Sickingen an Kraft Rau von Holzhausen zu Nordeck (1506–51)
3. November 1519
Papier
25,7 × ca. 35 cm
Hessisches Staatsarchiv Marburg
Best. 3 Nr. 87, Bl. 68

Der hessische Ritter Kraft Rau (*Ruwe*) von Holzhausen (1506–51) war nicht der einzige, an den die auf den 3. November 1519 datierte Aufforderung Franz von Sickingens erging, sich als Bürge für die Einhaltung des am 23. September 1518 mit Landgraf Philipp von Hessen geschlossenen Vertrags in einer Stadt im Mittelrheingebiet (genannt sind u. a. Mainz, Kaiserslautern, Zweibrücken) zu stellen; andernfalls wolle er ihn *allenthalben auffschlahen* [öffentlich bekanntmachen] *und außkünden als einen briefflosen sigel- und glaubbrüchigen*. Gleichlautende Schreiben auf vorgedrucktem Formular, in das nur Adressat und Datum handschriftlich eingetragen waren, gingen an zahlreiche Mitglieder der hessischen Ritterschaft.

Was war geschehen? Am 8. September 1518 hatte Franz von Sickingen dem jungen Landgrafen, der kaum 14jährig gerade zur Regierung gelangt war, überraschend die Fehde angesagt und war mit 10.000 Bewaffneten in die hessische Obergrafschaft Katzenelnbogen eingefallen (▸ Essay *Sickingens Fehden*). Sickingen trat auf als Interessenvertreter u. a. seines Freundes Konrad von Hattstein, der mit dem Landgrafen wegen des Besitzes einiger Wiesen in Streit lag. Nach diesem Muster hatte er bereits früher gehandelt: Standesgenossen traten ihm ihre Ansprüche gegen Städte oder Fürsten ab, Sickingen setzte die Forderungen mit Gewalt durch und erzwang dabei für sich hohe Entschädigungssummen. So war er 1515 gegen die Stadt Worms vorgegangen, indem er

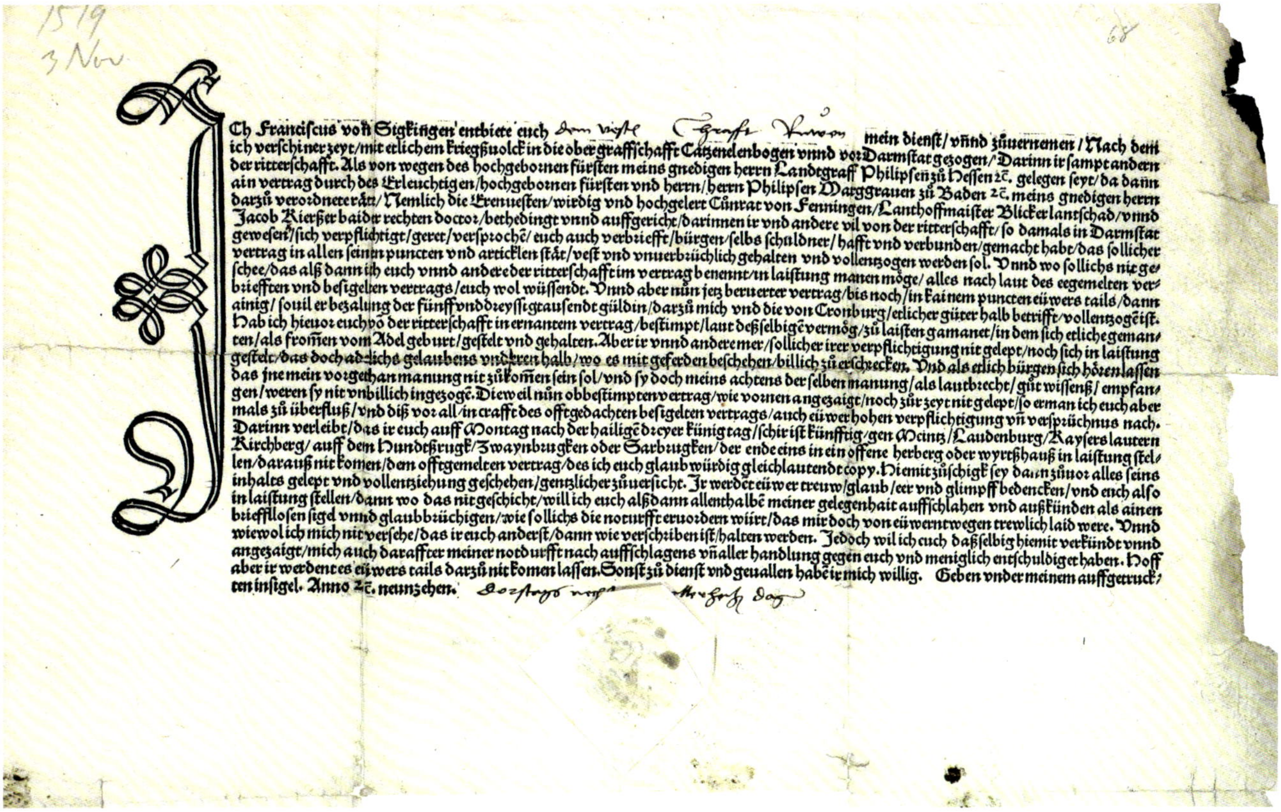
1519
3 Nov

Ich Franciscus von Sigkingen entbiete euch ... mein dienst/ vnnd zůuernemen / Nach dem
ich verschiner zeyt/mit etlichem kriegßuolck in die ober graffschafft Catzenelenbogen vnnd vor Darmstat gezogen/ Darinn ir sampt andern
der ritterschafft. Als von wegen des hochgebornen fürsten meins gnedigen herrn Landtgraff Philipsen zů Hessen ꝛc. gelegen seyt/ da dann
ain vertrag durch des Erleuchtigen/hochgebornen fürsten vnd herrn/ herrn Philipsen Marggrauen zů Baden ꝛc. meins gnedigen herrn
darzů verordnete rät/ Nemlich die Erenuesten/ wirdig vnd hochgelert Cůnrat von Fenningen/ Lanthoffmaister Blicker lantschad/ vnnd
Jacob Kierßer baider rechten doctor/ bethedingt vnnd auffgericht/ darinnen ir vnd andere vil von der ritterschafft/ so damals in Darmstat
gewesen/ sich verpflichtigt/ geret/ versprochē/ euch auch verbriefft/ bürgen/ selbs schuldner/ hafft vnd verbunden/ gemacht habt/ das sollicher
vertrag in allen seinen puncten vnd articklen stät/ vest vnd vnuerbrüchlich gehalten vnd vollentzogen werden sol. Vnnd wo sollichs nit ge-
schee/ das alß dann ich euch vnnd andere der ritterschafft im vertrag benennt/ in laistung manen möge/ alles nach laut des eegemelten ver-
brieffen vnd besigelten vertrags/ euch wol wüssendt. Vnnd aber nůn jetz beruerter vertrag/ bis noch/ in kainem puncten eüwers tails/ dann
ainig/ souil er bezalung der fünffvnddreyssigtausendt güldin/ darzů mich vnd die von Cronburg/ etlicher güter halb betrifft/ vollentzogē ist.
Hab ich hieuor euch vō der ritterschafft in ernantem vertrag/ bestimpt/ laut deßselbigē vermög/ zů laisten gamanet/ in dem sich etliche geman-
ten/ als frommen vom Adel geburt/ gestelt vnd gehalten. Aber ir vnnd andere mer/ sollicher irer verpflichtigung nit gelept/ noch sich in laistung
gestelt/ das doch adelichs glaubens vnd eren halb/ wo es mit geferden beschehen/ billich zů erschrecken. Vnd als etlich bürgen sich hören lassen
das jne mein vorgethan manung nit zůkomen sein sol/ vnd sy doch meins achtens der selben manung/ als lautbrecht/ gůt wissenß/ empfan-
gen/ weren sy nit vnbillich ingezogē. Dieweil nůn obbestimpten vertrag/ wie vornen angezaigt/ noch zůr zeyt nit gelept/ so erman ich euch aber
mals zů überfluß/ vnd diß vor all/ in crafft des offtgedachten besigelten vertrags/ auch eüwer hohen verpflichtigung vñ versprüchnus nach.
Darinn verleibt/ das ir euch auff Montag nach der hailigē dreyer künig tag/ schir ist künfftig/ gen Meintz/ Laudenburg/ Kayserslautern
Kirchberg/ auff dem Hundtßrugk/ Zwaynbrugken oder Sarbrugken/ der ende eins in ein offene herberg oder wyrtßhauß in laistung stel-
len/ darauß nit komen/ dem offtgemelten vertrag/ des ich euch glaubwürdig gleichlautendt copy. Hiemit zůschigk sey dann zůuor alles seins
inhalts gelept vnd vollentziehung geschehen/ gentzlicher zůuersicht. Ir werdet eüwer treuw/ glaub/ eer vnd glimpff bedencken/ vnd euch also
in laistung stellen/ dann wo das nit geschicht/ will ich euch alßdann allenthalbē meiner gelegenhait auffschlahen vnd außkünden als ainen
briefflosen sigel vnnd glaubbrüchigen/ wie sollichs die noturfft eruordern würt/ das mir doch von eüwerntwegen trewlich laid were. Vnnd
wiewol ich mich nit versehe/ das ir euch anderst/ dann wie verschriben ist/ halten werden. Jedoch wil ich euch daßselbig hiemit verkündt vnnd
angezaigt/ mich auch daraffter meiner notdurfft nach auffschlagens vñ aller handlung gegen euch vnd meniglich entschuldiget haben. Hoff
aber ir werdent es eüwers tails darzů nit komen lassen. Sonst zů dienst vnd geuallen habē ir mich willig. Geben vnder meinem auffgetruck-
ten insigel. Anno ꝛc. neunzehen.

2.12

unzufriedene Bürger gegen den Rat unterstützte; 1516 hatte er für die Herren von Geroldseck (im Elsass) einen Zug gegen den Herzog von Lothringen (1489–1544) unternommen und war von diesem finanziell abgefunden worden, und im Sommer 1518 hatte er, wieder als Vertreter eines rheinischen Ritters, die Stadt Metz bedroht, die den Abzug der sickingischen Scharen mit 25.000 Gulden erkaufen musste. Auch das Unternehmen gegen Hessen glückte. Darmstadt, wo sich die hessische Ritterschaft versammelt hatte, wurde eingeschlossen; nur zu schnell waren die hessischen Adligen zur Kapitulation bereit. Mit dem Vertrag vom 23. September 1518 wurde der Landgraf verpflichtet, den Junker Hattstein zu entschädigen, an Sickingen die Kriegskosten mit 35.000 Gulden zu erstatten und außerdem die Forderungen einer Reihe anderer Adliger zu befriedigen. Landgraf Philipp hat die Kriegskosten rasch bezahlt, sich jedoch geweigert, die übrigen Ansprüche anzuerkennen. Der Versuch Sickingens, danach die hessische Ritterschaft, die nach dem Vertrag selbstschuldnerisch haften sollte, in Regress zu nehmen, schlug fehl. Auf das Mahnschreiben vom 3. November 1519 stellten sich zwar der größere Teil der Angeschriebenen zur Bürgschaftshaft ein, aber immerhin 29 von insgesamt 88 blieben fern. Daraufhin hat Sickingen die angekündigte Drohung wahrgemacht und die in seinen Augen Eidbrüchigen der öffentlichen Verachtung preisgegeben. Er bediente sich dazu des alten Rechtsmittels des Schandbriefs oder Schandgemäldes mit ehrverletzenden und oft unflätigen Inhalten. In Sickingens Schandbrief, einem Druck mit 29 an den Füßen aufgehängten Geharnischten (▸ 2.9), die durch handschriftlichen Eintrag als hessische Ritter gekennzeichnet sind, erscheint auch Krafft von Holzhausen.

Den Landgrafen selbst hat Sickingen nicht in dieser Form angegriffen, aber er hat ihn durch ständige Mahnschreiben gereizt und ihn obendrein mit der bald kolportierten Bemerkung, diesen Knaben könne er mit einem Apfel versöhnen, lächerlich gemacht. Landgraf Philipp blieb Sickingens unversöhnlicher Gegner, bis fünf Jahre später in der Trierer Fehde die Stunde der Abrechnung gekommen war (Sektion 5).

Fritz Wolff

Lit.: Friedensburg, Sickingen. – Schenck zu Schweinsberg, Jugendzeit Philipp.

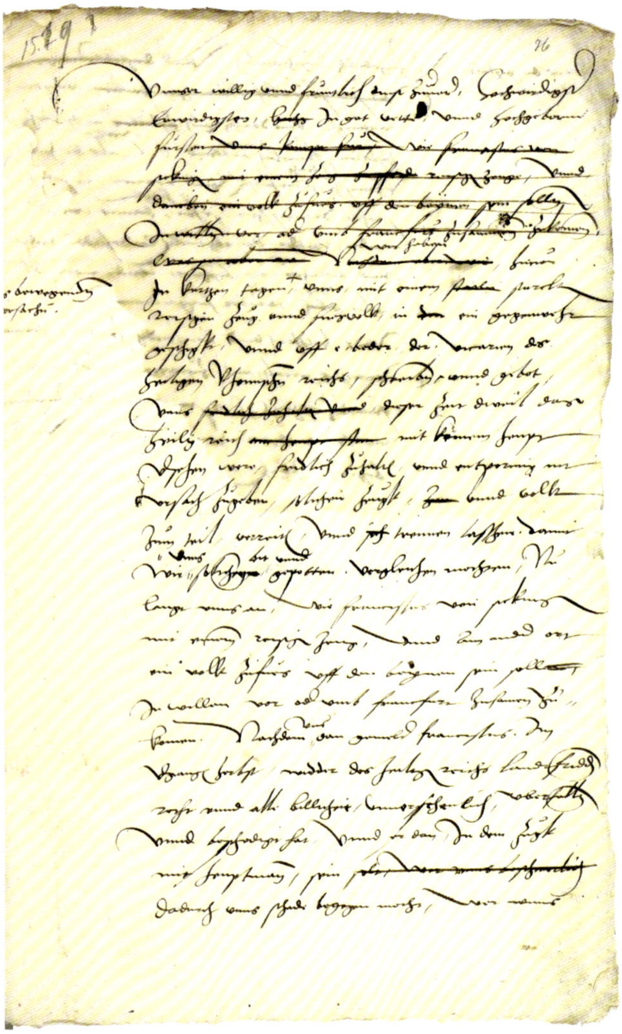

2.13

2.13 Sickingens Söldner bei der Kaiserwahl beunruhigen Landgraf Philipp

Konzept Landgraf Philipps von Hessen
undatiertes Konzept, wohl erste Jahreshälfte 1519
Papier
34 × ca. 22 cm
Hessisches Staatsarchiv Marburg
Best. 3 Nr. 87, Bl. 76

Nach dem Überfall Franz von Sickingens auf Darmstadt und den Südteil der Landgrafschaft Hessen und der nachfolgenden teilweisen Kassation des Darmstädter Vertrags durch Kaiser Maximilian blieb die Situation zwischen Franz von Sickingen und Landgraf Philipp angespannt (▸ Essay *Sickingens Fehden*). Sickingen war es gelungen, mit seiner Forderung an die Bürgen des Darmstädter Vertrags, sich auf eigene Kosten in einer Mainzer Herberge einzufinden, die hessische Ritterschaft zu spalten. Wie bedrohlich die Situation in Hessen eingeschätzt wurde, zeigt das undatierte Konzept eines Schreibens Landgraf Philipps an die Kurfürsten des Reichs. Es gehört in die Zeit des Interregnums zwischen dem Tod Kaiser Maximilians I. am 12. Januar 1519 und der Wahl seines Nachfolgers Karl V. (1500–58) am 28. Juni 1519; vermutlich wurde es in den Wochen vor oder um die Kaiserwahl entworfen.

König Franz I. von Frankreich, der mit dem Habsburger Karl um die Gunst der Kurfürsten konkurrierte, hatte Ende Mai 1519 Truppen an der Grenze zum Reich konzentriert. Die Habsburger ließen im Gegenzug Truppen durch Georg von Frundsberg (1473–1528) und Franz von Sickingen zusammenziehen. Sickingens Truppen sammelten sich bei Höchst mit habsburgischen Beratern, Frundsbergs bei Heilbronn. Philipp und seine Berater empfanden die sickingenschen Truppenkonzentration als Bedrohung und zogen eigene Reiter und Fußvolk zusammen. Davon berichtet der Briefentwurf des Landgrafen zu Beginn. Man habe Nachricht, dass Franz von Sickingen an getrennten Orten Reiter und Fußvolk sammle, um nach Frankfurt oder in seine Umgebung zu kommen. Da Sickingen im vergangenen Herbst die Landgrafschaft entgegen dem Landfrieden und ohne Grund überfallen habe, müsse man Vorkehrungen treffen. Dies wolle man den Kurfürsten als Stellvertreter des Reichsoberhaupts mitteilen, weil die Fürsten während eines Interregnums eigentlich verpflichtet waren, sich *fridlich zuhalt[en], vnnd entporung nit vrsach zugeben*. Das hessische Konzept zeigt, wie argwöhnisch man in Marburg und Kassel auf jede Truppenbewegung Sickingens reagierte.

Wolfgang Breul

Lit.: Breul, Trauma.

2.14 Entehrte Ritter: Schmähbriefe sind Teil der Auseinandersetzung

a

Schmähbrief Franz von Sickingens gegen hessische Adlige
[Juli/August 1520]
Papier
32 × 44 cm
Hessisches Staatsarchiv Marburg
Best. 3 Nr. 85, Bl. 38, jetzt Sammlung 7d, Nr. 330

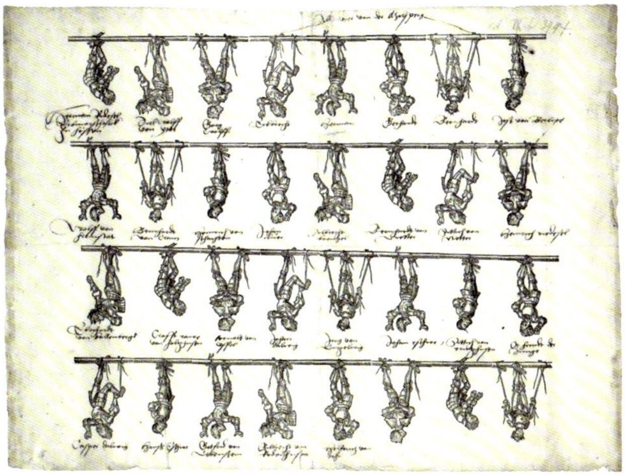

2.14a

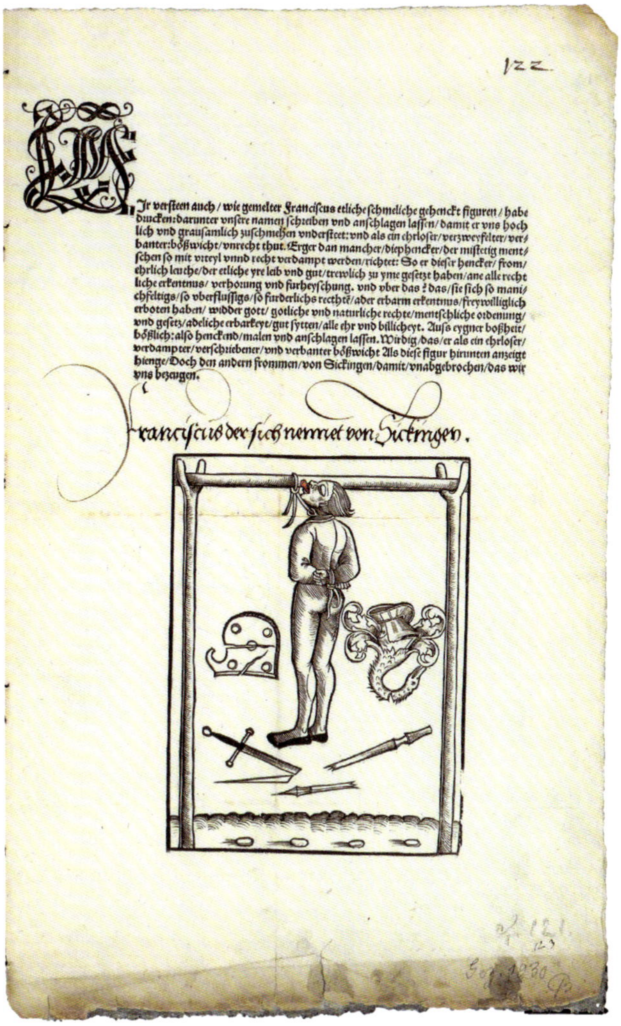
122

WJr versteen auch / wie gemelter Franciscus etliche schmeliche gehenckt figuren / habe
drucken: darunter vnsere namen schreiben vnd anschlagen lassen / damit er vns hoch
lich vnd grausamlich zuschmehen vndersteet: vnd als ein ehrloser / verzweyfelter / ver/
banter: boßwicht / vnrecht thut. Erger dan mancher / diephencker / der misstetig ment/
schen so mit vrteyl vnnd recht verdampt werden / richtet: So er dieser hencker / from /
ehrlich leuthe / der etliche yre leib vnd gut / trewlich zu yme gesetzt haben / ane alle recht
liche erkentnus / verhörung vnd furheyschung. vnd vber das : das / sie sich so mani/
chfeltigs / so vberflussigs / so furderlichs rechte / ader erbarm erkentnus / freywilliglich
erboten haben / widder gott / gotliche vnd naturliche rechte / mentschliche ordenung /
vnd gesetz / adeliche erbarkeyt / gut sytten / alle ehr vnd billicheyt. Auss eygner boßheit /
bößlich: also henckend / malen vnd anschlagen lassen. Wirdig / das / er als ein ehrloser /
verdampter / verschriebener / vnd verbanter boßwicht Als diese figur hirunten anzeigt
hienge / Doch den andern frommen / von Sickingen / damit / vnabgebrochen / das wir
vns bezeugen.

Franciscus der sich nennet von Sickingen.

2.14b

b
Druck und Schmähbrief hessischer Adliger gegen Franz von Sickingen
[Ende August 1520]
Papier
34 × 22 cm
Sächsisches Staatsarchiv – Hauptstaatsarchiv Dresden
Sign. 10024 Geheimer Rat (Geheimes Archiv), Loc., 8658/13, Bl. 122

Die beiden Schmähbriefe gehören in den Zusammenhang der Fehde, die Franz von Sickingen 1518 gegen die Landgrafschaft Hessen führte (▸ Essay *Sickingens Fehden*). Nachdem Philipp von Hessen eine weitgehende Kassation der politischen Forderungen des Darmstädter Vertrags vom 23. September 1518 durch Kaiser Maximilian erwirkt hatte (▸ 2.10), sah er den Vertrag durch eine hohe Brandschatzungszahlung an Sickingen als erfüllt an. Sickingen erkannte das kaiserliche Mandat nicht an und forderte die hessischen Adligen als Vertragsbürgen zur Bürgschaftsleistung auf. Während die Mehrzahl der hessischen Ritter Sickingens Einmahnung aufgrund seiner Drohung, sie *zu schelten und schant beine an zu schlagen* (Breul, Trauma, 31), in der ersten Jahreshälfte 1519 Folge leisteten und sich auf eigene Kosten in eine Mainzer Herberge begaben, verweigerten 29 landgrafentreue Adlige dauerhaft die Bürgschaftsleistung. Gegen sie griff Sickingen schließlich zum Mittel der öffentlichen Entehrung. Am 5. August 1519 berichtete der hessische Amtmann Wolf von Herbelstadt an den Landgrafen, dass er bei der Durchreise in Mainz gesehen habe, *wie frantz von sickingen die vom adel so sich nit gestelt angeslagen und smelich gehenckt hett. Ich so vil mir mechtlich und solch abgerissen des ich euren gnaden hie mit zu schick* (Breul, Trauma, 31 f., Anm. 134).

a. Der Schmährief zeigt 32 im ritterlichen Harnisch an einer Stange hängend gebundene und teilweise auch darüber hinaus gefesselte Ritter. Der Holzschnitt bildet acht verschiedene, sich in jeder der vier Zeilen in wechselnder Anordnung wiederholende Figuren ab. Diese unterschiedliche Abfolge und die Brüche in der Darstellung der Stange lassen erkennen, dass für den Druck acht kleine Druckstöcke für jede Zeile nebeneinander gesetzt wurden. Mit Ausnahme der letzten drei Figuren der letzten Zeile wurden unter jeden Ritter handschriftlich die Namen der zu entehrenden Adligen gesetzt, wobei der Familienname mehrerer Angehöriger eines Adelsgeschlechts zusammengefasst werden konnte.

b. Nach der Veröffentlichung des Schmähbriefs reagierten die hessischen Adligen nur wenige Wochen später mit einem gedruckten Ausschreiben, weil *Franciscus der sich nent* [!] *von Sickingen widerumb etlich schmehelich hangend figuren drocken* [drucken], *darunter unser namen schreyben, unnd also anschlagen lassen* (Breul, Trauma, 31). Ihm war ein Schmähbrief beigefügt, der Sickingen ebenfalls kopfüber hängend mit heraushängender Zunge und auf dem Rücken gebundenen Armen zeigt. Zerbrochene Wappen, Schwert und Lanze signalisieren, dass Sickingen seine Standeswürde verloren hat. Die publizistische Kontroverse wurde in der Folgezeit von beiden Seiten fortgesetzt.

Wolfgang Breul

Lit.: Breul, Trauma.

2.15 »In äußerster Not muss man wagen und handeln« – ein Stapelbecher zeigt Sickingen auf dem Höhepunkt seiner Macht

Sickingen-Becher
Speyer (Beschauzeichen), 1519
Silber, getrieben, teilvergoldet, graviert
Höhe: 26,3 cm (insgesamt), 6,2 cm (Becher), 9 cm Durchmesser (oben), 2333g
Inschriften am oberen Rand der Einzelbecher, Wappen Sickingens auf dem Deckelknauf
Sammlung Angewandte Kunst, Museumslandschaft Hessen Kassel
Inv.Nr. KP B II.18

Der aus einer Fußschale und sieben teilvergoldeten Silberbechern mit rundem Fuß bestehende »Häufebecher« zählt zu den wichtigsten persönlichen Hinterlassenschaften Franz von Sickingens. Die acht in beliebiger Folge stapelbaren Becher tragen Umschriften, die zwischen Doppellinien in den oberen Rand der Einzelbecher eingraviert sind. Der Fußbecher ist mit geflügelten Putten verziert; er enthält die Stifterinschrift (s. u.). Den Abschluss bildet ein mit Blumenmuster verzierter Knaufdeckel, der das Wappen des Stifters trägt. Alle Becher sind mit einem Beschauzeichen (drei Türme) versehen, das vermutlich auf eine Speyerer Werkstatt verweist.

Die Becher tragen folgende Inschriften:

AD FINEM VBI PERVENERIS NE VELIS REVERTI
Wenn du an dein Ziel gekommen bist, (dann) verlange nicht umzukehren
CONSILIVM SALVTARE NON SPETIOSVM SVADENDVM EST
Ein nützlicher Rat soll gegeben werden, kein schön klingender
ARCTVM ANVLVM NE GESTATO IGNEM GLADIO NE FODITO
Einen engen Ring sollst du nicht tragen, das Feuer nicht mit dem Schwert bekämpfen
MORS FOEDA IN FVGA IN VICTORIA GLORIOSA
Schmählich ist der Tod auf der Flucht, ruhmwoll beim Sieg
IN EXTREMO MALO AVDENDVM AtqVE AGENDVM NON CONSVLTANTANDVM (richtig: CONSVLTANDVM) EST
In extremer Not muss man wagemutig sein und handeln, nicht (lange) beratschlagen
GLADIVM ACVTVM AVERTAS TV TE CONSVLE
Du selber sorge dafür, dass du das scharfe Schwert abwehrst
CONSILIO DVO MAXIME CONTRARIA SVNT FESTINACIO ET IRA
Zweierlei ist der Beratung äußerst abträglich: Ungeduld und Zorn
EX MILITIA PARTIS FRANCISCVS DE SICKINGEN ME FIERI FECIT 1519
Aus dem im Kriegsdienst Erbeuteten hat mich Franz von Sickingen machen lassen 1519

Die Stifterinschrift weist aus, dass Sickingen den kostbaren Becher auf dem Zenit seiner Macht hat anfertigen lassen. Das Jahr 1518 hatte ihm dank seiner erfolgreichen Fehdeführung enorme Einkünfte beschert (Scholzen, Sickingen, 134). Im Frühjahr 1519 suchten angesichts der bevorstehenden Königswahl sowohl der französische König als auch das Haus Habsburg um seinen militärischen Beistand an. Sickingen trat schließlich in habsburgische Dienste.

Die Sprüche, die teilweise auf antike Traditionen rückführbar sind, deuten auf einen humanistischen Kontext hin. Vielleicht zeugen sie von der beginnenden Verbindung zu Ulrich von Hutten.

Der heute im Landesmuseum Kassel befindliche Stapelbecher gelangte mit der Niederlage Sickingens in der Trierer Fehde 1522/23 in hessischen Besitz. Ein Silberinventar Philipps von Hessen verzeichnet 1559 *Sieben Nidertrechtiger Becher* und vermerkt *von Sickings gewesen*.

Wolfgang Breul

Lit.: Nikitsch, Inschriften Bad Kreuznach. – Scholzen, Sickingen.

2.15

2.16 Zwei Münzprägungen: Zeichen von Sickingens Stand und Anerkennung

a
Meister des Triumphwagens Maximilians I.
Prunkmedaille auf die Versöhnung Franz von Sickingen mit Kaiser Maximilian I.
süddeutsch, um 1518/19
Silber
8,2 cm Durchmesser
Badisches Landesmuseum Karlsruhe
Inv.Nr. MK 5036

b
Joachim Deschler (um 1500–71)
Bildnis Franz von Sickingens – »Sickingen Medaille«
Nürnberg, (1521), um oder nach 1550
Gold
5,3 cm Durchmesser
Staatliche Münzsammlung München
Inv.Nr. 11/769

a. Eine silberne Hohlmedaille aus dem Jahr 1518 bietet eine anschauliche bildliche Darstellung des vor Kaiser Maximilian I. knienden Franz von Sickingen. Sie wurde aus zwei

2.16a

gegossenen und nachziselierten Teilen zusammengefügt. Ihr Avers zeigt ein Hüftbild des nach rechts blickenden Kaisers in reich tauschierter Rüstung mit Krone, in der Rechten das geschulterte Schwert, in der Linken das Zepter mit gedrehtem Schaft haltend. Die Randumschrift, lautet: · COLE · DEVM · EXIN · PVBLICA · AMA · IVSTVM · QVE · TVERE · M. D. XVIII · (*Verehre Gott, sodann liebe die* »öffentlichen Dinge« *und schütze das Gerechte, 1518*). Der Revers bildet den nach links blickenden Kaiser auf geschmücktem Thron im Ornat mit Krone, Vliesorden, Zepter und Reichsapfel ab. Vor ihm, devot kniend – mit Blickrichtung rechts –, sehen wir Franz von Sickingen in vollem Harnisch. Der federgeschmückte Helm ruht auf seinem Nacken und den Schultern, in deren Anschluss die Person eindeutig definiert wird: *F · V · S*. Mit den Händen umfasst er ein wehendes Spruchband, dessen Aufdruck (*· ARM-IS · MER-CVRIVM · SI - NON ·*) in der Umschrift der Medaille, quasi als »Wortdevise« und Huldigung, fortgesetzt wird: PRAEPONAS · MAXIME · CAESAR · SEMPER · ERIS · VICTOR · FAVSTAQVE · REGNA · TENENS · (*Wenn Du nicht Mercur* [scil. den Handel] *den Waffen vorziehst, erhabenster Kaiser, wirst Du immer Sieger sein und ein gesegnetes Regiment führen*).

Zwischen den Knien Sickingens und den Füßen des Kaisers ist das Wappen der Sickinger dargestellt: Fünf Kugeln im leicht geneigten, nicht schraffierten Tartschenschild samt einem den Schildrand berührenden Bügelhelm mit ausgeprägtem Gittervisier. Als Helmzier dient der wachsende Schwan mit drei Federbüschen an der Halsoberseite, begleitet von mäßig ausladenden Decken. Im Unterschied zu anderen Wappendarstellungen des Schwans mit angriffslustigem Ausdruck des wehrhaften Wasservogels, scheint sich das auf der Gedenkmünze abgebildete Wappentier vor der kaiserlichen Majestät zu verneigen und sieht dazu, was bei den Sickinger-Wappen seltener auftritt, entsprechend nach heraldisch links.

Bei dieser silbernen Münze handelt es sich wohl um eine Versöhnungsmedaille nach Beendigung der *Wormser Fehde*. Sickingen hatte dabei nämlich eine Stadt bedrängt, in der der Kaiser Schutzherr der dort ansässigen Kaufleute war.

b. Der Avers des Porträtmedaillons, das an seiner Oberseite mit einer Öse versehen und wohl zum Umhängen konzipiert war, soll ein Konterfei des Franz von Sickingen bieten, wurde wohl ohne Porträtvorlage in der Offizin Joachim Deschlers erstellt; signifikante Charakteristika der *Sickingen-Physiognomie* weichen von der Prägung ab. Eine am Rand verlaufende Umschrift weist folgenden Text auf: FRANCISCVS · VON · SICKINGEN. Die Münze ist datiert auf 1521; links des Porträts steht die »15«, rechts davon die »21«. Der Revers präsentiert das Wappen der Sickinger: fünf Kugeln, gestellt im Verhältnis 2:1:2, im leicht nach rechts geneigten, nicht schraffierten Tartschenschild. Als Oberwappen folgt ein den Schildrand nur leicht berührender Bügelhelm mit weit ausladender, stark gezaddelter Helmzier, gekrönt vom heraldisch nach rechts blickenden wachsenden Schwan mit drei Federbüschen an der Hals-

2.16b

oberseite. In der Randumschrift werden hohe Funktionen des Sickingers genannt: · FRANCISCVS · VON · SICKINGEN · KAISER KARL · DES · V · RATH · CHAMERER · VND · HAVBTMAN ·.

Porträtmedaillons dieser Art, die von den darauf Dargestellten und Familienmitgliedern voller Stolz selbst getragen wurden, entstanden seit der Renaissance in selbstbewussten adligen Familien, die mit solchen Artefakten ihre besondere Stellung zum Ausdruck bringen wollten.

Hans-Joachim Bechtoldt

Lit.: Bechtoldt, Wappensiegel.

2.17 Karten
1. Das Netzwerk Franz von Sickingens
2. Ritterschaft und Reformation im Südwesten

a

Unterstützer Sickingens

b

Reformatorische Ritter im Südwesten des Reiches

a. Die Fehdezüge Sickingens waren groß angelegte Unternehmungen, die sich von gewöhnlichen Adelsfehden durch eine hohe militärische Professionalisierung und ein großes Aufgebot an Truppen und Material unterschieden. Solche Unternehmungen waren nur durch ausreichendes Kapital auf der einen Seite und ein großes Netzwerk an Unterstützern auf der anderen zu realisieren. Bei diesen Unterstützern handelte es sich vornehmlich um Standesgenossen aus der Ritterschaft. Bei den jeweiligen Fehden war die Unterstützerschaft unterschiedlich und abhängig von den eigenen Interessen der Akteure. Daneben spielten auch Standesinteressen eine Rolle. Die Fehden können als kollektive Handlungen angesehen werden, bei denen es darum ging, adlige Netzwerke zu mobilisieren.

Solche Netzwerke etablierten sich vor allem durch die engen verwandtschaftlichen Beziehungen der Ritter untereinander. Unter den Unterstützern Sickingens findet sich daher eine Reihe von Personen, mit denen er entweder verwandt oder verschwägert war.

Die sich seit dem 14. Jahrhundert ausbildenden und im 15. Jahrhundert ihren Höhepunkt erreichenden Adelsgesellschaften und Einungen stellen eine weitere Form einer adligen Netzwerkbildung dar. Durch solche genossenschaftliche Zusammenschlüsse war es dem Adel möglich, Macht- und Geltungsansprüche in den jeweiligen Gebieten durchzusetzen. Diese Vereinigungen waren zeitlich begrenzte Zusammenschlüsse, begründet durch einen Versprechenseid der Mitglieder auf die gemeinsamen Statuten und geprägt durch eine klare Organisations- und Binnenstruktur, die durch eine eigene Schiedsgerichtsbarkeit, die der Fehdevermeidung der Mitglieder untereinander galt, charakterisiert war.

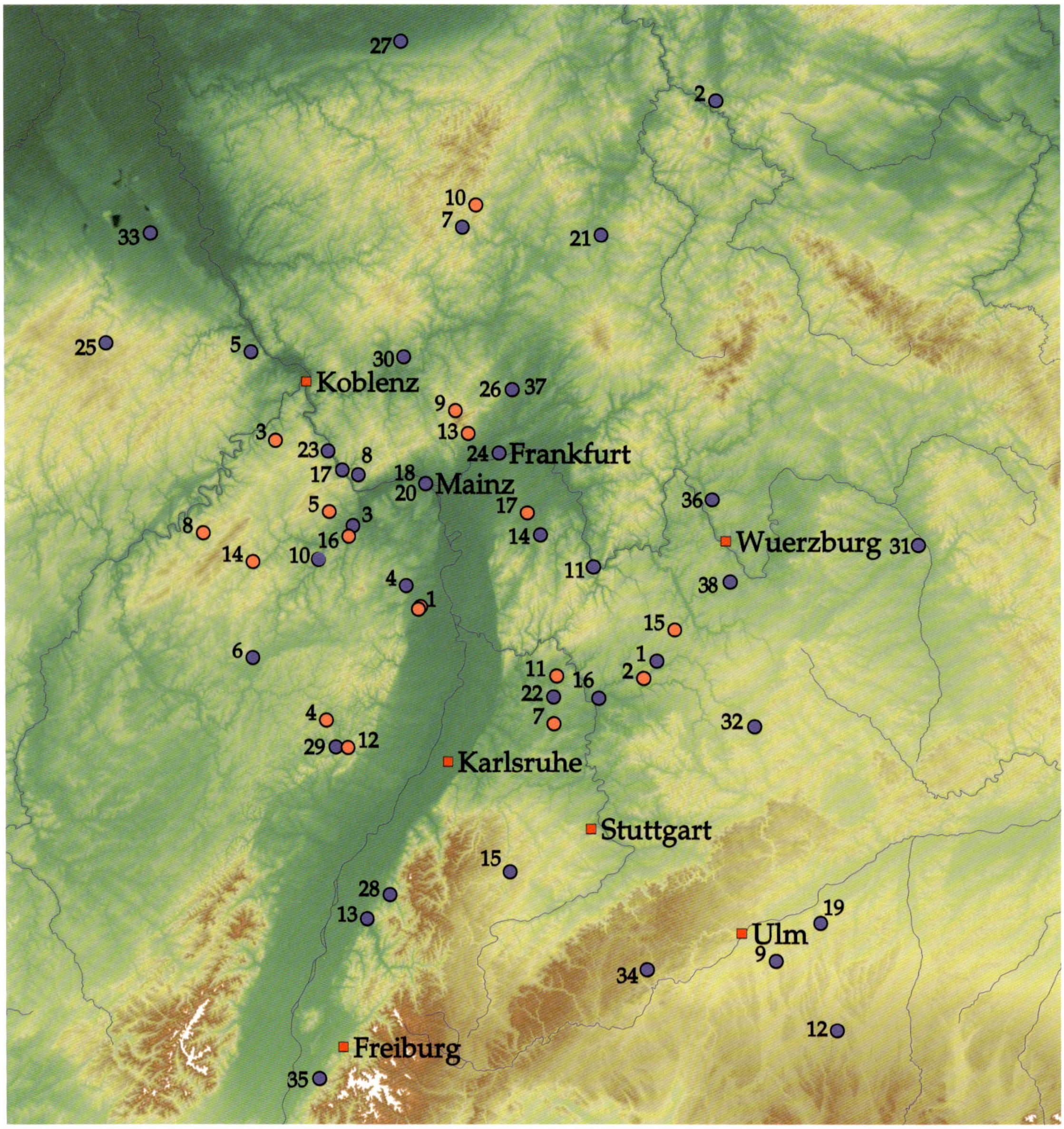

2.17a – Unterstützer Sickingens

Unterstützer Sickingens

1 Hans Jörg von Asthausen
2 Kraft von Bodenhausen
3 Hans Boß von Kreuznach
4 Hans Bonn/ Bohel von Wachenheim
5 Augustin von Braunsberg, genannte Kallenfels
6 Philipp Breder von Hohenstein
7 Johann von Breidenbach, genannte Breitenstein
8 Philipp und Melchior Brömser von Rüdesheim
9 Jörg von Emershofen
10 Bernhard von Flörsheim, genannt Montzenheimer
11 Eberhard von Frauenberg
12 Georg von Frundsberg
13 Wilhelm und Friedrich von Fürstenberg
14 Wilhelm Gans von Otzberg
15 Paul von Gültlingen
16 Hans Ludwig und Caspar von Hagenbach
17 Johann Hilchin von Lorch
18 Frowin von Hutten
19 Wolf Dietrich von Knöringen
20 Kaspar Lerch vom Dirmstein
21 Werner von Lutter
22 Philipp und Balthasar von Neuenhaus
23 Ludwig von Ottenstein
24 Emmerich von Reiffenstein
25 Hans von Reifferscheid
26 Philipp von Rüdigheim
27 Hans von Schaffhausen
28 Melchior von Schauenburg
29 Philipp Schlüchter von Erfenstein
30 Konrad Schütz von Hohenhausen
31 Wilhelm von Seckendorf
32 Hans von Selbitz
33 Friedrich von Sombries
34 Ludwig und Dietrich Spät
35 Philipp Stauffen
36 Fritz von Thüngen
37 Philipp Weiß von Feuerbach
38 Jörg Zobel

Reformatorische Ritter und Unterstützer Sickingens

1 Melchior von Affenstein
2 Götz von Berlichingen
3 Wilhelm Boos von Waldeck
4 Joachim und Heinrich von Dahn
5 Dieter und Wolf von Dalberg Kämmerer von Worms
6 Philipp und Bechthold von Flersheim
7 Dieter und Wolf von Gemmingen
8 Friedrich von Hagen
9 Konrad von Hattstein
10 Gerhard von Hatzfeld
12 Konrad Kolb von Wartenberg
11 Hans und Konrad von Helmstadt
13 Hartmuth von Cronberg
14 Philipp und Christophel von Oberstein
15 Melchior von Rosenberg
16 Franz und Schweikhard von Sickingen
17 Ulrich Ulner von Dieburg

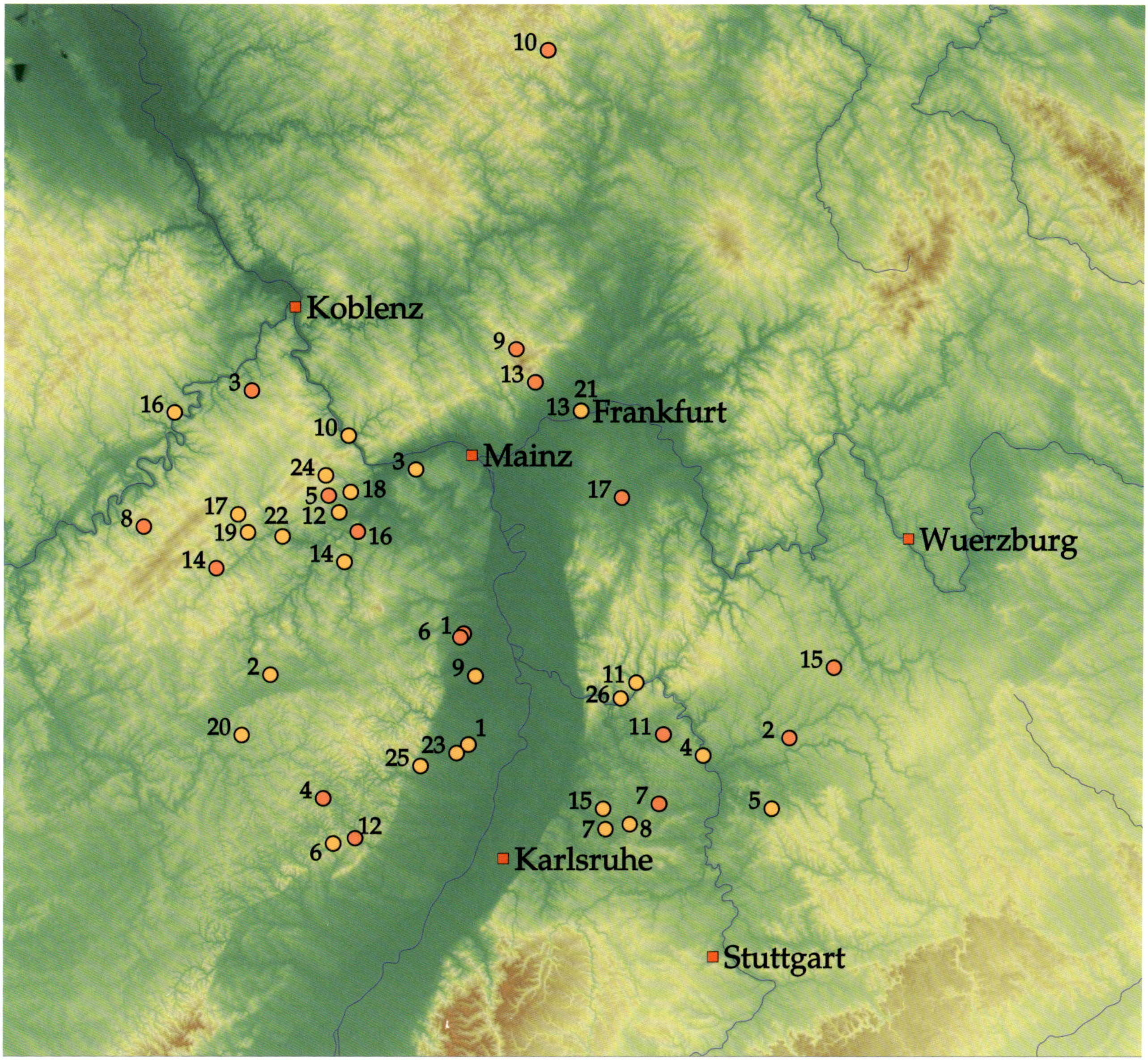

2.17b – Reformatorische Ritter im Südwesten des Reiches

Reformatorische Ritter
und Unterstützer Sickingens

1 Melchior von Affenstein
2 Götz von Berlichingen
3 Wilhelm Boos von Waldeck
4 Joachim und Heinrich von Dahn
5 Dieter und Wolf von Dalberg Kämmerer von Worms
6 Philipp und Bechthold von Flersheim
7 Dieter und Wolf von Gemmingen
8 Friedrich von Hagen
9 Konrad von Hattstein
10 Gerhard von Hatzfeld
12 Konrad Kolb von Wartenberg
11 Hans und Konrad von Helmstadt
13 Hartmuth von Cronberg
14 Philipp und Christophel von Oberstein
15 Melchior von Rosenberg
16 Franz und Schweikhard von Sickingen
17 Ulrich Ulner von Dieburg

Reformatorische Ritter /
keine Unterstützer Sickingens

1 von Altdorf
2 Blick von Lichtenberg
3 Beußer von Ingelheim
4 von Ehrenberg
5 Ludwig von Eschenau
6 Ludwig von Fleckenstein
7 Herren von Flehingen
8 Göler von Ravensburg
9 von Hallberg
10 Johann Hilchin von Lorch
11 von Hirschhorn
12 von Koppenstein
13 Max Lösch von Mölnheim
14 von Löwenstein
15 Herren von Mentzingen
16 von Metzenhausen
17 Nikolaus Schenk von Schmidtburg
18 von Schönburg
19 von Schwarzenberg
20 von Steinkallenfels
21 Georg von Stockheim
22 Vögte von Hunolstein
23 Wolf von Weingarten
24 Wolf von Sponheim
25 Rudolf und Werner von Zeiskam
26 Landschad von Steinach

Mein Blick auf Franz von Sickingen

Franz von Sickingen wirkt auf mich wie ein Mann, der sich in einer Welt im Umbruch zu behaupten sucht. Der Wandel der Welt machte auch vor ihm selbst nicht halt, sein Handeln und Denken zeugt von einer bemerkenswerten, aber zugleich auch widersprüchlichen Persönlichkeit. Sickingen, der gemeinhin als einer der letzten Ritter gilt, scheute nicht davor zurück, Söldnertruppen anzuheuern. Weder geistliche noch weltliche Hoheitsansprüche konnten ihn beeindrucken, weshalb er Luthers Anhängern Zuflucht auf der Ebernburg bot. Andererseits zog er nicht nur gegen den Trierer Erzbischof zu Felde, sondern auch gegen den Landgrafen von Hessen, einen der politischen Anführer der reformatorischen Bewegung. Offenkundig war Franz von Sickingen ein Mann, der nach Selbstbestimmung und »evangelischer Freiheit« trachtete und dabei den Tod weniger fürchtete als den Teufel – eben ein echter Renaissancemensch mitten aus »Rheinland-Pfalz«. Heute würden wir ihn auch einen »Kriegsunternehmer« nennen – z. B. wie »Blackwater«.

Joachim Mertes, Landtagspräsident von Rheinland-Pfalz

Auch wenn der Höhepunkt dieser Rittergesellschaften im 15. Jahrhundert lag, so ist es auch später zu niederadligen Zusammenschlüssen gekommen wie das Beispiel der *Landauer Einung* vom 13.August 1522 verdeutlicht. Motiviert waren diese vor allem durch den Versuch, die eigenen Standesinteressen zu wahren.

Anhand von Karte 1 wird die große Zahl von Unterstützern Sickingens deutlich. Dabei zeigt sich die geografische Ausdehnung des Netzwerkes. Es beschreibt einen Kreis der von Südbaden über das Allgäu vom Main bis an die Werra, von dort an den Rhein über den Hunsrück bis in die Pfalz reicht. Ein deutliches Zentrum liegt dabei in der unmittelbaren Nähe der Sickingenschen Besitzungen: der Ebernburg an der Nahe und in der Südpfalz. Ein weiteres Zentrum ist im Kraichgau zu finden. Unter den Unterstützern Sickingens finden sich sowohl altgläubige Ritter (blau) als auch solche, die sich der Reformation angeschlossen haben (rot). Auch bei der Fehde gegen Trier waren altgläubige Ritter, wie z. B. Friedrich von Sombries – der im kölnischen Gebiet um Unterstützung der Fehde warb – aktiv beteiligt. Daraus lässt sich schließen, dass bei der Mitwirkung an dieser Fehde Standesinteressen durchaus konfessionelle Unterschiede überwiegen konnten. Das Netzwerk, in dem sich Sickingen bewegte, war vermutlich noch größer, kann aber aufgrund der lückenhaften Überlieferung nicht in Gänze dargestellt werden. Es wird jedoch deutlich, dass es für Sickingen nicht zuletzt auch durch diese Beziehungen möglich war, große Fehdeunternehmungen mit mehreren tausend Mann Truppenstärke zu führen.

b. Im Südwesten des Reiches war es den Rittern aufgrund der politischen Situation gelungen, sich ihre unmittelbare Stellung zu behaupten und nicht wie in anderen Gebieten stärker in die Fürstentümer eingebunden und landsässig zu werden. Dies stellte für die Hinwendung zur Reformation eine günstige Ausgangslage dar. Gerade im Ritterkanton Kraichgau ergriff reformatorisches Gedankengut die Ritterschaft vollständig, sodass dieser Kanton als einziger Ritterkanton des Schwäbischen Kreises vollständig die Reformation angenommen hat. Aber auch in den anderen Kantonen im Südwesten stieg unter den Rittern die Zahl der Anhänger der Lehre Luthers. Bei der Hinwendung zur Reformation können verschiedene Stadien unterschieden werden. Zunächst ist vor allem eine Hinwendung einzelner Ritter festzustellen, die durch persönliches Engagement geprägt ist und in unterschiedlichen Akzentuierungen deutlich wird. Mit fortschreitender Zeit und dem Übergang größerer Territorien zur Reformation boten sich auch für die Ritterschaft größere Spielräume der reformatorischen Gestaltung ihrer Besitzungen. Auch wenn die Kurpfalz erst 1546/56 zur Reformation übertrat, begünstigte bis dahin die abwartende Haltung des Kurfürsten Ludwig V. die Position der Ritter in ihrem Umfeld. Die evangelische Bewegung in der Kurpfalz wurde zu dieser Zeit vor allem durch die Kraichgauritter bedeutend mitgeprägt. Mit dem Übergang der Kurpfalz zur Reformation zunächst unter Friedrich II. (1482–1556) und später unter Ottheinrich (1502–59) vergrößerten sich die Handlungsspielräume zusehends. Der erneute Übergang der Kurpfalz zum Reformiertentum 1562/63 wurde allerdings von den Rittern nicht mit vollzogen, wodurch auch die Beziehungen zum Heidelberger Hof größtenteils abgebrochen wurden.

Anhand von Karte 2 wird deutlich, dass reformatorisches Gedankengut in der Ritterschaft im Südwesten vielfach und über einen längeren Zeitraum aufgenommen wurde. Dabei sind mit dem Raum Nahe/vorderer Hunsrück und dem Kraichgau deutlich zwei Zentren zu lokalisieren.

Kann anhand der Unterstützer Sickingens (rot) gezeigt werden, dass die reformatorische Bewegung schon zu ihrem Beginn in der Ritterschaft im Südwesten Fuß fassen konnte, so zeigen die weiteren Punkte (orange), dass eine Hinwendung zur Reformation nicht unmittelbar die Unterstützung Sickingens zur Folge hatte. Zum anderen wandten sich einige Ritter erst im Laufe der folgenden Jahre und Jahrzehnte der Reformation zu.

Mathias Müller

Lit.: Carl, Genossenschaft. – Ehmer, Kraichgauer Ritterschaft. – Kohnle, Geschichte. – Press, Adel. – Press, Zweite Reformation. – Ranft, Ritterbünde.

Intitulentur libri
Hie stehe ich / Ich kan nicht
Got helffe mir

SEKTION 3

Weil gegen das Gewissen zu handeln unsicher ist. Luther auf dem Wormser Reichstag

Luthers Auftreten auf dem Wormser Reichstag gilt als ein weltgeschichtlicher Moment. Zum ersten Mal in der Geschichte der Menschheit beruft sich ein Mann auf sein Gewissen, und zwar auf sein in Gottes Wort gefangenes Gewissen. Schon die Zeitgenossen haben den historischen Augenblick literarisch überhöht, und nicht ohne Grund hat sich die Wormser Szene in das kollektive Gedächtnis vor allem der Evangelischen als ein besonderer Moment in der Geschichte der Freiheit eingeprägt.

Seit der Veröffentlichung der Thesen gegen den Ablass genoss Luther eine öffentliche Aufmerksamkeit, die er sich und die sich wohl niemand zuvor hatte vorstellen können. Die ursprünglich als Disputation unter Theologen geplante Behandlung der Sache, zu der es freilich niemals kommen sollte, wurde zu einer Angelegenheit der Gesamtkirche und ihrer Würdenträger im Reich, vor allem aber zu einer Sache einer immer breiter werdenden Öffentlichkeit. Es ging, so hatte es den Anschein, um mehr, viel mehr als eine theologische Spezialfrage, es ging um die Kirche und den Glauben und damit um ein neues Verständnis des christlichen Glaubens überhaupt. Anders lassen sich die Reaktionen der Kirche und der weltlichen Obrigkeiten nicht verstehen.

Der Erzbischof von Mainz war in die Sache, die sich allmählich zur »Luthersache« entwickelte, in mehrfacher Hinsicht involviert: Albrecht von Brandenburg (1490–1545) war der Primas der Kirche im Heiligen Römischen Reich, in seiner Kirchenprovinz war es zu den Auseinandersetzungen gekommen, und er war derjenige, der den Handel mit dem Petersablass betrieb. Damit war er von Amts wegen mit der Sache befasst, und seine Interessen waren unmittelbar betroffen.

Luther hatte sich am 31. Oktober 1517 in einem Brief an Albrecht gewandt, in dem er deutliche Worte gegen die Ablasspraxis fand und insbesondere geißelte, eine welch unsichere Sache das Ablassgeschäft für die Gläubigen sei – in seelsorgerlicher Hinsicht komme es aber gerade auf Gewissheit im Glauben an. Zum ersten Mal (und künftig immer) unterschrieb der Wittenberger Professor Martin Luder mit seiner neuen Namensform »Martinus Luther«, in der er sich als der durch das Evangelium Befreite zu erkennen gab.

Der kirchliche Prozess, der nunmehr gegen ihn angestrengt wurde, hatte den Widerruf Luthers zum Ziel, doch gelang es trotz zahlreicher diplomatischer Versuche nicht, ihn dazu zu bewegen. Kardinal Thomas de Vio Cajetan (1469–1534), der ihn während des Reichstags im Sommer 1518 in Augsburg verhörte, kam zu der Erkenntnis, Luther zu folgen, bedeute, eine neue Kirche zu bauen. Nach der Androhung der Exkommunikation in der päpstlichen Bulle *Exsurge Domine* vom 15. Juni 1520 waren seit der Bannbulle *Decet Romanum Pontificem* vom 3. Januar 1521 Luther und seine Schriften tatsächlich von der Kurie verurteilt.

Dem sächsischen Kurfürsten Friedrich dem Weisen (1463–1525) gelang es, Luther auf dem Boden des Reiches verhören zu lassen. Die Einladung oder Vorladung auf den Reichstag nach Worms geschah – in Erinnerung an die Geschichte des Jan Hus (um 1369–1415) ein Jahrhundert zuvor in Konstanz – unter der Bedingung der Zusage freien Geleits, für das Friedrich der Weise als Garant diente.

Am 2. April 1521 brach Luther aus Wittenberg auf – sein Zug nach Worms wurde zu einer Art Triumphzug. Wo immer er predigte, strömten die Massen in die Kirchen; in Erfurt wurde er gar wie ein Heilsbringer eingeholt.

Am 16. April vormittags traf Luther in Worms ein, am 17. April wurde er ein erstes Mal verhört, und nach der erbetenen Bedenkzeit gab er am 18. April 1521 vor Kaiser und Reich Rechenschaft über seine Schriften. In einer lateinisch überlieferten, bald auch ins Deutsche übersetzten Rede bekannte er sich zu den unter seinem Namen verbreiteten Schriften, die er in drei Gruppen unterschied: solche, die Glauben und Sitten schlicht und evangeliumsgemäß behandelten, solche gegen das Papsttum, das er seiner Ansicht nach zu Recht bekämpfe, und solche gegen einzelne Personen, in denen er vielleicht manchmal ein wenig zu hart geurteilt habe. Den geforderten Widerruf seiner Schriften lehnte er ab.

Seine Rede schließt mit den Worten: *Wenn ich nicht durch Zeugnisse der Schrift oder durch einen klaren Grund widerlegt werde – denn allein dem Papst oder den Konzilien glaube ich nicht, da es feststeht, dass sie häufig geirrt und sich auch selbst widersprochen haben –, bin ich durch die von mir angeführten Schriftworte überwunden. Und da mein Gewissen in den Worten Gottes gefangen ist, kann und will ich nichts widerrufen, weil es gefährlich und unmöglich ist, etwas gegen das Gewissen zu tun. Gott helfe mir. Amen.*

Spätestens mit dem Wormser Reichstag erfuhr die Flugschriftenkontroverse, die die kommenden Jahre bestimmen sollte, ihren ersten Höhepunkt – Luther zog in Bildern und Flugschriften das Interesse einer breiten Öffentlichkeit auf sich; er war von nun an eine Ikone der Deutschen.

Johannes Schilling

Lit.: LUTHER, Verhandlungen, bes. 832–838. – SCHILLING, Luther, bes. 180–236. – SCHILLING, Passio.

Worms zur Reformationszeit

Nur für zehn Tage hat sich D. Martin Luther im April 1521 in Worms aufgehalten. Öffentlich auftreten, reden oder gar in einer Wormser Kirche predigen konnte er nicht. Er war seit dem 3. Januar 1521 in päpstlichem Bann. Die Gebäude, in denen Luther damals gewesen ist, gibt es nicht mehr. Sie wurden im Jahre 1689 im Pfälzischen Erbfolgekrieg zerstört.

Zu Beginn des 16. Jahrhunderts hatte die inzwischen »Freie Stadt« Worms nach Schätzungen etwa 7.000 Einwohner. Der größte Teil der Einwohner gehörte zu den Zünften, rund 500 gehörten zum Klerus, ca. 250 waren Juden (Reuter, Worms, 32; Bönnen, Worms, 251). Wirtschaftlich erlebte die Stadt in dieser Zeit einen Bedeutungsverlust. Die Messestadt Frankfurt hatte ihr den Rang abgelaufen. Seit Januar 1521 hatten sich in der Stadt zusätzlich zu den Einwohnern etwa 10.000 Reichstagsbesucher versammelt (Reuter, Worms, 42). Da die Besucherzahl alle Erwartungen überstieg, erwiesen sich die vorsorglichen Planungen als nicht ausreichend. Lebensmittel waren teuer, Wohnraum war zu knapp, man stritt sich um Quartiere und um das am Rheinufer lagernde Feuerholz. Ausführlich berichtete der päpstliche Gesandte, Nuntius Aleander (1480–1542), in seinen Depeschen nach Rom von den Ärgernissen: *Die für mich gemietete Wohnung verweigern sie mir selbst für mein Geld, da ich sie doch noch teurer als andere bezahlen will; mein Name auf der Thür wird ausgelöscht und tausend andere rohe und freche Streiche fallen vor, die höchst verwunderlich und kaum glaubhaft sind … Ich fühle mich unsicherer in diesen Städten als in der Campagna und habe daher mit vieler Mühe und Kostenaufwand in allernächster Nähe des Palastes ein Kämmerchen gemietet in der Hütte eines Armen. Da diesem Gelaß der Kamin fehlt, so habe ich ohne Feuer an den eisigen Ufern des Rheines viel Ungemach auszustehen …* (Kalkoff, Depeschen, 23 f.) Überall schlug ihm Feindseligkeit gegen die römische Kurie entgegen. Er charakterisierte die Stimmung düster: *Neunzig Prozent der Deutschen erhebt das Feldgeschrei »Luther«, der Rest ruft mindestens »Tod dem römischen Hof.«* (Kalkoff, Depeschen, 43) Der Unbeliebtheit Aleanders stand die Popularität Luthers gegenüber. Mit Flugschriften und Einblattdrucken konnten

Ansicht der Stadt Worms, aus Sebastian Münster: Cosmographei oder beschreibung aller länder, herrschafften, fürnemsten stetten, geschichten, gebreüche[n], hantierungen etc., Holzschnitt, Basel 1550, Stadtarchiv, Worms, Inv.Nr. Lade 6 Nr. 23a-h

Buchdrucker, über deren Existenz in Worms sich Aleander beklagte, ein Geschäft machen. Auf einem vom Wittenberger Rat zur Verfügung gestellten zweirädrigen Wagen und drei Pferden hatte sich Luther am 2. April auf die Reise gemacht. Begleitet wurde er von seinem Ordensbruder Petzensteiner, dem Theologen Amsdorf (1483–1565) und dem Studenten Suaven. Der Reichsherold Caspar Sturm (1475–1552), der die Ladung überbracht hatte, ritt als kaiserlicher Schutzbeauftragter voran. In Oppenheim versuchten Freunde, Luther auf die Ebernburg umzulenken. Aber er wollte nach Worms, auch wenn dort soviel Teufel seien wie Ziegel auf den Dächern. Das Getriebe in den Gassen der Reichstagsstadt war am Dienstagvormittag des 16. April gegen 10 Uhr etwas zur Ruhe gekommen. *Man aß früh und es war schon Mittagszeit. Da ertönte die Trompete des Münsterwächters, der neue Gäste ankündigte. In kurzer Zeit stauten sich an der Martinspforte und in der Kämmerergasse die Menschen. Luther kommt, rief man sich zu, der mutige Mann. Man erwartete von ihm Wunderdinge, so wie man dies auch von dem jungen, gerade 21 Jahre alten Kaiser Karl erwartete.* (Kammer/Reuter/Oelschläger, Spuren, 16) Luther sollte als Gebannter nicht bei seinen Ordensbrüdern im Augustinerkloster wohnen. Eine Unterbringung im Quartier der Habsburger konnten die Kursachsen abwenden. Vielmehr kam er im Johanniterhof im Bereich Ecke Kämmerer- und Hardtgasse unter. Dort wohnten bereits einige sächsische Räte. Der Kurfürst, sein Schutzherr, logierte nebenan im Gasthaus »Zum Schwan«. Im Johanniterhof, wo Luther sein Zimmer mit zwei anderen Männern teilen musste, gaben sich die Besucher für die nächsten zehn Tage die Tür in die Hand. Zu ihnen haben der Legende nach auch zwei Juden gehört, die Luther Wein schenkten. Er soll mit ihnen über hebräisch-deutsche Übersetzungsprobleme diskutiert haben, worüber sich die Juden untereinander zerstritten hätten.

Mit Absicht wählte man als Ort des Verhörs den Bischofshof, in dem der Kaiser wohnte. Deutlich hob man damit die »Luthersache« von den eigentlichen Reichstagsverhandlungen ab, die im Bürgerhof (Rathaus) und dem Haus »Zur Münze« stattfanden.

Um Aufsehen zu vermeiden, führte man Luther am 17. und 18. April nicht durch die Kämmerergasse in den Bischofshof. Stattdessen wählte man den Weg durch den Garten der Johanniterkommende und weiter durch Martinsgasse, Obermarkt und Rotkreuzgasse zu einem Seiteneingang in den Bischofshofbereich. Der mehrgliedrige Bischofshof war rechtwinklig an den Dom angebaut. Seine Lage im heutigen Heylshofgarten lässt sich an der Kathedrale ablesen. Er erstreckte sich bis zur Stephansgasse, wo er mit der Palastkapelle St. Stephan abschloss. Spanische Teilnehmer an dem Luther-Verhör haben den niedrigeren, kleineren Raum des Verhörs vom 17. April ebenso beschrieben wie den größeren Raum, den man wegen der zahlreichen Zuhörer am 18. April wählte.

Ulrich Oelschläger

Lit.: Bönnen, Worms. – Kalkoff, Depeschen. – Kammer/Reuter/Oelschläger, Spuren. – Kaufmann, Geschichte. – Reuter, Worms.

Gewissens- und Religionsfreiheit – ein katholischer Beitrag

Als sich Martin Luther auf dem Reichstag zu Worms 1521 weigerte, seine vom Papst als häretisch eingestuften Thesen zu widerrufen, tat er das mit Berufung auf sein Gewissen. Der Kaiser verhängte daraufhin die Reichsacht über ihn. Er selbst und sein Projekt der Kirchenreform überlebten nur, weil er von deutschen Fürsten unterstützt wurde und sich auf die Wartburg zurückzog. Heute wären seine Forderungen durch die Meinungs-, Gewissens- und Religionsfreiheit geschützt. Dass diese Rechte heute gelten, verdanken wir der Reformation und vielen sich jahrhundertelang anschließenden Kämpfen.

Leider hat sich die katholische Kirche viel zu lange geweigert, diese Rechte anzuerkennen. Noch Papst Pius IX. (1792–1878) verurteilte 1864 in seinem *Syllabus Errorum* die Religionsfreiheit. Erst im Zweiten Vatikanischen Konzil (1962–65) erklärte die katholische Kirche feierlich, dass »in religiösen Dingen niemand gezwungen wird, gegen sein Gewissen zu handeln, noch daran gehindert wird, privat und öffentlich, als einzelner oder in Verbindung mit anderen – innerhalb der gebührenden Grenzen – nach seinem Gewissen zu handeln.« (*Dignitatis humanae,* 2). In der Pastoralkonstitution betonte das Konzil zudem, dass das Gewissen auch dann nicht seine Würde verliere und oberste Instanz für den Menschen bleibe, wenn es irre (*Gaudium et spes,* 16). Die Frohe Botschaft proklamiere die »Freiheit der Kinder Gottes«: »Sie verwirft jede Art von Knechtschaft, die letztlich aus der Sünde stammt; sie respektiert sorgfältig die Würde des Gewissens und seiner freien Entscheidung [...].« (*Gaudium et spes,* 41) Dem könnte heute Martin Luther sicherlich zustimmen. Es liegt eine große Tragik darin, dass seine berechtigten Forderungen nach einer Reform der Kirche auf einen so erbitterten Widerstand der im Reich und in der Kirche Mächtigen stießen.

Religions- und Gewissensfreiheit erscheinen heute als selbstverständliche Errungenschaften. Auf der anderen Seite darf nicht übersehen werden, dass Freiheiten nicht grenzenlos sein können und auch die Gewissensfreiheit nicht einfach Beliebigkeit bedeutet. Denn die Freiheit des einen endet dort, wo die Freiheit des anderen tangiert wird. Deshalb bedarf es auch in unseren Gesellschaften, in denen das Recht auf Gewissens- und Religionsfreiheit gilt, eines demokratisch beschlossenen und dadurch legitimierten Rechts, das bestimmte Handlungen verbietet und mit Strafen sanktioniert, in denen jemand die Rechte anderer verletzt. Ein drastisches Beispiel dafür wäre Anders Behring Breivik (geb. 1979), der seine terroristischen Anschläge in Oslo und auf Utøa in der Außensicht extrem ideologisch, aus seiner Innensicht aber vernünftig und aus Gewissensgründen gerechtfertigt hat. Ein freiheitliches, auf den Menschenrechten aufbauendes staatliches Recht kann Gewissensfreiheit nur insofern schützen, als in der Berufung auf sie keine Straftaten oder im Rahmen eines zivilen Ungehorsams allenfalls geringfügige Ordnungswidrigkeiten begangen werden. Vor allem kommt die Gewissensfreiheit dann ins Spiel, wenn es darum geht, Menschen nicht zu etwas zu zwingen, was ihnen ihr Gewissen verbietet. Auch die Religionsfreiheit darf nicht absolut gesetzt werden. Sie rechtfertigt nicht die Verletzung der Rechte anderer. Eine Religion, die meinte, Menschenopfer fordern zu müssen, dürften wir rechtlich nicht tolerieren. Aber es gibt Grauzonen, in denen

Pius IX. mit Kardinälen, um 1865

II. Vatikanisches Konzil, Feierliche Konzilssitzung in der Konzilsaula des Petersdoms in Rom, 1963/64

nicht so einfach zu bestimmen ist, wo der Religionsfreiheit durch das Recht Grenzen zu setzen sind, beispielsweise im Falle einer durch die jüdische oder die muslimische Religion geforderten Beschneidung von Jungen. Gleichzeitig ist klar, dass keiner Religionsgemeinschaft das Recht zukommt, solche Rechtsgrenzen anstelle eines Staates zu setzen, da dadurch für andere Bürger/innen dieses Staates das Recht auf Religionsfreiheit verletzt würde.

Einem weiteren möglichen Missverständnis ist zu wehren: Das Gewissen darf nicht verwechselt werden mit einer Art »Bauchgefühl«, auf das sich zu berufen heute ein wenig zur Mode geworden ist. Gewissensentscheidungen setzen das ernsthafte Bemühen voraus, alle relevanten Informationen einzuholen, Pro- und Kontraargumente sorgfältig abzuwägen, die Meinung von Beraterinnen und Beratern zu berücksichtigen und erst nach einem längeren Prozess des Ringens mit sich selbst zu entscheiden. Wenn man dann eine solche Entscheidung »guten Gewissens« getroffen hat, darf man auch »mit sich im Reinen sein« und braucht nicht die Sorge zu haben, dass man so oder so keine Chance gehabt hätte, nicht schuldig zu werden. Wer nach sorgfältiger Abwägung mit ehrlich gutem Gewissen handelt, macht sich moralisch nicht schuldig.

Gerhard Kruip

Lit.: Goertz, Gewissensfreiheit. – Heimbach-Steins, Religionsfreiheit. – Kruip, Katholische Kirche.

3.1

3.1 Der ideale Gelehrtenkreis des Crotus Rubeanus: ein Bündnis von Humanismus und Reformation

»Humanistenblatt« aus der Matrikel der Universität Erfurt, Rektoratsblatt des Johannes Crotus Rubeanus (Johann Jäger; 1480–1539) vom Wintersemester 1520/21
Matrikel der Universität Erfurt, Bd. 2
Handschrift auf Pergament
30 × 22 cm
Stadtarchiv Erfurt
Inv.Nr. 1-1/10B 13-46, Bd. 2 1498–1599

Zu Beginn des 16. Jahrhunderts bildete die Universitätsstadt Erfurt eines der virulentesten Zentren des Humanismus, aus dessen Reihen wichtige Unterstützer Luthers hervorgingen. Die neue Bildungsbewegung wollte mit den *studia humanitatis* die sprachliche und ethische Kompetenz der Menschen steigern und sie so allererst zu wahren Menschen werden lassen. Dazu nutzte sie die sprachlichen und übrigen kulturellen Hinterlassenschaften der klassischen Antike zur Orientierung. *Ad fontes*, zurück zu den (antiken) Quellen, war eine der Parolen des seit dem 14. Jahrhundert in Italien aufkommenden (Renaissance-)Humanismus. In Erfurt waren es zuerst Wanderpoeten, welche in der zweiten Hälfte des 15. Jahrhunderts die neuen Ideale mit kurzen, aber nachhaltig wirkenden Gastspielen an der Universität verkündeten. Ihnen folgte ab etwa 1500 eine Generation junger Magister, die der neuen Bildungsbewegung nahestanden. Mutianus Rufus (Konrad Muth; 1470–1526) war ab 1503 im benachbarten Gotha die erste länger wirkende Führungsfigur des Erfurter Humanismus; er wurde ab 1514 durch Helius Eobanus Hessus (1488–1540) abgelöst, einem der wichtigsten humanistischen Poeten.

Schon früh gab es im Erfurter Humanistenkreis (*Sodalität*) Sympathien für die Ablass- und Kirchenkritik Luthers. Ab Herbst 1518 engagierten sich seine Mitglieder dafür, dass Erasmus von Rotterdam (um 1467–1536) – nach1500 das ungekrönte Oberhaupt der Humanisten nördlich der Alpen – sich auf die Seite Luthers stellte. Es gelang ihnen, den großen Humanisten im Herbst 1518 und im Frühjahr 1519 zu lutherfreundlichen Statements zu bewegen. Damit gewann der Wittenberger vor allem bei den jüngeren Humanisten an Sympathie. Der wachsende Anhang Luthers unter Humanisten und Studenten ließ in den nachfolgenden Monaten die Spannungen in Erfurt steigen.

Vor dem Wintersemester 1520/21 wurde Crotus Rubeanus zum Rektor gewählt. Der ehemalige Angehörige des Mutian-Kreises hatte auf der Durchreise in Erfurt Station gemacht. Crotus, der als Verfasser des ersten Teils der berühmten »Dunkelmännerbriefe« (▸ 3.2) gilt, gelang es, eine weitere Eskalation der Spannungen in der Stadt zu vermeiden. Zum Ende seines Rektorats bereitete die Erfurter Universität Martin Luther auf der Durchreise nach Worms einen triumphalen Empfang. Luther bezeichnete den feierlichen Einzug am 6. April 1521 in Anlehnung an die biblische Passionsgeschichte als seinen »Palmsonntag«.

Das aufwendig kolorierte Rektoratsblatt des Crotus Rubeanus aus der Erfurter Matrikel dürfte ebenfalls am Ende seiner Amtszeit entstanden sein. Es veranschaulicht das Zusammenspiel von Reformation und Humanismus in Gestalt einer Wappenrunde, die für eine ideale Humanistensodalität steht. Die Darstellung zeigt eine um das Wappen des Crotus Rubeanus angeordnete ideale Sodalität von 16 prominenten Humanisten und Anhängern der Luthersache, die durch ihre Wappen vertreten werden. An den exponierten Eckpunkten sind die Wappen von Martin Luther, Erasmus von Rotterdam, Mutianus Rufus und Johannes Reuchlin (1455–1522) platziert. Zwischen diesen Hauptfiguren der idealen Sodalität finden sich die Wappen von Ulrich von Hutten (1488–1523), Eobanus Hessus und Justus Jonas (oben; 1493–1555), von Philipp Melanchthon (1497–1560), Johann Lang (1487–1548) und Petrus Eberbach (rechts; ca. 1480-ca.1532), von Johannes Draco (1494–1566), Andreas Bodenstein aus Karlstadt (1486–1541), Heinrich Urban (ca. 1475–1538) und Georg Petz aus Forchheim (unten; 1492–1522) und von Justus Menius (1499–1558), Joachim Camerarius (1500–74) und Adam Krafft (1493–1558). Eobanus Hessus kommentierte das Bildprogramm poetisch: *Ut nunquam voluit sine charis vivere amicis | Hic etiam solus noluit esse Crotus. | Picta vides variis fulgere toreumata signis | His sociis nostrae praefuit ille scholae* (Wie er niemals ohne liebe Freunde leben wollte, wollte Crotus auch hier nicht allein sein. Du siehst gemalte Wappen blitzen mit verschiedenen Zeichen. Mit diesen Genossen stand jener unserer Schule vor). Das Bündnis von Humanismus und Reformation konnte kaum einen deutlicheren Ausdruck finden als in dieser Darstellung.

Wolfgang Breul

Lit.: Weiss, Bürger. – Kleineidam, Universitas. – Breul, Fulda.

3.2 Humanisten parodieren die scholastischen Gelehrten

Ulrich von Hutten, Crotus Rubeanus u. a.
Epistolae obscurum virorum (»Dunkelmännerbriefe«)
[Speyer: Jakob Schmidt, 1517]
Druck auf Papier
20 × 15 cm
Hessische Hochschul- und Landesbibliothek, Fulda
Sign. Hutten Benzing 243, VD 16 1723

3.2

Eine erste Ausgabe der Briefe erschien im Herbst 1515 ohne Angabe eines Verfassers bei Heinrich Gran in Hagenau (1489–1527; mit dem Impressum *in impressoria Aldi Manutii*), eine um sieben Briefe erweiterte Ausgabe 1516 in Speyer. Der zweite Teil kam erstmals im Herbst 1517 heraus. Das Werk war durch den Thüringer Humanisten Crotus Rubeanus angeregt worden, der wohl auch die meisten Texte der ersten Ausgabe verfasst hat. Ulrich von Hutten gilt als Autor des zweiten Teils; daneben wird die Abfassung einzelner Briefe durch andere Humanisten in Erwägung gezogen.

Der erste Teil umfasst 41 (+ 7) Briefe von Schülern an ihren (ehemaligen) Lehrer Magister Ortvinus Gratius (1475–1542) in Köln. Es sind »Freundschaftsbriefe« in humanistischer Manier, zum Teil ohne tieferen Sinn. Fiktive Freunde und Schüler mit zum Teil eigenartigen Namen (*Dollkopfius* u. a.) schreiben fiktive Briefe, parodieren den Universitätsbetrieb, erfinden neue ungewöhnliche Begriffe (Neologismen) und entlarven sich dabei durch ihre Sprache und ihr Denken als ungebildete Barbaren.

Große Wirkung erzielten die EOV in ihrer Zeit nicht – zwischen 1517 und 1556 wurden sie nicht wieder gedruckt. Erst seit dem Ende des 18. Jahrhunderts wurde der Begriff »Dunkelmänner« in der polemischen Pamphletistik in deutscher Sprache wieder aufgenommen.

Wirklich genießen kann man Witz und Satire der Epistolae nur in lateinischer Sprache; alle Übersetzungen müssen unausweichlich hinter dem Sprachwitz des Originals zurückbleiben.

Johannes Schilling

Edition: Bömer. Lit.: Mennecke-Haustein, Epistolae. – Huber-Rebenich, Epistolae.

Mein Blick auf Franz von Sickingen

In der Quinta des Gymnasiums in Bad Kreuznach bekam ich Geschichtsunterricht. Wir beschäftigten uns zunächst mit der Geschichte der Heimat. Um ehrlich zu sein: den Disibodenberg und seine Geschichte fand ich damals langweilig, aber bei Franz von Sickingen wurde endlich geschossen, man konnte auf Wandertagen die herrliche Ebernburg und das Hutten-Sickingen-Denkmal sehen, das war spannend für den Zwölfjährigen. Heinrich Steitz vermochte mich nach längerer Zeit wieder für den mächtigen Reichsritter zu interessieren. Inzwischen Wormser geworden, hat mich von nun an die Frage nicht losgelassen: War er nun ein übler Raubritter, der die Reformation für seinen Vorteil zu nutzen versuchte und dabei die Wormser gequält hat, oder war er ein engagierter Verfechter der evangelischen Sache?

Ulrich Oelschläger, Präses der Evangelischen Kirche in Hessen und Nassau

3.3 Humanistenspott: Disputation über die verschiedenen Arten des Betrunkenseins

Helius Eobanus Hessus
De generibus ebriosorum et ebrietate vitanda
[Nürnberg: Hieronymus Höltzel, 1516]
Holzschnitt
20 × 14 cm
Germanisches Nationalmuseum, Nürnberg
Sign. N 428, VD 16 E 1498

Eobanus Hessus, seit 1514 Anführer des Erfurter Humanistenkreises, war bereits in seinen jungen Jahren als neulateinischer Dichter allgemein bekannt. Auch Ulrich von Hutten kannte seine literarischen Werke und schätzte zudem sein Eintreten für Luthers Lehre. Von 1515 bis 1523 stand er mit Hessus in literarischer Verbindung. Zum Tod Huttens 1523 verfasste Hessus ein *Epicedion* in der Form eines metrischen lateinischen Dialogs zwischen Hutten und dem Tod. Der Tod triumphiert. Dies beeindruckt aber Hutten nicht, da sein Nachruhm als Befreier Deutschlands vom Joche der Priester ja fortbestehe.

1515 verfasste Hessus in der Art einer akademischen Disputationsrede *De generibus ebriosorum et ebrietate vitanda*. Im ersten Teil dieser spöttischen Scherzrede, die anonym 1515 in Erfurt und 1516 in Mainz und Nürnberg im Druck erschien und rasche Verbreitung fand, wird über die verschieden gearteten Betrunkenen und über die Vermeidung der Trunkenheit referiert. Der Zustand der Trunkenheit habe tierischen Charakter und sei ein viehisches Vergnügen. Im zweiten Teil begegnet Hessus dem Vorwurf der Italiener, die Deutschen seien schlimme Trinker; im dritten Teil führt er die Verwerflichkeit und die schlimmen Folgen ungezügelten Alkoholgenusses vor Augen.

Der Titelholzschnitt zeigt anschaulich die Tiere (Hund, Kalb, Sau, Esel, Wolf, Gans, Bär und Affe) beim Trinkgelage. 1516 veröffentlichte Hessus, der dem Alkoholgenuss keineswegs abgeneigt war, zu demselben Thema auch das Gedicht *De vitanda ebrietate elegia*. Mit der Trunksucht und deren verderblichen Auswirkungen wolle der Teufel seine Macht auf Erden und insbesondere in Deutschland etablieren.

Thomas Gerhard Wilhelmi

Lit.: Krause, Hessus. – Huber-Rebenich/ Lütkemeyer, Hessus. – Hartmann, Hessus.

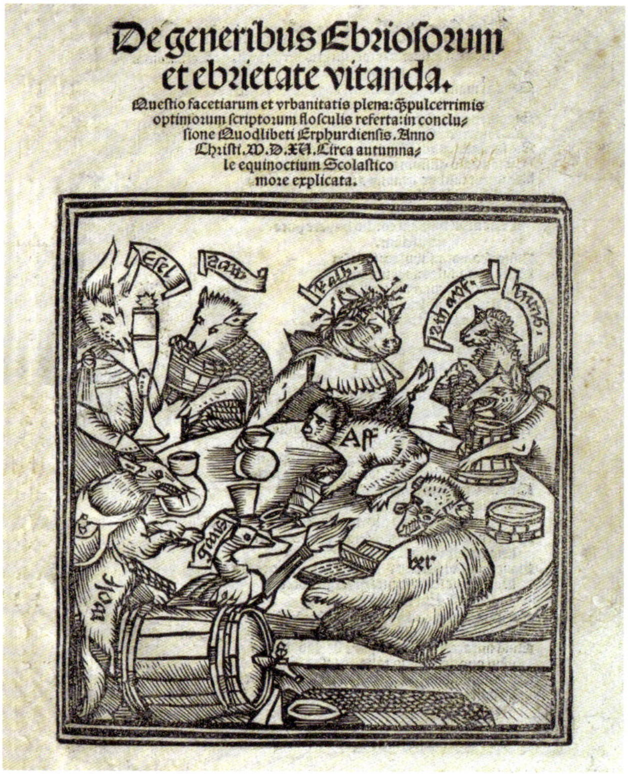

3.3

3.4 Ulrich von Hutten – Vorkämpfer von Humanismus und Reformation mit Feder und Schwert

a
Bildnis Ulrich von Hutten (1488–1523) unter einem Baldachin
1517 (?)
Holzschnitt
13,6, × 15,6 cm
bezeichnet: ULRICHVS DE HVTTEN EQ GERMA
Staatsbibliothek Bamberg
Sign. VI Ba 130

b
Erhard Schön (?) (um 1491–1542)
Bildnis Ulrich von Huttens
1521 (?)
Holzschnitt, koloriert
23,5 × 12,5 cm
Leihgabe der Paul Wolfgang Merkel'schen Familienstiftung, Graphische Sammlung, Germanisches Nationalmuseum, Nürnberg
Inv.Nr. MP 11712, Mappe 199 (Merkel) als Depositum im GNM Kapsel 1420

3.4a

3.4b

Ulrich von Hutten war zwischen 1510 und seinem Tod der bedeutendste Dichter in lateinischer und deutscher Sprache im Reich. Er wurde am 21. April 1488 auf der Steckelburg bei Schlüchtern geboren. Einen Teil seiner Kindheit verbrachte er im benachbarten Kloster Fulda, seine Jugendjahre überwiegend in Universitätsstädten – Mainz, Köln, Erfurt, Frankfurt/Oder, Leipzig, Greifswald und Rostock. Dort fand er Anschluss an Humanistenkreise – in Erfurt an Crotus Rubeanus und Eobanus Hessus – und verfasste erste Dichtungen, darunter die erfolgreiche Poetik *De arte versificandi*. 1511 ging er über Wien nach Italien, 1514 lernte er Erasmus von Rotterdam kennen. Im selben Jahr trat er in die Dienste Erzbischof Albrechts von Mainz, dessen feierlichen Einzug in Mainz am 8. November 1514 er in einem im Januar 1515 fertiggestellten Panegyricus pries. Ein zweiter Italienaufenthalt 1515–17 förderte seine Gegnerschaft gegen Rom und die Kurie sowie seine Dichtungen, nicht aber seine Studien. Seine Themen waren sowohl historischer wie tagespolitischer Art – in seinem Dialog *Arminius* (postum 1529 veröffentlicht) rühmte er Hermann den Cherusker als Vorkämpfer der Freiheit gegen die römische Unterdrückung; in Schriften gegen den Herzog Ulrich von Württemberg (1487–1550; *Ulrichreden* 1519; *Phalarismus*, 1519) wandte er sich gegen den Mörder seines Vetters. Im Judenbücherstreit ergriff er poetisch Partei für Johannes Reuchlin (*Triumphus Capnionis*, 1518; Brief an Hermann von Neuenahr, 1518). Auch der Syphilis und ihrer Bekämpfung hat er eine Schrift gewidmet (*De Guaici medicina et morbo gallico*, 1518).

Nach seiner Rückkehr aus Italien wurde er am 12. Juli 1517 von Kaiser Maximilian I. in Augsburg zum Dichter gekrönt und nahm danach seinen Dienst am Hof von Erzbischof Albrecht von Mainz wieder auf. Im September 1520 schloss er sich Franz von Sickingen an und wandte sich in Schriften gegen die Kurie und die deutschen Fürsten – auf den Titelblättern seiner Schriften erschien sein Wahlspruch *Iacta est alea* (Der Würfel ist gefallen) bzw. *Ich habs gewagt*. In der Bulle *Exsurge Domine* wird er neben Luther mit dem Bann bedroht; er veröffentlichte sie Ende 1520 mit polemischen Glossen. Nach der Niederlage Sickingens führte er ein unruhiges Leben, flüchtete nach Schlettstadt und dann nach Basel und suchte Zuflucht bei Erasmus, der ihn jedoch abwies. Hutten ließ daraufhin eine Streitschrift *Expostulatio cum Erasmo* (1523) ergehen, die Erasmus mit einer Gegenschrift beantwortete, die erst nach Huttens Tod erschien. Mit dem bösen Aufruhr Huttens mochte der Humanist nicht in Verbindung gebracht werden.

Zu seinen wirkungsvollsten Schriften gehören die *Epistolae obscurorum virorum*, an denen er maßgeblichen Anteil hatte. Für die Reformation engagierte er sich früh, stieß jedoch in Wittenberg und bei Luther nicht auf die Resonanz, die er sich offenbar versprochen hatte.

Sein »Lebensbrief« vom 25. Oktober 1518 an Willibald Pirckheimer (1470–1530) enthält sein Bekenntnis zum Humanismus: *O seculum! O literae! Juvat vivere, etsi quiescere nondum iuvat, Bilibalde. Vigent studia, florent ingenia* (O Jahrhundert, o Literatur! Es ist eine Lust zu leben, auch wenn es keine Lust ist zu schweigen, Willibald. Die Studien sind lebendig, und die Begabungen blühen).

Hutten starb am 29. August 1523 auf der Ufenau im Zürichsee, wo er auch begraben ist.

Im 19. Jahrhundert wurde Hutten wiederentdeckt; David Friedrich Strauß (1808–74) schrieb eine lesenswerte Biografie (1858), und in den folgenden Jahrzehnten wurde er für unterschiedliche patriotische und nationalistische Zwecke gebraucht.

a. Das qualitätvolle Bildnis des Dichter-Ritters unter dem Baldachin erschien erstmals im März 1517 in seiner Schrift *Phalarismus* und wurde in drei weiteren Schriften als Autorenbildnis wiederholt. Es zeigt oben links das Wappen derer von Eberstein, rechts das derer von Hutten. Die Inschrift in Kapitalis-Lettern zeigt den Dargestellten als EQ[VES] GERMA[NICVS bzw. NIAE] »deutschen Ritter« bzw. »Ritter Deutschlands« – Ausweis des Selbstbewusstseins eines Gebildeten von Stand.

b. In dem vier Jahre später (nach April 1521?) entstandenen Einblattdruck zeigt sich der gekrönte Dichter *Vlrich von hutten etc.* vor allem als Ritter – in der Rüstung und mit der Hand am Schwert (Zepter?). Die Lettern in dessen Knauf IHE / H.V / NS / A (?) sind vielleicht in Jesus / Huttenus / A (?) aufzulösen – Hutten, ein *miles christianus*? Aber einer, der, wie das Gedicht ausweist, von sich selbst sagt: *Schwert / feder halt* [ich] *in gleicher macht.*

Johannes Schilling

Lit.: Benzing, Hutten und seine Drucker. – Brall, Hutten Sammlung. – Nettner-Reinsel, Bildnisse.

3.5 Ulrich von Hutten stellt sich an die Seite des vom päpstlichen Bann bedrohten Luther

Ulrich von Hutten
Epistola … Ad D. Martinum Lutherum Theologum Vuittembergae
gedruckter Brief vom 4. Juni 1520
[Wittenberg: Melchior Lotter d. J., nach 4. Juni 1520]
20,4 × 15,4 cm
Titelbordüre Werkstatt Lucas Cranach
Bibliothek und Medienzentrale der Evangelischen Kirche der Pfalz, Speyer
Sign. OAa 100, VD 16 H6326

Der Humanist Ulrich von Hutten hatte der römischen Papstkirche seit 1518 den literarischen Kampf angesagt. In Martin Luther sah er immer deutlicher den Bundesgenossen, der Seite an Seite mit der Ritterschaft das unterdrückte Vaterland befreien könne.

Seit seiner Teilnahme am Feldzug gegen Herzog Ulrich von Württemberg 1519 war Hutten mit dem Ritter Franz von Sickingen befreundet. Bereits am 20. Januar und am 28. Februar 1520 hatte er sich in zwei Briefen an Philipp Melanchthon gewandt, um durch diesen ein Schutzangebot Sickingens für Luther zu übermitteln.

Am 4. Juni 1520 schrieb Hutten aus Mainz, wo er in Diensten des Erzbischofs Albrecht von Brandenburg stand, erstmals direkt an Martin Luther. Die politische Situation hatte sich durch die Bannandrohungsbulle gegen Luther zugespitzt. Sie war wenige Tage zuvor in Rom unter maßgeblicher Beteiligung des Luther-Gegners Johannes Eck (1486–1543) abschließend beraten worden und wurde am 15. Juni 1520 offiziell verabschiedet. Schon Anfang Juni war Hutten durch den Mainzer Gesandten von Rom über die Beratungen bestens unterrichtet und wusste, dass auch sein eigener Name in der Bulle stehen sollte.

In seinem Brief an Luther schilderte Hutten die bedrohliche aktuelle Lage: Ecks Rückkehr aus Rom, die Verdammungsurteile der Kölner und Löwener theologischen Fakultäten und vor allem: Luthers bevorstehender Bann. Hutten stellte sich als Mitangeklagter eindeutig auf Luthers Seite. Die drohende Exkommunikation ließ Luther in Huttens Augen deutlicher denn je als hervorragenden und wertvollen Mitstreiter für seine Ideale, ja als populäre Leit- und Symbolfigur für die gemeinsame Sache erscheinen und stachelte seine Kampfbereitschaft erst recht an: In dem mit zahlreichen Schriftbelegen versehenen, auch stilistisch auf den Theologen zugeschnittenen Brief verband Hutten seine

3.5

eigenen politischen und religiösen Anliegen mit Luthers reformatorischen Gedanken. Beide, Hutten und Luther, wollten die durch den Papst unterdrückte Lehre Christi wieder ans Licht ziehen. Für Hutten konkretisierte sich dies im Politischen: Gemäß seinem Briefmotto *Vive libertas* (Lebe, Freiheit!) sah er die Befreiung des deutschen Vaterlands vom päpstlichen Joch als das große gemeinsame Ziel. Hutten sicherte Luther unter allen Umständen seine Bundesgenossenschaft zu: *Wir wollen die gemeinsame Freiheit beschützen, wir wollen das schon lange unterdrückte Vaterland befreien!* Der Brief gipfelte in dem Schutzangebot Franz von Sickingens an Luther: *Es fordert dich N.* [= Sickingen] *auf, zu ihm zu kommen, wenn du dort nicht sicher genug sein solltest. Er wird dich nach deiner Würde herrlich halten und wider Feinde jeder Art wacker verteidigen. Er hat mir drei- oder viermal aufgetragen, dies an dich zu schreiben.*

Dass Huttens Brief kurze Zeit nach Abfassung des handschriftlichen Originals bei Melchior Lotter d.J. in Wittenberg – und damit sozusagen vor Luthers Augen – und parallel hierzu auch bei Martin Landsberg in Leipzig gedruckt wurde, dürfte in voller Absicht geschehen sein: Der offene Brief sollte den Schulterschluss zwischen Luther, Hutten und der Ritterschaft öffentlich machen. Sickingens Schutzangebot gab Luther und seinen Anhängern offensichtlich die Gewissheit, auch außerhalb Kursachsens nicht ohne politischen Rückhalt zu sein. Obgleich in der Druckversion Sickingens Name durch ein »N.« ersetzt war, wusste jeder, dass das »N.« für Sickingen stand.

Nachdem Luther der Einladung nicht Folge leistete, wandte sich Hutten am 9. Dezember 1520 – nun von der Ebernburg aus, auf die er sich nach dem Scheitern seiner Vorhaben am Hof des Erzherzogs Ferdinand Anfang September 1520 begeben hatte – mit einem weiteren Brief an Luther, in dem er unter anderem klagte, dass dieser nichts von sich hören lasse.

Anfang April 1521 war es Kaiser Karl V., der durch seinen Beichtvater Johannes Glapion (ca. 1460–1522) Luther auf die Ebernburg locken wollte, womöglich um dessen Auftreten auf dem Wormser Reichstag zu verhindern. Auch Martin Bucer (1491–1551) versuchte, in Sickingens Auftrag am 15. April 1521 in Oppenheim Martin Luther an der Weiterreise nach Worms zu hindern und ihn stattdessen auf die Ebernburg zu holen. Luther ließ sich jedoch nicht umstimmen.

Nicht die Ebernburg, sondern die Wartburg bei Eisenach wurde wenige Tage später zum Schutz- und Zufluchtsort des in Worms geächteten Reformators.

Traudel Himmighöfer

Lit.: Kaufmann, Ebernburg-Kreis. – Kornfeld, Huttens Stellung. – Luther, Briefwechsel (WA) II, 115–118, Nr. 295. – Reiniger, Publizistik. – Schäufele, Herberge der Gerechtigkeit. – Wulfert, Kritik.

3.6 Ulrich von Hutten verteidigt Luther gegen die päpstliche Bannandrohungsbulle

Ulrich von Hutten: BVLLA Decimi Leonis, contra errores Martini Lutheri, & sequacium. (Darunter: Holzschnitt mit dem Wappen Papst Leo X. – Eingerahmt auf beiden Seiten mit dem Text:) Astitit Bulla a dextris eius, in vestitu de aurato, circumamicta varietatibus. (Unter dem Wappen:) Vide lector, operepreciuṃ est.
Adficieris. Cognosces qualis pastor sit Leo.
[Straßburg: Johann Prüß, 1520]
Druck auf Papier
21 × 16,3 cm
Universitätsbibliothek Würzburg
Sign. Th.dp.q. 172, VD 16 K 276

BVLLA
Decimi Leonis, contra errores Martini
Lutheri, & sequacium.

Astitit Bulla a' dextris eius, in vestitu deaurato, circumamicta varietatibus.

Vide lector, operęprecium est. Adscieris. Cognosces qualis pastor sit Leo.

3.6

Ulrich von Hutten zählte zu jenen Humanisten, die sich durch zahlreiche lateinische Flugschriften in der gebildeten Öffentlichkeit einen Namen machten. In seinen Schriften von 1520/21 bekämpfte er vor allem den päpstlichen Einfluss in Deutschland.

Mit Ritter Franz von Sickingen verband Hutten seit 1519 eine treue Freundschaft (Böcher, Theologen der Ebernburg, 15). Als Hutten erfuhr, dass Papst Leo X. (1475–1521) seine Auslieferung nach Rom verlangte, unterstellte er sich dem Schutz Sickingens. Ab September 1520 weilte er auf der Ebernburg. Dort entfaltete er in den folgenden Monaten eine immense literarische Tätigkeit. Noch im Oktober 1520 entstand Huttens *BVLLA Decimi Leonis*, eine Wiedergabe der gegen Martin Luther gerichteten päpstlichen Bannandrohungsbulle *Exsurge Domine* (Fabisch/Iserloh Dokumente, 364–411 und 412–434), ergänzt durch eine kritische Kommentierung. Die Aussagen des Ritters enthalten keine systematische Widerlegung der päpstlichen Bulle, sondern eine Anhäufung zahlreicher Einzelkritiken, die sich zu einer massiven Anklage gegen den mit »du« angeredeten Papst summieren (Wulfert, Kritik, 273).

In dem an die Deutschen gerichteten Vorwort vertritt Hutten die Auffassung, dass der Papst nicht nur als Gegner Luthers zu begreifen sei, sondern als ein Widersacher aller Deutschen, dem es darum gehe, die von Luther wiederbelebte christliche Wahrheit sowie die Freiheit der Deutschen zu unterdrücken. Der Charakterisierung der neuen Ketzer als *Füchse, die den Weinberg des Herrn verwüsten*, hält Hutten entgegen: Der Papst erweise sich in der Art, wie er den Deutschen ihr Geld entlocke, schlimmer als ein Fuchs, nämlich wie ein Wüstenwolf, weil er ausbeute und dies als Gerechtigkeit anpreise. Bei der Wiedergabe der 41 verurteilten Lutheraussagen fällt auf, dass eine Stellungnahme meistens fehlt. Die Aufforderung des Papstes, Luther und seine Anhänger gegebenenfalls gefangen zu nehmen und auszuliefern, erhält den Kommentar: *Sieh, wie er die Kirche nicht in Liebe eint, wie es Christus getan hätte, sondern mit Gewalt und Schrecken zwingen will, wie ein Tyrann. Wer will einen solchen Hirten ertragen?* (Wulfert, Kritik, 280). Das Nachwort endet mit dem Rat, der Papst möge nach den Gaben der Weisheit und der Reinheit trachten, um die Menschen mit hilfreichem Wohlwollen und nicht mit Gewalt zu regieren.

Huttens *BVLLA Decimi Leonis* und weitere seiner polemischen Flugschriften verfehlten ihre Wirkung auf dem Wormser Reichstag von 1521 nicht (Brecht, Luther, 426). Um Hutten zu beruhigen, erwog man im kaiserlichen Lager im Frühjahr 1521 verschiedene Möglichkeiten, die schließlich zu einem Gespräch auf der Ebernburg führten, an dem der kaiserliche Kammerherr Paul von Armstorff, des Kaisers Beichtvater Jean Glapion, Franz von Sickingen, Martin Bucer und Ulrich von Hutten teilnahmen. Bei dieser Gelegenheit entstand auch der Vorschlag, Luther auf die Ebernburg einzuladen, um dort mit ihm zu verhandeln (Brecht, Luther, 428 f.).

Joachim Ufer

Lit.: Böcher, Theologen der Ebernburg. – Brecht, Luther. – Fabisch/Iserloh, Dokumente, 341 f., 412–434. – Wulfert, Kritik.

3.7 Auf dem Weg nach Worms: Luthers Predigt in Erfurt fasst die reformatorischen Einsichten zusammen

Martin Luther
Eyn Sermon D. Martin Luthers so er auff dem hyneweg zu K. M. geyn Wormbß zu zyhen, […] auch zu besseru[n]g der yhenen so darin getroffen wie geschehe[n] in druck beviln vnd v[er]schaft
[Erfurt: Matthes Maler, 1521]
Druck auf Papier
20 × 16 cm
Forschungsbibliothek Gotha, Universitäts- und Forschungsbibliothek Erfurt/Gotha
Sign. Druck 8° 87, VD 16 L 6141

Eyn Sermon D. Mar
tini Luthers so er auff dem hyneweg zu
K. M. gen Wormbß zu zyhen/ auß
bit vortreflicher vnd vil gelarter/
ane vorgehēde fleyß/ader sün-
derliche studirung in der eyle
zu Erffurdt gethan/ von
eynem leyhen nach dem
im in seynem abwesen
die selbige in ruck
vngütliche vn
warhaftig-
lich vnnd
anders dan durch
inen vorlaut nach gesagt
zu entschuldigung vn̄ enthal-
dūg vnleuckbarer warheit/ auch
zu besserūg der yhenen so dar in getroffen
wie geschehē in druck bevoln vn̄ v̄schaft.

3.7

Den Flugschriften kommt beim Prozess der öffentlichen Meinungsbildung zum Beginn der Reformation eine zentrale Bedeutung zu, was sich an der beachtlichen Zahl von über 10.000 Drucken in den Jahren zwischen 1521 und 1525 zeigt. Sie verbreiteten das reformatorische Gedankengut binnen kurzer Zeit über weite Teile des Reichsgebietes. Ihre literarische Form war vielgestaltig, allerdings nehmen Predigten, Dialoge und Sendbriefe darunter eine hervorgehobene Stellung ein. Ab 1521 wurde die zum Kurfürstentum Mainz gehörende Stadt Erfurt zu einem der Zentren der reformatorischen Flugschriftenproduktion innerhalb des Reiches. Luthers Aufenthalt in Erfurt auf der Hinreise zum Reichstag nach Worms gab dieser Entwicklung einen wichtigen Impuls. Am 6. April 1521 traf er dort ein und weilte zwei Tage in der Stadt. Sein Aufenthalt wird durch den Erfurter Humanisten Eobanus Hessus in zwei Elegien sehr anschaulich beschrieben. Schon vor der Stadt wurde der Reformator durch Crotus Rubeanus, den Rektor der Universität, und eine große Menschenmenge begeistert begrüßt und in die Stadt geleitet. Tags darauf, am Sonntag *Quasimodogeniti*, predigte er über das Sonntagsevangelium (Joh 20,19 ff.) im Erfurter Augustinerkloster – seiner früheren Wirkungsstätte. Der Andrang zu dieser Predigt war so immens, dass die Empore einzustürzen drohte, wie Augenzeugen berichten.

In der Predigt (*Sermon*) legt Luther den Kern des christlichen Glaubens dar. Ausgehend von der Frage, wie der Mensch zur Frömmigkeit kommt, zeigt er anhand der Gegenüberstellung von fremden (göttlichen) und eigenen (menschlichen) Werken auf, dass sich das Heil des Menschen allein auf den durch das Wort vermittelten, auf Christus bezogenen Glauben gründet. Dieses Heil geschieht allein aus Gnaden und ist nicht an menschliche Werke wie z. B. Kirchen bauen, Wallfahrten oder Fasten gebunden. In scharfer Polemik gegen Rom und die Philosophie (gemeint ist damit die scholastische Theologie) lehnt Luther eine solche Werkgerechtigkeit als falsche Äußerlichkeit ab. Die guten Werke sind keine Bedingung für den Glauben, sondern folgen aus diesem zum Nutzen des Nächsten. Die Nähe zu den sogenannten »reformatorischen Hauptschriften« des Jahres 1520 (z. B. *An den christlichen christlichen Adel deutscher Nation* [▸ 6.1], *Von der Freiheit eines Christenmenschen*) ist deutlich erkennbar. Die Predigt bietet den Hörern eine kurze Zusammenfassung der lutherischen Rechtfertigungslehre.

Der *Sermon* wurde kurze Zeit später bei Matthes Maler (gest. 1536) in Erfurt gedruckt. Es handelt sich hierbei um eine Nachschrift der Predigt, welche von *eynem Leyen … zu entschuldigung und enthaltung unleuckbarer warheit* besorgt wurde. Luther selbst hatte diesen Druck nicht veranlasst. Schon die Zahl der weiteren Drucke des *Sermons* zeigt, wie schnell und in welchem großen Umfang die Gedanken Luthers durch das Medium der Flugschrift verbreitet wurden.

Insgesamt erfolgten binnen kurzer Zeit neun Drucke: vier in Erfurt (je zwei bei Matthes Maler und Ludwig Trutebul [geb. um 1485]), einer in Wittenberg (Johann Grunenberg [gest. um 1529]) drei in Augsburg (Silvan Otmar [gest. 1539], Hans Froschauer [1494–1523] und Melchior Ramminger [gest. 1543]) sowie ein weiterer Druck, der nicht näher zu identifizieren ist.

Mathias Müller

Lit.: Hohenberger, Systembruch. – Kaufmann, Geschichte, 303–319. – Moeller, Erfurt, 275–282. – Weiss, Bürger.

3.8 Geleitschutz für Luther: ein dem Reichsherold Caspar Sturm zugeschriebenes Schwert

Bidenhänderschwert mit verzierter Parierstange, Reichsherold Caspar Sturm zugeschrieben
Süddeutsch, zweite Hälfte 16. Jahrhundert
Stahl
Länge 168 cm (insgesamt), 44 cm (Parierstange)
Wetterau-Museum, Friedberg/Hessen
Inv.Nr. 71-16

3.8

Der 1475 in Oppenheim geborene Caspar Sturm wurde 1520 durch Kaiser Karl V. zum »Ehrenhold des Reiches« ernannt und erhielt den Beinamen »Germania genandt Teutschland«. Das Amt des Reichsherolds bekleidete er neben weiteren Ämtern bis 1532 und ließ sich zunächst in Mainz, danach in Nürnberg nieder. Als kaiserlicher Herold wachte er, neben weiteren Aufgaben, in erster Linie über das Hofzeremoniell und verkündete Verlautbarungen des Kaisers. Sturm, der gegenüber dem Kaiser loyal war, überwarf sich Anfang 1521 mit der Kurie und sympathisierte mit den Lehren Luthers. Es verwundert daher nicht, dass die Entscheidung, ihn mit dem Geleit für Luther zu beauftragen, beim päpstlichen Nuntius Aleander auf deutliche Kritik stieß. Nachdem Luther beim Wormser Reichstag nicht widerrufen hatte und daher mit dem Wormser Edikt (▸ 3.13) die Reichsacht über ihn verhängt wurde, sicherte Sturm wiederum das zuvor zugesagte freie Geleit. Allerdings entließ Luther den Herold schon am 28. April, zwei Tage nach der Abreise aus Worms, in Friedberg aus diesem Dienst. Sturm führte auf diesen Reisen ein Schwert mit, bei dem es sich aber – aus den unten angeführten Gründen – nicht um das ausgestellte Schwert gehandelt haben dürfte. Wahrscheinlicher ist, dass er ein Schwert mit üblicher Länge bei sich trug, denn Bidenhänder wurden zu dieser Zeit nur von sogenannten Doppelsöldnern geführt. Dieses ist allerdings nicht mehr erhalten.

Der Art nach ist das Schwert ein sogenannter Bidenhänder oder Schlachtschwert. Es darf nicht verwechselt werden mit dem im Mittelalter vorkommenden Schwert zu zwei Händen, welches sich aus dem Anderthalbhänder entwickelt hatte. Charakteristisch für jene beiden Typen ist der überlange Griff, wobei die Klinge nicht länger als die eines normalen Schwertes ist. Bidenhänder oder Schlachtschwerter kamen erst später auf. Jedoch war ihr militärischer Nutzen aufgrund der unpraktischen Handhabung gering, wodurch sie nur kurze Zeit als Waffen dienten. Im Lauf des 16. Jahrhunderts entwickelten sie sich daher immer mehr zu reinen Dekorations- und Repräsentationsschwertern.

Anhand der schneckenförmig eingerollten Enden der gebogenen Parierstange, dem runden mit Lilien gefüllten Parierring und Parierhaken kann das Schwert dem deutschen Typus zugeordnet werden. Dieser war jedoch um 1520 noch nicht verbreitet und entwickelte sich erst gegen Ende des

Albrecht Dürer, Kaspar Sturm und Flusslandschaft, 1520, Silberstiftzeichnung, Musée Condé, Chantilly

3.9

16. Jahrhunderts. Aus diesen Gründen ist anzunehmen, dass die Waffe erst in der zweiten Hälfte des 16. Jahrhunderts entstanden ist.

Ein Grund für eine spätere Anfertigung des repräsentativen Schwertes könnte gewesen sein, dass der Überlieferung nach das Schwert des Herolds der Familie Sturm in Friedberg eine Steuerfreiheit gewährt haben soll. Tatsächlich befand es sich bis ins 19. Jahrhundert hinein in Familienbesitz, ehe es an einen Bürger der Stadt Friedberg verkauft wurde.

Mathias Müller

Lit.: GORDON/WIPFLER, Schwert. – GUTJAHR, Schwert. – ROETHE, Sturm.

3.9 Luther als »Gottes Zeuge« auf dem Wormser Reichstag

Ludwig Rabus (1523–92)
Historien Der Heyligen Außerwölten Gottes Zeügen, Bd. 4, fol. lxxix v
[Straßburg: Emmel, 1556]
anonym
Luther auf dem Wormser Reichstag
1558
kolorierter Holzschnitt
11,1 × 7,8 cm
Lutherhaus Wittenberg, Stiftung Luthergedenkstätten in Sachsen-Anhalt
Inv.Nr. 4° XIIa 1581, VD 16 R 41
(nicht im Original ausgestellt)

Neben dem Wittenberger Thesenanschlag ist Luthers Auftreten vor Kaiser und Reich beim Wormser Reichstag im April 1521 der wohl bedeutendste »Erinnerungsort« evangelischer Reformationsmemoria. Noch 1521 wurden Berichte über den Verlauf des Verhörs und der Text von Luthers ausführlicher Erklärung in einer Reihe von Flugschriften im Druck verbreitet. Bildliche Darstellungen der Wormser Szene sind erst in einigem zeitlichen Abstand angefertigt worden und setzen erkennbar die Textüberlieferung voraus. Dies gilt auch für den hier gezeigten Holzschnitt aus dem vierten Band der achtbändigen Märtyrergeschichte (Straßburg 1554–58) des lutherischen Ulmer Superintendenten Ludwig Rabus. Luther ist in diesem monumentalen Werk eingereiht in eine imposante Reihe von Zeugen und Bekennern der evangelischen Wahrheit vom alttestamentlichen Protomärtyrer Abel und den Glaubenszeugen der Alten Kirche bis ins 16. Jahrhundert, die die ungebrochene historische Kontinuität der wahren Kirche Christi auch in der Zeit der Verdunkelung des Evangeliums durch die antichristliche Papstkirche demonstrieren soll. Der Holzschnitt eines unbekannten Meisters zieht die beiden Verhöre Luthers am 17. und am 18. April in ein einziges Bild zusammen. Dies lassen die beiden Zitate erkennen, die nicht etwa nachträglich von Hand eingetragen, sondern Bestandteil des Druckstocks sind. Der Holzschnitt ist daher im Buch auch zweimal abgedruckt. Er zeigt Luther, dessen Ordensgewand hier fälschlich nach Art der Dominikaner koloriert ist – der Habit der Augustineremiten war einfarbig schwarz –, vor dem graubärtig dargestellten, damals tatsächlich aber erst 21-jährigen Kaiser Karl V. und den Kurfürsten. Soeben hat der in eine braune Schaube gekleidete kaiserliche Orator Johann von der Ecken (gest. 1524) Luther gefragt, ob dieser sich zur Verfasserschaft der ihm vorgelegten Bücher bekenne. Daraufhin fordert Luthers Anwalt, der neben ihm stehende Wittenberger Juraprofessor und kurfürstliche Rat Dr. Hieronymus Schurff (1481–1554), dass die Titel genannt werden *(intitulentur libri)*. Luther selbst hat seine berühmte Antwort, in der er sich auf sein in Gottes Wort gefangenes Gewissen berief und den geforderten Widerruf verweigerte, erst am folgenden Tag gegeben. Historisch gesichert ist der deutschsprachige Schlusssatz *Gott helff mir, Amen*. Der Holzschnitt zeigt dagegen die berühmt gewordene, auf die Flugschrift *Acta et res gestae D. Martini Lutheri in Comitiis Principum Wormatiae 1521* zurückgehende Langfassung *Hie stehe ich / Ich kan nicht anders / Got helffe mir Amen.*

Wolf-Friedrich Schäufele

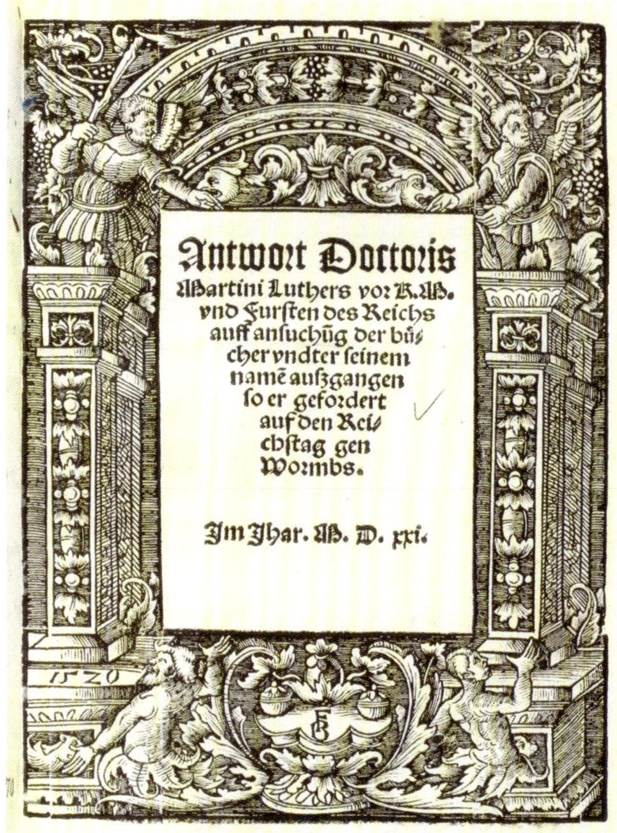

3.10

3.10 »Weil wider das Gewissen zu handeln gefährlich ist«. Ein zeitgenössischer Bericht über Luthers Rede in Worms

Antwort Doctoris Martini Luthers vor K.M. vnf Fursten des Reichs auff ansuchug der buecher vndter seinem namen auszagangen so er gefordert auf den Reichstag gen Wormbs
[Erfurt: Matthes Maler, 1521]
Druck auf Papier
19 × 14,5 cm
Universitätsbibliothek Würzburg
Sign. Th.dp.q. 570, VD 16 L3656

Bei seinem zweiten Verhör auf dem Wormser Reichstag, am frühen Abend des 18. April 1521, gab Luther eine wohl vorbereitete ausführliche Antwort in lateinischer Sprache, die er dann auf Deutsch wiederholte. Luther trug seine Rede frei vor. Wir besitzen ein Bruchstück des Redeentwurfs Luthers in deutscher Sprache, die vollständige Version seiner Verteidigungsrede vom 18. April ist jedoch nur in der lateinischen Fassung und deren nachträglich von anderen angefertigten hoch- und niederdeutschen Übersetzung überliefert. Der in der Ausstellung gezeigte hochdeutsche Druck wurde von Matthes Maler 1521 in Erfurt besorgt. Er geht auf eine Übersetzung zurück, deren Urheber nicht zu ermitteln ist (Luther, Werke (WA) VII, 858).

In seiner Rede »bekannte sich Luther noch einmal zu seinen Schriften, sofern sie unverändert geblieben waren« (Kaufmann, Geschichte, 293). Luther führt dann aus, seine Bücher seien nicht *all einerley* und teilt sie in drei Kategorien ein. In etlichen Büchern seien *gerechtigkeit des glaubens und sitten also schlecht* [das heißt schlicht] *und Euangelisch geschriebenn*, dass sogar seine Gegner sie für fruchtbar und würdig zu lesen fänden. Würde er diese widerrufen, so würde er als einziger unter allen Menschen die Wahrheit verdammen. Die zweite Kategorie seiner Schriften richte sich gegen das Papsttum. Hier stützt sich Luther auf die Bibel, die Kirchenväter, auf Beschwerden aus dem Heiligen Römischen Reich, dokumentiert in den *Gravamina deutscher Nation* (Beschwerden gegen die römische Kurie, die seit 1456 von Reichstagen und anderen ähnlichen Versammlungen erhoben worden waren), und im Einzelfall sogar auf Bestimmungen des kanonischen Rechts. Würde er diese Schriften widerrufen, würde er den Tyrannen (den Papst) stärken, und Bosheit und »Büberei« nähmen kein Ende. Drittens habe er gegen Personen geschrieben, *welche die Roemische Tyranney verteydigen* und die von ihm gepredigte Gerechtigkeit des Glaubens zu »vertilgen« sich bemühen. Hier gesteht er ein, sich im Ton vergriffen zu haben, zu heftig gewesen zu sein, *in die selben beken ich mich scherpfer dan eynem in meyner*

Profession und religion zymet. Er entschuldigt diese verbalen Entgleisungen damit, dass er ein Mensch und nicht Gott sei, im Übrigen habe er auch hier in der Sache nichts zu widerrufen. Luther, vorbereitet auf eine Disputation und nicht auf die Forderung eines einfachen »ja oder nein«, macht einen möglichen Widerruf davon abhängig, ob er auf der Grundlage der Heiligen Schrift widerlegt werde, dann wolle er widerrufen und der erste sein, der seine Schriften ins Feuer werfe. Im Übrigen appelliert er an den Kaiser, sich durch die Verunglimpfungen von Luthers Gegnern nicht beeindrucken zu lassen. An dieser Stelle griff der Sprecher des Kaisers ein, bestritt Luther das Recht, Beschlüsse »kirchlicher Versammlungen« (Konzilien) in Zweifel zu ziehen und fordert eine schlichte Antwort. Nach dem vorliegenden Erfurter Druck gibt Luther eine solche mit den Worten: *Neyn, ich wils nit thunn*. Die bekanntere Überlieferung folgt anderen Drucken. Hier weist Luther noch einmal darauf hin, dass er den Konzilien allein keine Autorität zubilligt, wenn er nicht durch die Schrift widerlegt werde, könne er nicht widerrufen. Dabei beruft er sich auf sein an die Schrift gebundenes Gewissen: *Derhalben ich nichts mag noch will widerruffenn, Weil wider das gewissenn zu handeln beschwerlich, unheilsam und ferlich ist. Gott helff mir. Amen.*

Ulrich Oelschläger

Lit.: Luther, Werke (WA) VII, 857–877. – Kaufmann, Geschichte, 292–294.

3.11 Flugschriften berichten über Luthers Auftritt in Worms

a

Doctor Martini Luthers offentliche verhör zu[e] Worms im[m] Reychstag, Red vnnd widerred, am. 17. tag Aprilis, im[m] jar. 1521. beschehen, Augsburg 1521
[Augsburg: Grimm und Wirsung, 1521]
Druck auf Papier
19 × 14,5 cm
Stadtbibliothek Worms
Sign. Mag. LB 101, VD 16 L 3653

b

Ain anzaigung wie D. Martinus Luther zu Wurms auff dem Reichs tag eingefaren durch K. M. Jn aygner person verhoert vnd mit jm da rauff gehandelt
[Augsburg: Melchior Ramminger, 1521]
Druck auf Papier
20,5 × 15,9 cm
Stadtbibliothek Worms
Sign. Mag. W Gs 21, VD 16 A 3024

a. Dieser Druck gehört zu einer Gruppe von Drucken, die die Übersetzung der Rede Luthers durch Georg Spalatin (1484–1545) wiedergeben. Das vorliegende Augsburger Exemplar bildet mit anderen zusammen eine Untergruppe, die außer dem, was bereits in der Katalognummer zu Luthers Antwort (▸ 3.10) ausgeführt ist, noch einen Bericht anbieten zu den Vorgängen am Tag zuvor. Der Druck beginnt mit einer knappen Zusammenfassung der Ereignisse vom 16. bis 18. April. Luther, der am 16. April 1521 in Worms angekommen sei, sei von vielen Leuten, auch Fürsten, Grafen und anderen Edlen begrüßt worden, sodass der Verfasser annimmt, aus einem tätlichen Angriff auf Luther *wer nichts guts erwachssen*. Sodann wird kurz berichtet, dass der Kaiser Luther am 17. April in den Bischofshof, in dem Karl V. und sein Bruder Erzherzog Ferdinand (1503–64) Quartier genommen hatten, geladen habe, wo ihn der Trierer Offizial zu seinen Büchern befragt habe. Er habe sich zu den Büchern bekannt, in der Frage des Widerrufs aber um Bedenkzeit gebeten, die ihm schließlich bis zum nächsten Tag gewährt worden sei. Es folgt eine Zusammenfassung der Rede (Luther, Werke (WA) VII, 865–67).

Der Augsburger Druck von Siegmund Grimm (gest. 1530) enthält darüber hinaus einen ausführlicheren Vorbericht der die Ereignisse des 17. April noch genauer schildert. Zunächst benennt er die wichtigen Anwesenden: *Karolus erwoelter Roemischer Kaiser. Friedrich Hertzog zů Sachsen. Joachim Marggraff zů Brandenburg. Ludwig Pfaltzgraff bey Rein. Albrecht Ertzbischoff zů Mentz. Reynhart Ertzbischoff zů Trier. Herman Ertzbischoff zů Coeln.*

Mithin nennt der Verfasser namentlich den Kaiser und sechs Kurfürsten. Nach dem Bericht wurde Luther am 17. April um 16 Uhr von Reichsmarschall Ulrich von Pappenheim (1546–99) und Reichsherold Caspar Sturm von seiner Herberge abgeholt und zum Verhör in den Bischofshof geleitet. In einem *offnen sal* stand Luther vor dem Kaiser und den Kurfürsten. Luther hatte sechs *Doctores* der Universität Wittenberg als Beistand. Das Verhör wurde im Auftrag des Kaisers vom Trierer Offizial, Johannes von der Ecken, geführt. Nach dem Bericht fragte der Offizial Luther, ob er die Bücher und Schriften, die unter seinem Namen erschienen seien, verfasst habe. Danach verlas er die Titel der Bücher. In seiner Antwort bekannte sich Luther zu seinen

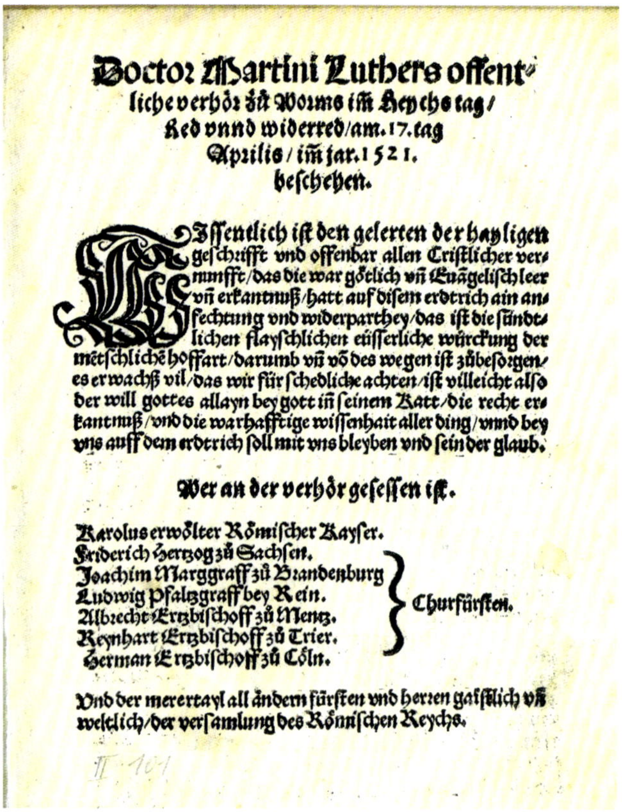
Doctor Martini Luthers offentliche verhör zů Worms im Reychs tag / Red vnnd widerred / am. 17. tag Aprilis / im jar. 1521. beschehen.

Offentlich ist den gelerten der hayligen geschrifft vnd offenbar allen Cristlicher vernunfft / das die war götlich vñ Euãgelisch leer vñ erkantnuß / hatt auf disem erdtrich ain anfechtung vnd widerparthey / das ist die sündtlichen flayschlichen eüsserliche würckung der mēschlichē hoffart / darumb vñ võ des wegen ist zůbesorgen / es erwachß vil / das wir für schedliche achten / ist villeicht also der will gottes allayn bey gott iñ seinem Ratt / die recht erkantnuß / vnd die warhafftige wissenhait aller ding / vnnd bey vns auff dem erdtrich soll mit vns bleyben vnd sein der glaub.

Wer an der verhör gesessen ist.

Karolus erwölter Römischer Kayser.
Friderich Hertzog zů Sachsen.
Joachim Marggraff zů Brandenburg
Ludwig Pfaltzgraff bey Rein.
Albrecht Ertzbischoff zů Mentz.
Reynhart Ertzbischoff zů Trier.
Herman Ertzbischoff zů Cöln.
} Churfürsten.

Vnd der merertayl all andern fürsten vnd herren gaistlich vñ weltlich / der versamlung des Rönnischen Reychs.

3.11a

3.11b

Schriften, mit einem Widerruf sei es aber nicht so einfach, es gehe um große Dinge wie das ewige Leben. *Damit ich aber das arm Christlich volck unnd mich selbs nit verfüer, so beger unnd pitt ich von E.K.Ma, woelle mir des artickels der Revocierung halben gnaedicklich termin und bedanck lassen.* In seiner Antwort macht der Sprecher des Kaisers, Johann von der Ecken, Luther auf die Folgen aufmerksam, die eine Verweigerung des Widerrufs mit sich brächte und teilt ihm die Gewährung der Bedenkzeit bis auf den nächsten Tag mit. Mit Luthers Antwort: *Ich will mich bedencken,* endet der Vorbericht des Drucks.

b. Der Druck gehört zu den frühesten Berichten, die über das Verhör Luthers auf dem Wormser Reichstag veröffentlicht wurden. Grundlage für die Druckschrift war zum einen ein Schreiben, das der Humanist Konrad Peutinger unter dem unmittelbaren Eindruck des Geschehens bereits am 19. April 1521 verfasst hatte. Die Herstellung der Druckschrift erfolgte offenbar in großer Eile und war fehlerhaft. Luthers Rede ist darin »mangelhaft« (LUTHER, Werke (WA) VII, 882) wiedergegeben. Er folgte wohl einer »mit den lateinischen Fassungen sich stellenweise berührenden Nachschrift«. Für die Eilfertigkeit und Fehlerhaftigkeit spricht auch der am Schluss der Wiedergabe der Rede Luthers »unvermittelt auftretende Satz«: *Vnd mit vil andern, weyter on nott zů schreyben, da[s] es alles mit der zeyt durch den druck außgebreyt wirdt.* (LUTHER, Werke (WA) VII, 882 f.). Der Bericht erschien somit zu einer Zeit, als die *Acta* (*Acta et res gestae D. Martini Lutheri in Comitiis Principum Wormatiae* 1521) noch nicht veröffentlicht waren. Der Bericht enthält nur die Wiedergabe des Verhörs am 17. und 18. April. Im Vergleich zur *Antwort Doctoris Martini Luthers* (▸ 3.10) und *Doctor Martini Luthers öffentliche Verhör* (▸ 3.11a) ist der letzte Satz interessant. Hier legt die Druckschrift Luther folgende Worte in den Mund: *Was weytter auß der sach wirdt Můß man gewartten. Gott wends zů dem besten* (LUTHER, Werke (WA) VII, 883). Interessant ist auch die Bebilderung des Exemplars, das Luther nicht vor Kaiser und Reich zeigt, sondern gegenüber dem Papst, einem Kardinal und weiteren geistlichen Personen; ferner enthält es einen Holzschnitt, der zeigt, wie Lucifer dem Papst einen Brief übergibt.

Ulrich Oelschläger

Lit.: LUTHER, Werke (WA) II, VI, VII (865–867, 880 f., 882 f.), VIII (129–185), XXX/I (235). – KAUFMANN, Geschichte, 292–294. – KEMNITZER/RASCHZOK, Beichte. – UFER, Flugschriften. – WOHLFEIL, Reichstag, bes. 110 f.

3.12 Luther widmet eine Schrift an Franz von Sickingen

Martin Luther
Von der Beycht, ob die er Bapst macht habe zu gepieten
[Wittenberg: Melchior Lotter, 1521]
mit Widmung an Franz von Sickingen
Druck auf Papier
19,5 × 15 cm
Hessische Hochschul- und Landesbibliothek, Fulda
Sign. Hutten C 210, VD 16 L 7183

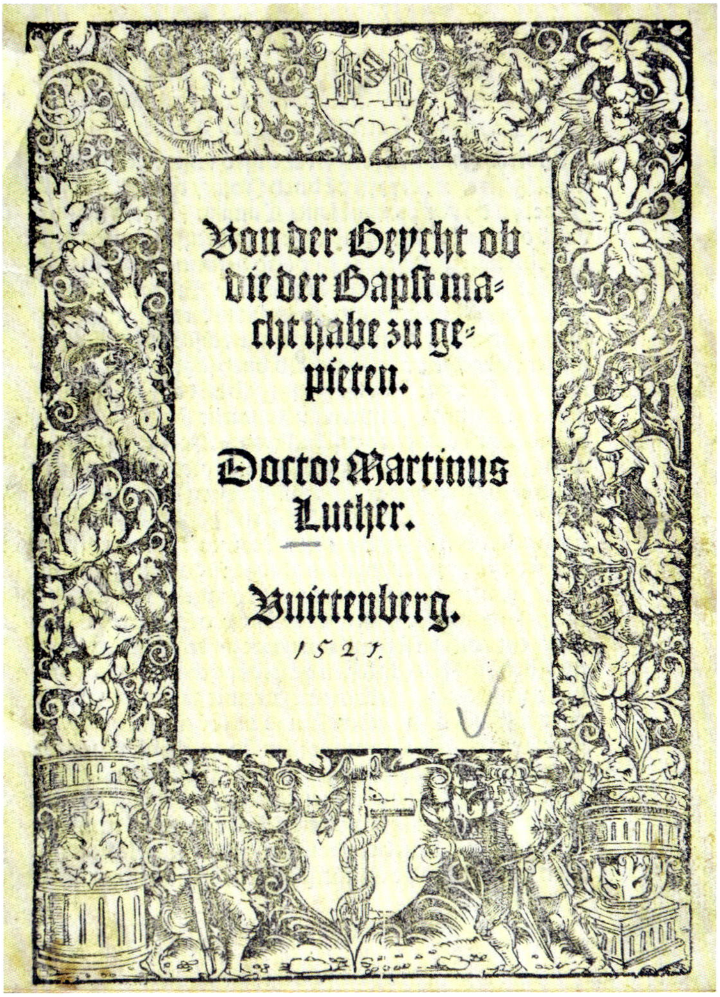
Von der Beycht ob die der Bapst macht habe zu gepieten.
Doctor Martinus Luther.
Wittenberg.
1521.

3.12

Die Schrift, die zusammen mit einer Auslegung des 118. Psalms gedruckt wurde, ist nach dem Wormser Reichstag entstanden und *dem gestrengen und vhesten Francisco von Sickingen, meynem bneßondernn Hernn und patronn,* gewidmet. Auf der Reise nach Worms überbrachte Martin Bucer bei Oppenheim Luther eine Einladung Franz von Sickingens, auf die nahe gelegene Ebernburg zu kommen und mit dem Franziskaner Glapion, dem Beichtvater Karls V., Geheimverhandlungen zu führen, was Luther jedoch ablehnte. Gleichwohl hatte Luther nicht zuletzt deshalb genügend Anlass, in Franz von Sickingen einen Mitstreiter zu sehen ebenso wie in Ulrich von Hutten und Martin Bucer, denen er am Ende des Briefes – mit *Prima Junii 1521* datierte – Grüße ausrichten ließ. Anhand einer Bibelstelle (Jos 11,19 f.) vergleicht er in dem Widmungsbrief das Verhalten der Städte Kanaans, die sich bei der Landnahme Israel nicht ergeben haben (mit Ausnahme Gibeons), mit dem der Päpste, Bischöfe, Hochgelehrten und *andern geystlichen tyrannen,* die er nicht zur besseren Einsicht zu bringen vermag. Luther beklagt sich gegenüber Sickingen, sie gäben ihm die Schuld, obwohl sie wüssten, wie sie »die armen Menschen bisher hochmütig verachtet hätten«. Er beschließt den Widmungsbrief mit einer kurzen Angabe des Inhalts der folgenden Schrift, einer *predigt von der beycht,* geschrieben mit der Bitte an *unsere geistliche Junckern und tyrannen,* dass sie die einfältigen Gewissen seiner Bücher wegen in Frieden ließen. Offenbar galt das Lesen der Schriften Luthers als Sünde, und es wurde gefordert, dies jeweils zu beichten. In der Schrift von 1521 entwickelte Luther recht ausführlich Gedanken, die schon in den Predigten und Schriften von 1518/19 vorgeprägt sind und die 1529 im Kleinen und Großen Katechismus ihren Abschluss finden. *Beicht sol und mus ohn unterlas geschehen, so lang wir leben* (Luther, Werke XXX/1, 235). Damit schließt er an die erste der 95 Thesen von 1517 an. Er richtet sich in der Schrift vor allem gegen den Zwang zur Beichte, mit dem die Priesterschaft vor allem Macht ausübe. Demgegenüber entwickelte Luther schon 1518 den Gedanken, dass jeder Christ einem Mitchristen die Beichte abnehmen könne (Luther, Werke (WA) II, 6). Die Schrift von 1521 enthält drei Teile. Im ersten zeigt er, dass die gegenwärtig geübte Beichtpraxis Menschenlehre sei. Im zweiten Abschnitt entwickelt er den Gedanken, dass jeder Christ die Beichte abnehmen könne, niemand aber zur Beichte gezwungen werden dürfe. Ebenso lehnt er wie schon in den früheren Schriften die Bindung der Beichte an die Fastenzeit ab. An diese Gedanken knüpft Luther im dritten Teil an. Wichtig ist in diesem Abschnitt die Unterscheidung zwischen der »heimlichen«, der Herzensbeichte vor Gott, und der, die der Beichtende vor anderen ausspricht. Letztere ermöglicht, durch die empfangene Absolution über die in der Heiligen Schrift zugesagte Vergebung Gewissheit zu erlangen. Deshalb nennt er sie auch einen *gnaden schatz* (Lu-

3.13

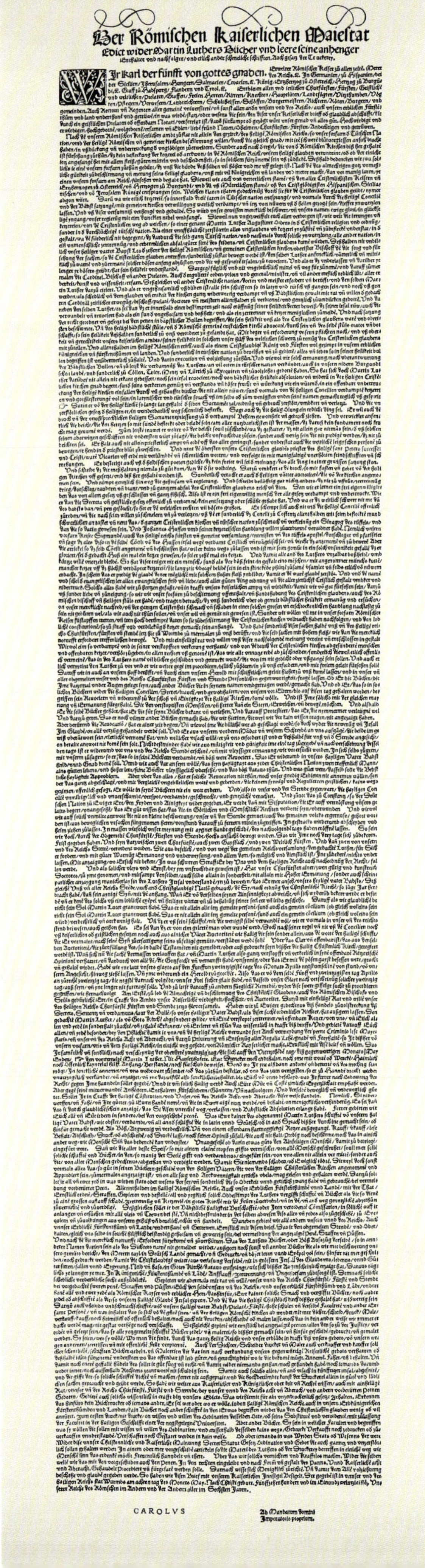
Der Römischen kaiserlichen Maiestat Edict wider Martin Luthers Bücher vnd leere seine anhenger Enthalter vnd nachfolger/ vnd etlich ander schmeliche schrifften. Auch gesatz der Trückerey.

Wir karl der fünfft von gottes gnaden ...

CAROLVS

Ad Mandatum domini Imperatoris proprium.

ther, Werke (WA) VIII, 166). Die Gedanken werden in mehreren Diskursen ausführlich an der Schrift entwickelt, wobei in einem Prozess gedanklicher Anknüpfung einzelne Gedanken auch wiederholt werden.

Ulrich Oelschläger

Lit.: Luther, Werke (WA) II, VI, VII (865–67, 880 f., 882 f.), VIII (129–185), XXX/1 (235). – Kaufmann, Geschichte, 292–294. – Kemnitzer/Raschzok, Beichte. – Ufer, Flugschriften. – Wohlfeil, Reichstag, bes. 110 ff.

3.13 Edikt Kaiser Karls V. gegen Luther und seine Anhänger

Der Römischen Kaiserlichen Maiestat Edict wider Martin Luthers Bücher vnd leere seine anhenger Enthalter vnd nachfolger, vnd etlich ander schmeliche schrifften
[Worms: Hans von Erfurt, 1521]
Einblattdruck mit 224 Zeilen
120 × 32 cm
Stadtbibliothek Worms
Sign. Mag LB 5, VD 16 D924

Das als Wormser Edikt bekannte Edikt Kaiser Karls V. ist auf den 8. Mai 1521 datiert. Tatsächlich vom Kaiser in Kraft gesetzt wurde es erst am 26. Mai, gut einen Monat, nachdem Luther die Reichstagsstadt verlassen hatte; auch die meisten Reichsfürsten waren bereits abgereist. Das Edikt, dessen Text zu großen Teilen auf den päpstlichen Nuntius Aleander zurückging, sprach wegen der bereits in der päpstlichen Bannbulle vom 3. Januar 1521 als häretisch gebrandmarkten Lehren Luthers über ihn und alle seine Anhänger die Reichsacht aus. Nach Ablauf der Geleitfrist sollte Luther als notorischer Ketzer völliger Recht- und Schutzlosigkeit unterliegen. Keinerlei Unterstützung, kein Quartier und keine Verpflegung durften ihm gewährt werden. Vielmehr sollten alle Obrigkeiten im Reich zu seiner Ergreifung beitragen. Auch der Besitz und die Verbreitung lutherischer Schriften wurden unter strenge Strafe gestellt. Wäre das Wormser Edikt konsequent umgesetzt worden, so hätte dies das Ende Luthers und der von ihm ausgehenden reformatorischen Bewegung bedeutet. Tatsächlich aber befand sich Luther zum Zeitpunkt der Veröffentlichung des Edikts schon im sicheren kursächsischen Gewahrsam auf der Wartburg.

Überhaupt wurden die rigorosen Bestimmungen des Edikts nicht konsequent angewandt. Sie waren zwar kein förmlicher Bestandteil der Wormser Reichstagsbeschlüsse, sondern ergingen in Form einer kaiserlichen Verfügung, eben eines Ediktes. Dennoch besaßen sie zweifellos *de jure* Gesetzeskraft. Für die Durchsetzung der vorgesehenen Sanktionen waren Kaiser und Reich allerdings auf die Mitwirkung der territorialen Obrigkeiten angewiesen. Zahlreiche fürstliche und reichsstädtische Regierungen, die der Reformation Sympathie entgegenbrachten, verkündeten das Edikt aber entweder gar nicht oder setzten seine Bestimmungen nur nachlässig um. Zu dieser Haltung trug wesentlich bei, dass Kaiser Karl V. selbst das Reich unmittelbar nach dem Wormser Reichstag verließ und erst 1530 nach Deutschland zurückkehrte. Es fehlte also an der hinter dem Edikt stehenden kaiserlichen Autorität, um dessen Anwendung zu erzwingen. Unter diesen Voraussetzungen konnte die lutherische Bewegung sich in den 1520er Jahren ungeachtet des Wormser Edikts rasch weiter ausbreiten.

Dennoch war das Wormser Edikt, das durch zahlreiche Drucke wie den hier vorliegenden verbreitet wurde, nicht ohne Bedeutung für den Verlauf der Reformation im Heiligen Römischen Reich. Auch wenn es nicht flächendeckend umgesetzt und seine Anwendung mehrmals förmlich ausgesetzt wurde, stellte es für die Anhänger der Reformation eine latente Bedrohung dar, die letztlich erst mit dem Augsburger Religionsfrieden von 1555 endete.

Matthias Schnettger

Lit.: Reuter, Worms. – Schilling, Luther.

3.14 Auf dem Weg zum Heiligen? Frühreformatorische Lutherbilder

a
Lucas Cranach d. Ä. (1472–1553)
Martin Luther als Augustinermönch
1520
Kupferstich, 3. Zustand
14,1 × 9,7 cm
Inschrift: »AETHERNA IPSE SVAE METNTIS LVTHERVS / EXPRIMIT AT VVULTVS CERA LUCAE OCCIDVOS / MDXX«
Graphische Sammlung, Städel Museum, Frankfurt am Main
Inv.Nr. 65483

b
Lucas Cranach d. Ä.
Martin Luther als Augustinermönch in einer Nische
1520
Kupferstich
16,5 × 11,5 cm
Albertina, Wien
Inv.Nr. DG1929/80

c
Hans Baldung Grien (1484/85–1545)
Martin Luther als Augustinermönch in einer Nische
1520
Holzschnitt
[Straßburg: Johann Schott, 1520]
20 × 14,1 cm (Buchblock)
Frontispiz zu Martin Luther, De Captivitate Babylonica Ecclesiae. Praelvdivm Martini Lutheri
Inschrift: »Numina Coelestem nobis pepere Lutherum, / Nostra diu maius saecla videre nihil. / Quem si Pontificum crudelis deprimit error, / Non seret iratos impia terra Deos.« (Gottheiten haben uns den himmlischen Luther hervorgebracht, lange haben unsere Zeiten nichts Größeres gesehen. / Wenn ihn der grausame Irrtum der Päpste niederdrückt, wird das frevlerische Land keine zornigen Götter hervorbringen.)
Museum Otto Schäfer, Schweinfurt
Inv.Nr. OS 1206, VD 16 4186

In Augsburg verkaufte man vor einiger Zeit das Bild Luthers mit dem Heiligenscheine, hier wurde es ohne denselben feilgeboten und zwar unter so großem Zudrang, daß im Nu alle Exemplare verkauft waren, ehe ich mir eines verschaffen konnte (…) berichtete der päpstliche Nuntius Hieronymus Aleander am 8. Februar 1521 vom Wormser Reichstag nach Rom (Kalkoff, Depeschen, 51). Wenige Tage später verlangte er, über den bereits Exkommunizierten die Reichsacht zu verhängen. Luthers bildliche Präsenz zwei Monate vor seiner persönlichen Anreise nach Worms war das Ergebnis von Aufträgen des kurfürstlich-sächsischen Hofs – aber dessen Einfluss längst entglitten.

Ein Jahr zuvor, im Januar oder Februar 1520, hatte sich Albrecht Dürer (1471–1528) bei dem kurfürstlichen Rat Georg Spalatin für die Zusendung einiger Luther-Drucke bedankt und bei der Gelegenheit die Hoffnung ausgedrückt, *doctor Martinus* einmal porträtieren und *jn kupfer stechen* zu können (Rupprich, Dürer I, 86). Dass es dazu nie kam, mag

3.14a

3.14b

daran liegen, dass sich der kirchliche und politische Konflikt um Luther im Jahr 1520 so zugespitzt hatte, dass der sächsische Hof schnellen Handlungsbedarf auch auf dem medialen Feld sah. Dürer, der prominenteste Künstler im Land, war durch aktuelle kaiserliche Aufträge wie dem *Bildnis Maximilians* in druckgrafischer »Propaganda« geübt. Er befand sich allerdings seit dem Sommer in den Niederlanden und bemühte sich bei Kaiser Karl V. um die Erneuerung seiner Leibrente, weshalb ein sächsischer Auftrag – abgesehen von den praktischen Schwierigkeiten – nicht opportun gewesen wäre. Später sollte Dürer noch die Porträts von Philipp Melanchthon und Friedrich dem Weisen stechen, das Luther-Bild aber hatte inzwischen der sächsische Hofmaler Lucas Cranach geprägt.

Cranachs erster ausgeführter Entwurf zeigt den 37-jährigen Theologieprofessor im Dreiviertelprofil. Ein fester Strich trennt seinen Umriss von dem unbestimmten, leeren Hintergrund ab. Zurückhaltende Parallelschraffuren und einzelne Punkte deuten die Falten an der Kapuze seines schwarz zu denkenden Habits nur an. Intensiver hat Cranach am Antlitz gearbeitet. Der Kontrast zwischen beleuchteten und verschatteten Partien ist stark und betont die Gesichtsknochen des hageren Mannes. Entsprechend den Porträtkonventionen ist am unteren Ende eine Inschriftentafel eingefügt. Hier weist der geflügelte Drachen bildhaft, der Zweizeiler textlich auf Cranachs Autorschaft hin: *Ein ewiges Abbild seines Geistes brachte Luther selbst zum Ausdruck, Lucas zeichnete das vergängliche Gesicht.*

In seiner betonten Bescheidenheit kann dieses Porträt als Gegenbild zum Image des Mainzer Erzbischofs Albrecht von Brandenburg gelesen werden. Albrecht war einer der Adressaten von Luthers 95 Thesen zum Ablasshandel. In dem erwähnten Brief an Spalatin hatte Dürer drei Drucke seines 1519 gefertigten Kupferstichporträts beigefügt, das Cranach alsbald kopieren sollte. Dürers »Kleiner Kardinal«, der vor einem Ehrentuch und seinem Kardinalswappen erscheint, diente als Frontispiz für ein Büchlein, das die Reliquienschätze von Albrechts *Halleschem Heiltum* vorstellt

3.14c

und als Summe der durch diese zu erwerbenden Ablässe immerhin 39.245.120 Jahre und 222 Tage weniger Fegefeuer angibt. Der Kontrast zwischen dem Kirchenfürsten und dem mit seinem tonsurierten, kahlen Haupt so verletzlich wirkenden Wittenberger Ordensmann, als den Cranach Luther stilisierte, war vielleicht zu groß: Tatsächlich wurde dieser Kupferstich zurückgehalten. Die Mehrzahl der erhaltenen Drucke – darunter auch der ausgestellte – ist auf einem Papier gedruckt, das man dank des Wasserzeichens erst in das späte 16. Jahrhundert datieren kann.

Cranachs zweiter Entwurf fand hingegen eine weite Verbreitung. Die verschatteten, scharfen Kanten in Luthers Gesicht sind einer gewissen Milde gewichen, wodurch auch die Augen mehr zu »sprechen« scheinen. Der größere Ausschnitt ermöglicht es zudem, eine aktive Körpersprache zu zeigen. Der linke Arm erhebt sich im Sprechgestus. Die Basis von Luthers Predigt ist als Attribut hinzugefügt: ein Buch, das man sicher als Bibel deuten darf. Kontrastreich hinterfangen wird die Figur durch eine Nische, die Zeitgenossen als profanes Ehrenzeichen verstehen, aber auch durchaus mit Heiligendarstellungen assoziieren konnten. Was die Komposition damit, gewollt oder ungewollt, nur angedeutet hat, führten flugs angefertigte Kopien von Cranachs Kupferstich aus. Wir kennen Versionen, auf denen Luther einem Evangelisten gleich von der Taube des Heiligen Geistes inspiriert und von einer Gloriole hinterfangen wird, welche – sicher nicht nur – Nuntius Aleander als skandalösen Heiligenschein aufgefasst hat. Aufzuhalten war die verschiedentliche Aneignung des einmal in die Welt gesetzten Bildes nicht mehr. Insbesondere Johann Schotts (1477–1548) Straßburger Presse darf als Scharnier für seine Verbreitung gelten. Bereits Aleander verdächtigte Ulrich von Hutten, den Verbündeten Franz von Sickingens, an der publizistischen Offensive mit Luthers Wort und Bild beteiligt gewesen zu sein, schließlich erkannte er am Ende des Schottschen Nachdrucks von *De captivitate Babylonica* Huttens Motto *Laeta Libertas* (Fröhliche Freiheit) wieder (vgl. VAN GÜLPEN, Humanismus, 138 f.). Hutten dürfte auch für die Unterschrift unter Hans Baldung Griens Lutherporträt verantwortlich gewesen sein, das – seitenverkehrt nach Cranach kopiert – als Frontispiz eingesetzt wurde. Der Holzschnitt wurde vielfach nachgedruckt, fand aber auch für ein Flugblatt Verwendung, das Luther gemeinsam mit Hutten als Verfechter der christlichen Freiheit zeigt und Aleander in Worms von einem Edelmann vorgelegt wurde. Auch auf dem Titel seines *Gesprächbüchlin* (▸ 4.8) nahm Hutten Luthers Bild für seine Zwecke in Anspruch und inszenierte sich als Ritter Seit an Seit mit dem Mönch im Kampf gegen den Papst.

Almut Pollmer-Schmidt

Lit.: AUSST.KAT. LUCAS CRANACH, 91–94 (Kat.Nr. 35 und 36). – DRESCHER, Reformationsdrucke, 64 f. (Kat.Nr. 85). – KALKOFF, Depeschen. – MENDE, Baldung Grien, 60 (Kat.Nr. 436). – RUPPRICH, Dürer. – VAN GÜLPEN, Humanismus, 129–143, 240–246 und 287–290. – WARNKE, Cranachs Luther.

3.15 Luther als Ritter: Junker Jörg auf der Wartburg

Lucas Cranach d. Ä.
Martin Luther als Junker Jörg
1522
Holzschnitt
32,8 × 20,5 cm
Inschriften: »IMAGO MARTINI LVTHERI, EO HABITV EXPRESSA, QVO REVERSVS ERST EX PATHMO WITTENbergam. Anno Domini. 1522« (Das Bildnis Martin Luthers, das wiedergibt, wie er aussah, als er aus seinem Pathmos nach Wittenberg zurückgekehrt war. Im Jahre des Herrn 1522) »Quaesitus toties, toties tibi Rhoma petitus, / en ego per Christum viuo Lutherus adhuc. / Vna mihi spes est, quo non fraudabor, Iesus, / Hunc mihi dum tenca,, perfida Rhoma vale.« (So oft habe ich dich gesucht, so oft nach dir gestrebt, Rom, / Siehe, nun lebe ich bis jetzt durch Christus. / Eine einzige Hoffnung habe ich, die mich nicht trügen wird, Jesus;/ An ihn will ich mich halten, treuloses Rom, lebe wohl.)
Staatsbibliothek Bamberg
Sign. I L 44

3.15

Eremit, Anachoret, und wahrhaft ein Mönch, aber nicht durch Rasur und Gewand, einen Ritter würdest du sehen, und selbst du würdest ihn kaum erkennen, schrieb Martin Luther am 26. Mai 1521 an Philipp Melanchthon (Luther, Briefwechsel (WA) II, 348, 77–78; übersetzt zitiert nach Mennecke, Luther, 81). Er befand sich gerade drei Wochen auf der Wartburg, auf die ihn nach dem Wormser Reichstag sein Landesherr Friedrich der Weise hatte bringen lassen. Zu seinem Schutz legte Luther den Habit der Augustinereremiten ab, ließ sich Haupt- und Barthaar wachsen und verkleidete sich als Ritter. Er stellte seine äußerliche Verwandlung unter das Namenspatronat des Drachentöters und Ritterheiligen *par excellence*, Georg, mit dem sich schon Kaiser Maximilian I. (1459–1519) assoziiert hatte (Silver, Maximilian, 118–127). Obwohl die Verkleidung »Junker Jörg« erlaubte, die Wartburg unerkannt zu verlassen, um beispielsweise an einer Jagd teilzunehmen, bedeutete die Wartburg ein Leben in Einsamkeit. In einer Zeit, in der die ersten Kleriker heirateten und die Gültigkeit des Keuschheitsgelübdes für Mönche und Nonnen kontrovers diskutiert wurde, reflektierte Luther immer wieder über das Paradox seiner Erscheinung: äußerlich »verweltlicht« führte er tatsächlich und innerlich ein monastisches Leben.

Diesen Umstand hat Ute Mennecke auf den Holzschnitt bezogen, dessen Entstehungszeitpunkt unmittelbar nach Luthers Rückkehr »von seinem Patmos« im März 1522 unbestritten ist. Möglicherweise hat Cranach die zugrunde liegende Zeichnung schon im Dezember 1521 angefertigt, als er auf Bitten von Justus Jonas (1493–1555) *einen frem- den Junckern* porträtieren sollte. Erst, als »Juncker George« etwas sagte, erkannte Cranach seinen Freund *In dieser unkentlichen gestalt* (zitiert nach Mennecke, Luther, 66). Die Anekdote veranschaulicht die Macht der Verblüffung, die der zurückgekehrte Luther mit der Autorität eines »zornige[n] Moses« oder Propheten (Schilling, Luther, 284; Leppin, Luther, 203) eingesetzt haben mag, um gegen die Unruhe einzutreten, welche in Wittenberg in seiner Abwesenheit entstanden war. Cranachs Holzschnitt unterstützte ihn dabei bildpropagandistisch, indem er ein neues, kraftvolles Bild Luthers einprägte, das dem bisherigen (▸ 3.14) entgegengesetzt war. Allerdings zeigt der Holzschnitt keinen Ritter: weder Rüstung oder Schwert noch das rote Birett sind zu sehen, die mehrere Quellen bezeugen. Luther ist »lediglich« als »Mann in der Welt« charakterisiert – was Skandalon genug war! Der wolkige Hintergrund mag auf die Freiheit durch Christus hindeuten, die die Inschrift unter dem Porträt mit markigen Worten hervorhebt: *treuloses Rom, lebe wohl.* Es gelten nur Gottes Gesetze, in allen anderen Fragen ist der Mensch frei, betonte Luther in seiner dritten Invokavitpredigt vom 11. März 1522. Ein Mönch dürfe heiraten oder den Habit weiter tragen, denn *die kappe erwürget dich nicht, wan du sie schon trägest* (Luther, Werke (WA) X/3, 24, Z. 8). In dieser Freiheit hatte Luther seine Tonsur frisch geschnitten und sich entschieden, wieder in das (weitgehend verlassene) Wittenberger Augustinerkloster zurückzukehren (Leppin, Luther, 204; Beutel, Luther-Handbuch, 88).

Almut Pollmer-Schmidt

Lit.: Ausst.Kat. Lucas Cranach I, 98 (Kat.Nr. 42). – Beutel, Luther-Handbuch. – Leppin, Luther. – Luther, Briefwechsel (WA) II. – Luther, Werke (WA). – Mennecke, Luther. – Schilling, Luther. – Silver, Maximilian. – van Gülpen, Humanismus, 154–159.

3.16 Himmelfahrt Christi und Höllenfahrt des Papstes

Martin Luther
Passional Christi und Antichristi
[Wittenberg: Johann Rhau-Grunenberg, 1521]
Lucas Cranach d. Ä. und Werkstatt
Himmelfahrt Christi und Höllenfahrt des Papstes
1521
Holzschnitt
je 12 × 9,6 cm
Staatsbibliothek Bamberg
Sign. 11 D 40#9, VD 16 L 5584

Der Anteil Lucas Cranachs d. Ä. an der Verbreitung reformatorischer Ideen kann nicht hoch genug angesetzt werden. Luther stand ein einfallsreicher Künstler zur Seite, der der neuen Lehre mittels des Bildmediums Auftrieb verschaffte.

Die reformatorischen Anfangsjahre waren geprägt von einer Bildpolemik, die bis heute nichts von ihrer Schlagkraft verloren hat. Cranachs frühe Arbeiten hatten einen Aus-

3.16

gangspunkt in dem *Passional Christi und Antichristi* (1521) sowie in den Illustrationen zu Luthers »September-Testament« (1522). Beim Letzteren machte Cranach derartig Front gegen die Papstkirche, dass eine Darstellung für die zweite Auflage, beim sogenannten »Dezember-Testament« (1522), »entschärft« werden musste. Hier finden wir Cranach an Luthers Seite als einfallsreichen Schöpfer von Illustrationen, die in ihrer antirömischen Stoßrichtung unmissverständlich waren.

Im *Passional Christi und Antichristi* war diese Intention bereits im Mai des Jahres 1521 vorformuliert. In 13 antithetischen Bildpaaren wird auf jeweils einer Doppelseite das Leben Jesu mit dem des Papstes verglichen. Die letzten beiden Cranach-Holzschnitte zeigen, wie Christus vor den Augen seiner Jünger und Marias zum Himmel fährt und wie der Papst, im vollen Ornat und mit der Tiara, von Teufelsungetümen umschwirrt kopfüber in die Hölle stürzt, wo schon seinesgleichen in den emporzündelnden Flammen schmoren.

Jedem Bild ist ein erläuternder Text (*Subscriptio*) beigegeben, der ebenso – wie das Bild – von einer klaren Botschaft geleitet ist, wenn bei der »Höllenfahrt des Papstes« beispielsweise dieser als *Bestia* und *falsch prophet* bezeichnet wird.

Das Büchlein *Passional Christi und Antichristi* würde man heute als »Bestseller« bezeichnen, welches zahlreiche Neuauflagen und Nachdrucke erlebte und Verbreitung bis hin nach England oder Spanien fand. Bei allem Ernst an der vorgetragenen Kritik an Rom verleiht der »Spaß«, den die Programmautoren beim Verfassen der Texte und Entwerfen des Bildprogramms gehabt haben müssen, dem Büchlein jene Leichtigkeit, die den Spott beißend werden lässt. Man war in Wittenberg offensichtlich mit den Verhältnissen am päpstlichen Hofe sehr gut vertraut gewesen, denn kulturhistorisch gesehen wird zugespitzt das prunkvolle päpstliche Zeremoniell dem einfachen Leben sowie dem Leiden Christi gegenübergestellt. Mit diesem antithetischen (also gegensätzlichen) Vorgehen war der zeitgenössische Leser zwar vertraut, dennoch ist das *Passional* ohne Vorbilder und hat – mit Ausnahme der Nachdrucke – auch keine Nachfolge gefunden.

Andreas Tacke

Lit.: Goertz, Bildpropaganda. – Groll, Passional. – Russell, Luther. – Tacke, Wettiner.

3.17 Eine konfiszierte Polemik gegen Luther: Thomas Murners *Von dem großen Lutherischen Narren*

Thomas Murner (1475–1537)
Von dem großen Lutherischen Narren wie in doctor Murner beschworen hat
[Straßburg: Johann Grüninger, 1522]
Druck auf Papier
19,2 × 15,4 cm
Germanisches Nationalmuseum, Nürnberg
Sign. [Postinc.] 8° L. 1967, VD16 M 7089
(nicht im Original ausgestellt)

Thomas Murner, ein aus dem elsässischen Obernai (ehem. Oberehnheim) stammender Franziskaner, zählt zu den bekanntesten Verfassern von Pamphleten, die gegen die Reformation gerichtet waren. Diesen Stellenwert genießt er nicht zuletzt, weil es ihm gelang, sich der lutherischen Propaganda mit gewissem Erfolg und unter Verwendung der dort entwickelten Methodik (u. a. ein zuweilen derber Wortwitz in deutscher Sprache), entgegenzustellen. Als sein gelungenstes Werk gilt der Ende des Jahres 1522 bei Johann Grüninger (1455–1532) in Straßburg veröffentliche Band *Von dem grossen Lutherischen Narren wie in doctor Murner beschworen hat.*

Angesichts der vielen Narrenbücher aus dem reformatorischen Umfeld, rekurriert auch Murner auf die Gestalt des Narren, die seit Sebastian Brants (1457–1521) *Narrenschiff* in der frühneuzeitlichen Literatur überaus präsent war, um die Reformation in Misskredit zu bringen. Als literarische Gattung wählte er dazu ein 4.800 Verse umfassendes satirisches Versepos, das opulent mit Holzschnitten ausgestattet wurde. Die Handlung besteht aus einer eher losen Aneinanderreihung von mehreren Begebenheiten, die sich in Umfang und Aufbau signifikant unterscheiden. Die Satire zählt nicht allein wegen des polemisch-boshaften Humors zu den wichtigsten antireformatorischen Schriften. Die Bildsprache der Holzschnitte ist ebenfalls bemerkenswert. Der Franziskaner tritt als Mönch mit Katzenkopf auf. Dies stellt eine Auseinandersetzung mit jenem Bild dar, welches ihm seine Gegner zuvor in Pamphleten verpasst hatten. In Anspielung an seinen Familiennamen wurde er aufgrund seiner zwischen 1517 und 1520 verfassten, altgläubigen Schriften als »Murr-Narr« oder auch »Murr-Mau« bezeichnet.

In dieser Rolle tritt Murner auf dem Titelblatt dem überlebensgroßen lutherischen Narren entgegen und entlarvt

3.17

ihn in einem Exorzismus als Organismus aus Einzelnarren. Dieser aufgeschwemmte Narr, der auch in einigen weiteren Holzschnitten der Publikation erscheint, ist nicht etwa mit der Person Luthers gleichzusetzen. Er verkörpert stattdessen alle negativen, systemzerstörenden Nebenwirkungen, die durch Luther freigesetzt worden waren, letztlich die personifizierte Reformation.

Von der ersten Auflage gelangte kaum ein Exemplar in die Öffentlichkeit; sie wurde beinahe vollständig vom Straßburger Rat konfisziert; ähnlich erging es der Neuauflage. Ob die in einem reformatorischen Marktumfeld lancierte, katholische Verteidigungsschrift ein kommerzieller Erfolg geworden wäre, muss daher offen bleiben.

Stefan Heinz

Lit.: Ausst.Kat. Martin Luther, 226 (Kat.Nr. 285, Konrad Hoffmann). – Münch, Catus.

3.18 Wechselseitige Verteufelungen: Papstesel und siebenköpfiger Luther

a

Philipp Melanchthon (1497–1560) und Martin Luther
Von dem PapstEsel zu Rom vnd Münchkalbs zu Freyburg in Meyssen funden, ain deüttung der zwu grewlichen figurn Philippus Melanchthon Doct. Martinus Luther
[Augsburg: Nadler, 1523]
19,1 × 14,5 cm (Buch)
Holzschnitte von Lucas Cranach d. Ä.
Stadtbibliothek Worms
Sign. Mag LB 144, VD 16 M 2979

b

Johannes Cochlaeus (1479–1552)
Siebenkoepffe Martin Luthers, von acht hohen sachen des Christlichen Glaubens, durch Doct. Io. Cocleum
[Dresden: Wolfgang Stöckel, 1529]
Druck auf Papier
20 × 15,3 cm
Stadtbibliothek Worms
Sign. Mag LB 378b, VD 16 C 4390

Die Verbreitung reformatorischen Gedankengutes wäre ohne den Buchdruck undenkbar gewesen. In der Geschichte der Reformation als medienhistorisches Ereignis kommt den satirischen Flugschriften und Pamphleten eine besondere Rolle zu. In beiden Lagern nutzten die Autoren die Polemik als Stilmittel, um den Gegner zu attackieren. Wurden die Lutheraner als falsche Propheten und Ketzer gebrandmarkt, sparten auch die Reformationsanhänger nicht mit Diffamierungen der Katholiken, die zumeist in Richtung Papst und der von ihm abhängigen Institutionen zielten.

a. Wenige Jahre nach dem Thesenanschlag hatte sich diese Form der öffentlichen Meinungsbildung dahingehend radikalisiert, dass die Aussagen noch polemischer und agitatorischer wurden. Insbesondere die Flugschrift *Deuttung der zwo grewlichen Figuren Bapstesels zu Rom vnd Munchkalbs zu freyberg in Meyssen funden* stellt eines der erfolgreichsten Beispiele dieser Strategie antipäpstlicher Kritik dar. Die Schrift ist in einigen Ausgaben erschienen, nach der Erstauflage 1523 in Wittenberg folgten im gleichen Jahr Drucke in Erfurt, Oppenheim, Augsburg, Basel, Breslau und Nürnberg. Die Autoren Martin Luther und Philipp Melanchthon kombinierten zwei populäre zeitgenössische Mythen, um das System der päpstlichen Kirche zu diskreditieren. Melanchthons Papstesel ist ein verunstaltetes Tier, welches

3.18a

3.18a

1496 angeblich in Rom aus dem Tiber gefischt worden sein soll. Das von Luther beschriebene Mönchskalb soll 1522 im sächsischen Freiberg bei der Schlachtung einer Kuh zur Welt gekommen sein. Der satirische Prosatext kommt zwar ohne Titelillustration im eigentlichen Sinne aus, doch ist die Publikation mit zwei auf älteren Vorlagen beruhenden Holzschnitten von Lucas Cranach d. Ä. ausgestattet.

Der Papstesel erscheint als ein schuppenbesetztes Monster in einem weiblichen Körper mit dem Kopf eines Esels. In der Interpretation von Melanchthon ist es ein apokalyptisches Zeichen Gottes, wie verdorben der Papst und die mit ihm verbundenen Institutionen sind. Ein maßgebliches Argument dafür ist das Auftauchen in Rom. Jeder Körperteil des Eselwesens wird von Melanchthon auf einen bestimmten Missstand in der katholischen Kirche bezogen, der Eselskopf soll dabei der Papst selbst sein.

Ähnlich verhält es sich mit dem Mönchskalb, das ebenfalls eine Mutation – ein deformiertes Kalb in Mönchskleidung – darstellt. Wie Melanchthon bezieht auch Luther Merkmale des Tieres auf katholische Defizite, die zerrissene Mönchskutte beispielsweise entlarvt das Lügengerüst der Klosterbrüder, deren Frömmigkeit nur äußerer Schein sei. Beide Texte untermauern ihre Argumentation durch Bibelstellen. So wurden Papstesel und Mönchskalb als feststehende Termini zu Metaphern für die verkommenen Strukturen der alten Kirche.

b. Innerhalb der Flugschriften lässt sich eine Abfolge von Reaktionen und Gegenreaktionen beobachten. Beide Parteien versuchten mit vergleichbaren Mitteln, das Meinungsbild zu beeinflussen, die eigene Anschauung darzulegen und zugleich den gegnerischen Standpunkt zu widerlegen. Die Person Luthers stand dabei im Fokus und führte in den Flugschriften der 1520er Jahre zu zwei konträren Lutherbildern. Entgegen der reformatorischen Darstellung des von Gott gesandten Erneuerers, propagieren katholische Gelehrte das Bild des Aufrührers.

Am Ende des Jahrzehnts radikalisierten sich die Aussagen und die Bildsprache gleichermaßen. In diesem Klima erschien 1529 in Dresden das Pamphlet über die *Siebenkoepffe Martini Luthers* von Johannes Cochlaeus. Der Autor kannte Luther seit dem Wormser Reichstag und darf als einer seiner erbittertsten Gegner gesehen werden. Bekanntheit hat

3.18b

die Schrift weniger aufgrund des Textes erhalten (der Cochläische Schreibstil galt als wenig fesselnd), sondern wegen des Titelblatts von Hans Brosamer (1495–1554). Es zeigt Luther als eine siebenköpfige Gestalt, bei der jedes Haupt eine andere Bezeichnung erfährt: *Doctor, Martinus, Luther, Ecclesiast, Schvirmer, Visitirer* und schließlich als *Barrabas*. Die Reihung versteht sich als negative Steigerung. Stellt der *Ecclesiast* Luther als Geistlichen dar, der nur predigt, was das Volk hören will, ist mit *Schvirmer* ein Schwärmer mit wirren und gefährlichen Gedanken (daher auch die Wespen um seinen Kopf) gemeint. Schließlich erscheint Luther als *Barrabas*, also jener Mitgefangene Jesu, dem Pontius Pilatus nach der Befragung des versammelten Volks die Freiheit schenkte. Luther wird zum Kriminellen und – unter Bezug auf den Bauernkrieg – zum politischen Aufrührer.

Dass die Köpfe gemeinsam in einem Buch lesen, verkehrt den *sola-scriptura*-Grundgedanken der lutherischen Lehre ins Gegenteil. Da jeder Kopf eine persönliche Bibellektüre vornehmen kann, muss jede Interpretation zur Verwirrung führen. Die Karikatur Luthers kommt einer Diffamierung als Antichrist gleich, verwies das Wesen doch auf die siebenköpfige Bestie der Johannes-Apokalypse. Vor diesem Hintergrund verwundert es kaum, dass als mediale Antwort im gleichen Jahr ein Holzschnitt mit der Darstellung des *Siebenköpfigen Papsttums* als protestantisches Gegenbild erschienen ist.

Stefan Heinz

Lit.: Ausst.Kat. Luther und die Folgen, 160 f. (Kat.Nr. 33, Peter-Klaus Schuster), 177 f. (Kat.Nr. 49, Peter-Klaus Schuster). – Ausst.Kat. Martin Luther, 235 (Kat.Nr. 295, Konrad Hoffmann), 227 f. (Kat.Nr. 287, Konrad Hoffmann). – van Gülpen, Humanismus.

3.19 Der Papst und seine Anhänger stürzen in die Hölle

Lucas Cranach-Werkstatt
Höllensturz des Papstes und seiner Anhänger
1538
Handzeichnung, Feder und Pinsel in Schwarz, grau laviert
23,5 × 19,8 cm
Staatsbibliothek Bamberg
Sign. I P 21

Im freien Fall Richtung Hölle befinden sich die Anhänger der römisch-katholischen Kirche, allen voran der Papst. Was in dem Cranachschen *Passional Christi und Antichristi* von 1521 auf kleinem Format erstmals bildmächtig formuliert wurde (▸ 3.16), fand sich auf zwei großformatigen Leinwandbildern des Schlosses Hartenfels in Torgau ebenfalls dargestellt. Eine Quittung vom Frühjahr 1538 verbürgt den Abschluss der Arbeiten: *Was Meister Lucas zu wittenbergt gemacht hat folget: xxiiij gulden* für die *zwey tucher do Christus Himelfart und des Babsts hellefart In der Salstuben vff gemalet ist* (Schuchardt, Cranach III, 276).

Die Bamberger Zeichnung der Cranach-Werkstatt wird seit Tilmann Falk, welchem die Entdeckung anlässlich der Baseler Cranach-Ausstellung verdankt wird (Ausst.Kat. Lucas Cranach, 512 [Kat.Nr. 360]), mit den Torgauer Leinwandgemälden in Zusammenhang gebracht; sie könnte als Vorzeichnung bereits 1537 entstanden sein. Auf den Papst warten in der Hölle bereits Kardinäle und Bischöfe sowie Nonnen und Mönche. Eine gleich große Zeichnung muss auch für die Darstellung der Himmelfahrt Christi angenommen werden, denn diese Szene war antithetisch der Höllenfahrt des Papstes gegenübergestellt.

Bestimmt waren beide Gemälde für den Neuen-Saalbau-Flügel des Torgauer Schlosses, der zwischen 1533 und 1538

3.19

gebaut und ausgestattet wurde. Im ersten Obergeschoss war dieser Schlossflügel unterteilt in eine Tafelstube und den großen Saal. In der Tafelstube befanden sich laut dem Inventar von 1610 u. a. *4 grosse vonn Wasserfarbenn uff Leinwandt gemahlete Taffeln, an 2 obenn Chur- unndt Fürstl. Contrafecte, Uff 3. vom Babste, uff der vierdten die Auffarth Christi,* [...] (Hoppe, Schlossbau, 172).

Zur Mitte des 16. Jahrhunderts wurden die Cranachschen Gemälde aufgrund ihrer antirömischen Bildaussage von den spanischen und italienischen Truppen Karls V. zerstört. Dies verbürgt die Zimmerische Chronik beim Bericht über den Schmakaldischen Krieg: *In disem krieg sein auch die Spanier eim namhaften deutschen grafen* [Johann Friedrich der Großmütige; 1503–54] *in seiner schlöser ains kommen.* [...] *Under ander, das dozumal in Saxen zu grund gangen, das sein gewesen die schenen und künstlichen gemeldt weilund des weitberüempten malers Laux Kronen* [Lucas Cranach], *so ainest zu Wüttenberg* [Wittenberg] *gewonet. Solche haben die Spanier und ander welsch kriegsvolk des kaisers Caroli* [Karl V.] *mertails zerschlagen und verderpt zu Torgaw im schloss, allain der ursach halb, das solche gemelde die vergleichung Cristi und des bapsts inhielten, wie dann solchs vor jaren im truck ussgangen* [d. i. das Passional Christi und Antichristi], *do alle actus, antiphrases angezeicht werden, und waren solche gemelde ganz werklichen und künstlichen zugericht. Schad umb die grossen kunst* (Zimmerische Chronik III, 552 f.).

Dies erklärt auch, warum das Inventar von 1610 (s. o.) die beiden Bilder als mit Wasserfarben gemalt auflistet. Man hat wohl nach der Zerstörung der Cranachschen Originalgemälde im Schmakaldischen Krieg diese noch einmal nachmalen lassen und dafür die preiswerte Wasserfarbe gewählt. Ob man bei dieser Zweitfassung noch einmal auf die Bamberger Vorzeichnung Cranachs zurückgriff, muss offen bleiben.

Andreas Tacke

Lit.: Zimmerische Chronik III. – Ausst.Kat. Lucas Cranach. – Hoppe, Schlossbau. – Schuchardt, Cranach III.

3.20 Judith mit dem Haupt des Holofernes

Lucas Cranach d. Ä. (1472–1553)
Judith mit dem Haupt des Holofernes
1525
Öl auf Holz
Tondo, 14,6 cm Durchmesser, m. R. 37,8 × 37,7 × 7,5 cm
Sammlung Rau für UNICEF, Arp Museum Bahnhof Rolandseck, Remagen
Inv.Nr. GR 1.691

Divergierende Deutungen sind zwischen allgemeiner Geschichte und Kunstgeschichte nicht selten. Wir dokumentieren hier exemplarisch zwei Deutungen des Cranach-Gemäldes.

Die Geschichte der ebenso schönen wie mutigen Judith hat die abendländische Kunst und Literatur vielfältig angeregt. Das apokryphe vermutlich um 100 v. Chr. abgefasste Buch Judith erzählt von der gleichnamigen gottesfürchtigen Witwe aus Betulia, deren Stadt von der überwältigenden Übermacht eines assyrischen Heeres belagert wird. Angesichts schwindender Hoffnung und sinkenden Gottvertrauens der Belagerten geht die schöne Witwe in tiefer Glaubens-

3.20

zuversicht und unter inbrünstigem Gebet mit ihrer Magd in das assyrische Heerlager und gewinnt dort durch ihre anmutige Erscheinung Aufmerksamkeit. Der Feldherr Holofernes zeigt sich von ihrer Schönheit ebenso beeindruckt wie von der Klugheit ihrer Reden. Nach einem Festmahl zu ihren Ehren wird Judith mit dem betrunkenen Holofernes allein gelassen. Sie nutzt diese Gelegenheit um den Feldherrn mit dessen eigenem Schwert zu enthaupten. Nach Judiths Rückkehr nach Betulia gelingt es den Verteidigern der Stadt ihre Belagerer bei einem Ausfall in die Flucht zu schlagen. In seinem biblischen Kontext erzählt das Judithbuch vom Triumph des Gottvertrauens; die katholische Tradition des Mittelalters sah in ihr eine Vorläuferin Mariens. Für die bildende Kunst dürfte das Sujet der Judith mit dem Haupt des Holofernes nicht zuletzt durch die Verbindung von Schönheit und Schrecken attraktiv gewesen sein. Das Motiv des Tyrannenmords legte aber auch vielfältige politische Deutungen nahe.

Das in einem quadratischen Rahmen gefasste Rundbild (Tondo) zeigt Judith zwischen zwei Dienerinnen. Ihre rechte Hand hält das Schwert demonstrativ nach oben mit zierlich abgespreiztem kleinen Finger. Die linke Hand packt das Haupt des Holofernes am Schopf. Judiths Blick ist entschlossen auf den Betrachter gerichtet. Die Dienerin zur linken Seite schaut Judith über die Schulter, die zur rechten blickt an der schrecklichen Szenerie im Vordergrund vorbei in eine weite Ferne. Der dunkle Hintergrund lässt die Figuren hervortreten, doch strahlt das Gemälde eine angesichts des Motivs eigenwillige Ruhe aus. Blut ist am Schwert nicht zu sehen und auch am abgetrennten Haupt nur angedeutet.

Hinzu kommt die feine, zeitgenössische Kleidung der drei Frauen, die sich im Schnitt (mit tiefem Dekollete) und in den Farben des Stoffes kaum unterscheidet. Ein enges Mieder, Halsbänder, Perlenschmuck und die jungen Gesichter mit rosigen Wangen verleihen den drei Frauen eine erotische Ausstrahlung.

Lucas Cranach der Ältere hat das Thema der Judith mit dem Haupt des Holofernes zwischen 1525 und 1530 häufig dargestellt. Das kleinformatige Kabinettbild der Sammlung Rau ist eine der frühesten Fassungen. Kunsthistorische Deutungen haben das Motiv mit der damals in Wittenberg diskutierten Frage des Widerstandsrechts gegen den Kaiser in Verbindung gebracht. Allerdings wurde diese Frage erst Ende der 1520er Jahre virulent, als ein gewaltsames Vorgehen des Kaisers gegen die »protestierenden« Stände in den Bereich der Möglichkeit rückte. Politiker und Juristen der Wittenberger Reformation vertraten die Auffassung, dass der tyrannischen Herrschaft des Kaisers bei Rechtsverletzungen gewaltsam begegnet werden dürfte. Luther lehnte dies ab, weil eine tyrannische Herrschaft nach seiner Auffassung als Strafe Gottes zu erdulden war, auch von den Fürsten. Die Christen hätten nur die Möglichkeit des öffentlichen Protests, des Gebets und der Emigration. Der Versuch, den Glauben mit äußeren Mitteln zu schützen, zeuge von mangelndem Gottvertrauen. Anders als in der Judith-Erzählung ließ sich der neue evangelische Glaube für Luther nicht mit Gewalt und Tyrannenmord verbinden. Erst im Herbst 1530 war er bereit, die Frage der Zulässigkeit des Widerstands gegen den Kaiser den Juristen und Politikern zu überlassen. Damit war der Weg frei für ein protestantisches Verteidigungsbündnis, das mit dem Schmalkaldischen Bund im Februar 1531 gegründet wurde.

Wolfgang Breul

Lit.: Ausst.Kat. Cranach der Ältere, 202–205 (Kat.Nr. 45 f., Bodo Brinkmann), 320–321 (Kat.Nr. 99, Bodo Brinkmann). – Kohnle, Luther, 200 f.

Mahnend hat die jüdische Heldin das große Schwert erhoben, mit dem sie gerade den Tyrannenmord vollzogen hat. Es war eine mutige List, durch die es der alttestamentarischen Judith aus Betulia gelang, Holofernes, den Feldherrn des Assyrerkönigs Nebukadnezar, mit seinem eigenen Schwert zu enthaupten. Durch ihre weiblichen Reize und ihren Charme konnte sie sein Begehren gewinnen. Als er betrunken einschlief, tötete sie den König und rettete so die Bewohner ihrer Heimatstadt. Wie eine Trophäe hält sie sein abgeschlagenes Haupt empor. Aber es tropft kein Blut von der Klinge. Gekleidet ist sie in ein tief ausgeschnittenes Kleid ihrer Zeit mit geschlitzten Ärmeln. Auf dem Kopf trägt sie ein großes Barett aus rotem Samt, das das Haupt fast wie ein Heiligenschein umgibt. Flankiert wird sie von zwei attraktiven Dienerinnen in der gleichen Kleidung.

So selbstbewusst, wie sie den abgeschlagenen Kopf präsentiert, blickt sie direkt den Betrachter an: Aber dieser Blick hat nichts triumphierendes, eher ist es eine stille Überlegenheit, die fasziniert. In der biblischen Erzählung hat die Tugend und Bescheidenheit, verkörpert durch Judith, über die Wollust und den Hochmut ihres Feindes Holofernes gesiegt. Das Motiv der Judith wurde immer wieder politisch instrumentalisiert. In Florenz beispielsweise galt Donatellos (um 1386–1466) Bronzeplastik des gleichen Themas (zwischen 1453 und 1457, Palazzo Vecchio, Florenz) als Sinnbild für den Sieg der Republik gegen die Tyrannei. Vergleichbar u. a. mit Michelangelos (1475–1564) David (zwischen 1501 und 1504, Galleria dell'Accademia, Florenz), der Goliath bezwang. Beides sind öffentlich präsentierte Warnungen an politisch anders gesinnte.

Lucas Cranach und seine Werkstatt schufen zwischen 1525 und 1530 über ein Dutzend Fassungen dieses Themas, wobei die Version aus der Sammlung Rau eine der frühesten ist. Daher ist vielleicht anzunehmen, dass diese Gemälde nicht allein aufgrund ihres erotischen Reizes im Zusammenhang mit dem Topos der Weiber- oder Frauenlisten entstanden, sondern ebenso politisch konnotiert waren. Judith, erscheint als junge Frau, die ihre Gegner unterschätzt hatten, Sinnbild der Stärke gegenüber einem scheinbar übermächtigen Feind. Cranach war nicht nur enger Freund und Trauzeuge Martin Luthers, sondern auch überzeugter Anhänger seiner Ideen. Aus diesem Grund könnte man vielleicht in der in seine Gegenwart transportierten Frauengestalt, daher ebenso ein Symbol für die reformatorische Bewegung vermuten. Dies ist ein mutiger Aufruf, sich wenn nötig, auch mit Gewalt zu wehren. Oder ist es etwa sogar die Gegenseite, für die Cranach ebenfalls Aufträge ausführte, die sich dieses Motives bedient?

Karoline Feulner

Lit.: Ausst.Kat. Auge des Sammlers, 91 (Susanne Blöcker). – Ausst. Kat. Cranach der Ältere, 202–205 (Kat.Nr. 45 f., Bodo Brinkmann), 320–321 (Kat.Nr. 99, Bodo Brinkmann). – Ausst.Kat. Schau mich an, 38 (Kat.Nr. 12, Susanne Blöcker). – Uppenkamp, Judith.

3.21 Eine späte katholische Polemik gegen Luther

Bartholomäus Bruyn d. Ä. (1493–1555)
Versuchung Christi
1547 (oder später)
Öl auf Leinwand
184 × 119 cm
LVR-LandesMuseum Bonn
Inv.Nr. 58.3

3.21

Dreimal wird Christus in Versuchung geführt (Mt 4,1–11 par.): Inmitten der steinigen Wildnis versucht der Teufel den Fastenden zu überreden, Steine in Brot zu verwandeln. Jesu sprichwörtliche Antwort, dass der Mensch nicht vom Brot allein lebe, sondern von jedem Wort Gottes, ist die Pointe des Bildes. Denn jeder Betrachter erkannte sofort das Antlitz Martin Luthers, dessen Talar Schwanz und Krallenfüße nicht verbirgt. Auch aus seinen gichtigen Händen wachsen teuflische Krallen. Bartholomäus Bruyns Komposition ist auf die massige Gestalt des »Versuchers« Luther zugeschnitten. Dieser drängt sich in die Mitte des Bildfeldes (von den ursprünglich rahmenden Säulen sind noch Teile der Kapitelle zu sehen) und wird, bezieht man den Hintergrund mit ein, von den weiteren Stationen der Versuchung auf dem Tempel und auf dem hohen Berg gerahmt.

Luther als Monster, *diabolus incarnatus* oder zumindest als Teufelspaktierer waren Topoi der antireformatorischen Polemik, gleichsam die katholische Antwort auf Propaganda, die beispielsweise den Papst in die Hölle stürzen ließ (▸ 3.19). Die Zeitgenossen, die das Gemälde nach 1547 im Kölner Karmeliterkloster gesehen haben, dürften es aber weniger als ein »Kampfbild« nach außen denn als ein beredtes Zeugnis einer geschlagenen Schlacht wahrgenommen haben. Unmittelbar, nachdem der Versuch des Kölner Erzbischofs Hermann von Wied (1477–1552), in Kurköln die Reformation einzuführen, durch die Intervention von Kaiser und Papst verhindert worden und Hermann im Februar 1547 zurückgetreten war, muss der Auftrag an Bruyn ergangen sein. Auftraggeber war Eberhard Billick (1499–1557), Kölner Prior und Provinzial der niederdeutschen Karmelitenprovinz. Er war der Hauptwortführer der katholischen Opposition gegen Hermann von Wied und hatte sich mit Philipp Melanchthon und dem nach Bonn berufenen Martin Bucer Auseinandersetzungen geliefert. Von Bruyn und dessen Kölner Werkstatt ließ er sich nun den Kreuzgang seines Klosters mit 57 neutestamentlichen Szenen ausstatten, von denen sich außer der *Versuchung Christi* nur eine weitere erhalten hat. Daher können wir nur vermuten, dass sich in diesem Zyklus die wiedererrichtete katholische Ordnung bildlich manifestieren sollte. Die Einzelbilder wurden von Persönlichkeiten finanziert, zu denen Fürsten und Bischöfe gehörten – der hier dargestellte bischöfliche Stifter ist jedoch leider nicht identifiziert. Vereint durch Billick und Bruyns Zyklus formten sie eine »rechtgläubige« Gemeinschaft im Kölner Hier und Jetzt und für die Ewigkeit. Das Gemälde zeigt zugleich exemplarisch, wie die katholische Seite die Macht der Bilder für ihre eigene Bildpropaganda instrumentalisierte.

Almut Pollmer-Schmidt

Lit.: Ausst.Kat. Renaissance am Rhein, 210 f. (Kat.Nr. 79, Meike Lotz). – Badea, Präeminenz. – Best.Kat. Landesmuseum Köln, 123 f. (Ingeborg Krueger). – Burschel, Monster . – Molitor, Glaubenskämpfe, bes. 437–441. – Tümmers, Altarbilder Bruyn 107 (Kat.Nr. A 166).

SEKTION 4

Herberge der Gerechtigkeit Die Ebernburg als Zufluchtsort führender Humanisten und Reformatoren

Die Ebernburg, unweit von Bad Kreuznach am Zusammenfluss von Nahe und Alsenz gelegen, wurde vermutlich um 1200 erbaut und war zunächst im Besitz wechselnder Grafenhäuser. 1448 kam sie in den Besitz der Herren von Sickingen, die sie zur Festung ausbauen ließen. 1481 kam hier Franz von Sickingen zur Welt, der Ausbau und Befestigung der Ebernburg weiter vorantrieb und dort auch eine Kapelle einrichtete.

Bereits im Januar 1520 und abermals im Juni und im November desselben Jahres hatte Franz von Sickingen Martin Luther (1483–1546) angeboten, ihm auf seinen Burgen Asyl zu gewähren. Im April 1521 forderte er nach Verhandlungen mit dem kaiserlichen Beichtvater Johannes Glapion (ca. 1460–1522) Luther kurz vor dessen Ankunft in Worms noch einmal dringlich auf, nicht auf dem Reichstag zu erscheinen, sondern sich auf die Ebernburg unter seinen Schutz zu begeben. Luther schlug das Angebot, hinter dem er je länger je mehr eine Intrige seiner Feinde vermutete, aus und stellte sich dem Wormser Verhör. Die Burg, die ihm schließlich nach dem Reichstag Zuflucht bot, war nicht Sickingens Ebernburg, sondern die Wartburg.

Wenn auch nicht für Luther selbst, so wurde die Ebernburg in den Jahren 1520 bis 1523 doch für mehrere andere Vertreter der evangelischen Bewegung Zufluchtsort und zeitweilige Wirkungsstätte. Den Beinamen *Herberge der Gerechtigkeit (aequitatis receptaculum)* gab ihr der bedeutende Humanist Ulrich von Hutten (1488–1523) (▸ 4.8), der seit dem September 1520 hier bei seinem Freund Sickingen lebte. Hutten, Reichsritter wie Sickingen, gekrönter Dichter *(poeta laureatus)* und national gesinnter Kirchenkritiker, hatte als Rat im Dienst des Mainzer Kurfürsten Kardinal Albrecht von Brandenburg (1490–1545) gestanden, war dort aber nach der Veröffentlichung von fünf scharfen antipäpstlichen Dialogen unhaltbar geworden. Auf der Ebernburg verfasste er weitere vielbeachtete Flugschriften, bis er in den Untergang Sickingens in der Trierer Fehde mit hineingezogen wurde und in die Schweiz fliehen musste. Das 1889 enthüllte Hutten-Sickingen-Denkmal von Ludwig Cauer (1866–1947) zu Füßen der Burg erinnert an die schicksalhafte Verbindung der beiden ritterlichen Protagonisten der evangelischen Bewegung.

Auch für vier Theologen, die durch ihr Eintreten für die reformatorische Sache ihren bisherigen Wirkungskreis verloren hatten, wurde die Ebernburg zur ersten Anlaufstation. Der prominenteste von ihnen war der spätere Straßburger Reformator Martin Bucer (1491–1551) (▸ Kurzbeitrag *Martin Bucer* und 4.5). Nach seiner Flucht aus dem Heidelberger Dominikanerkloster lebte er im Frühjahr 1521 mehrere Wochen als Sekretär und theologischer Berater Sickingens auf der Burg; er war es, der Luther am 15. April 1521 in Oppenheim die neuerliche Einladung Sickingens überbrachte. Im Mai 1522 verschaffte Franz von Sickingen Bucer die Pfarrstelle in Landstuhl. Ebenfalls seit dem Frühjahr 1521 lebte der Augsburger Caspar Aquila (1488–1560), der Sickingen bereits 1515/16 auf seinen Kriegszügen begleitet hatte, als Feldprediger und Hauslehrer der drei Söhne Sickingens auf der Ebernburg. Nach der Eroberung der Burg ging er nach Wittenberg, später erhielt er auf Empfehlung Luthers die Superintendentur in Saalfeld. Das Amt des Burgkaplans der Ebernburg versah von April bis September 1522 der spätere Basler Reformator Johannes Oekolampad (1482–1531) (▸ 4.6), der aus dem bayerischen Kloster Altomünster hatte fliehen müssen. Im Mai 1522 feierte er hier den ersten evangelischen Abendmahlsgottesdienst mit deutschsprachigen Lesungen. Nach Oekolampads Wechsel nach Basel wurde Johannes Schwebel (1490–1540) (▸ 4.7 und 4.10) aus Pforzheim, der seine Heimatstadt wegen evangelischer Neigungen hatte verlassen müssen, neuer Burgkaplan. 1523 war er kurzzeitig als Nachfolger Bucers Pfarrer in Landstuhl, machte sich dann aber vor allem als Reformator des Herzogtums Pfalz-Zweibrücken einen Namen.

Wolf Friedrich Schäufele

Lit.: BÖCHER, Ebernburg. – BÖCHER, Theologen der Ebernburg. – SCHÄUFELE, Herberge der Gerechtigkeit.

Martin Bucer und Franz von Sickingen

Martin Bucer, geboren in Schlettstadt, studierte als Dominikanermönch in Heidelberg. Nachdem er während der Heidelberger Disputation (25. oder 26. April 1518) Martin Luther gehört hatte, geriet er immer mehr unter den Einfluss von dessen Gedanken, was zu Spannungen mit seinen Ordensoberen führte: Letztere waren eher Erasmianer als »Martinianer«. Ende April 1521 gelang es Bucer, von seinen Ordensgelübden losgesprochen zu werden, sodass er nicht mehr der – für ihn gefährlichen – Gerichtsbarkeit der Dominikaner unterstand.

In den letzten Wochen vor seiner Lossprechung lebte er auf der Ebernburg des Reichritters Franz von Sickingen in der Nähe von (Bad) Kreuznach. Bucer wusste Bescheid über den Konflikt zwischen Sickingen und dem Dominikanerorden: Sickingen hatte für den Humanisten Johannes Reuchlin (1455–1522) und also gegen den Inquisitor Jakob von Hoogstraten (1460–1527) Partei genommen, und er hatte sogar am 26. Juli 1519 den Dominikanern die Fehde angesagt. Nicht ohne Erfolg: Hoogstraten wurde als Inquisitor abgesetzt, und auf dem Provinzialkapitel in Frankfurt (Mai 1520) beschloss man, dem Papst um die Zurücknahme der Verurteilung Reuchlins zu bitten. So wurde auch für den Flüchtling Bucer die Ebernburg zur »Herberge der Gerechtigkeit« – so Ulrich von Hutten (▸ Essay *Die Herberge der Gerechtigkeit*). Bucer schätzte Sickingens Interesse an Luthers Schriften; in ihm sah er ein Werkzeug Gottes, um die Kirche gründlich zu reformieren.

Von März bis Ende April 1521 lebte er auf der Ebernburg, wo er als Privatsekretär Huttens tätig war. In seinen Briefen von April und Mai an den Humanisten Beatus Rhenanus (1485–1547) lobt er die »evangelische Frömmigkeit« und die »unaussprechliche Menschlichkeit *(humanitas)*« Sickingens, eines echten Verteidigers Christi. Mitte April versuchte Bucer, Martin Luther auf die Ebernburg zu bringen: Der Reformator sollte sich nicht nach Worms begeben, sondern sich auf der Sickingen-Burg niederlassen, um mit Jean Glapion, dem kaiserlichen Beichtvater über die Frage der besten Mittel zur Reform der Kirche diskutieren zu können; am 15. April traf Bucer den Wittenberger in Oppenheim, aber dieser lehnte sein Angebot ab.

René Boyvin, Martin Bucer, 1544 (?), Kupferstich, Lutherhaus, Wittenberg, Inv.Nr. 4° XXIII 2215

Nach dem Wormser Reichstag kehrte Bucer zu Sickingen zurück, und dieser schickte ihn »in der Sache des Evangeliums« auf Reisen. Im Juli hatte der Reichsritter eine neue Aufgabe für Bucer; was er damals zu tun hatte, kann man nur mutmaßen, wahrscheinlich hing es mit den Vorbereitungen für den Aufstand der Reichsritter zusammen. Noch im Juli 1522, einen Monat, bevor sich die Reichsritter in Landau versammelten, um ihre Rechte gegen die Fürsten in Schutz zu nehmen, war Bucer von ihrem *Eifer für das Evangelium* tief beeindruckt (Brief an Johannes Sapidus [1490–1561]). Inzwischen hatte Bucer die ihm von Sickingen angebotene Stelle als Pfarrer in Landstuhl angenommen. Im November 1522 begab er sich mit Elisabeth Silbereisen (um 1495–1541), die er während des Sommers geheiratet hatte, nach Weißenburg (Wissembourg, Nordelsass), wo er mit der Unterstützung Sickingens im evangelischen Sinne predigte. Nach der Niederlage und dem Tod des Reichsritters musste Bucer im Mai in die freie Reichsstadt Straßburg fliehen, wo er bis zum Jahre 1549 als Prediger und bald als Hauptfigur der reformatorischen Bewegung tätig war.

Matthieu Arnold

Lit.: BUCER, Einheit. – BUCER , Correspondance. – GRESCHAT, Bucer.

Reformatorische Flugschriften

Die Reformation war die erste geistige und politische Bewegung in Deutschland, deren Botschaft in umfassender Weise mit den Mitteln des Buchdrucks propagiert wurde. Diese Gegebenheit trug nicht wenig zu ihrem Erfolg bei, ja, man wird nicht fehlgehen, wenn man die reformatorischen Flugschriften als das wichtigste (Massen-)Medium zur Verbreitung der neuen Ideen im deutschen Sprachgebiet und über dieses hinaus ansieht. Denn auch in lateinischen Flugschriften und in Übersetzungen deutscher Texte fanden die neuen Ideen ihre Verbreitung in Europa. Neben mündlichen Formen der Agitation in Propaganda, Predigt und Gesang wurde gerade durch den Buchdruck eine Öffentlichkeit erzeugt und erreicht, die es so vorher nicht gegeben hatte. Luther meinte in späteren Jahren gar, der Buchdruck sei das letzte Geschenk Gottes an die Welt vor deren Ende gewesen, ja, Gott habe der Welt den Buchdruck geschenkt, um das Papsttum zu unterdrücken (LUTHER, Tischreden (WA) I, Nr. 1038; 2, Nr. 2772a.b; 4, Nr. 4697).

Schaut man von der frühen Reformation zurück in die Anfänge des Jahrhunderts, so stellt sich die Publizistik des Reuchlinstreits seit 1511 (▸ Essay *Luther, Sickingen und die Reformation* und 3.2) gleichsam als ein Vorspiel zu dem reformatorischen Flugschriftenkampf dar – Reuchlin wurde denn auch in zeitgenössischen Schriften und Bildern in die Reihe der Reformatoren aufgenommen.

Ihrer äußeren Gestalt nach sind Flugschriften kurze, ungebundene Schriften in kleinem Format (Oktav oder Quart). Flugschriften sind zu unterscheiden von Flugblättern, Einblattdrucken mit oder ohne grafische Illustrationen. Diese wurden in der Regel einseitig bedruckt und als Plakate verbreitet. Im Unterschied zu diesen Flugblättern kommt es in den Flugschriften vor allem auf den Text an, sie können aber auch Text- und/oder Titelblattillustrationen enthalten; Titelblätter mit Titelholzschnitten sind nicht selten. Diese müssen freilich nicht immer einen Bezug zu den Texten haben; in zahlreichen Fällen dienten sie (nur) dazu, Aufmerksamkeit und Interesse der möglichen Käufer und Leser auf

Ein schöner Dialogus von Martino Luther/vñ der geschicktẽ Botschafft auß d' Helle die falsche geystligkeit vñ das wort Gots belan=gen/gantz hübsch zů lesen., [Straßburg: Matthias Schürer, 1523], Herzog August Bibliothek, Wolfenbüttel, Sign. A: 108.5 Quod. (19), VD 16 A 1525

sich zu ziehen. Für die von der Forschung vielfach angenommene Auflagenhöhe von tausend Exemplaren der jeweiligen Drucke gibt es keine belastbaren Belege. Zahlreiche Drucke werden in deutlich geringerer Auflage hergestellt worden sein, andere, vor allem Schriften Luthers in den frühen 1520er Jahren, wurden vielleicht in größeren Auflagen produziert, weil sie sicheren Absatz erwarten ließen.

Inhaltlich lassen sich »Flugschriften« nicht auf polemische Texte reduzieren – neben zahlreichen Kontroversschriften gab es auch Sermone«, Traktate, Predigten und Predigtsummarien, dazu Liedflugschriften.

Bekannte Autoren sind dem Titelblatt zu entnehmen; zahlreiche Schriften, gerade in den frühen Jahren der Reformation, erschienen jedoch anonym, weil ihre Verfasser Zensur und Verfolgung fürchten mussten.

Martin Luther war mit Abstand der erfolgreichste Autor von Flugschriften seiner Zeit. Zahlreiche vor allem seiner deutschsprachigen Schriften der 1520er Jahre hatten nur geringen Umfang und waren daher preiswert herzustellen und zu verkaufen. Neben den seinen wurden die Schriften von Andreas Bodenstein von Karlstadt (1486–1541), Johann Eberlin von Günzburg (um 1470–1533), Heinrich von Kettenbach (gest. um 1524) und Ulrich von Hutten vielfach gedruckt. Unter den Gegnern der Reformation waren Thomas Murner (1475–1537), Johannes Cochlaeus (1479–1552) und Johannes Eck (1486–1543) besonders eifrig, aber deutlich weniger erfolgreich als ihre reformatorischen Gegner.

Die wichtigsten Druckorte für Flugschriften aus dem evangelischen Lager waren neben Wittenberg Augsburg, Basel, Erfurt und Nürnberg; daneben gab es kurzzeitig aktive Druckereien auch in kleineren Städten, etwa in Eilenburg oder Marburg. Gegner der Reformation bedienten sich vor allem der Druckereien in Köln und Ingolstadt.

Um ein breites Publikum zu erreichen, schrieben die Autoren auf Deutsch. Lateinische Flugschriften wandten sich an ein gelehrtes Publikum; auch im nichtdeutschen Sprachraum wurden Luthers Schriften in lateinischer Sprache verbreitet. Im Verlauf der Jahre hatten unterschiedliche Themen Konjunktur: Zölibat und Priesterehe, Klosteraustritte, Abendmahl. Höhepunkte der Produktion waren der Reichstag von Worms 1521 und der Bauernkrieg 1525. Doch spielten Flugschriften auch in den späteren Jahrzehnten des 16. Jahrhunderts, insbesondere in den jeweiligen Auseinandersetzungen in politischen und Religionsfragen, eine bedeutende Rolle.

Johannes Schilling

Lit.: LUTHER, Tischreden (WA). – FLACHMANN, Luther. – MOELLER, Flugschriften. – SCHILLING, Flugschriften. – SCHWITALLA, Flugschrift.

4.1 Die Ebernburg: Europäisches Kulturerbe

Die Ebernburg, Stammburg Franz von Sickingens
Erste urkundliche Erwähnungen im 13. Jahrhundert
Bad Münster am Stein-Ebernburg

Das Luftbild zeigt die in Bad Münster am Stein-Ebernburg oberhalb des Zusammenflusses von Alsenz und Nahe liegende Ebernburg aus Richtung Osten. Auf einem sich von Südwesten nach Nordosten erstreckenden Bergrücken bildet sie ein unregelmäßiges Fünfeck mit einer Länge von 135 m bei 50 m Breite. Links erkennt man den Weg zur Burg, der über zwei Brücken durch den Torturm führt. Darin ist die reformationsgeschichtliche Bibliothek der Ebernburg-Stiftung zu finden. Man blickt in den von großdimensionierten Gebäuden flankierten Innenhof. Links liegt das um 1840 entstandene Haus »Sickingen«; daran schließt sich, dem Betrachter zugewandt bzw. nach Südosten gedreht, der ehemalige Palas an. Rechts im Bild liegt das Haus »Hutten«. In diesen Gebäuden sind »Bildungsstätte Ebernburg« und Burggaststätte untergebracht. Im Vordergrund dominieren zwei auskragende Batterietürme. Die Burgmauern berührenden Reben des »Ebernburger Schlossbergs« bieten ein regionaltypisches Bilddetail.

Die baugeschichtlichen Anfänge der Anlage sind unklar; urkundliche Belege reichen ins 13. Jahrhundert. Im Lauf der Geschichte gehörte die Burg unterschiedlichen Familien; dazu zählen die Herren der Kurpfalz und deren Lehnsmänner. Am 2. März 1481 wurde hier Franz von Sickingen als Spross einer aus dem Kraichgau stammenden Ministerialenfamilie geboren. Er war seit 1505 Alleinerbe der Sickingeschen Besitztümer und baute die Ebernburg zu einer mächtigen kanonenbewehrten Renaissancefestung aus. Nach 1520 wurden hier neben Ulrich von Hutten die Theologen Martin Bucer, Caspar Aquila (1488–1560), Johannes Schwebel (1490–1540) und Johannes Oekolampad (1482–1531) beherbergt (▸ Essay *Die Herberge der Gerechtigkeit* und Sektionseinleitung *Die Ebernburg als Zufluchtsort*). Nach bewegter Biografie verstarb Franz von Sickingen im Verlauf der Trierer Fehde am 7. Mai 1523 auf der Festung Nanstein (▸ Sektionseinleitung *Die Fehde gegen Trier*). Auf sein Eintreten für Reformation und Verfolgte geht Huttens Bezeichnung der Ebernburg als *Herberge der Gerechtigkeit* zurück.

Die Burganlage erlebte eine bewegte Baugeschichte: 1523 bzw. 1698 wurde sie völlig zerstört, zwischen 1794 und 1835 als Steinbruch missbraucht, ab 1835 teilweise und – seit 1914 Eigentum der Ebernburg-Stiftung – nach 1950 im Stil einer Renaissancefestung des 16. Jahrhunderts wieder aufgebaut. Diese Stiftung organisiert wissenschaftliche Vorträge, fördert Studierende und gibt Fachpublikationen heraus. Im Jahr 2013 wurde die Ebernburg als bedeutende Stätte der Reformation mit dem Europäischen Kulturerbe-Siegel ausgezeichnet.

Hans-Joachim Bechtoldt

Lit.: Bechtoldt, Ebernburg. – Ders., Neufund. – Böcher, Ebernburg.

4.1

4.2 Wie Sickingen gelebt haben könnte: das zeitgenössische Interieur der Ebernburg

Wohnkomfort um 1500 am Beispiel der Ebernburg
Inventarblatt Ebernburgisch Silbergeschirr
Papier
33 × 20,5 cm
Hessisches Staatsarchiv Marburg
Best. 3 Nr. 99, fol. 166
(nicht im Original ausgestellt)

Entgegen landläufiger Vorstellungen ist der Wohnkomfort in Burgen um 1500 schon recht hoch. Was die feste Raumausstattung betrifft, können wir zumindest bei Bauten des höheren Adels bereits mit Glasfenstern aus milchigem sogenannten Waldglas mit Fensterläden rechnen. Besondere Räume (Kapellen oder Festsäle) sind mit kunstvoll gestalteten Fliesen, oft mit heraldischen, vegetabilen oder geometrischen Ornamenten ausgelegt, während die Wohnräume eher Holzfußböden aufweisen. In herausgehobenen Anlagen sind Decken und Wände mitunter komplett ausgemalt. Als weiterer Raumschmuck bietet sich die Bauplastik an, etwa bei Kapitellen der Säulen im Festsaal, aber auch an prominenten Bauteilen wie den Toren. Gewölbe und Wandtäfelungen sowie kunstvoll gestaltete Kamine und Öfen betonen den repräsentativen Charakter einzelner Zimmer.

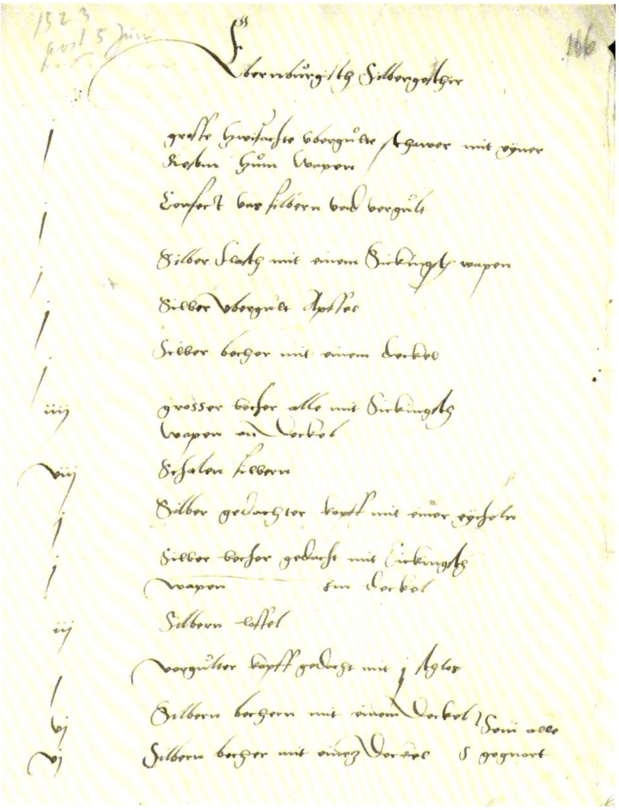

4.2, *Inventar der Ebernburg, Hessisches Staatsarchiv Marburg*

Von den ursprünglichen Einrichtungen der Burgen des frühen 16. Jahrhunderts ist nur noch wenig erhalten. Bildliche Darstellungen, Rechnungsbücher und Inventare sowie archäologische Funde können uns nur spärliche Einblicke in die Interieurs geben. Allgemein sind diese Quellen nicht für eine konkrete Rekonstruktion eines spezifischen Raumes verwertbar, sondern geben bestenfalls eine grobe Richtung an.

Glücklicherweise ist ein Inventar der Ebernburg aus dieser Zeit überliefert. Es dokumentiert den hohen Komfort und die Qualität der Gegenstände im Besitz des Franz von Sickingen. Auch kann man aus ihm die Nutzung einzelner Räume erkennen.

Offensichtlich hat es je ein Zimmer gegeben, das Franz von Sickingen und seiner Frau vorbehalten war. Dies ist damals noch außergewöhnlich. Außergewöhnlich ist auch die Ausstattung des *Herrenzimmers* mit einem zweigeschossigen Kleiderschrank mit Schubladen und einem Himmelbett mit Vorhängen, *guten Betten* und *Flaumfederkissen* sowie Teppichen – vermutlich Gobelins. Schrank und Bett sind zu Beginn des 16. Jahrhunderts ausgesprochene Prunkmöbel, eine Zeit, in der übrigens die Schlaf- und Wohnfunktion eines Raumes zumeist noch nicht voneinander getrennt sind. Das universelle Möbel dieser Zeit ist jedoch die Truhe, in der alle Gegenstände aufbewahrt werden.

Der bedeutendste Raum einer Burg ist damals noch der Saal, allerdings kommt im späten 15. Jahrhundert die sogenannte Hofstube auf, ein Empfangs- und Essraum, der meist im Erdgeschoss liegt. In seiner Mitte befindet sich der Tisch, der inzwischen schon verschiedene, kunstvolle Formen annehmen kann. Um ihn herum sind die Sitzmöbel gruppiert, deren einfachste Form der Brettstuhl ist. Zum höheren Wohnkomfort trägt der Kachelofen bei, mit dem sich dieser Raum besser beheizen lässt.

Daneben tritt vor allem bei festlichen Anlässen die Ausschmückung von Tafel und Anrichte mit Prunkgegenständen. Offensichtlich hat Sickingen schon einen erheblichen repräsentativen Aufwand betrieben, was die zahlreichen wertvollen teils silbernen, teils goldenen Gefäße und Messgegenstände zeigen, die im Inventar aufgeführt sind.

Angela Kaiser-Lahme

Lit.: Biller / Grossmann, Burg. – Deutsche Burgenvereinigung, Mitteleuropa. – Möller, Mobiliar. – Polke, Ebernburg. – Schlunk / Giersch, Ritter.

4.3

4.3 Tapisserie als Zeichen adliger Repräsentation

Unbekannter Künstler
Fabeltier-Teppich
um 1450/75
Kette: Leinen; Schuss: Wolle
70 × 307 cm
Bischöfliches Dom- und Diözesanmuseum, Mainz
Inv.Nr. T 497a (linker Teil)

4.3 Detail aus der Mitte

Fantastische Fabeltiere wie ein Greif – halb Vogel, halb Löwe – bevölkern auf dieser Tapisserie einen durch ornamentale Vegetation stilisierten Wald. Zwischen diesen großen Mischwesen befinden sich neben kleinen Hasen und Füchsen zwei junge, elegant gekleidete Edelleute, die keine Furcht vor den Krallen und Drohgebärden der Tiere zeigen. Die Dame im weißen Kleid, durch das bedeckte Haar als verheiratet ausgewiesen, scheint zwei der Fabelwesen gezähmt zu haben, da sie diese an einer zarten Kette spielerisch an einem Halsband führt.

Die Darstellung von Fabeltieren und Edelleuten (es gibt auch Kombinationen mit sogenannten Wilden Leuten) war im ausgehenden Mittelalter äußerst beliebt und findet sich auf zahlreichen Bildteppichen wieder. Dabei stehen die Mischwesen für das Wilde bzw. die ungezügelten menschlichen Leidenschaften, die dem durch die höfische Erziehung kultivierten Menschen gegenübergestellt werden. Im Falle des Mainzer-Fabeltierteppichs wurden die Mischwesen bereits gezähmt, also die Triebhaftigkeit überwunden.

Es ist anzunehmen, dass der in zwei Teile zerschnittene Mainzer-Fabeltierteppich für eine Hochzeit in Auftrag gegeben wurde. Neben dem dargestellten Thema sprechen hierfür besonders die beiden Wappen am linken Teppichrand: Das Linke weist ein quergeteiltes Schild mit einer kurzbeinigen Bracke auf, die sich auch in der Helmzier wiederfindet. Das rechte Wappen zeigt einen ockerfarbenen bekrönten Löwen, der dem Pfälzer Löwen ähnelt, und sich ebenfalls in der Helmzier wiederholt. Eine Identifizierung, die u. a. Anhaltspunkte einer genaueren Datierung liefern könnte, ist bisher leider nicht gelungen. Die Wappen verweisen auf die erstmalige Verbindung dieser Geschlechter und auf den Auftraggeber, der im adligen bzw. hochadligen Umfeld zu suchen ist. Entstanden ist der Bildteppich vermutlich in Mainz, das im 14. und 15. Jahrhundert neben beispielsweise Konstanz, Freiburg im Breisgau, Basel oder Straßburg zahlreiche gewebte Teppiche produzierte. Derartige aufwendige Tapisserien waren hochrangige und sehr beliebte Luxusgüter. Daher ist ihr repräsentativer Charakter weitaus höher einzuschätzen als etwa die wärmende Funktion an den Gemäuern. Auch im Inventar von Sickingens Ebernburg (▸ 4.2) wurden Teppiche erwähnt – ob es sich hierbei um solche aufwendigen Tapisserien handelte, ist nicht bekannt.

Karoline Feulner

Lit.: Ausst.Kat. Die Wittelsbacher am Rhein, 424 (Kat.Nr. D2.11 und D2.12 [Fabeltierteppich], Eva-Maria Günther). – Ausst.Kat. Drache, 9–44. – Brassat, Tapisserien.

4.4 »So verhält es sich bei uns«: Ulrich von Hutten beklagt sich über das Leben auf der Burg

a
Ulrich von Hutten
Ulrichi de Hutten equitis ad Bilibaldum Pirckheimer patricium Norimbergensem epistola vitae suae rationem exponens
[Augsburg: Sigmund Grimm und Marx Wirsung, 1518]
Holzschnitt-Titelbordüre sogenannter Petrarcameister
Druck auf Papier
21 × 16 cm
Hessische Hochschul- und Landesbibliothek, Fulda
Sign. Hutten Benzing 83, VD 16 H 6231

b
Albrecht Dürer (1471–1528)
Willibald Pirckheimer (1470–1530)
1524
Kupferstich
14,4 × 11,3 cm
Graphische Sammlung, Landesmuseum Mainz, GDKE
Inv.Nr. GS 11535

Der Brief Ulrich von Huttens ist nicht allein ein Dokument des Austausches zwischen zwei befreundeten Humanisten, sondern war von vornherein als Rechenschaftsbericht seines Lebens, *ratio vitae*, für eine breitere Leserschaft bestimmt und ist noch im selben Jahr in Augsburg gedruckt worden. Er gilt als Zeugnis für das Lebensgefühl der ersten Humanisten-Generation in Deutschland, die Begeisterung für die humanistischen Studien, die in dem emphatischen Ausruf *Iuvat vivere* (Es ist eine Lust zu leben; § 119) ihren Ausdruck findet.

Hutten rechtfertigt seinen von Willibald Pirckheimer kritisierten Entschluss, nach unsteten Wanderjahren unter zeitweise prekären Bedingungen eine Karriere am Hof des Mainzer Erzbischofs Albrecht von Brandenburg zu suchen, anstatt sein Talent ausschließlich in die humanistischen Studien einzubringen (*Sibi et Musis vivere*). Er begründet dies a) mit seinem jugendlichen Alter und seinem rastlosen Temperament, dass nach Betätigung drängt (§§ 19; 32), b) mit seiner Verpflichtung als Spross eines Reichsrittergeschlechts, Ehre und Ruhm seiner Vorfahren zu mehren (§ 51), vor allem aber c) mit einer detaillierten Beschreibung seiner Lebensumstände, die ihm ein Leben am Hof gerade in Hinblick auf die humanistischen Studien erstrebenswert erscheinen lassen (§§ 37; 41).

Auch Pirckheimer hatte sich in jungen Jahren aktiv in den Dienst des Gemeinwohls eingebracht, und so drängt es nun den Jüngeren nach Betätigung: *veteranus iam et emeritis stipendiis spacioso illo decurso campo aliis praeiens – ego in flore adhuc et tirunculus in omnem facile eventum alacriter contendens* (Du bist bereits ein altgedienter Veteran und gehst, nachdem du jenes weite Feld durchlaufen hast, anderen voran, ich stehe noch in der Blüte der Jahre und als kleiner Rekrut bringe ich mich bereitwillig und freudig in alles Geschehen ein; § 19).

Der Unterschied in Alter und Temperament zwischen den Korrespondenten wird auch an dem Porträt, das Albrecht Dürer von dem 53-Jährigen anfertigte, deutlich: 1470 geboren, ist Pirckheimer ein – zu seiner Zeit – reifer älterer Mann. Das wuchtige Haupt ist wie eine Büste auf einen Sockel gesetzt, der die Inschrift trägt: BILLIBALDI PIRKEYMERI EFFIGIES/ AETATIS SUAE LIII/ VIVITUR INGENIO CAETERA MORTIS ERUNT/ 1524 (Abbild Willibald Pirckheimers mit 53 Jahren. Er wird leben durch sein geistiges Talent – alles andere wird dem Tod gehören.) Der Kupferstich wirkt wie die Vorwegahme eines Epitaphs.

Als landsässiger Ritter lebt Hutten unter ungleich schwierigeren Bedingungen als der Nürnberger Patrizier Pirckheimer: *Ex tua vita noli meam aestimare!* (Beurteile mein Leben nicht nach Deinem Leben; § 36).

In der Gegenüberstellung vermittelt der Brief die Beschreibung gleich zweier Lebensentwürfe im Dienste des Humanismus, die durch die je unterschiedliche Herkunft und die damit verbundenen unterschiedlichen Lebensbedingungen vorgegeben sind.

Pirckheimer lebt in Nürnberg, der Stadt, die sich als eine der ersten Städte in Deutschland dem Humanismus geöffnet und viele Gelehrte und Künstler gefördert hat, woran auch er einen nicht geringen Anteil hat; *cui vel primam ego foelicitatem adscribo, quod in ea civitate natus sis quae omnium per Germaniam civitatum maxime bonis primum ingeniis exuberat atque scatet, deinde honorem his habet ac singulariter erga optimas quasque artes affecta semper fuit et diu iam sola ac unice fuit.* (ich schreibe es dir als größtes Glück zu, dass du in der Stadt geboren bist, die zuallererst von allen Städten Deutschlands die allergrößte Anzahl begabter Menschen aufweist, ferner, dass sie diese in Ehren hält und stets den besten Studien außerordentlich zugetan war, und das schon lange als Einzige und allein; §§ 22–25).

Im Ritterstand und bei Hof hingegen haben die humanistischen Studien als nicht standesgemäß noch kaum An-

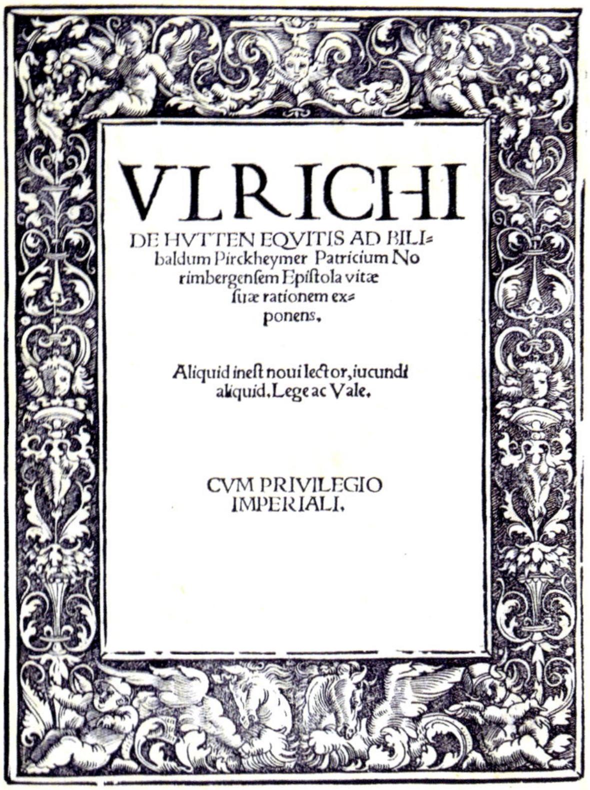
VLRICHI
DE HVTTEN EQVITIS AD BILIbaldum Pirckheymer Patricium Norimbergensem Epistola vitae suae rationem exponens.

Aliquid inest noui lector, iucundi aliquid. Lege ac Vale.

CVM PRIVILEGIO IMPERIALI.

4.4a

4.4b

erkennung gefunden. *In nostrum ordinem lente admodum serpit hoc bonum, multis iam tot annos existimantibus praeter equestrem dignitatem esse literas scire.* (In unseren Stand schleicht sich dieses Gut erst ganz langsam ein, da die meisten schon über so viele Jahre der Ansicht waren, Bildung zu besitzen sei mit der Würde eines Ritters nicht vereinbar; § 26).

Das Leben als Ritter auf seiner Burg bietet ihm keine idealen Bedingungen für seine Studien; *Ita nobiscum agitur, ut patrimonium etiam amplissimum si mihi sit, ut possim ex meo vivere mihi, hae sunt tempestates tamen, quae me quiescere non sinunt.* (So verhält es sich bei uns [Rittern]: wenn ich auch ein üppiges Erbe habe, das mir erlaubt, auf eigene Kosten zu leben, gibt es doch viele Unbilden, die mir keine Muße gönnen; § 37). Er erinnert an die ständige Gefährdung, die Aufwendungen für Rüstung, Pferde und Gefolge nötig machen, die Verpflichtung, gegebenenfalls Waffenhilfe leisten zu müssen, die Sorge um die mageren Zinserträge der verpachteten Felder: *hae sunt nostrae ruri delitiae, haec ocia, hoc tranquillum.* (Dies sind die Freuden unseres Landlebens, dieses die Muße, dies die Ruhe; § 40).

Die Burg ist nicht als angenehme Wohnstätte, *ad amoenitatem,* sondern als Trutzburg, *ad munitionem,* gebaut. Den von Graben und Wall umgebenen engen Raum teilen sich Menschen und Tiere. In unmittelbarer Nähe lagern Kanonen, Munition und sonstiges Kriegsgerät. Pech und Schwefelgestank mischt sich so mit dem Gestank der Tiere und der Exkremente der Hunde. Es herrscht ein ständiges Kommen und Gehen von Rittern, unter ihnen auch Räuber und Diebe. Von den Feldern hört man das Blöken der Schafe und das Brüllen der Rinder, vermischt mit den Rufen der Landarbeiter und dem Lärmen der Wagen. Selbst der nahe Wald mit dem Geheul der Wölfe bietet keine Idylle, sondern verbreitet Schrecken. Der Wechsel der Jahreszeiten verlangt ständig neue Aufmerksamkeit und Mühen, jeder Tag bringt neue Plagen und Sorgen.

Die Vorbehalte Pirckheimers gegen den Hofdienst sind daher nicht gerechtfertigt: *In quam me vitam ut studiis dignam ab aulica ut indignissima revocas, ibique me consulto ac proposito, tanquam in optato quodam vitae portu collocas ac reponis; teque putas, cum hoc facis, in quietem me et tranquillum adserere* (Zu einem solchen Leben als den Studien angemessen rufst du mich vom angeblich völlig ungeeigneten Hof zurück und weist mir darin gleichsam wie in einem erstrebenswerten Lebenshafen einen Platz zu; und während du das tust, glaubst du, mir Ruhe und Muße verschaffen; § 41).

Mit der Villa auf dem Land, wo die Humanisten nach dem Vorbild der römischen *nobiles* Muße zur Beschäftigung mit der Literatur suchten (*otium cum tranquillitate*), sind die Lebensbedingungen auf der Burg nicht zu vergleichen.

Monika Rener

Lit.: Böcking, Hutten Schriften I, 195–217. – Hutten, Schriften, 317–340. – Wuttke, Pirckheimer Briefwechsel. – Buck, Villa. – Grimm, Hutten. – Holzberg, Pirckheimer. – Worstbrock, Brief. – Zorn, Humanisten.

4.5 Martin Bucer – der bedeutendste Ebernburgtheologe

Martin Bucer (1491–1551)
in: Markus zum Lamb (1572–1622), Thesaurus Picturarum, Bd. 20: »Theologi reformati«, S. 150
Handschrift mit kolorierter Federzeichnung
ca. 16,5 × 14 cm
Universitäts- und Landesbibliothek, Darmstadt
Sign. HS 1971

4.5

Obwohl Martin Bucer (▸ Kurzbeitrag *Martin Bucer*, 1491–1551) neben Luther, Ulrich Zwingli (1484–1531) und Johannes Calvin (1509–64) zu den bedeutenden evangelischen Theologen der Reformationszeit zu zählen ist, gibt es von ihm nur wenige und zudem voneinander abhängige Abbildungen. Während die Wittenberger Cranach-Werkstatt für Luther seriell hergestellte Porträts schuf, die das Bild des Reformators nicht nur für die Zeitgenossen prägte, fehlt ein solcher Typus der Porträtbildung für den wichtigsten reformatorischen Theologen im Südwesten des Reichs. Die bekannteste Darstellung geht auf René Boyvin (um 1525 – nach 1580) zurück, dessen postumer Kupferstich aus den Jahren 1561/62 Bucer im Alter von 53 Jahren zeigt. Ein ähnliches Profilbild schuf Boyvin auch von Johannes Calvin. Von Boyvins Porträt sind die meisten übrigen zeitgenössischen Abbildungen Bucers abhängig.

Etwas freier geht der kurpfälzische Jurist und Kirchenrat Marcus zum Lamm (1544–1606) mit der Darstellung des Straßburger Reformators um. Die Federzeichnung aus dem 20. Band des *Thesaurus picturarum* zeigt ihn als Straßburger Prediger in ganzer Figur mit einem Buch in der Hand, vermutlich der Bibel, und damit als Schrifttheologen. Die Profildarstellung des Kopfes folgt den Linien Boyvins, deutet aber einen Bartwuchs an. Die Figur zeigt Bucer mit einem dunkelblau gehaltenen Talar. Der 20. Band des »Bilderschatzes« ist Teil der 33 Oktavbände umfassenden Bildersammlung, die der überzeugte Calvinist Lamm 1564 20-jährig begann. Die Bände 17–22 sind Personen der Kirchengeschichte gewidmet; nach den *Imperatores et electores* (Bd. 17) und *Patres und Pontifices* (Bde. 18 und 19) gilt der 20. Band den *Theologi reformati*.

Die Zeichnungen stammen nicht von Marcus zum Lamm, sondern von Künstlern aus dem Umfeld des Heidelberger Hofes, vor allem von Wilhelm Pesser und von einem namentlich nicht bekannten Zeichner mit dem Monogramm »IW«.

Der »Bilderschatz« kam 1644 in den Besitz der Großherzoglichen Darmstädter Hofbibliothek, als Landgraf Georg II. von Hessen-Darmstadt (1605–61) das Werk seiner kunstsinnigen Gemahlin Sophie Eleonore (1609–71)

Friedrich Hagenauer, Martin Bucer, 1543, Medaille, Staatliche Münzsammlung, München, Inv.Nr. 11/127

schenkte. Der *Thesaurus* war zuvor vom Künstler an den hessischen Kanzler Anton Wolf von Todtenwart (1592–1641) über dessen Sohn Eberhard Wolf an den hessischen Landgrafen gelangt.

Wolfgang Breul

Lit.: Ausst.Kat. Heidelberg. – Hepp, Kurpfalz. – Otto, Lamm.

4.6 Johannes Oekolampads Schrift für Luther führt zur Flucht auf die Ebernburg

Johannes Oekolampad (1482–1531)
Iudicium de doctore Martino Luthero
[Leipzig: Valentin Schumann, 1520]
Druck auf Papier
19,9 × 14 cm
Stadtbibliothek Worms
Sign. Mag LB 448, VD 16 O 353

Ein halbes Jahr lang, vom April bis zum September 1522, war Johannes Oekolampad Burgkaplan bei Franz von Sickingen auf der Ebernburg. Er hat hier im Mai 1522 erstmals einen Abendmahlsgottesdienst nach einer im evangelischen Sinne erneuerten Liturgie mit deutschen Evangelien- und Epistellesungen gefeiert – vier Jahre, bevor sich Luther an die Ausarbeitung eines deutschen Gottesdienstformulars machte.

Als Oekolampad in den Dienst Sickingens trat, war er 40 Jahre alt und hatte sich soeben der reformatorischen Bewegung angeschlossen. Damit war die erste, von der Suche nach seinem endgültigen Lebensberuf gezeichnete Phase seiner Biografie zum Abschluss gekommen. 1482 in Heilbronn als Johannes Heusgen (Hussgen, Husschin) geboren – den gräzisierten Gelehrtennamen führte er seit 1511 –, hatte Oekolampad in Heidelberg und Bologna humanistische, juristische und theologische Studien betrieben. Mehrmals wechselte er zwischen praktischen Kirchenämtern in Weinsberg, Basel und Augsburg und gelehrten Tätigkeiten, die ihn mit Johannes Reuchlin (1455–1522), Philipp Melanchthon (1497–1560) und Erasmus von Rotterdam (um 1467–1536), dem er bei der Edition des griechischen Neuen Testaments zuarbeitete, in Kontakt brachten. 1518 erwarb er in Basel den theologischen Doktorgrad. Irritiert von den reformatorischen Auseinandersetzungen und von Zweifeln an seiner Befähigung zum geistlichen Amt, zog sich Oekolampad 1520 ins Kloster Altomünster bei Dachau zurück, wo er schließlich zum reformatorischen Evangelium fand. Seine neuen Überzeugungen legte er in einer Schrift zur Buße und in dem hier gezeigten *Iudicium de doctore Martino Luthero* (Urteil über Doktor Martin Luther) nieder, das erstmals 1520 bei Valentin Schumann in Leipzig erschien und 1520 und 1521 an verschiedenen Orten mehrfach im lateinischen Original und in deutscher Übersetzung nachgedruckt wurde. Darin erklärte Oekolampad, auf Grund der ihm bekannten Schriften Luthers habe dieser die heilige Schrift und die evangelische Wahrheit auf seiner Seite und werde von seinen Gegnern zu Unrecht verdammt. Beigefügt waren seinem Votum Aussprüche bedeutender Persönlichkeiten, die Luther gegen Anschuldigungen in Schutz genommen hatten.

Mit seinem *Iudicium* zog sich Oekolampad den Zorn von Luthers Gegner Johannes Eck (1486–1543) aus Ingolstadt zu. Am 23. Januar 1522 musste er aus Altomünster fliehen. Zuflucht fand er zunächst auf Sickingens Ebernburg. Damit begann seine zweite, reformatorische Lebensphase.

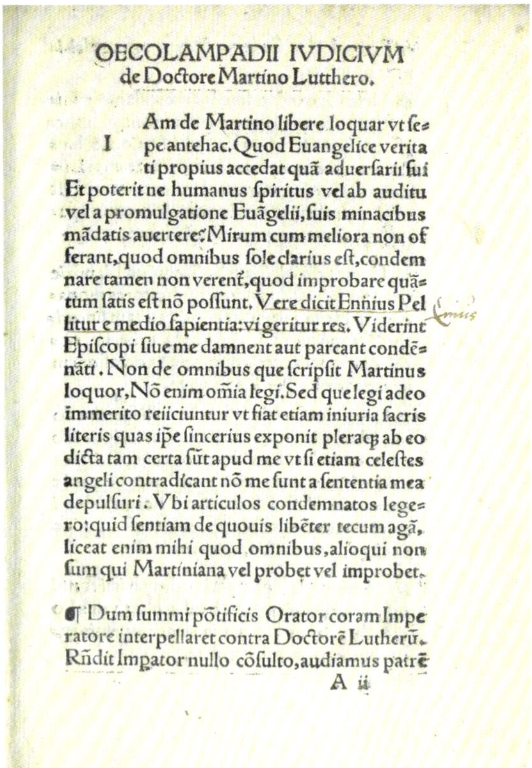

OECOLAMPADII IVDICIVM
de Doctore Martino Lutthero.

IAm de Martino libere loquar vt ſe-
pe antehac. Quod Euangelice verita
ti propius accedat quã aduerſarii ſui
Et poterit ne humanus ſpiritus vel ab auditu
vel a promulgatione Euãgelii, ſuis minacibus
mãdatis auertere? Mirum cum meliora non of
ferant, quod omnibus ſole clarius eſt, condem
nare tamen non verent̃, quod improbare quã-
tum ſatis eſt nõ poſſunt. Vere dicit Ennius Pel
litur e medio ſapientia: vi geritur res. Viderint
Epiſcopi ſiue me damnent aut parcant condẽ-
nãti. Non de omnibus que ſcripſit Martinus
loquor, Nõ enim om̃ia legi. Sed que legi adeo
immerito reiiciuntur vt fiat etiam iniuria ſacris
literis quas ip̃e ſincerius exponit pleraq; ab eo
dicta tam certa ſũt apud me vt ſi etiam celeſtes
angeli contradicant nõ me ſunt a ſententia mea
depulſuri. Vbi articulos condemnatos lege-
ro; quid ſentiam de quouis libẽter tecum agã,
liceat enim mihi quod omnibus, alioqui non
ſum qui Martiniana vel probet vel improbet.

¶ Dum ſummi põtificis Orator coram Impe
ratore interpellaret contra Doctorẽ Lutherũ.
Rñdit Impator nullo cõſulto, audiamus patrẽ
A ii

4.6

Hans Asper, Bildnis des Johannes Oekolampad, um 1531/50, Mischtechnik auf Lindenholz, Kunstmuseum, Basel, Inv.Nr. 12

Im November 1522 übersiedelte er nach Basel, wo er als Korrektor in einer Druckerei arbeitete und nebenher Vorlesungen hielt, die ihm 1523 den Ruf auf eine theologische Professur an der Universität Basel eintrugen. Daneben versah er seit 1523 kommissarisch, seit 1525 dann auf Dauer eine Predigerstelle an St. Martin. Bis zur Schließung der Basler Universität 1529 konnte Oekolampad so seine beiden Neigungen zu gelehrten und zu pastoralen Aufgaben miteinander verbinden.

In der evangelischen Bewegung der Reichsstadt Basel nahm Oekolampad eine prominente Stellung ein. Seit 1525 hielt er auch hier evangelische Abendmahlsfeiern, seit 1526 ließ er im Gottesdienst deutsche Psalmlieder singen. Um die Jahreswende 1525/26 führte er gemeinsam mit anderen reformatorisch gesinnten Pfarrern eine evangelische Ordnung für Taufe, Abendmahl und Krankenkommunion ein. Als in Basel 1529 die Reformation endlich offiziell eingeführt wurde, trat Oekolampad als Münsterprediger und Antistes an die Spitze der Basler Kirche, machte sich aber auch über die Stadt hinaus einen Namen als Autor und Kirchenorganisator. Insgesamt hat er 230 literarische Werke hinterlassen, darunter bedeutende Bibelkommentare und Editionen bzw. Übersetzungen lateinischer und griechischer Kirchenväter. Schwerpunkte seiner praktischen und publizistischen Tätigkeit bildeten die Buße und das Abendmahl. So suchte er in Basel eine biblisch begründete Bußdisziplin und Kirchenzucht einzuführen, die öffentliche Sünder durch Ermahnung und schlimmstenfalls durch Ausschluss von der Abendmahlsgemeinschaft zur Besserung bewegen sollte. Im Abendmahlsstreit zwischen Luther und Zwingli nahm er die Partei des Zürchers ein; beim Marburger Religionsgespräch von 1529 war er neben diesem der Wortführer der Schweizer und Oberdeutschen.

1528 vermählte er sich 46-jährig mit der jungen Witwe Wibrandis Rosenblatt (1504–64) aus Säckingen, die nach seinem frühen Tod noch die Ehefrau seines Freundes Wolfgang Capito (1478–1541) und zuletzt Martin Bucers werden sollte. Einen Ruf nach Zürich als Nachfolger Zwinglis lehnte Oekolampad 1531 ab. Kurz darauf, am 23. November 1531, erlag er einer Krankheit.

Das Ölporträt des bekannten Zürcher Malers Hans Asper (1499–1571) entstand, wie die Aufschrift in zwei lateinischen Distichen am oberen Bildrand erkennen lässt, postum. Seine Vorlage war eine Medaille des Zürcher Gold-

Mein Blick auf Franz von Sickingen

Als eingefleischter Lutheraner, dessen Familie viele Theologen hervorgebracht hat, bin ich noch heute Franz von Sickingen für seine »Herberge der Gerechtigkeit« auf der Ebernburg dankbar, mögen seine Motive auch durchaus machtpolitischer Art gewesen sein. Der Reformation hat er mit seiner Bereitschaft zur Aufnahme von Ulrich von Hutten und anderer gefährdeter protestantischer Theologen einen großen Dienst erwiesen. Ich bin deshalb froh, im Dunstkreis dieser Burg zu leben und hin- und wieder dank Franz von Sickingen den Odem der Reformation einatmen zu können. Außerdem werde ich immer wieder an das wichtigste Kirchenlied meiner Kindheit erinnert: »Ein feste Burg ist unser Gott, ein gute Wehr und Waffen«.

Carsten Pörksen, Mitglied des Landtages Rheinland Pfalz

schmieds Jakob Stampfer (1505/06–79). Vermutlich befand sich das Gemälde ursprünglich im Besitz des Zürcher Antistes Heinrich Bullinger (1504–75).

Wolf-Friedrich Schäufele

Lit.: Ausst.Kat. Zürcher Kunst, 63f. (Kat.Nr. 24). – Kuhr, Macht. – Schäufele, Oekolampad. – Staehelin, Lebenswerk.

4.7 Franz von Sickingens reformatorisches Programm

Franz von Sickingen; Johannes Schwebel
Sendbrief Sickingens an Diether von Handschuchsheim (gest. 1487)
[Wittenberg: Johannes Schwebel, 1522]
Papier
17,2 × 14,2 cm
Sickingen-Museum, Sickingenstadt Landstuhl

Der unter dem oben genannten Titel verfasste Sendbrief Franz von Sickingens ist 1522 im Druck erschienen. Mit unseren heutigen bibliographischen Mitteln sind sechs separate Drucke nachweisbar. Herausgegeben wurde die Druckschrift von Johannes Schwebel, dem späteren Reformator Zweibrückens. Schwebel, der seine Heimatstadt Pforzheim verlassen musste und auf der Ebernburg Zuflucht fand, gab den Sendbrief 1522 heraus, vermutlich hat er ihn auch im Auftrag Sickingens verfasst, möglicherweise war Martin Bucer der *spiritus rector*. Beide hielten sich zu dieser Zeit auf der Ebernburg auf. An den Anfang des Sendschreibens setzt Schwebel einen Widmungsbrief an Georg Luthrummer (*den Edlen vesten und wolgelerten Junckherren Georgen Luthiumern/ yetz der zeyt wonhafftig zů Pforzen*: andere Schreibung: Luthummer; Luthiumer), der *gegeben ist zu Ebernburg am andern Tag Petri und Pauli Anno etc. 22* (30. Juni 1522). Dem Druck folgten mehrere Nachdrucke. Einen davon hat dann Johannes Grunenberg (gest. um 1524) in Wittenberg ein weiteres Mal abgedruckt und das Sendschreiben des Ritters Hartmuth von Cronberg (1488–1549) an seinen Cousin Franz von Sickingen beigefügt. Der Sendbrief lässt vermuten, dass Franz von Sickingen die von Luther ausgehende Reformation nicht nur politisch nutzen wollte, sondern sich auch inhaltlich damit auseinandergesetzt hat.

Anlass seines Briefes an seinen *Schweher* Diether von Handschuchsheim, den Schwiegervater seines Sohnes Schweikard, waren Beschwerden, die sein Verwandter in »fünf Artikeln« gegen die neue, seiner Auffassung nach von Luther ausgehende Lehre bzw. die davon abgeleitete religiöse Praxis geführt hatte. Die darin enthaltene Kritik an neuen Formen des Gottesdienstes betraf unmittelbar die auf der Ebernburg bereits sehr früh umgesetzten Reformen. Die Beschwerden sind Sickingen durch einen Dritten, *Conrat von Helmstet*, vorgetragen worden. Die fünf Artikel behandeln die Austeilung des Abendmahls in beiderlei Gestalt, die Änderung der Messliturgie, die Aufhebung der Ordensgelübde und des damit verbundenen Zölibats, das vermeintliche Verbot der Heiligenverehrung und die angebliche Aufforderung zum Bildersturm. Sickingen (bzw. sein Berater Schwebel) ist bemüht, differenziert und unter Verwendung vieler Bibelzitate zu beweisen, dass alle diese Neuerungen auf biblischer Grundlage beruhen und keine willkürlichen Erfindungen Luthers sind. Dem Sendschreiben vorangestellt ist der Widmungsbrief Schwebels an Georg Luthrummer, einem Anhänger aus der Pforzheimer Zeit, den er in diesem Brief zur Standhaftigkeit mahnt und dem er zu diesem Zweck auch Sickingens Sendbrief schickt. Der eigentliche Brief beginnt

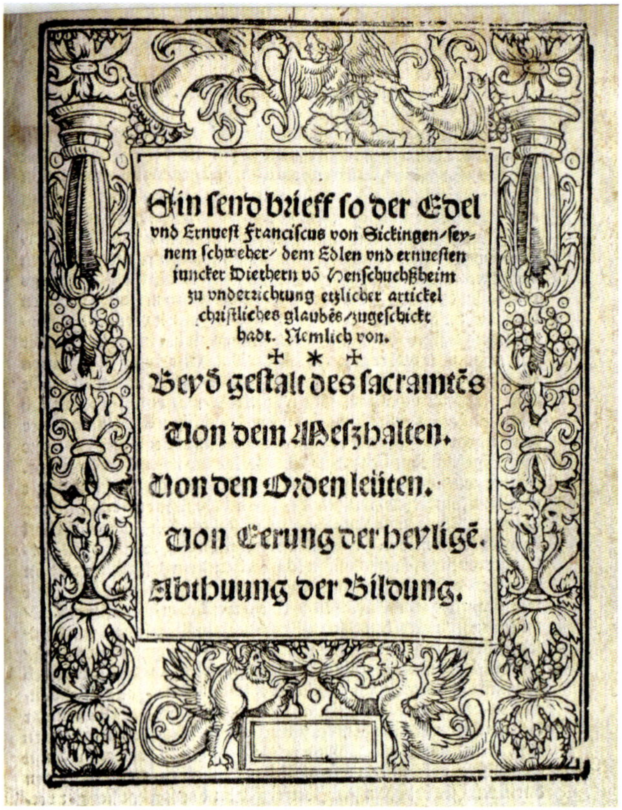

Ein send brieff so der Edel vnd Ernuest Franciscus von Sickingen/ seynem schweher/ dem Edlen vnd ernuesten juncker Dietbern vō Henschuchßheim zu vnderrichtung etlicher artickel christliches glaubēs/ zugeschickt hadt. Nemlich von.

Beyd gestalt des sacramēts
Von dem Meßhalten.
Von den Orden leüten.
Von Eerung der heiligē.
Abthuung der Bildung.

4.7

mit einem Lob des Empfängers ob seiner Festigkeit in Glaubensdingen verbunden mit der Bitte, Menschengesetze nicht höher zu achten als die Worte Gottes und die »Vormundschaft der Wahrheit Jesu Christi« auf sich zu nehmen. Die Worte Christi, der Apostel und der Propheten seien allein »die Grundfeste von Luthers Lehre«. Danach geht Sickingen auf die Beschwerden im Einzelnen ein. Die Darreichung des Abendmahls in beiderlei Gestalt begründet er mit Jesu Einsetzungsworten nach 1Kor 11, 23–25, Mk 14par (hier ohne Stellenangabe) sowie als theologischer Vertiefung Joh 6, 53–56 mit der zentralen Aussage: *Wer mein Fleisch isst und trinkt mein Blut, der hat das ewige Leben* (Joh 6,54). Im zweiten Punkt, der Messliturgie, verteidigt er das Lesen der Messe in der Landessprache mit dem Pfingstwunder aus Apg 2, in dem die Jünger durch den Heiligen Geist befähigt wurden, Jesu Missionsbefehl in allen Sprachen umzusetzen. Sehr viel ausführlicher widmet sich Sickingen dem dritten Punkt, der Aufhebung der Ordensgelübde und des Zölibats. Dieser Punkt bedurfte wohl auch 1522 noch ausführlicherer Begründung, nachdem Luthers Schrift *Vom ehelichen Leben* (Luther, Werke (WA) XX/2, 267–304) erst im selben Jahr erschienen war. Weder Gott noch Jesus Christus hätten einen anderen Stand eingesetzt als den der Ehe, wobei die biblische Beweisführung schwierig sei. Jesus sei selbst im Stand der Ehe geboren, wenn auch von einer Jungfrau. Hätte Gott den Stand der Nonne höher geschätzt als den ehelichen, so hätte er eine Nonne Jesus gebären lassen, argumentiert der Sendbrief. Neben einer komplizierten biblischen Begründung unter Verweis auf Mt 7,15, 1 Kor 1,12 u. 13, Kol 2,16 ff. und 1 Tim 4,1 ff. weist er auf die sittlichen Probleme beim Zölibat hin, in dem manches Laster geschehe. Im vierten Punkt stellt Sickingen fest, dass eine Verehrung der Heiligen insoweit legitim sei, als sie im Rahmen der Liebe aller göttlichen Geschöpfe erfolge, nicht jedoch durch Anbetung. Die biblische Begründung erfolgt durch Verweis auf Ex 20,4 f.: *Ich bin der Herr dein Gott* und neutestamentliche Stellen wie Joh 14,6 und andere. Auch im »Vater unser« werde nur Gott angerufen, und in keiner Heiligenlegende rufe ein Heiliger einen anderen an. Im letzten Punkt schließlich distanziert sich Sickingen vom Bildersturm und betont wie Luther den möglichen didaktischen Wert von Bildern, zeigt aber auch die in ihnen liegende Gefahr der Abgötterei. In einem Schlussteil schließlich wirbt er dafür, sich in diesen Streitfragen rechtzeitig richtig zu positionieren und nicht abzuwarten, wie der Streit ausgeht, damit es ihnen nicht gehe wie dem reichen Mann im Gleichnis vom armen Lazarus, der – zum höllischen Feuer verdammt – bittet seine Brüder zu warnen, dass/damit es ihnen nicht genauso ergehe wie ihm. Er muss sich sagen lassen, dass sie, wenn sie nicht auf Moses und die Propheten hörten, auch ein Bote aus dem Totenreich sie nicht überzeugen könnte.

Ulrich Oelschläger

Lit.: Luther, Werke (WA) XX. – Oelschläger, Sendbrief. – Sachs/Drescher, Gemerbüchlein.

4.8 »Herbergen der Gerechtigkeit«: Ulrich von Hutten sieht die Wahrheit von Neuem geboren

Ulrich von Hutten
Gesprächsbüchlin herr Ulrichs von Hutten
[Straßburg: Johann Schott, 1521]
Titelholzschnitt von Hans Baldung Grien (1484/85–1545)
Druck auf Papier
18,5 × 14 cm
Universitätsbibliothek Würzburg
Sign. 35/A 20.14, VD 16 H 6342

4.8

Als »Herbergen der Gerechtigkeit« werden in der Widmungsvorrede zum *Gesprächsbüchlin* Sickingens Burgen einschließlich der Ebernburg bezeichnet (▸ 4.1). Dorthin, zu dem bei Bad Münster am Stein gelegenen Sitz Franz von Sickingens, begab sich Ulrich von Hutten, nachdem ihm der Kirchenbann angedroht worden war. Der Aufenthalt währte von September 1520 bis Mai des folgenden Jahres. Während dieser Zeit widmete sich Hutten der Übertragung einiger seiner zunächst in lateinischer Sprache publizierten Dialoge in die Volkssprache. Anfang 1521 erfolgte die Veröffentlichung der Straßburger Erstausgabe. Sie markiert zugleich den von Hutten vollzogenen Sprachwechsel, mit dem er beabsichtigte, nun jedermann, d. h. in der Volkssprache, die Missstände der Kirche aufzuzeigen. In der Vorrede an den Leser formulierte er daher: *Die warheit ist von newem gborn* || … *Ja sag ich* | *Warheit was vertruckt* [= verborgen] || *ist wider nun haerfür geruckt.*

Die Stoßrichtung der 90 Blatt umfassenden Flugschrift wird jedoch bereits durch den von Baldung Grien entworfenen Titelholzschnitt deutlich: Zwischen dem im Mönchshabit sowie mit Tonsur abgebildeten Luther und dem in voller Rüstung dargestellten Reichsritter Hutten ist zu lesen: *Odivi ECCLESIAM malignantium* (Ich hasste die KIRCHE der Böswilligen)! Dies zeigt sich auch in den Dialogen selbst. Hutten intendierte, die Lügen der Kirche zu entlarven und zu einer Rückkehr zur Wahrheit zu appellieren. Seine antirömische Einstellung richtete sich dabei an alle kirchlichen Würdenträger vom einfachen Priester bis zum Papst. Dies wird in polemischer Weise besonders im *Wadiscus – oder die Roemische dreyfaltigkeit* – die Übersetzung der lateinischen *Trias Romana* (1520) – deutlich. In all seiner Kritik fühlt sich Hutten neben der eingangs hervorgehobenen Wahrheit auch Gott und Vaterland verpflichtet. Nicht zuletzt auch das den Dialogen meist zugrunde gelegte Reim- oder Rhythmusschema, welches die Lektüre sehr gefällig macht, sorgte für eine bemerkenswerte Verbreitung des *Gesprächsbüchlin*, das ein bedeutsames Beispiel der massenwirksamen Schriften der reformatorischen Bewegung darstellt.

Christoph Galle

Lit.: Hutten, Opera. – Becker, Dialoge. – Wulfert, Kritik.

4.9 Wormser Reichstag und Kirchenreform? Ulrich von Hutten fordert ein Konzil

Ulrich von Hutten
Concilia wie man die halten sol. Vnd von verleyhung geystlicher lehenpfründen. Antzöig damit / der Bäpst / Cardinälen / vnd aller Curtisanen list / vrsprung vnd handel bitz vff diß zeit
Ebernburg, 29. Januar 1521
[Straßburg: Johann Schott, 1521]
20,3 × 14,7 cm
Stadtbibliothek Worms
Sign. Mag LB 410a, VD 16 K 2098

In seiner Programmschrift *An den christlichen Adel deutscher Nation von des christlichen Standes Besserung* (1520) hatte Martin Luther zur Abschaffung der kirchlichen Missstände für die Einberufung eines freien christlichen Konzils plädiert (▸ 6.1). Diese Forderung wurde von konziliaristisch-antirömischen Kreisen begeistert aufgegriffen und seit dem Winter 1520/21 religionspolitisch instrumentalisiert. Auf dem Wormser Reichstag 1521 kulminierte die selbst von kaiserlichen Diplomaten geschürte Konzilsstimmung, so dass der päpstliche Nuntius Hieronymus Aleander (1480–1542) besorgt nach Rom meldete: *Jedermann fordert und kreischt »Konzil«, »Konzil«.*

4.9

Einer, der die mediale Propaganda für ein Konzil im Umfeld des Reichstages aktiv betrieb, war der humanistisch gebildete und reformatorisch gesinnte Ulrich von Hutten. Mit seiner 28 Blatt umfassenden Publikation *Concilia wie man die halten sol* [...], die zwei Traktate, eine Einleitung von Hutten und zwei Schlussillustrationen enthielt, suchte er der Konzilsforderung Nachdruck zu verleihen. Bei Recherchen zu den römischen Missständen hatte Hutten in der Bibliothek Sickingens auf der Ebernburg eine Schrift aus der Spätzeit des Basler Konzils entdeckt. Hierbei handelte es sich um den in Mainz erstmals ca. 1480 entstandenen Druck *Verteidigung des Konzils zu Basel* (GW 3639). Dieses 1442 verfasste Traktat stammte von einem anonymen Autor, der ein Parteigänger des Konziliarismus und des Gegenpapstes Felix V. (1439–49) war. Fraglich ist, ob es sich hierbei um den Magdeburger Domherrn Heinrich Toke (um 1390/95–1454) handelt. In der von Hutten mit einem neuen Titel versehenen Konzilsschrift beklagte der Autor die kirchlichen Missstände, betonte zur Reform von Papst und Kurie die Notwendigkeit von regelmäßig stattfindenden Konzilien und plädierte für eine Reform des Reiches. Damit *vnser gantz vatterland nit lang solich nutzs beraubet blibe*, ließ Hutten eine zweite Schrift abdrucken. Wie er in seiner Vorrede vom 29. Januar 1521 betonte, hatte er diese vom Bamberger Vikar und Lutheranhänger Konrad Zärtlin unter dem Titel *Ermanung das ein yeder bey dem rechten alten Christlichen glauben bleiben ...* erhalten. Zärtlin reichte eine Widmungsvorrede vom 20. Februar 1521 an den kursächsischen Rat Hans Schott von Schottenstein zu Lindt (gest. 1566) nach, so dass Huttens Dokumentation noch während des Wormser Reichstages im Frühjahr 1521 bei Johann Schott (1477–1548) in Straßburg erscheinen konnte.

Zugeeignet war die durch papstkritische Verse eingeleitete Flugschrift *allen Liebhabern christlicher Freiheit*. Bevor Huttens Traktat seinen programmatischen Abschluss durch ein Porträt Karls V. findet, ist zuvor die Figur eines Ritters – möglicherweise Hutten – mit einer Einfassung von Hans Baldung Grien abgedruckt. Darüber sind die Verse gesetzt: *So reyth es recht hyn wo Gott wőll/ die sach ich im gaentzlich heymstell/ Ich habs gewagt on alls vngfőll.*

Christopher Spehr

Lit.: Brockmann, Konzilsfrage, 549. – Kalkoff, Hutten, 326–332. – Spehr, Konzil, 271–318.

4.10 Johannes Schwebel, Kaplan auf der Ebernburg und später Reformator Zweibrückens

Epitaph auf Johannes (1490–1540) und Katharina Schwebel (gest. 1540)
1562
Sandstein
150 × 90 cm
Inschrift: »D(EO). O(PTIMO). M(AXIMO). S(ACRVM). / JOANNI SVEBLIN PHORCEN/SI THEOLOGO ET ECCLE/SIASTAE BIPONTINO VIRO / INTEGERRIMO: NEC NON / CATHARINAE BVRGGRAVIAE / MATRONAE PIISSIMAE: XIX ET / XXI MAII ANNO MDXL EX / HAC MORTALI VITA AD AETER/NAM ANGELORUM CONSVE / TVDINEM EVOCATIS: PARENTIBU(VS) / SVIS RECOLENDAE MEMORIAE / DIEM DOMINI HIC EXPECTA / TVRIS. HENRICVS ET RVPER / TVS FILII PIETATIS ERGO / POSVERE A(NN)° D(OMI)NI MDLXII« (Übersetzung s. u.)
Alexanderskirche, Zweibrücken
(nicht im Original ausgestellt)

Johannes Schwebel (1490–1540) aus Pforzheim studierte in Tübingen, Leipzig und Heidelberg. Humanistisch gebildet, befreundete er sich früh mit dem jungen Melanchthon. 1510 trat Schwebel dem Hospitalorden vom Hl. Geist bei, ab 1514 wirkte er als Prediger am Heiliggeistspital seiner Heimatstadt. Nach dem Anschluss an die Reformation und dem Austritt aus dem Orden musste er Anfang 1522 Pforzheim verlassen und fand bei Franz von Sickingen auf der Ebernburg Zuflucht, wo er als Nachfolger Johannes Oekolampads (1482–1531; ▸ 4.6) neuer Burgkaplan wurde. 1523 machte Sickingen ihn als Nachfolger Bucers zum Pfarrer in Landstuhl; hier scheint er auch zum ersten Mal geheiratet zu haben. Nach kurzzeitiger Rückkehr nach Pforzheim ernannte auf Sickingens Empfehlung noch im selben Jahr Herzog Ludwig II. von Pfalz-Zweibrücken (reg. 1514–32) Schwebel zu seinem Hofprediger. Als solcher suchte er, anfänglichen Widerständen und mangelnder Unterstützung des Herzogs zum Trotz, das Herzogtum dem evangelischen Bekenntnis zuzuführen. Seit 1524 feierte er das Abendmahl nach evangelischem Gebrauch »in beiderlei Gestalt« (mit Brot und Wein). 1529 nahm Schwebel an der Seite der Oberdeutschen am Marburger Religionsgespräch mit Luther teil. Zum Durchbruch kam die Reformation in Pfalz-Zweibrücken jedoch erst unter der Vormundschaftsregierung Pfalzgraf Ruprechts (reg. 1533–43). Als Superintendent und Stadtpfarrer von Zweibrücken stand Schwebel an der Spitze der evangelischen Landeskirche, die Kirchenordnungen von 1533 und 1539 sind sein Werk. Unter den Schriften Schwebels – 1597/98 veranstaltete sein Sohn Heinrich eine nicht abgeschlossene Gesamtausgabe in 4 Bänden – ist vor allem die 1525 in Straßburg gedruckte Flugschrift *Hauptstück und Summa des ganzen Evangeliums* bemerkenswert.

Schwebel starb am 19. Mai 1540 an der Pest, seine zweite (oder dritte?) Ehefrau Katharina Schwebel geb. Burggraf (gest. 1540) folgte ihm zwei Tage später in den Tod. Die Eheleute wurden in der Zweibrücker Stadtkirche (Alexanderskirche) begraben. 1562 stifteten ihre Söhne Heinrich (1531–1610), ab 1585 Kanzler des Herzogtums Zweibrücken, und Ruprecht (1533–90), Gerichtsschreiber in Minfeld bei Kandel, dem Andenken der Eltern das hier gezeigte Epitaph. Im Giebel steht das Wappen Schwebels, in der Predella die Mahnung *Memento mori* (Bedenke, dass du sterben

4.10

wirst). Die lateinische Inschrift lautet übersetzt: »Gott, dem Gnädigsten und Erhabensten, geweiht. Dem Johann Schwebel aus Pforzheim, Theologe und Pfarrer in Zweibrücken, einem höchst ehrenhaften Mann, und der Katharina Burggraf, seiner höchst liebevollen Hausfrau, die am 19. und 21. Mai 1540 aus diesem sterblichen Leben zum ewigen Umgang mit den Engeln abberufen wurden, ihren Eltern, zum erneuten Angedenken, die hier den Tag des Herrn erwarten werden, haben die Söhne Heinrich und Ruprecht aus Liebe dieses Grabmal gesetzt im Jahre des Herrn 1562.«

Wolf-Friedrich Schäufele

Lit.: Böcher, Theologen der Ebernburg, 420f. – Bonkhoff, Schweblin. – Jung, Schwebel. – Schneider, Schweblin.

ſt Fraumb
oſſenn wordn
Cannſtall
Pfaltz ·

SEKTION 5

Pfaffenkrieg
Die Fehde gegen Trier 1522/23

Im August 1522 wurde in Landau auf einer Versammlung der südwestdeutschen Reichsritterschaft, zu der Adlige aus dem ganzen Rheingebiet von Konstanz bis Koblenz gekommen waren, eine *brüderliche vereynigung* geschlossen und Franz von Sickingen zu deren Hauptmann gewählt. Die am 27. August erklärte Fehde gegen den Erzbischof von Trier war bereits länger vorbereitet (▸ 5.1). Dass zwei Trierer sich auf kurfürstliches Geheiß hin geweigert hatten, Sickingen ein von anderen Rittern erpresstes und von ihm vorgestrecktes Lösegeld in Höhe von angeblich 5.150 Gulden zu erstatten, war der äußere Anlass. Schwerwiegender war die Finanzlage Sickingens nach dem Scheitern des in kaiserlichem Auftrag unternommenen Feldzugs gegen Frankreich. Vom Kaiser suchte er die auf 76.500 Gulden heruntergehandelte Summe vergeblich zu erhalten. Die Fehde gegen Kurtrier hatte aber weitergehende Ziele. Er wollte nicht nur die Stellung des Adels erhalten und ein besseres Reichsregiment erreichen, wobei kein konkreter Plan zum Neuaufbau des Reiches bestand. Sickingen wollte ein Fürstentum erwerben und nach eigener Aussage (bei der Einnahme der Stadt St. Wendel) sogar Kurfürst von Trier werden. Man sang davon, dass Sickingen Kaiser werden und allen Fürsten trotzen wolle. Ein »Pfaffenkrieg«, wie ihn der Bundesgenosse Ulrich von Hutten (1488–1523) forderte, war nicht das primäre Anliegen von Sickingen, wenn auch die Trierer Geschichtsschreiber die Gefahr durch den Anhänger des »Ketzers« Luther betonten. Auch wenn es Sickingen gelungen wäre, Trier zu erobern, hätte er sich gegen die Allianz von Trier, Pfalz, Hessen und Köln, die sich durch eine Solidarisierungswelle vergrößert hätte, behaupten müssen (▸ 5.5, 5.6 und 5.7). Es ist also fraglich, ob Sickingen eine entscheidende Bresche in den geistlichen Besitz im Rheinland hätte schlagen können.

Das Heer von Sickingen und seinen adligen Mitstreitern war von seinen Werbern planmäßig in ganz Deutschland, von der Schweiz bis an die Nordsee, angeworben worden. Da er auf seine Hilfstruppen warten musste, verlor Sickingen entscheidende Zeit. Der Trierer Kurfürst Richard von Greiffenklau (1467–1531; ▸ 5.5) hatte bereits vor der Fehdeerklärung im ganzen Kurstaat Truppen angeworben und Steuern erhoben. Zu Beginn des Kriegszugs am 30./31. August 1522 nahm Sickingen die kurtrierische Amtsstadt Blieskastel ein und eroberte am 3. September St. Wendel. Über die Grimburg und an Saarburg vorbei zog Sickingen nach Trier. Wegen der dortigen Verteidigungsvorbereitungen war kein Überraschungsschlag möglich. Am 6. September zog der Kurfürst in Trier ein und am folgenden Tag wurde das bürgerliche Aufgebot beim Marktkreuz zur gemeinsamen Verteidigung aufgerufen. Am

8. September zog Sickingen von der Pellinger Höhe herab und lagerte bei dem Trierer Vorort Olewig. Um dem Gegner möglichen Schutz in der Umgebung der Stadt zu nehmen, ließen der Erzbischof und der Stadtrat einzelne Siedlungen, das Kartäuserkloster sowie Stallung und Scheuer von der nur 300 Meter vor den Stadtmauern liegenden Abtei St. Maximin zerstören. Sickingen beschoss die Stadt vom Osten und Nordosten, von St. Maximin, der Maximineracht und der halben Höhe des Petrisberges aus (▸ 5.4). Da der Widerstand der Trierer trotz mehrtägiger Beschießung nicht gebrochen werden konnte, ließ Sickingen mit Pfeilen Zettel in die Stadt schießen, auf denen er die Bürger zum Öffnen der Stadt aufforderte, da er nur etwas gegen den Bischof und alle Pfaffen und Mönche habe und deren Güter annektieren wolle (▸ 5.3b). Es bestand in der Stadt durchaus Abneigung gegen die Privilegien und den Besitz der Domherren und Klöster (und 1524 sind in der Stadt Stimmen für die Reformation bezeugt). Da Hilfstruppen für Sickingen ausblieben und für den Kurfürsten unterwegs waren, musste Sickingen am 14. September 1522 unverrichteter Dinge abziehen.

Der Humanist Bartholomaeus Latomus (um 1498–1570) und der Trierer Stadtschreiber Johannes Flade (amtierte 1517–58/59); danach der Jesuitenhistoriker Christoph Brouwer (1559–1617) behaupteten, dass Sickingen beim Abzug Feuer in die Abtei St. Maximin gelegt und die Trierer Bürgerschaft das Zerstörungswerk nur vollendet habe. Tatsächlich aber hat die Stadt die Abtei, der man aus wirtschaftlichen Gründen feindlich gesinnt war, als Bedrohung für die Sicherheit mit Zustimmung des Kurfürsten abgerissen. Kaiser Karl V. (1500–58) und sein Bruder, Erzherzog Ferdinand (1503–64), setzten sich für die Abtei ein; der Prozess zog sich bis 1531 hin.

Franz von Sickingen zog mit seinen Truppen plündernd moselabwärts, nahm die Burgen Fell und Hunolstein ein, musste aber in Bernkastel vor den kurfürstlichen Truppen weichen und konnte Burg Baldenau nicht erobern. Mit Geld und Waren als Beute traf Sickingen auf der Ebernburg ein, bezahlte und entließ dort seine Truppen (▸ 5.11). Am 24. September wurde St. Wendel durch kurfürstliche Truppen zurückerobert und am 10. Oktober 1522 wurde über Sickingen abermals die Reichsacht verhängt (▸ 5.3 d). Die militärischen Aktionen der drei verbündeten Fürsten von Kurtrier, Kurpfalz und Hessen richteten sich auf die Ausschaltung der Anhänger Sickingens unter dem niederen Adel in Hessen (Hartmuth von Cronberg [1488–1549]) und in der Pfalz. Am 1. November 1522 versuchte Franz vergeblich, die pfälzische Burg Lützelstein im Elsass zu überrumpeln. Ein kaiserliches Mandat vom 16. April 1523 (▸ 5.3 c) bekräftigte erneut das Verbot, Sickingen Unterstützung zu gewähren.

Die drei Fürsten begannen am 29. April 1523 mit der Belagerung der Burg Nanstein, die das Städtchen Landstuhl überragte. Die erst wenige Jahre zuvor mit einem großen Geschützrondell verstärkte Burg brach bereits am 1. Mai infolge des Artilleriebeschusses zusammen (▸ 5.8). Franz von Sickingen wurde beim Einschlag einer Geschützkugel an der Hüfte verwundet, kapitulierte am 6. Mai und starb am folgenden Tag in einem *finstern Loch,* einer Felsenkammer der Burg Nanstein (▸ 5.8). Die sickingischen Burgen Drachenfels, Hohenburg, Neudahn, Lützelburg und zuletzt am 26. Mai 1523 die Ebernburg fielen in die

Matthäus Merian d. Ä., Stadtansicht von Trier, Zustand von ca. 1548, 1646, Kupferstich nach einer Zeichnung von Simon Reichwein, in: Topographia Archiepiscopatuum Moguntinensis, Trevirensis et Coloniensis, Frankfurt, Bayerische Staatsbibliothek, München, Sign. 999/2Hist.pol.619(18/19)

Hände der Fürsten, die sie zumeist durch Brand zerstören ließen. Der Reichsherold Caspar Sturm (1475–1552) veröffentlichte 1523 einen *Warlichen Bericht* über die Eroberung des Nanstein und der anderen Schlösser und Burgen (▸ 5.9). Die drei Fürsten verteilten den sickingischen Besitz unter sich und bekräftigten ihr Bündnis. Der niedere Adel im südwestdeutschen Raum musste zwar einen geringeren Preis als ihr Anführer zahlen, war aber ab 1523 empfindlich in seiner Entwicklung gehemmt.

Gunther Franz

Lit.: Bezner, St. Maximin. – Franz, Sickingen. – Franz, Trier. – Kentenich, Trier, bes. 328–349. – Kühn, Sickingen. – Rendenbach, Fehde. – Scholzen, Sickingen.

Richard von Greiffenklau

Schenken wir dem *warlich bericht* Caspar Sturms (▸ 5.9) Glauben, so soll sich am Sterbebett Sickingens folgendes Szenario abgespielt haben: Nacheinander sprechen die drei siegreichen Fürsten von Hessen, Trier und der Pfalz ein letztes Mal mit dem Sterbenden. Bei dieser Gelegenheit will der Trierer Erzbischof Richard von Greiffenklau wissen, warum Sickingen ihn angegriffen habe. Dieser antwortet: *Da wer vil von zureden / ein ander mal wollen wir davon reden / nichts on ursach.* In einem letzten Akt schiebt der streitbare Ritter dem von ihm verachteten »Pfaffen« den schwarzen Peter zu und lässt den Erzbischof letztlich über die Beweggründe ebenso im Dunkeln wie die nachfolgenden Generationen, die seither die Motive des Ritters diskutieren.

Wer war dieser Richard von Greiffenklau, der das – dem modernen Betrachter etwas befremdlich wirkende – Bild des kriegserprobten Erzbischofs in Waffen wie kaum ein zweiter Kirchenmann erfüllte? Während der Ereignisse auf Burg Nanstein war er bereits seit über zehn Jahren im Amt und darf als gewiefter Kenner der Landes- und Reichspolitik angesehen werden. Richard von Greiffenklau zu Vollrads stammt aus niederem Adel des Mainzer Umlandes und wurde um 1467 als fünfter Sohn des Johann von Greiffenklau geboren. Er durchlief die üblichen Karrierestationen für nachgeborene Söhne des rheingauischen Adels, die meist in den Domkapiteln von Mainz und Trier ihren Ausgang nahm. In Trier gelangen ihm die entscheidenden Schritte auf der Karriereleiter, zunächst als Domkantor und 1511 (nach dem Tod Jakobs von Baden) als Erzbischof und Kurfürst von Trier. Die anspruchsvollen Aufnahmekriterien des Domkapitels – neben der adligen Geburt zählte dazu unter anderem ein zweijähriges Universitätsstudium – hatte er zuvor erfüllt.

Bei seinem ersten großen politischen Auftritt, dem Trierer Reichstag von 1512, war seine Position noch schwach, da die päpstlichen und kaiserlichen Bestätigungen fehlten. Erst danach setzte für den Erzbischof eine konstante Konsolidierung ein, die ihn im Laufe von zehn Jahren auf die weltpolitische Bühne führen sollte. Fehden und Auseinandersetzungen (mit dem Prümer Abt Robert von Virneburg [1476–1513] oder Dietrich von Manderscheid [1481–1551]) ging er dabei nicht aus dem Weg, wenngleich auch

Richard von Greiffenklau, 1523, Medaille Silber vergoldet, Münzkabinett, Staatliche Museen zu Berlin, Inv.Nr. 18219992

sein Verhandlungsgeschick, für das er später gerühmt wird, erstmals greifbar wird. Auf Reichsebene wurde er zu einem ähnlich wichtigen Faktor. So griff er maßgeblich in die 1519 anstehende Kaiserwahl ein, verhandelte 1521 mit dem von ihm sehr beeindruckten Martin Luther und sorgte 1525 für die Entscheidung im südwestdeutschen Bauernkrieg. Zu dieser Zeit verbesserten sich zudem die anfänglich belasteten Beziehungen zum habsburgischen Kaiserhaus, das ihn am 1. Juli 1527 zum Rat bestimmte – verbunden mit einer Pension von 6.000 Gulden.

Die einprägsamste Erfahrung im Leben des Erzbischofs dürfte jedoch die Sickingen-Fehde 1522/23 darstellen. Franz von Sickingen und Richard von Greiffenklau, die bezeichnenderweise aus demselben sozialen Stand kamen, dürften sich tatsächlich als Erzfeinde angesehen haben. Als einflussreicher Prälat bediente der Erzbischof den Pfaffenhass Sickingens und seine Nähe zum französischen Hof schürte diese Aversion. Dass Greiffenklau einige Jahre zuvor dem hessischen Bündnispartner zur Seite stand, als Franz den Landgrafen befehdet hatte, dürfte die Antipathie verursacht haben.

Die Abläufe der Sickingen-Fehde sind bekannt. Richard verteidigte die Stadt Trier 1522 persönlich gegen die Belagerung und holte im folgenden Jahr im Verbund mit Hessen und der Pfalz zum Gegenschlag aus. Wer unter der Allianz der Willigen die treibende Kraft war, ist schwer zu bestimmen, doch scheint Richard sich nicht zurückgehalten zu haben. Bei dem eingangs zitierten Showdown auf Burg Nanstein, wenn sich beide einander gegenüberstehen, sollte man dennoch quellenkritisch distanziert bleiben.

Richard von Greiffenklau überlebte seinen Gegenspieler um acht Jahre. Als er 1531 starb, wurde er vor seinem prachtvollen Grabaltar beigesetzt, den er im Anschluss an die Sickingen-Fehde errichten ließ.

Stefan Heinz

Philipp von Hessen

Landgraf Philipp von Hessen (1504–67) ist neben den sächsischen Kurfürsten zweifelsohne der bedeutendste politische Vertreter des Protestantismus in der ersten Hälfte des 16. Jahrhunderts. Er war der erste Fürst eines größeren Territoriums, der sich den Ideen Luthers zuwandte und das Kirchen- und Bildungswesen seines Fürstentums konsequent nach reformatorischen Grundsätzen umwandelte. Dazu trug sein in vielen Fällen entschlossenes politisches und militärisches Handeln, aber auch sein persönliches Engagement in der reformatorischen Theologie bei. Doch erregte seine schillernde Persönlichkeit auch Anstoß, insbesondere als er im März 1540 neben der Ehe mit Christine von Sachsen (1505–49) eine zweite Ehe mit dem sächsischen Hoffräulein Margarethe von der Saale (1522–66) einging. Dieser Skandal, der Freund und Feind empörte, hat möglicherweise dazu beigetragen, dass dem hessischen Regenten im Jubiläumsjahr 2004 zwar eine Ausstellung gewidmet wurde, dass er aber bis heute keine wissenschaftlichen Ansprüchen genügende Biografie erhielt.

Der Aufstieg Philipps von Hessen zu einem der wichtigsten politischen Akteure der Reformation im Heiligen Römischen Reich deutscher Nation war keineswegs selbstverständlich, denn nach dem frühen Tod seines Vaters Wilhelm II. (1469–1509) im Sommer 1509 geriet die Landgrafschaft in eine schwere politische Krise. Große Teile des hessischen Adels widersetzten sich der testamentarisch zur Regentin eingesetzten Witwe Anna von Mecklenburg (1485–1525): Es sei kein *frauenwerk… ein solch mechtig furstentumb zu regirn*. Mit Unterstützung des erbverbrüderten Kursachsens gelang es ihnen Ende 1509 Philipps Mutter nicht nur die Regentschaft, sondern auch die Obhut ihres einzigen Sohnes zu entziehen. Offensicht-

Jost vom Hoff, Landgraf Philipp und seine erste Frau Christine von Sachsen, um 1590, Kopie eines Gemäldes von Michael Müller, Tafelmalerei, Foto Marburg, Aufnahme-Nr. 88.522

lich hofften Kursachsen und der hessische Adel dauerhaft das hessische Erbe antreten zu können. Doch hatten sie die schöne Witwe *(frow Venus)* unterschätzt. In jahrelangem Bemühen gelang es Landgräfin Anna, große Teile des Adels auf ihre Seite zu ziehen und 1514 die Macht zu ergreifen. Nach vierjähriger Regentschaft ließ sie im Frühjahr 1518 ihren Sohn Philipp vorzeitig von Kaiser Maximilian I. (1459–1519) für mündig erklären. Da noch immer erhebliche Teile des Adels der landgräflichen Herrschaft feindselig gegenüber standen, trat der Regent im Konfirmandenalter ein schweres Erbe an. Franz von Sickingen wusste das zu nutzen (▸ Essay *Sickingens Fehden*).

Seinem schnellen Vorstoß mit einem großen Heer in die Darmstädter Region hatten der Landgraf und sein Adel nicht viel entgegenzusetzen. Der Darmstädter Vertrag zwischen Sickingen und Hessen vom 23. September 1518 glich einer Kapitulation, welche die Landgrafschaft auf Jahre geschwächt hätte, wenn es der landgräflichen Diplomatie nicht gelungen wäre, wesentliche Teile des Vertrags durch Kaiser Maximilian außer Kraft setzen zu lassen. Der nachfolgende öffentlich ausgetragene Streit mit Franz von Sickingen hielt das hessische Fürstentum noch über Jahre in Alarmbereitschaft. Philipp und seine Räte aber begannen eine umsichtige Bündnispolitik, welche die Landgrafschaft allmählich aus ihrer prekären politischen Situation herausführte. Als der Ritterführer im Spätsommer 1522 erneut eine Fehde gegen ein großes Fürstentum (Kurtrier) begann, war das für den inzwischen fast achtzehnjährigen Landgrafen die Gelegenheit, das »Trauma seiner frühen Jahre« zu beenden. Sickingen wurde bei der Belagerung und beim Beschuss seiner Burg Nanstein tödlich verletzt.

Es überrascht, dass sich Philipp von Hessen so schnell der Reformation zuwandte. Sickingen und manche frühe reformatorische Prediger, wie sie z. B. in der benachbarten Reichsabtei Hersfeld auftraten, konnten den Eindruck vermitteln, als sei das von Luther verkündete »Evangelium« mit Aufruhr verbunden. Doch hat der Landgraf an seinem Hof schon vor dem Wormser Reichstag von 1521 Anhänger Luthers, sogenannte »Martinianer«, geduldet. Eine zufällige Begegnung mit Philipp Melanchthon Ende Mai 1524 könnte den letzten Anstoß für die Hinwendung zur Reformation gegeben haben. Denn der Wittenberger verfasste wenige Monate später die *Epitome renovatae ecclesiasticae doctrinae ad illustrissimum principem Hessorum,* eine »kurze Darstellung der neuen Kirchenlehre an den ehrwürdigen hessischen Fürsten«, die offensichtlich auf Fragen Philipps eingeht. Melanchthon ermunterte den hessischen Regenten, die evangelische Predigt zuzulassen und die Ausbildung der Kinder zu fördern, denn das wahre Evangelium lasse sich auf Dauer nicht unterdrücken. Anfang 1525 bekannte sich der Landgraf öffentlich – im neuen Medium der Flugschrift – zu seinem neuen Glauben. Nach dem Speyerer Reichstag von 1526 leitete er mit der sog. »Homberger Synode« vom 21.–23. Oktober evangelische Reformen in seinem Fürstentum ein.

Wolfgang Breul

Lit.: Ausst.Kat. Landgraf Philipp. – Breul, Trauma. – Heinemeyer, Philipp. – Schneider, Philipp von Hessen.

5.1 »Pfaffenkrieg«: Sickingen fordert den Erzbischof von Trier heraus

Fehdebrief des Franz von Sickingen an den Kurfürsten von Trier vom 27. August 1522
Papierurkunde
27,5 × 34 cm
recto Reste eines aufgedrückten grünen Wachssiegels
Landeshauptarchiv Koblenz
Best. 1 C Nr. 9198 fol. 11

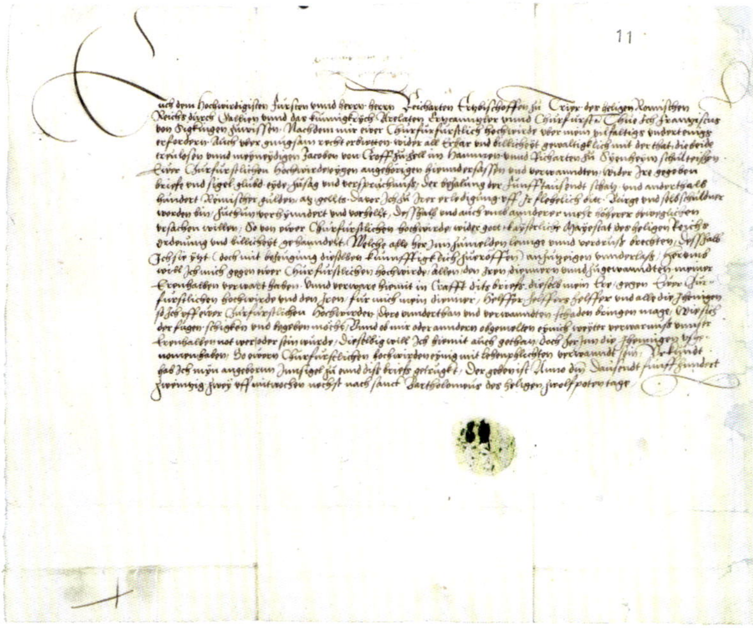

5.1

Als Sickingen dem Kurfürsten von Trier, Richard von Greiffenklau, und dessen Untertanen unter explizitem Ausschluss der Kurtrierer Lehnsleute am 27. August 1522 die Fehde ansagte, bemühte er sich um Einhaltung jener fehderechtlichen Normen, die im Spätmittelalter eine Fehde als »rechte Fehde« erscheinen ließen: Sickingen ließ den Fehdebrief an einem Ort überstellen, an dem er zur Kenntnis des Empfängers kommen musste, nämlich die erzbischöfliche Festung und Residenz Ehrenbreitstein, wo die Absage, wie auf der Rückseite der Urkunde vermerkt, am 29. August 1522 um fünf Uhr nachmittags übergeben wurde. Ferner machte er einen klassischen Grund für eine rechte Fehde geltend, nämlich Rechtsverweigerung: Er habe nämlich Ansprüche an zwei namentlich genannte *Hienndersassen und Verwanndten*, das heißt Untertanen, des Kurfürsten, die in die Gefangenschaft eines Dritten gekommen waren. Wegen Franzens persönlicher Bürgschaft für Lösegeld und Zehrkosten in Höhe von 5.150 fl. seien die Gefangenen freigelassen worden. Nun aber hielten diese sich nicht an ihre Zusagen, wodurch sie meineidig geworden seien, ja, mehr noch, der Kurfürst habe sie *der Bezalung* […] *zuthun verhynndert und vorhelht*. Weiterhin machte Sickingen geltend, er habe sein Recht oft gefordert, doch sein Rechtgebot sei ergebnislos geblieben. Darüber hinaus habe er weitere Fehdegründe, die er zu späterer Zeit nennen werde. In der Tat hatte der Trierer Kurfürst jene beiden Untertanen darin unterstützt, kein Lösegeld zu zahlen, sondern den Rechtsweg durch Anrufen des Reichsregiments zu beschreiten, denn ihre Gefangenschaft war Folge eines adligen landfriedensbrecherischen Racheakts gewesen. Sickingen verantwortete sich jedoch nicht vor dem Reichsregiment. Stattdessen verlangte er vom Erzbischof die Zahlung des Lösegelds. Die fehderechtlich obligatorische Dreitagesfrist zwischen Absage und Beginn der Feindseligkeiten hielt Sickingen knapp ein: Am 31. August eroberte er Blieskastel, am 2. September begann er die Belagerung St. Wendels. Doch auch wenn Sickingen in der Folge weitere Fehdegründe vorbrachte – so finanzielle Ansprüche wegen 1516 gegenüber französischen Untertanen ausgeübter Repressalien, bei denen ihm die Stadt Trier partiell entgegengetreten war, oder die Bestrafung der profranzösischen Politik des Kurfürsten – sein Vorgehen konnte kaum auch nur den Anschein der Rechtmäßigkeit erwecken. Nicht nur war Sickingen nach dem Landfriedensrecht seiner eigenen Zeit kein Fehdeführer mehr, sondern ein Landfriedensbrecher. Auch gemessen an älteren fehderechtlichen Vorstellungen waren die Fehdegründe, die er vorbrachte, nicht hinreichend belastbar, wie sein eigener Sekretär Balthasar Schloer zu bedenken gab. An dieser Einschätzung ändert die ideologische Überhöhung des Feldzugs als Engagement für die Reformation umso weniger, als Fehde- wie Kriegsrecht auf dem Gedanken der Verteidigung gegenüber vermeintlicher Rechtsverletzung beruhten und Angriffskriege zur Durchsetzung eines Anliegens nicht vorsahen.

Christine Reinle

Lit.: Günther, Codex Diplomaticus Rheno-Mosellanus. – Andermann, Evangelium. – Ausst.Kat. Die Wittelsbacher am Rhein II (Wolfgang Breul). – Rendenbach, Fehde. – Scholzen, Sickingen, 207 ff.

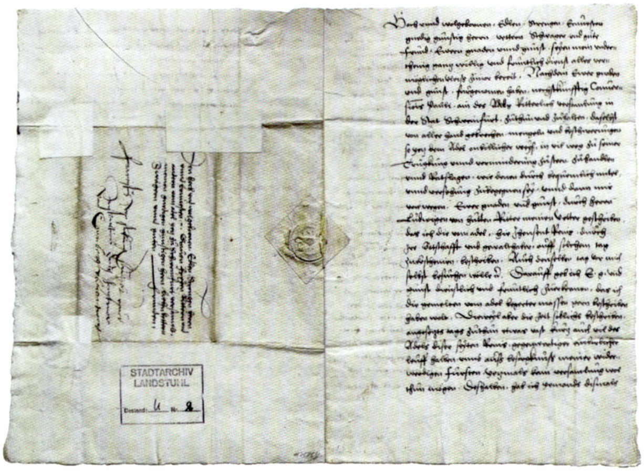

5.2

5.2 Ein Hilferuf an die Standesgenossen

Franz von Sickingen
Schreiben Franz von Sickingen an die Ritterversammlung von Schweinfurt
Januar 1523 (mit Unterschrift)
Feder auf Papier
28,6 × 40,2 cm
Sickingen-Museum, Sickingenstadt Landstuhl

Zwischen dem Scheitern von Sickingens Feldzugs gegen das Kurfürstentum Trier im September 1522 und der finalen Strafaktion der Fürstenkoalition (Ludwig von der Pfalz, Richard von Greiffenklau und Philipp von Hessen) im Frühjahr 1523 gab es rege politische und teilweise auch militärische Bemühungen der Konfliktparteien. Die Fürsten gingen im Herbst zunächst gegen die Unterstützer Sickingens vor, so z. B. gegen Hartmuth von Cronberg. Angesichts einer drohenden Isolation hatte sich Sickingen schon früh mit der fränkischen Ritterschaft in Verbindung gesetzt, zu der er seit längerem Kontakte pflegte – nicht zuletzt durch Götz von Berlichingen (um 1480 – 1562; ▸ 1.10 und 1.11). Am 31. Oktober schrieb er an den fränkischen Adel, dass die Verfolgung der Unterstützer Sickingens auch sie treffen könne, weil die Fürsten die Absicht hätten, *uns alle von der ritterschafft mit gewalt Inen gantz zugehorsam nach Irem Willen zutrengen* (Scholzen, Sickingen, 246). In seiner recht verzweifelten Lage im Herbst 1522 appellierte Sickingen an die niederadlige Standessolidarität und regte ein Verteidigungsbündnis an. Sickingens Vorstoß war nicht ungeschickt angelegt. Die fränkische Ritterschaft war fehdefreudig und von Maßnahmen des Reichsregiments und des Schwäbischen Bunds bedroht. Doch die Bereitschaft unter den fränkischen Rittern, sich auf eine enge Verbindung mit Sickingen einzulassen war gering. Ihnen stand das Schicksal der Unterstützer Sickingens beim Feldzug gegen Trier vor Augen. Zudem hatte das Reichsregiment den fränkischen Adligen Schutz vor ungerechtfertigten Übergriffen zugesichert und zugleich vor einer Unterstützung Sickingens gewarnt. So ist es nicht verwunderlich, dass der Rittertag in Schweinfurt lediglich eine Vertagung der Anfrage auf das nächste Treffen am 25. Januar beschloss. Im Vorfeld dieses Treffens wandte sich Sickingen erneut an die fränkische Ritterschaft. In seinem Schreiben sagte er die in Aussicht gestellte Teilnahme an der Versammlung in Schweinfurt ab. Offensichtlich setzte er nicht mehr auf die fränkische Karte. Aber auch sein Bemühen um die Unterstützung wichtiger Städte blieb erfolglos. Die Möglichkeit einer Verhandlungslösung, die im Reichsregiment erörtert worden war, kam ebenfalls nicht zustande. Am Ende eines monatelangen Kräftespiels hatte Sickingen keine nennenswerte Unterstützung mehr vorzuweisen. Die Fürstenkoalition hatte sich auf der politischen Bühne durchgesetzt und sie schloss an diesen Erfolg ab April 1523 auch ihren militärischen Triumph an. Sickingens finanzielle und militärische Ressourcen waren denen seiner fürstlichen Gegner weit unterlegen.

Wolfgang Breul

Lit.: Carl, Schwäbischer Bund. – Press, Ritter. – Scholzen, Sickingen.

5.3 Propaganda und verschlüsselte Botschaften eines Geächteten

a

Pfeilbrief Franz von Sickingens
1522
Handschrift auf Papier
12,5 × 20,5 cm
Landeshauptarchiv Koblenz
Best. I C Nr. 9198 fol. 67

b

Verhängung der Reichsacht gegen Franz von Sickingen im Namen Kaiser Karls V. (1500 – 58)
10. Oktober 1522
Druck auf Papier
40 × 56 cm
Landeshauptarchiv Koblenz
Best. 1 A Nr. 9339

c
Achterklärung im Namen Kaiser Karls V. (1500 – 58) gegen Franz von Sickingen
16. April 1523
Druck auf Papier
36 × 30 cm
Landeshauptarchiv Koblenz
Best. 1 C Nr. 9198 fol. 31

d
Chiffrierter Brief Franz von Sickingens an Balthasar Schloer aus der belagerten Burg Nanstein
Mai 1523
Papier
32 × ca. 21,5 cm
Hessisches Staatsarchiv Marburg
Best. 3 Nr. 121, Bl. 36

Im September 1522 belagerte Sickingens Heer Trier. Jedoch reichte seine Streitmacht nicht aus, um die Moselstadt zu erobern. Die Kanonen feuerten zwar auf die Stadt, richteten dadurch aber nur nennenswerte Schäden an der Stadtmauer und einem der Tore an, wie der Stadtschreiber Johann Flade berichtete. Als letztes Mittel ließ Sickingen Pfeile in die Stadt schießen, an denen Flugblätter befestigt waren. Er wusste, dass es in den vergangenen Jahren immer wieder zwischen der Bürgerschaft, dem Kurfürsten und dem Klerus zu Streitigkeiten gekommen war. Daher schrieb Sickingen (a), er sei den Bürgern in christlicher Liebe verbunden und wolle ihnen daher nichts tun. Wenn sie seinem Heer die Tore der Stadt öffneten, wolle er jedoch das Hab und Gut des Trierer Bischofs, der Pfaffen und Mönche nicht verschonen. Gleichwohl standen die Bürger im Spätsommer 1522 entschlossen an der Seite Richard von Greiffenklaus. Die Einwohner vertrauten auf die umfangreichen militärischen Rüstungen, die vom Kurfürsten im Vorfeld der Fehde in Trier getroffen worden waren. Des Weiteren wussten sie, dass die Unterstützungstruppen für Sickingens Heer am Rhein gestoppt worden waren. Zudem hatte der hessische Landgraf bereits eine ansehnliche Streitmacht zur Unterstützung Triers in Marsch gesetzt und auch der Kurfürst von der Pfalz stand im Bündnis mit dem Trierer Kurfürsten.

Am 10. Oktober 1522 wurde von Kaiser Karl V. (b) über Franz von Sickingen die Reichsacht verhängt, ohne dass ihm vorher die Gelegenheit gegeben worden war, zu den Anschuldigungen Stellung zu beziehen. Damit war er vogelfrei, also völlig rechtlos. Die *Achterklärung* beinhaltete auch die Vorschrift, dass jedwede Unterstützung für den Geächteten

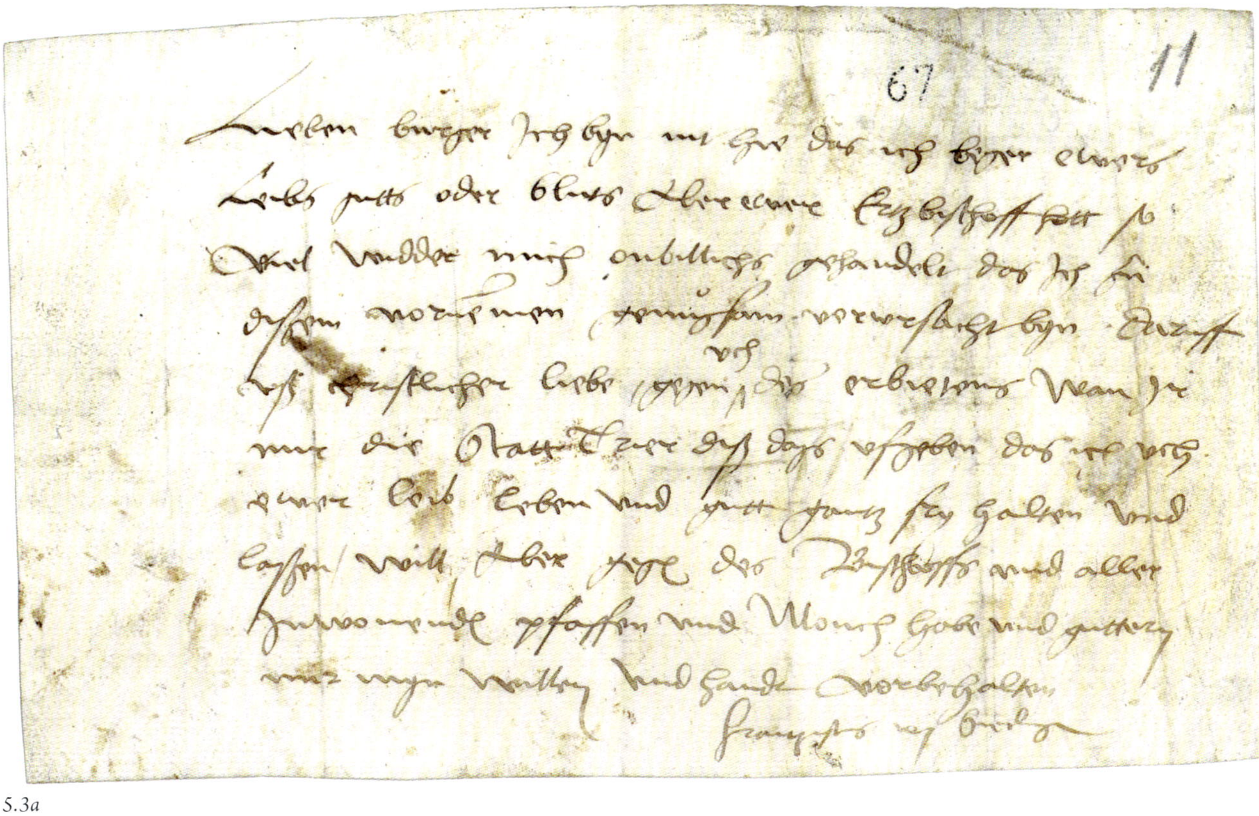

5.3a

5.3b

verboten war. Wer ihn jetzt noch auf irgendwelche Art unterstützte, wurde ebenso geächtet. Sieben Jahre zuvor war der Ritter wegen seiner Fehde gegen Worms geächtet worden. Dies hatte Sickingen jedoch beim Führen seiner Fehden nicht sehr behindert; denn damals fehlte für die Durchsetzung der Acht eine wirkmächtige Exekutive. Im Herbst 1522 lagen die Dinge anders: Bereits im Jahr 1521 hatten sich die Kurfürsten von Trier und der Pfalz und der hessische Landgraf gegen Sickingen in einem Bündnis zur gegenseitigen Hilfeleistung gegen den Ritter verpflichtet. Die über Sickingen verhängte Reichsacht gab ihnen die rechtliche Grundlage, um gegen ihn vorzugehen. Der Trierer Kurfürst hatte auch die Ächtung der Unterstützer Sickingens gefordert. Da das Reichsregiment jedoch fürchtete, dadurch könne im Reich eine große Zerrüttung entstehen, sah man davon ab. Die verbündeten Fürsten hielt dies jedoch nicht davon ab, militärisch gegen Sickingens Umfeld vorzugehen. So belagerten sie bereits am 11. Oktober die Burg Hartmuth von Cronbergs, die sie wenige Tage später einnahmen. In den folgenden Monaten führten die Fürsten weitere Feldzüge gegen Sickingens Unterstützer. Sickingen selbst ließen sie weitgehend unbehelligt. Dieser versuchte vergeblich, unter den fränkischen Niederadligen Unterstützer zu finden. Wenig später gelang es ihm, neue Geldgeber zu gewinnen und neue Truppen anzuwerben. Mit beschränkten Mitteln führte er gegen die Pfalz einen Kleinkrieg und belagerte sogar die Burg Lützelstein.

Durch ein kaiserliches Mandat vom 16. April 1523 (c) wurden einerseits die Aktionen der Fürsten gegen Sickingen und seine Unterstützer legitimiert, andererseits noch einmal mit großem Nachdruck jedwede Unterstützung für den pfälzischen Ritter untersagt. Ganz konkret verurteilte das Mandat dessen militärische Aktionen gegen Kurtrier, Hessen und die Pfalz, die er seit dem Herbst 1522 unternommen hatte.

Obwohl Sickingen weiterhin Rechtsbrüche beging, hatte sich das Reichsregiment Ende des Jahres 1522 bemüht, die gegen ihn verbündeten Fürsten zu beschwichtigen. Auch noch im Januar 1523 hofften nicht wenige auf eine Verständigung mit Franz von Sickingen, um die ohnehin angespannte Lage im Reich nicht noch weiter zu verschärfen. Die Anti-Sickingen-Allianz schätzte das Risiko einer breiten Solidarisierung mit dem Ritter als gering ein und setzte da-

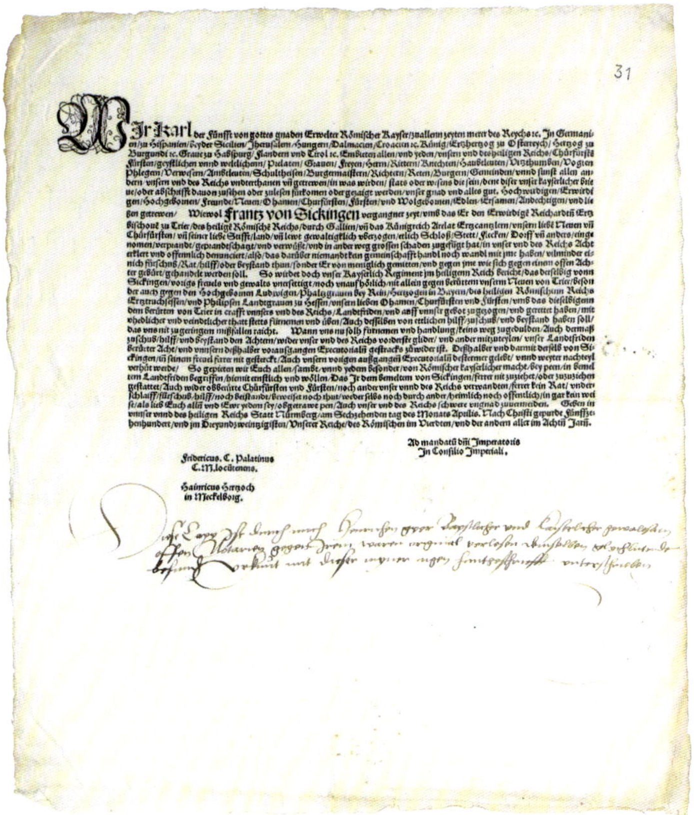

5.3c

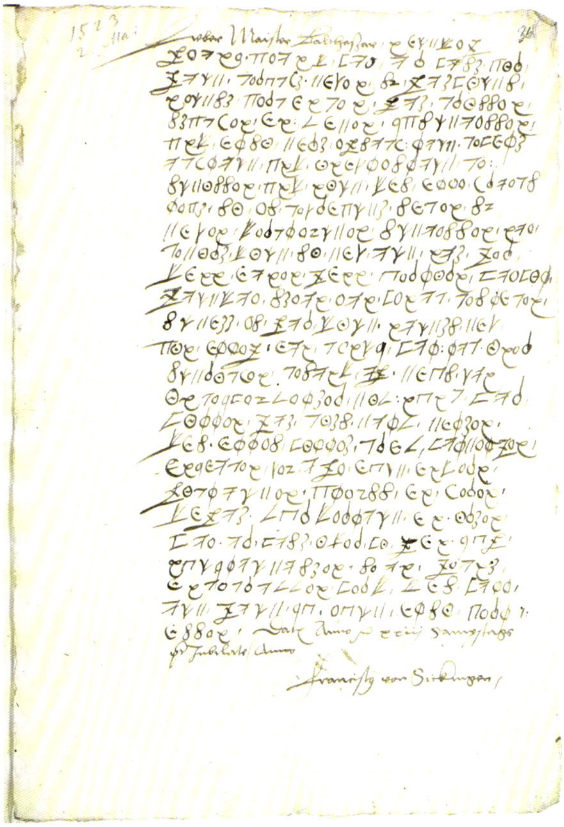

5.3d

her auf eine militärische Entscheidung. Dabei erwies es sich als großer Vorteil, dass sie Sickingens Geheimschrift hatten entschlüsseln können, die er bei seiner Korrespondenz mit seinen engsten Vertrauten verwendete. Der Code war relativ einfach: Die Buchstaben wurden durch Symbole ersetzt, hinzu kamen besondere Zeichen für einzelne Personen, Städte und Territorien. Für sich selbst wählte Sickingen als Signum den Reichsapfel. In dem vorliegenden ersten Teil eines Anfang Mai 1523 codierten Briefes (d) beschreibt er, dass seine Feinde vor seine Burg Nanstein bei Landstuhl gezogen seien und seine Burg mit großen Geschützen beschossen hätten. Im weiteren Brief erwähnt er, dass er eine Verwundung erlitten habe, jedoch trotz allem immer noch die Hoffnung hege, die Burg halten zu können. Und immer noch erwartete er Unterstützung durch seine adeligen Standesgenossen. Am 7. Mai 1523 starb Sickingen an den Folgen seiner Verwundung auf Burg Nanstein (▸ 5.8).

Reinhard Scholzen

Lit.: Birtsch, Sickingen. – Scholzen, Sickingen.

5.4 Über Umwege an die Mosel – der Heereszug nach Trier

Karte des Fehdezuges

Die Fehde Sickingens im Spätsommer 1522 gegen das Kurfürstentum Trier war der letzte Fehdezug des Condottiere, welcher letztendlich zu seiner Niederlage und seinem Tod im Frühjahr 1523 führte. Ob es Sickingen wirklich daran gelegen war, durch die Säkularisation eines geistlichen Fürstentums *dem Evangelium eine Öffnung* zu machen, wurde zuletzt mit guten Gründen bezweifelt. Es spricht manches dafür, dass Sickingen sich durch diesen Feldzug nach mehreren Misserfolgen wieder eine machtvolle Stellung innerhalb des Reiches und in der Ritterschaft erwerben sowie seine finanziell angespannte Situation verbessern wollte. Als äußerer Anlass diente die Weigerung zweier Trierer Bürger, das durch Sickingen gezahlte Lösegeld für ihre Freilassung aus der Gefangenschaft bei Gerhard Borner von Wiltz zu erstatten. Ein Angriff Sickingens war aufgrund eines Vorfalls aus dem Jahre 1516 schon seit längerer Zeit erwartet worden und stand im Sommer 1522 nun unmittelbar bevor.

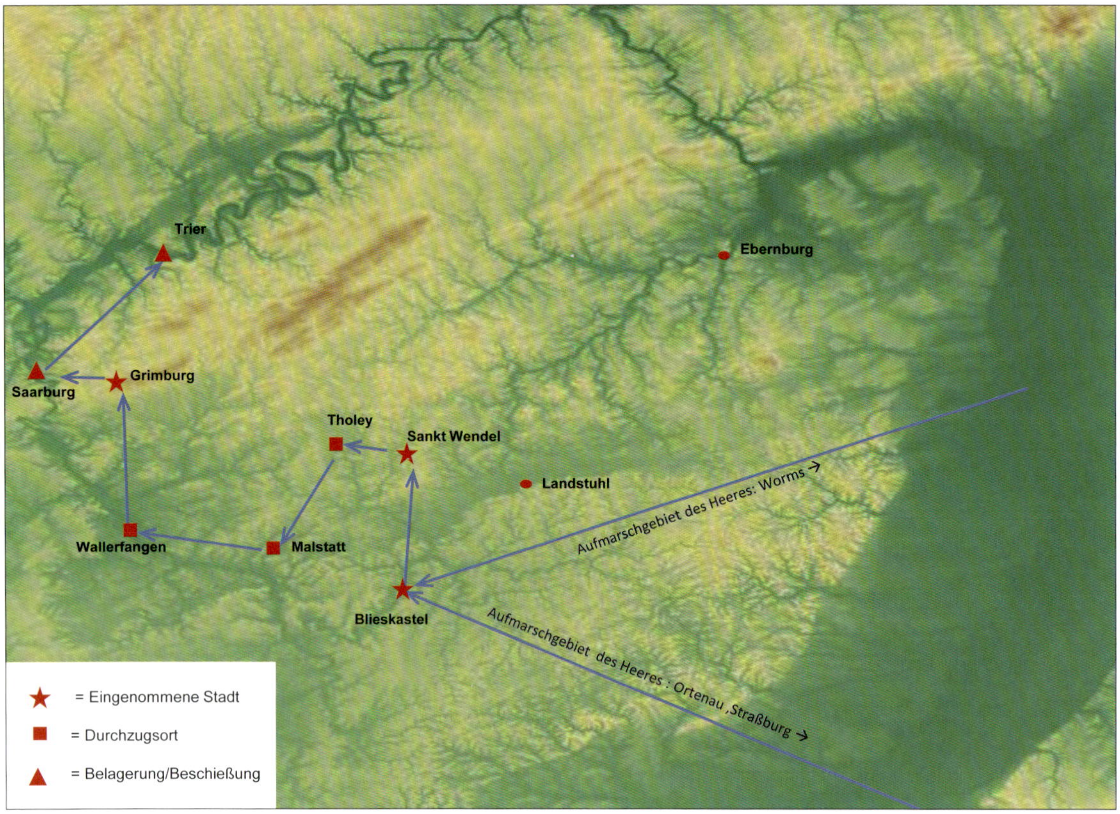

5.4

Im August versammelte sich das Heer Sickingens und seiner Unterstützer bei Straßburg und Worms sowie in der Ortenau. Die Angaben zur Truppenstärke schwanken zwischen 7.000 bis 12.000 Mann darunter 1.500 bis 2.000 Reiter, wobei noch weitere Truppen während der Fehde erwartet wurden. Der genaue Verlauf des Fehdezuges lässt sich aufgrund der dürftigen Quellenlage nur schwer rekonstruieren. Der Fehdebrief datiert auf den 27. August und wurde am 29. August in Koblenz auf dem Ehrenbreitstein übergeben (▸ 5.1). Bereits am 31. August wurde die nur wenig befestigte kurtrierische Stadt Blieskastel eingenommen. Danach wandte sich Sickingen nordwärts, der Blies folgend, nach St. Wendel, das nach kurzer Belagerung kapitulierte. Über die folgende Marschroute bestehen keine genauen Angaben. Deutlich wird nur, dass Sickingen nicht direkt in Richtung Trier aufbrach. Nach einigen Angaben wandte er sich über Tholey südwärts und lagerte zunächst bei Malstatt in der Nähe Saarbrückens, dann in Wallerfangen. Beide Orte lagen jedoch nicht in kurtrierischem Gebiet. Diese Route könnte damit zu erklären sein, dass Sickingen noch zusätzliche Truppen erwartete, welche jedoch abgefangen bzw. am Zuzug gehindert wurden. Schließlich zog Sickingen dem Verlauf der Saar folgend nach Norden, wo er die Belagerung Saarburgs nach kurzer Zeit abbrechen musste. Nicht genau chronologisch einzuordnen ist die Einnahme der Grimburg in der Nähe Hermeskeils, ebenfalls ein Amtssitz Triers. Diese könnte entweder nach der Einnahme St. Wendels (somit um den 3./4. September) oder um den 7. September erfolgt sein. Schließlich erreichte Sickingen am 8. September Trier. Die Stadt war in der Zwischenzeit gut auf die Belagerung vorbereitet, auch Kurfürst Richard Vollrats von Greiffenklau war persönlich in die Stadt gekommen, um die Verteidigung zu leiten. Am 14. September musste Sickingen die Belagerung erfolglos abbrechen. Er zog ostwärts über Fell, überfiel die Burg Hunolstein und belagerte schließlich kurzzeitig Bernkastel-Kues. Aufgrund herannahender kurpfälzischer und hessischer Truppen entließ er das Heer und zog sich über den Hunsrück auf die Ebernburg zurück.

Mathias Müller

Lit.: Andermann, Evangelium. – Kühn, Sickingen. – Rendenbach, Fehde. – Scholzen, Sickingen. – Ulmann, Sickingen.

5.5 Vom Ritter zum Erzbischof und Kurfürsten: Richard von Greiffenklau

Jakob Kerre zugeschrieben
Grabaltar des Trierer Erzbischofs und Kurfürsten Richard von Greiffenklau
um 1525
Tuffstein
690 × 198 cm
Domkirche St. Peter, Trier
(nicht im Original ausgestellt)

Wer heute den Trierer Dom betritt, kann das stolze Standesbewusstsein der Trierer Kurfürsten anhand einer ganzen Reihe von Grabdenkmälern nachvollziehen. Unter ihnen belegt das 1525 datierte Monument für den erst 1531 verstorbenen Erzbischof Richard von Greiffenklau anschaulich, wie die beiden zentralen Anliegen eines Grabdenkmals (Memoria und Repräsentation) umgesetzt werden können. Bereits die Gesamthöhe von 6,90 Meter formuliert ein Anspruchsniveau, das als Zeichen von Macht und Einfluss verstanden werden kann.

Das Denkmal am nordöstlichen Vierungspfeiler des Domes zeigt einen schlanken Aufbau in italienischen Renaissanceformen. Sämtliche architektonischen Teile des Monuments sind mit feinstem Ornament überzogen, welches aus nord- und südalpinen Musterstichen hergeleitet werden kann. Das zentrale Motiv des Grabmals ist eine Bogennische mit einem annähernd lebensgroßen Figurenensemble unter der zeichenhaften Skulptur des Gekreuzigten (das Grabmal ist zugleich ein Kreuzaltar). Das Kreuz umgreifend kniet in der Mitte die hl. Maria Magdalena als reuige Sünderin und ihr gegenüber der Verstorbene Richard von Greiffenklau im Gebet. Ihn empfiehlt der Apostelfürst Petrus, der als Hauptpatron des Domes anwesend ist. Auf der anderen Seite steht die Figur der heiligen Helena. Die Mutter Kaiser Konstantins wurde wegen ihrer Schenkung von Reliquien als Mitpatronin des Domes angesehen. Richard von Greiffenklau wird so in das Spannungsfeld von apostolischer und kaiserlicher Traditionslinie gestellt und befindet sich zugleich inmitten von Heiligen, die auf sein Bistum ausgerichtet sind. Formales Vorbild für diese Anordnung ist das etwas jüngere Mainzer Grabdenkmal für Erzbischof Uriel von Gemmingen (1468–1514), das dessen Nachfolger Albrecht von Brandenburg (1490–1545) in Auftrag gegeben hat.

Am Greiffenklau-Grabmal sind ferner zwei Porträt-Medaillons bemerkenswert, die sich in den Zwickelfeldern oberhalb des Bogens befinden. Während die linke Person

5.5

Detail des rechten Medaillons

leicht als amtierender Kaiser Karl V. identifiziert werden kann, ist das zweite Medaillon weniger eindeutig. Gezeigt wird ein Mann im fortgeschrittenen Alter, der ein Schwert und eine Schriftrolle hält, auf welcher »Pax Eclesiae« steht. Die Literatur des 19. Jahrhunderts (darunter auch die ersten populären Reiseführer wie Baedecker) glaubte, hier sei Sickingen dargestellt. Auch als die Gipssammlung des Germanischen Nationalmuseums in Nürnberg 1857 zwei Abgüsse dieser Medaillons erhielt, ging man davon aus. Freilich ist diese Identifizierung abwegig, schließlich darf Sickingen als Erzfeind des Trierer Erzbischofs gelten, nachdem er Trier 1522 erfolglos belagert hatte. Stattdessen ist der Gerüstete niemand anderes als Richard von Greiffenklau, der persönlich sein Kurfürstentum gegen Franz von Sickingen verteidigt hatte.

Stefan Heinz

Lit.: Heinz, Grabmal. – Heinz/Rothbrust/Schmid, Grabdenkmäler, 50–52.

5.6 Vom Förderer zum Gegner Sickingens: Kurfürst Ludwig V. von der Pfalz

Anonymer Maler
Bildnis des Kurfürsten Ludwig V. (1478–1544)
Kurpfalz, 1. Hälfte des 16. Jahrhunderts
ölhaltige Malfarbe auf Holz
68,5 × 49,5 cm
Historisches Museum der Pfalz, Speyer
Inv.Nr. HM 0/1207

Ludwig V. regierte von 1508 bis zu seinem Tod als Kurfürst von der Pfalz. Unter seinen Eltern, Kurfürst Philipp von der Pfalz (1448–1508) und Margareta (1456–1501), Tochter des Herzogs Ludwig IX. von Bayern-Landshut (1417–79), hatte die Kurpfalz im Landshuter Erbfolgekrieg 1504 eine militärische Niederlage erlitten. Auf Ludwig V. lastete die Aufgabe, die politisch, territorial und wirtschaftlich gravierenden Folgen einzudämmen. Seine Heirat mit Sibylle von Bayern (1489–1519) am 23. Februar 1511 förderte die Annäherung an die bayerischen Vettern. In den ersten Jahren seiner Regentschaft bemühte er sich, durch diplomatischen Ausgleich mit Kaiser Maximilian und dem Haus Habsburg die politische Isolation der Kurpfalz zu beenden. 1518 erreichte Ludwig V. die Wiederherstellung der reichspolitischen Position der Kurpfalz, die offizielle Aufhebung der Acht, die Belehnung mit den Reichslehen und die Bestätigung der pfälzischen Privilegien.

Obgleich Ludwig V. für die vorreformatorische Kirchenkritik empfänglich war, wurde er kein Anhänger des Humanismus oder der Reformation. Die Anfänge der evangelischen Verkündigung in der Kurpfalz duldete er, ohne persönlich Stellung zu beziehen. Seine Zurückhaltung in der immer drängender werdenden Religionsfrage lag nicht nur in seinem vorsichtig-abwartenden Charakter begründet, sondern war vor allem politisch motiviert. Eine militärische Lösung religiöser Konflikte lehnte er ab. Des Friedensinteresses des Reiches wegen versuchte er – freilich vergeblich – die Gegensätze im theologischen Kompromiss als Vermittler zu überwinden. Er erhielt den Beinamen »der Friedfertige«.

Wenig friedfertig verfuhr Ludwig V. hingegen im Bauernkrieg 1525 und zwei Jahre zuvor mit dem Reichsritter Franz von Sickingen. Bis dahin hatten die Kurpfalz und die Reichsritterschaft ein gutes Verhältnis. Ludwig hatte die finanziell ertragreichen Unternehmungen Sickingens anfangs im eigenen Interesse stillschweigend gedeckt. Als Sickingen immer mehr zum bewaffneten Arm Kaiser Maximilians wurde, entstand eine Distanz, die sich durch den Zusammenschluss der elsässischen und rheinischen Ritter auf dem Landauer Rittertag im August 1522 unter Sickingens Hauptmannschaft noch vergrößerte. Zum endgültigen Bruch kam es, als Sickingen Ende August 1522 eine Fehde gegen den mächtigen Trierer Erzbischof Richard von Greiffenklau begann (▸ Essay *Sickingens Fehden*). Zur Erhaltung der regionalen Stabilität und der landesfürstlichen Machtposition schlossen Ludwig V., Richard von Greiffenklau und Philipp von Hessen ein überkonfessionelles Bündnis gegen

5.6

5.7

die reichsritterschaftliche Bedrohung. Gemeinsam holten sie zum militärischen Gegenschlag aus. Dabei fand Franz von Sickingen am 7. Mai 1523 auf seiner Burg Nanstein bei Landstuhl den Tod (▸ 5.8). Vier Wochen später musste auch die Besatzung der Ebernburg kapitulieren. Ludwig V. als Sickingens Lehnsherr leitete die Schleifung und Einäscherung der Ebernburg: Als letzter verließ er am 12. Juni 1523 die noch brennende Ruine.

Das Bildnis zeigt Ludwig V. mit den Insignien des pfälzischen Kurfürsten: Kurhut, Kurmantel, Schwert, Reichsapfel und Wappen. Der unbekannte Künstler präzisierte das Porträt durch die Inschrift: »Ludwig Kurfürst Regiert löblich die pfaltz Sein gemahl ward Sibila Hörtzögin Auß Bayrn.«

Traudel Himmighöfer

Lit.: Eger, Ludwig V. – Himmighöfer, Reformation. – Kohnle, Geschichte, bes. 52–62. – Luttenberger, Ludwig V. – Schaab, Kurpfalz II, 13–20. – Steinmetz, Politik.

5.7 Ein Porträt des bilderscheuen Landgrafen

Hans Krell (?) (1490–1565)
Kopie eines Brustbildes des Landgrafen Philipp in Hofkleidung
ca. 1560/70
Öl auf Eiche (parkettiert)
82,2 × 67 cm
Kulturstiftung des Hauses Hessen, Museum Schloss Fasanerie, Eichenzell
Inv.Nr. FAS B 1023

Philipps Sohn, Landgraf Wilhelm IV. von Hessen-Kassel (1532–92), antwortete am 30. März 1582 auf eine Frage Erzherzog Ferdinands von Tirol (1529–95), der um ein Bildnis des Vaters für seine Ambraser Portraitgalerie in Kassel nachgesucht hatte: Sein Vater *haben … sich niemahls, vonn einigem mahler abconterfeten lassenn wöllenn* (Drach/Könnecke, Bildnisse, 2). In der Tat ist Philipp von Hessen nicht als Förderer der Künste hervorgetreten. In seinem Umkreis finden sich keine Spuren eines bekannten Künstlers seiner Zeit wie Albrecht Dürer (1471–1528), Matthias Grünewald (1470–1528), Albrecht Altdorfer (1480–138), Baldung

Grien (1484/85–1545), Hans Holbein d. J. (1497–1543) oder Lucas Cranach d. Ä. (1472–1553). Einzig zur Cranach-Werkstatt scheint es geringfügige Kontakte gegeben zu haben, wie die vermutliche Vorlage dieses Bildes zeigt.

Die Mehrzahl der Darstellungen Philipps von Hessen entstand daher ohne dessen Beteiligung. Entsprechend ist auch kein Tafelbild des Landgrafen »nach dem Leben« überliefert. Das postume Brustbild geht vermutlich auf ein Ganzfigurenbild des etwa dreißigjährigen Philipp zurück, das Lucas Cranach gemalt haben soll. Das Gemälde ging beim Brand des Kasseler Schlosses 1811 verloren. Aus der Cranach-Werkstatt stammt eine Gruppe von Holzschnitten, die in der ersten Hälfte der 1530er Jahre entstand. Zu ihr gehört eine ganzfigurige Darstellung des Landgrafen in modischer Hoftracht (Drach/Könnecke, Bildnisse, Taf. II), die Ähnlichkeiten im Portraittypus zu diesem Ölgemälde aufweist.

Das Gemälde zeigt den Landgrafen in prachtvoller Hofkleidung im Halbformat. Eine ganzfigurige, vermutlich spätere Variante des Bilds ist in Schweden erhalten (Schloss Gripsholm). Der Landgraf trägt keine Herrschaftsinsignien, über seinem Kopf finden sich Titel und Wappen des hessischen Regenten.

»Philipps Ikonographie besitzt zu großen Teilen eine andere Qualität als die seiner … Zeit- und Standesgenossen: Es … fehlt der entschiedene Wille, sich des Bildes zu bedienen, sei dieses aus Eitelkeit oder aus bloßer Liebhaberei, sei es aus kulturellem Bedürfnis, zur Erfüllung narzisstischer Phantasien oder zum Zwecke planmäßiger Bildpropaganda« (Hinz, Ikonographie, 12).

Wolfgang Breul

Lit.: Drach/Könnecke, Bildnisse. – Hinz, Ikonographie.

5.8 Der Nanstein: Sickingens letzte Zufluchtsstätte und Sterbeort

a
Die Burg Nanstein
Ab 1160 von den Staufern errichtet
Bei Landstuhl

b
Sterbestätte Sickingens auf Burg Nanstein

Über die Gestalt der Burg Nanstein vor der Schleifung 1523 ist bisher nur wenig bekannt. Eine genaue Bauforschung steht noch aus. Mit einer Ausdehnung von mehr als 1.000 Metern Länge und 50 Metern Breite zählt sie zu den größten

5.8a

Burganlagen in der Pfalz. Die Anlage erstreckt sich über drei Felsen, so dass sich allein schon auf Grund der Topographie eine höhenmäßige Staffelung ergibt.

Die erste sichere Erwähnung der Burg Nanstein datiert in das Jahr 1253. Diese erste, mittelalterliche Anlage ist kaum noch im Bestand auszumachen. Von ihr sind wohl nur die Schildmauer und einige Felsenkammern erhalten.

In den folgenden Jahrhunderten wechselten ihre Besitzer sehr häufig. Ab dem späten 14. Jahrhundert entwickelte sie sich zu einer Gemeinerburg, die als Besitz oder Lehen unter mehreren Geschlechtern aufgeteilt war. Erst Franz von Sickingen gelang es ab 1518 wieder, die Burg in seinen Alleinbesitz zu bringen. Er passte die Anlage den Anforderungen an die Verteidigung gegen Feuerwaffen an. Damals, so vermutet es zumindest Arndt Hartung, bestand Nanstein aus einer Vor-, Unter- und Oberburg, die über eine Mauer mit der Stadtbefestigung von Landstuhl verbunden waren. Unter Franz von Sickingen wurde vor die Burg ein mächtiges, mit mehr als 5 Meter dicken Mauern versehenes Großes Rondell zur Verteidigung nach Südosten und ein kleineres Rondell gegen Süden gebaut, deren Ruinen noch zu sehen sind.

Am 7. Mai 1523 fand Franz von Sickingen auf der Burg Nanstein den Tod – ausgerechnet infolge eines Beschusses mit Kanonenkugeln, gegen den er sich hier sicher gefühlt hatte. Wo er genau nach einem mehrtägigen Todeskampf verstarb, ist nicht bekannt. Nach volkstümlicher Überlieferung gilt ein als »Sterbestätte« bezeichneter Gewölbekeller als Ort seines Todes. Die Besatzung der Burg, immerhin 21 Ritter und 80 Fußknechte kapitulierten nach achttägiger Belagerung.

Im heutigen Bestand sind jedoch vor allem Teile des ab 1542 wieder errichteten Renaissance-Schlosses zu sehen, wobei sich die damals erbaute Bastion und ein mehrgeschossiges Gebäude mit Treppenturm nicht mehr erhalten haben. Die bekannteste Ansicht des Renaissance-Schlosses ist auf einem Stich von Caspar Merian (1627–86), vor 1672 dargestellt. Diese sehr repräsentative Anlage wurde im sog. Wildfangstreit 1668 von der Kurpfalz geschleift und dann von den Franzosen 1689 endgültig zerstört. Erste Sicherungsmaßnahmen erfolgten im 19 Jahrhundert, bevor die Burg nach dem 2. Weltkrieg in den Besitz der rheinland-pfälzischen Schlösserverwaltung – heute Direktion Burgen Schlösser Altertümer – gelangt. Sie wurde seitdem mehreren Sanierungsmaßnahmen unterzogen.

Angela Kaiser-Lahme

Lit.: Backes/Straeter, Burgen. – Dolch/Keddigkeit, Nanstein. – Hartung, Burgenbrevier. – Maresch, Schlösser, Burgen & Herrensitze.

5.8b

5.9 Reichsherold Caspar Sturm berichtet über das Vorgehen gegen Sickingen

a
Caspar Sturm
Warlicher Bericht wie vo[n] den dreyen Churfürsten und Fürsten, nämlich Tryer, Pfaltz und Hessen weylandt Frantz von Sickingen über zoge[n] [...]
[Mainz: Johann Schöffer, 1523]
Druck auf Papier
19 × 13,5 cm
Staatsbibliothek Bamberg
Sign. Misc.q.25#7

b
Caspar Sturm
Warlicher Bericht wie vo[n] den dreyen Churfürsten und Fürsten, nämlich Tryer, Pfaltz und Hessen weylandt Frantz von Sickingen über zoge[n] [...]
[Straßburg: Wolfgang Köpfel, 1523]
Darin Titelholzschnitt mit der Darstellung Sickingens auf dem Sterbelager
20,2 × 15,2 cm
Abteilung Historische Drucke, Staatsbibliothek zu Berlin, Preußischer Kulturbesitz
Sign. Flugschr. 1523/1A, VD 16 S 10022

c
Caspar Sturm
Die geschicht nach legs wie durch die drey kriechs fursten an de frantz von Sicking vnd seine anhenger zum tail gestrafft ir vn etlich Ganerbeheuser gewunen zerstört vnnd verprendt ec.
Druck auf Papier
19,2 × 16 cm
Gutenbergmuseum, Mainz
Inv.Nr. Gm-Ink 82, Nr. 3 (ohne Abbildung)

Am 6. Mai 1523 wurde die von hessischen, kurpfälzischen und kurtrierischen Söldnerscharen eingeschlossene Burg Landstuhl, auf die sich der Ritter Franz von Sickingen nach seinem gescheiterten Überfall auf die Erzbischofsstadt Trier zurückgezogen hatte, nach einwöchiger Kanonade sturmreif geschossen und musste kapitulieren. Am nächsten Morgen begaben sich die siegreichen Fürsten, Kurfürst Ludwig von der Pfalz, der Trierer Erzbischof Richard von Greiffenklau und Landgraf Philipp von Hessen, persönlich in die zusammengeschossene Burg. Dort fanden sie ihren Gegner auf den Tod verwundet in einem unterirdischen Gewölbe. Zu den letzten Worten, die er mit ihnen wechselte, gehört der Ausspruch, er wisse wohl, *daß nicht er, Franz von Sickingen, die Braut sei, um die man tanze ...*

Der Sinn dieser Worte war ohne weiteres klar. Es ging nicht um die Bestrafung eines einzelnen landfriedensbrüchigen Ritters, sondern in ihm sollte der gesamte Ritterstand getroffen werden. Und in der Tat: Mit der Brechung der Burg Landstuhl war auch die Kraft der Ritterschaft gebrochen, und das Ende Sickingens bedeutete das Ende ihres verzweifelten Kampfes gegen den sich ausformenden modernen Territorialstaat. Den Arrondierungsbestrebungen der fürstlichen Landesherren mit ihrem Anspruch auf Steuer- und Gerichtshoheit hat sich der Ritterstand mit dem hartnäckigen Festhalten am eigenen hergebrachten Recht – das war vor allem das Recht der ritterlichen Fehde – von Anfang an widersetzt (▸ 1.1). Weitere Faktoren hatten die Krise, in die die Ritterschaft durch die Festigung des Territorialstaates geraten war, verschärft. Mit der Einführung neuer Waffentechniken und dem Aufkommen der Söldnerheere hatte sie ihre einstige militärische Bedeutung verloren; zugleich sah sie sich in ihrer ökonomischen und sozialen Stellung durch die wachsende wirtschaftliche Kraft der Städte bedroht. Neue Aussichten schienen sich dann mit der Ausbreitung der reformatorischen Bewegung zu eröffnen. Ulrich von Hutten, der auch als Humanist und Publizist die Ansprüche seines Standes vertrat, hat in Luther vor allem den Verbündeten gegen Rom und die »Pfaffenherrschaft« gesehen, deren sichtbare Repräsentanten für ihn und seine Standesgenossen die geistlichen Fürsten im Reiche waren. Der Angriff, den Sickingen dann nicht wie Hutten mit der Feder, sondern mit dem Schwert gegen sie führte, wurde als Bedrohung des ganzen Fürstenstandes, auch des weltlichen, aufgefasst. Mit der Einnahme von Landstuhl war diese Bedrohung auf Dauer beseitigt.

Der Reichsherold Caspar Sturm, der auch Luther auf der Rückreise vom Wormser Reichstag 1521 durch Hessen geleitet hatte, war bei der Brechung von Landstuhl dabei, gleichsam als offizieller Zeuge für die Vollstreckung der am 10. Oktober 1522 durch das Reichsregiment über Sickingen ausgesprochene Reichsacht (▸ 5.3). In seinem *Wahrlichen Bericht, wie von den drei Kurfürsten und Fürsten, nämlich Trier, Pfalz und Hessen, weiland Franz von Sickingen überzogen, auch was sich ihm selbigen mit Eroberung seiner und anderer Schlösser und sonst von Tag zu Tag begeben, durch den Ehrenhold verzeichnet,* hat er den ganzen Feldzug in einer fast protokollartigen Darstellung *von Tag zu Tag,* beschrieben und dabei zahlreiche Einzelheiten, auch Gespräche wie

warlicher bericht
wie vō den dreyen Churfürsten
vnd Fürsten/nämlich Tryer/Pfaltz vnd Hessen
weylandt Frantz von Sickingen über zogē
Auch was sich im selbigē mit eröberung
seiner vnd anderer Schlösser/vnd
sunst von tag zů tag begeben
Durch den Erenhalten
verzeychet.

5.9a

warlicher bericht: wie von den drey
en Chůrfürsten vnd Fürsten/Namlich Tryer/Pfaltz/
vnnd Hessen/weylandt Frantz von Sickingen vberzo-
gen. Auch was sich im selbigen mit eroberūg seiner vnd
anderer Schlösser/vnnd sunst von tag zů tag begeben/
durch den Erenhalt verzeychet.
Anno M. D. xxiij.

5.9b

das der siegreichen Fürsten mit Sickingen auf seinem Sterbelager geschildert. Noch im gleichen Jahre wurde der *Bericht* bei Johann Schöffer (1475–1531) in Mainz gedruckt. Seine weite Verbreitung durch Abschriften und Nachdrucke führte aller Welt eindrücklich vor Augen, dass die Ritterschaft dem Fürstenstand weder politisch noch militärisch gewachsen war. Auch als Verbündeter der Reformation schied sie hinfort aus – vermutlich zur Erleichterung Luthers. Er hatte Sickingen, der ihm einst sichere Zuflucht auf der Ebernburg angeboten hatte, stets geschätzt und bedauerte nun (in einer späteren Tischrede) sein Schicksal, in seinem Ende aber sah er die gerechte Strafe für sein aufrührerisches Handeln.

Fritz Wolff

Lit.: Andermann, Evangelium. – Roethe, Sturm.

Mein Blick auf Franz von Sickingen

Aufgewachsen in einem Dorf im Landstuhler Bruch, gehörten die Wandertage zur Burg Nanstein zu den Höhepunkten meiner Schulzeit. Die Burg und die Ritter haben mich schon als Kind fasziniert. Franz hat genau hingeschaut und erkannte die Einschränkung von Freiheit, Besitz und Leben seiner Mitbürger. Als »Robin Hood« unserer Region kämpfte er um heute selbstverständliche Grundrechte der Menschheit. »Allein Gott die Ehr! Lieb den gemeinen Nutz! Schirm die Gerechtigkeit!« Sein Glaube war sein höchstes Gut. Als Franz nach seinem letzten Kampf die Burg Nanstein sein Gegnern übergeben musste, antwortete er sterbend auf die Vorwürfe des Erzbischofs von Trier: »Da wäre viel davon zu sagen; … Hab jetzt mit einem größeren Herrn zu reden.« Nach seiner Beichte und der Bitte um das heilige Altarsakrament verstarb er.

Steffen Kühn, Dekan des Katholischen Dekanats Kaiserslautern

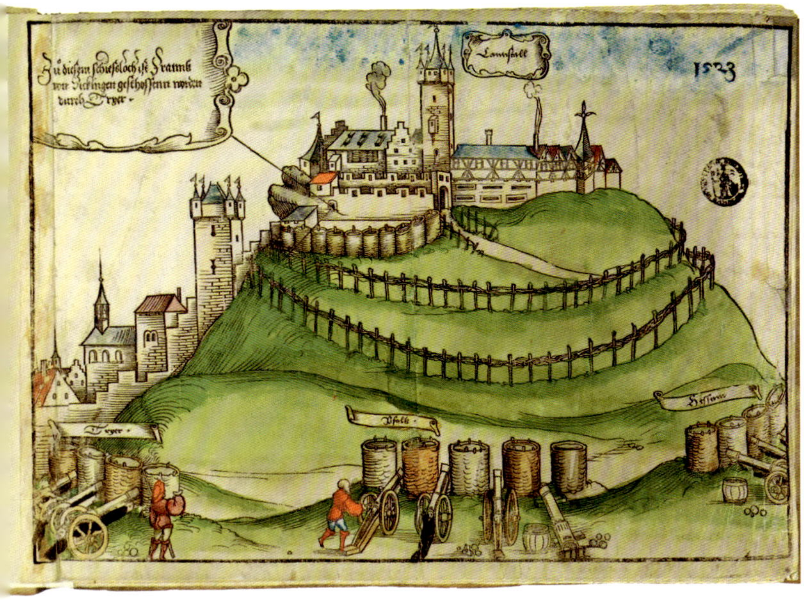

5.10

5.10 Kriegsberichterstattung 1: Belagerung der Burg Nanstein

Hans Sebald Beham (1500–50)
Belagerung der Burg Nanstein Landstuhl
1523
kolorierter Holzschnitt
27,4 × 37,7 cm (Blattmaß)
in: Bamberger Burgenbuch, Fol. 4
Staatsbibliothek Bamberg
Sign. RB.H.bell.f.1

Am 22. April 1523 vereinigten sich die drei gegen Sickingen vorgehenden Heere der Fürstenkoalition von Kurtrier, Kurpfalz und Landgrafschaft Hessen in (Bad) Kreuznach. Bereits zwei Tage später standen sie vor dem ca. 60 km südwestlich gelegenen Landstuhl und belagerten Burg Nanstein, auf die sich Franz von Sickingen zurückgezogen hatte. Eine Woche später begann das Bombardement, von dessen Heftigkeit Caspar Sturms Bericht Auskunft gibt. Sickingen hatte die Befestigung der Burg wenige Jahre vorher noch verstärken lassen, war nun aber selbst überrascht, welchen Schaden die Geschütze verursachten. Dies belegt ein Brief, den er an Balthasar Schloer sandte, der jedoch von den Belagerern abgefangen werden konnte. Sickingen selbst wurde während des Beschusses schwer verwundet, was nach Sturms Bericht den Grund für die Kapitulation am 6. Mai darstellte. Nachdem zunächst die nichtadlige Besatzung die Burg verlassen hatte, betraten die Fürsten das Burggelände und fanden Sickingen in einem *finstern loch an seinem todsbeth lygen*. Kurze Zeit später erlag er seiner Verwundung.

Das einzig erhaltene Exemplar des kolorierten Holzschnitts zeigt die Belagerung der Burg Nanstein. Datiert ist er mit 1523. Im Vordergrund sind die drei Schanzen der Koalition Trier, Pfalz und Hessen dargestellt, am linken Bildrand die Stadt Landstuhl. Ebenfalls an der linken Seite wird ein Hinweis auf den zur Verwundung Sickingens führenden Beschuss der Burg gegeben: *Zu diesem Schießloch ist Frantz von Sickingen geschossen worden durch Tryer.* Der Pfeil weist auf die Stelle, wo das Geschoss eingeschlagen sein soll.

Der Holzschnitt verbreitete zunächst als einzelnes Flugblatt im Reich die Nachricht von der Belagerung des Nansteins. Zu einem späteren Zeitpunkt wurde er in das sogenannte Bamberger Burgenbuch, das auf dem Buchdeckel folgenden Titel trägt: *Conterfeyt etlicher Kriegshandlung vom 1523 bis in das 1527 Iar* aufgenommen. Dabei handelt es sich nicht um ein Buch im eigentlichen Sinn. Vielmehr wurden darin einzelne Flugblätter, die unabhängig voneinander entstanden, zusammengeführt. Der Holzschnitt wird zusammen mit einer Abbildung der belagerten Ebernburg an den Anfang gestellt. Die darauf folgenden kolorierten Holzschnitte (sogenannte Wandereisen-Holzschnitte) zeigen die 23 Burgen, welche durch den Schwäbischen Bund bei dessen ebenfalls im Jahr 1523 stattfindenden Strafexpedition gegen die fränkische Rittervereinigung eingenommen und zerstört wurden. Diese Vereinigung entstand im Jahr 1522 etwa zeitgleich mit der oberrheinischen Rittervereinigung in Landau. Das Vorgehen gegen diese Vereinigung stand in enger Verbindung mit der Strafexpedition der Fürstenkoalition gegen Sickingen. Danach folgen Darstellungen von insgesamt 260 fränkischen Burgen (je 8 Burgen pro Blatt), die im Bauernkrieg zerstört wurden.

Mathias Müller

Lit.: SCHOLZEN, Sickingen. – DOTZAUER, Bericht. – STEINMETZ, Conterfei.

5.11a

5.11a

5.11 Kriegsberichterstattung 2: Lagerszene vor der Ebernburg

a
Titus Livius (59 v. Chr.–um 17 n. Chr.)
Römische Historien
[Mainz: Johann Schöffer, 1523]
Ansicht der Ebernburg von Nordwesten mit Lagerszene im Vordergrund, Fol. XCI und XCII
Holzschnitt
30,5 × 22,5 cm (Buchmaß)
Wissenschaftliche Stadtbibliothek, Mainz
Sign. 523 q1

b
Hans Sebald Beham
Ansicht der Ebernburg von Nordwesten
1523
kolorierter Holzschnitt
in: Bamberger Burgenbuch, Fol. 5
27,5 × 37,5 cm (Blattmaß)
Staatsbibliothek Bamberg
Sign. RB.H.bell.f.1

a. Der nicht kolorierte, topografisch akzeptable Holzschnitt der Ebernburg, der deren Belagerung im Mai/Juni 1523 abbildet, geht auf eine Jobst Denecker (um 1485 – vor Herbst 1548) zugeschriebene Darstellung zurück, die modifiziert bereits im Herbst 1523 in eine Livius-Ausgabe der Mainzer Offizin Schöffer Eingang fand. Der Schnitt zeigt die Burg von Norden. Der Wohntrakt überragt Batterietürme; rechts liegen der *hohe Mantel* und Nebengebäude. Vor dem bergseitigen Halsgraben dominieren Palas und Bergfried. Die Fortifikationen zum Schutz von Tor und Brücke sind beachtlich; als markanter Verteidigungspunkt auf dem Bergrücken im Südwesten ist eine von Palisaden umgebene hufeisenförmige Batterie abgebildet. Im Flecken Ebernburg gibt es Zerstörungen; der umgebende Mauerzug steht noch. Die Burg kapitulierte nach intensivem Beschuss am 6. Juni 1523. Bildvordergrund: Feldbefestigungen und weitläufiges Zeltlager der Belagerer. Eine darunter gedruckte Fußleiste zeigt Landknechtsszenen. Dieser separate Schnitt ist 5,2 cm hoch (Breite: 15,5 cm) und soll einen Text Deneckers verdecken, dessen Angaben zur Ebernburg im *Livius* bzw. dem dortigen frühhellenistischen Kontext befremdlich gewirkt hätten. Die sekundäre Lagerszene findet sich zweimal im

5.11b

Livius; die Abbildung der Ebernburg ist ein Unikat. Sie fand auf einer unpaginierten Seite (Revers von XC) am Ende des ersten Buchs der *römischen Historien* ihren Platz. An den Bildrändern des Holzschnitts liegen Burg *Rheingrafenstein* bzw. *Altenbaumburg*.

b. Zu Beginn des *Bamberger Burgenbuches* werden in topografisch phantasievollen, kolorierten Holzschnitten, dem Maler und Kupferstecher Sebald Beham zugeschrieben, Belagerungsszenen von 1523 gegen zwei Burgen des Franz von Sickingen dargestellt. Auf Seite 4 ist die Attacke der Allianz aus *Tryer*, *Pfaltz* und *Hessen* auf die Burg *Lannstall* (sic!), auf Seite 5 diejenige auf die *Eberburg* (sic!) gezeigt (▸ 5.10). Dieser Schnitt stellt im oberen Bildteil die Ebernburg aus Blickrichtung Norden mit dominierenden Geschützfortifikationen, mächtiger Schildmauer und Batterietürmen dar. An ihrem südwestlichen Ende im Eingangsbereich vor dem Halsgraben liegt eine hufeisenförmige, dem Porphyr des Burgfelsens entsprechend rosa kolorierte gewaltige Mauer, die dort gemeinsam mit Bergfried, Geschütztürmen, Toranlage, Graben und Brücke die Zuwegung sicherte. Die Belagerer haben sich positioniert. Im Osten, links im Bild, über der Mündung der Alsenz in die Nahe – Luftlinie zur Burg ca. 350 m –, sind hinter Feldschanzen und Korbverhauen die Kanonen der Trierer (*unter Richard von Greiffenklau*) in Stellung gebracht; im Westen der außerhalb der Dorfbefestigung liegenden (heute 800-jährigen) Wehrkirche, rechts im Vordergrund – Entfernung zur Burg ca. 400 m –, haben sich die Pfälzer (*unter Ludwig V.*) positioniert, daneben die Hessen (*unter Landgraf Philipp*). Vor dem Burgtor, auf dem Berggrat im Südwesten, sind ebenfalls Geschützstellungen zu erkennen. Das durch eine Mauer geschützte *Stetlein* Ebernburg ist aufgegeben; Bauruinen und zerstreute Balken sind abgebildet: *Dieses Stetlein ist aussgeprent durch die Eberwurgischenn* (sic!).

Hans-Joachim Bechtoldt

Lit.: BECHTOLDT, Sickingen.

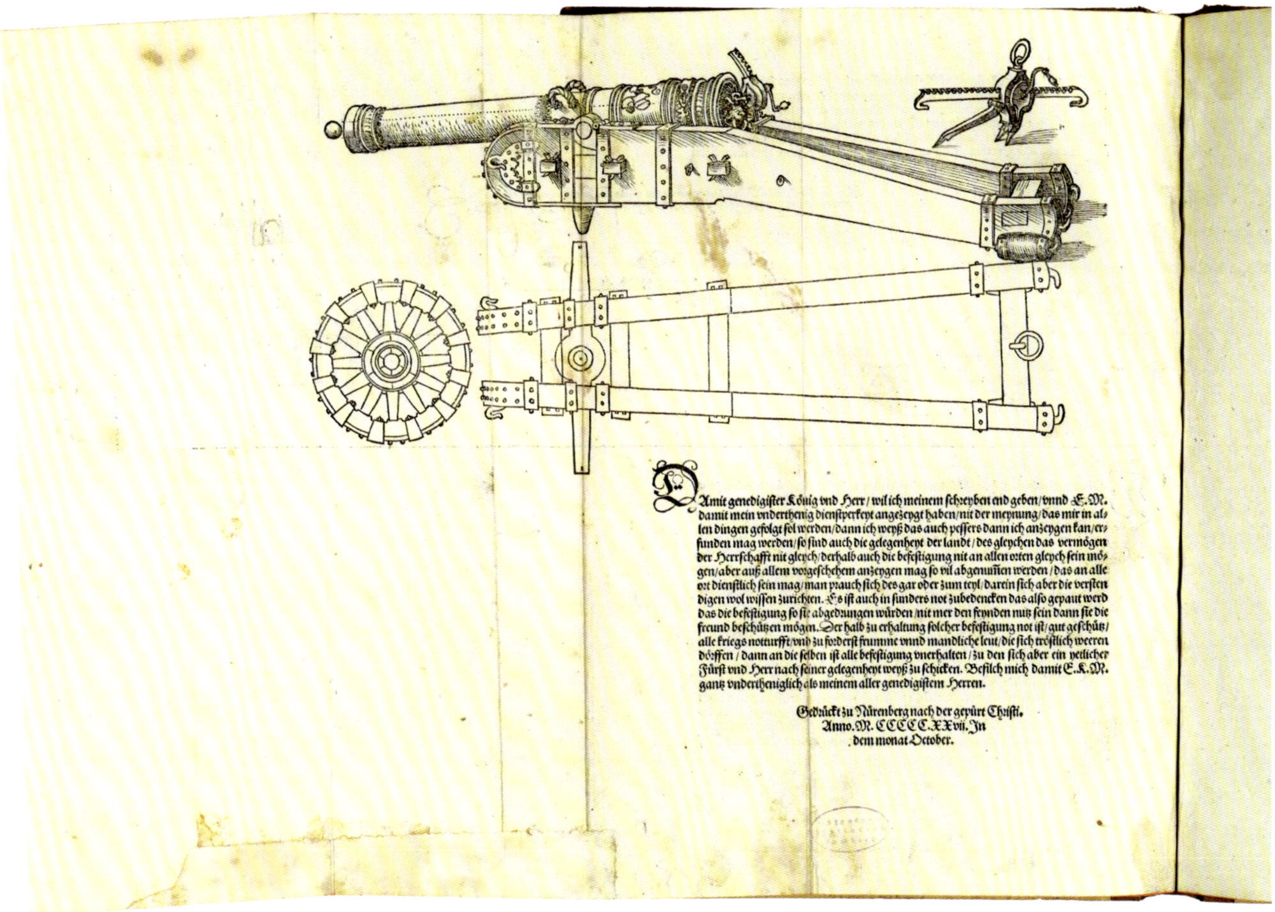

5.12

5.12 Mauern, Gräben, Wälle: Albrecht Dürers Befestigungslehre

Albrecht Dürer (1471–1528)
Etliche vnderricht zu befestigung der Stett Schlosz vnd flecken (sog. Befestigungslehre)
[Nürnberg: Hieronymus Andreae für Albrecht Dürer, 1527]
Buchdruck
29,5 × 20 cm (Buch), 28,5 × 37 cm (ausgeklappte Tafeln)
Staatsbibliothek Bamberg
Sign. JH.Inc.typ.IV.339b, Fol. F llv

In seinen letzten Lebensjahren veröffentliche Albrecht Dürer drei Bücher: Die Grundlagen für jede künstlerische Betätigung, zu der man selbstverständlich auch Architektur und »Ingenieurwissenschaft« zählte, legte die *Unterweisung der Messung* (1525) als Propädeutikum der Geometrie. Die *Proportionslehre* (1528) widmete sich der Darstellung des menschlichen Körpers und damit einem genuin bildkünstlerischen Thema. Die zwischen beiden erschienene *Befestigungslehre* (1527) erscheint nur dann als Fremdkörper, wenn man Dürers an den Büchern der Architekten Vitruv und Alberti geschulten universalen Anspruch unterschätzt. Auf wenigen Seiten entwickelte der Nürnberger Vorschläge für zwei runde Basteien und eine einfachere Wallanlage zur Stadtsicherung sowie freistehende Sperrfestungen (»Klausen«), entwarf die Idealpläne für ein befestigtes Schloss und für eine Stadt auf quadratischem Grundriss und schlug (allerdings nur mit einer Abbildung, der hier gezeigten) Verbesserungen an einer Lafette vor, um ein Festungsgeschütz beweglicher und zielgenauer zu machen.

Die Beschäftigung mit Fortifikationen dürfte dem in den 1520er Jahren stets bedrohlicher werdenden Vorrücken der Osmanen geschuldet sein. Dürer widmete das Buch Erzherzog Ferdinand (1503–64), der als König von Ungarn unmittelbar an der Frontlinie stand, in der Hoffnung, dass die Früchte seines *geringen verstandt*[s] (Widmungsvorrede, fol. A1v) zumindest teilweise übernommen werden könnten. Doch auch innerhalb des Reichs gab es seit dem späten 15. Jahrhundert einen regelrechten »Bauboom« (Burger, Dürer, 263 f.): Starke, vorzugsweise runde Mauern mussten der verbesserten Artillerie standhalten und ihrerseits Aufstellorte für Geschütze bieten. Franz von Sickingen ließ seine drei Pfälzer Burgen vor 1523 entsprechend befestigen (▸ 5.8). Doch auch in Nürnberg errichtete man 1526–27 zwei Rondelle an der Stadtmauer. Wie Daniel Burger darlegt, ähnelt die Konstruktion des einen (am Kappenzipfel im Norden der Stadt gelegenen) Rondells mit seinen radial angeordneten Geschützkasematten und Rauchabzügen Dürers Vorstellungen, weicht jedoch »aufgrund der senkrechten Außenwände von einer wesentlichen Forderung« der *Befestigungslehre* ab (Burger, Dürer, 263 f.). Der Autor nimmt daher an, dass Dürer viel von der Praxis des Nürnberger Baumeister Hans Behaim d. Ä. (1455/60–vor 1538) übernommen hatte, seine Vorschläge aber als »idealisierte Weiterentwicklung« verstand. Diese mögen durch den Austausch mit Festungsbautheoretikern bereichert worden sein; insbesondere die Beziehungen zum Nürnberger Patrizier Christoph III. Fürer (1479–1537) und zu Johann von Schwarzenberg (1463–1528) bedürften der weiteren Erforschung (Schoch/Mende/Scherbaum, Dürer Buchillustrationen III, 284).

Almut Pollmer-Schmidt

Lit.: Schoch/Mende/Scherbaum, Dürer Buchillustrationen, 282–317 (Nr. 276, Michael Mende). – Burger, Dürer.

5.13 Hauen und Stechen: Hans Schäufelins »Große Schlacht«

Hans Schäufelin (um 1482/83–1539/40)
Die große Schlacht (die Schlacht von Pavia?)
um 1530
Holzschnitt in vier Teilen
je 41,1 × 56 cm bzw. 38,5 × 55 cm
Graphische Sammlung, Städel Museum, Frankfurt am Main
Inv.Nr. 32662-32665

5.13

Der Lärm der Kanonen, der galoppierenden Pferde und das Gebrüll der unzähligen Landsknechte sind zu spüren. In dieser großformatigen Überschaulandschaft zeigt Hans Schäufelin die Realität des Krieges. Alle Heeresteile: Infanterie, Artillerie und die Reiterei sind detailliert dargestellt. Man erkennt die damals modernen Arkebusiere, die eine Schlacht in der Regel eröffneten, um erste Verluste und Verwirrung in den gegnerischen Aufstellungen zu erzielen. Schäufelin, Mitarbeiter Albrecht Dürers, gibt dabei nicht nur die zahlreichen Landsknechte, die mit Piken und Hellebarden ausgerüstet waren, wieder, sondern zeigt panoramatisch verschiedene Gefechtsformationen einer großen Schlacht.

So sind zahlreiche sogenannte »Gewalthaufen« zu sehen. Unzählige Landsknechte mit ihren sehr langen Piken gruppieren sich dabei zu einem Haufen, in deren Mitte sie andere Nahkämpfer wie Hellebardiere oder Schwertkämpfer schützen. Dadurch gelang es zunächst, die Lanzenangriffe der Ritter abzuwehren und die gegnerische Infanterie zu schwächen. In der Defensive war mit den langen Piken ein »einigeln« möglich. Der »Gewalthaufen« wurde ab 1500 in Deutschland angewendet und ist ein Beispiel für die Wandlung im Kriegswesen zur Zeit Sickingens. Nur noch vereinzelt sind in dieser Schlacht gepanzerte Ritter zu sehen. Das ursprüngliche ritterliche Ideal eines Einzelkampfes gegen einen gebürtigen adligen Gegner wurde schon seit dem 14. Jahrhundert aufgegeben. Die Ritter hatten sich, wie in dieser Schlacht im Mittelgrund dargestellt, als eine geschlossene Reiterei in effektiven Formationen unterzuordnen.

Ob der aus vier Blättern von fünf Stöcken zusammengesetzte Holzschnitt eine ideale oder eine konkrete Schlacht zeigt, ist unklar. Falls Hans Schäufelin sich in seiner Darstellung auf die Schlacht von Pavia (1525) bezieht, hat er die Topografie und die Stadtsilhouette nur sehr frei wiedergegeben. Auch kennzeichnete er die einzelnen Parteien nicht durch Fahnen, Feldzeichen oder Wappen. Daher ist es wahrscheinlicher, dass es sich um eine ideale Schlacht handelt, die die damalige militärische Realität schildert. Die Schlacht von Pavia gilt als Beispiel für den Wandel der Kriegsführung in Europa, bei dem die Feuerwaffen immer mehr an Bedeutung gewinnen.

Karoline Feulner

Lit.: Schreyl, Schäufelin I, 149 f. – Schlunk/Giersch, Ritter, 144–147.

5.14 Neue Waffentechniken revolutionieren das frühneuzeitliche Kriegswesen

Albrecht Dürer
Landschaft mit Kanone (Die große Kanone)
um 1518
Eisenradierung
22,4 × 32,5 cm
Staatsbibliothek Bamberg
Sign. I D 33

Stolz legt der Hellebardier seinen Arm auf das Geschützrohr der imposanten Kanone, die auf einer Lafette mit Richthörnern befestigt ist. Ein Knecht weist mit einer Peitsche auf die sich außerhalb des Bildausschnittes befindenden Pferde hin, die sie ziehen. Das sich in den Hintergrund weit erstreckende Landschaftspanorama mit dem fränkischen Dorf Kirchehrenbach lässt erahnen, mit welchen Mühen der bisherige Transport über die schmalen Wege verbunden war. Die Kanone trägt auf dem Werkzeugkasten das Wappen der Stadt Nürnberg und ist mit zwei furchterregenden Drachenköpfen verziert. Entgegen der verbreiteten Bezeichnung der Eisenradierung als »Die große Kanone«, handelt es sich allerdings keineswegs um ein Geschütz dieser Kategorie wie etwa das Bronzerohr des »Vogel Greif« (▸ 5.15), sondern um ein Geschütz mittleren Kalibers. Länger wie 2,50 Meter dürfte das Kanonenrohr bei Dürer nicht sein und höchstens 2–3 Tonnen wiegen (Müller, Dürer, 13 f.). Trotz des großen waffentechnischen Interesses Dürers (▸ 5.12) finden sich in dieser Grafik Ungenauigkeiten bzgl. der Räder der Lafetten, die in Dürers Eisenradierung eine Fehlkonstruktion sind und das Gewicht der Kanone nicht tragen könnten (Müller, Dürer, 14 f.). Lange gedeutet als herausragendes Beispiel der modernen Kriegstechnik Kaiser Maximilians I., ist man sich heute einig, dass es sich bei dieser Kanone um ein veraltetes Modell (um 1480) handelt, das 1518 kaum noch in Gebrauch war und auch im Nürnberger Zeughaus seit 1512 ausgemustert worden war.

Die sogenannte Türkengefahr war auf dem im gleichen Jahr stattfindenden Reichstag in Augsburg, dem Dürer beiwohnte, das zentrale Thema. Aber seine veraltete Kanone kann nur schwer als Warnung an die exotisch gekleidete Abordnung des rechten Bildrandes, die als Türken oder auch als Ungarn identifiziert werden, interpretiert werden. Ist sie eine Mahnung, den Fortschritt der technischen Entwicklungen nicht zu verpassen? Der Lauf der Kanone richtet sich genaugenommen auch nicht auf die unbewaffneten ausländischen Männer, sondern auf den Rand des so fried-

5.14

lich daliegenden Dorfes. Auch einer der Hellebardierer läuft in diese Richtung. Vielleicht ist Dürers Eisenradierung als eine Allegorie der Ängste der frühen Neuzeit aufzufassen, die die präsenten und zumeist wahllosen Bedrohungen von verschiedenen Seiten, wie etwa durch Fehden oder die sogenannte Türkengefahr, zeigt.

Karoline Feulner

Lit.: Müller, Dürer, 13–18. – Schoch/Mende/Scherbaum, Dürer Kupferstiche, 210–212. – Dürer. Meisterblätter.

5.15 Inmitten der Schlacht

Kanone Vogel Greif
Frankfurt am Main, 1524
Bronze gegossen
Länge: 495 cm, Gewicht: 7–9 t
Festung Ehrenbreitstein, Koblenz, GDKE
(nicht im Original ausgestellt)

Militärtechnisch vollzog sich am Beginn des 16. Jahrhunderts eine Revolution. Über Jahrhunderte hinweg hatte die Burg als Verteidigungsanlage einen singulären Status. Die größte Gefahr bei einer Belagerung bestand im Mittelalter weniger in der Wirkung von Fernwaffen, sondern eher in der Versorgung mit Nahrungsmitteln und der Verfügbarkeit von Wasser. Im Verlauf des 15. Jahrhunderts änderte sich die Kriegsführung durch den Einsatz erster Kanonen nachhaltig. Besonders die Hussiten- (1419–36) und Burgunderkriege (1474–77) hatten eine katalytische Wirkung auf die Offensivwaffenentwicklung. Neue Geschütze konnten statt Stein- auch Eisenkugeln abschießen. Unter Kaiser Maximilian erfolgte schließlich die Systematisierung des Geschützwesens, so dass Angriffe zielgerichteter und erfolgreicher durchgeführt werden konnten. Die Konsequenz auf Seiten der Verteidiger war oftmals der Ausbau der Burg zur Festung.

Zeitgenössische Darstellungen von Belagerungen belegen den Stellenwert der Artillerie in der Ära Sickingens, der selbst bei der Beschießung der Burg Nanstein zu Tode kommen sollte. Spätestens dieser Beschuss zeigte das militärtechnische Potential der neuen Waffen. Einer der Belage-

5.15

Helm, um 1540, Eisenblech, Stadtmuseum, Köln, Inv.Nr. KSM 1995/32 1=W4

Hellebarde, Eisen und Holz, Stadtmuseum, Köln, Inv.Nr. KSM 1996/39 10 W 1044

rer, der Trierer Erzbischof Richard von Greiffenklau, hatte sich schon zuvor für Kanonen interessiert, doch ließ er erst ein Jahr später seiner Leidenschaft für die neue Technik freien Lauf. Er bestellte in Frankfurt bei dem renommierten Frankfurter Geschütz- und Glockengießer Simon Göbel (ca. 1497–1529) die größte Prunkkanone ihrer Zeit, die den Namen »Greif« erhalten sollte. Militärtechnisch zählt sie zu den sogenannten Doppelscharfmetzen oder Vierfachkartaunen. Es ist umstritten, ob sie tatsächlich benutzt wurde, metallurgische Indizien sprechen dafür. Über den einschüchternden militärischen Nutzen hatte das Geschütz in der frühen Neuzeit auch eine repräsentative Funktion. Die Kanone ist mit prachtvollen Reliefs geschmückt und zeigt u. a. das Wappenschild des Kurfürsten und eine namensgebende Inschrift am hinteren Teil der Ladekammer. Sie verrät in einem Fünfzeiler den Besitzer und den Namen der Kanone: »DER GREIF HEIS ICH MEINEM / GENEDIGEN HERRN VON DRIR / DIN ICH WO ER MICH HEIST / GEWALDEN DO WILL ICH DORN / VND MAVRN ZV SPALTEN«. Oberhalb des kurfürstlichen Wappens überliefert die Signatur »SIMON GOS MICH 1524« den Namen des Geschützgießers Simon (Göbel), der pikanterweise bereits für Franz von Sickingen zwei Geschütze (den »Hahn« und die »Nachtigall«) gegossen hatte.

Der Vogel Greif wurde im 19. Jahrhundert zu einem deutsch-französischen Politikum, nachdem die Kanone von den napoleonischen Truppen zunächst nach Metz und dann nach Paris gebracht worden war. Seit 1984 befindet sie sich als Dauerleihgabe des französischen Staates auf dem Ehrenbreitstein. Bereits im 19. Jahrhundert wurden verkleinerte Repliken des Geschützes angefertigt, beispielsweise 1824 zum 300. Jahrestag des Gusses der Originalkanone. Da das Original unzugänglich war, weichen die Reliefdetails teilweise erheblich ab.

Stefan Heinz

Lit.: Ausst.Kat. Renaissance am Rhein, 299 (Kat.Nr. 155, Vera Torunsky). – Rademacher/Höfer, Vogel Greif. – Schmidchen, Bombarden.

SEKTION 6

Dem Evangelium eine Öffnung machen
Die Vielfalt ritterschaftlicher Reformation im Reich und in Polen

Die Haltung zur Reformation war bei der Ritterschaft im Reich uneinheitlich und abhängig von verschiedenen Faktoren. Anders als in anderen Reichsgebieten bot sich im Südwesten eine günstigere Ausgangslage für den niederen Adel, weil er durch die politischen Verhältnisse nicht stärker in die Fürstentümer eingebunden war. Eine Hinwendung zur Reformation war somit leichter möglich. Auf der anderen Seite war die Kirche als »Adelskirche« für die Ritterschaft von existentieller Bedeutung. Sie diente im hohen Maße der Versorgung adliger Söhne und Töchter.

Unter den Rittern, die sich der Reformation anschlossen, erfolgte der Schritt auf vielfältige Weise und zu verschiedenen Zeiten. Mit Volker Press können drei Phasen unterschieden werden. Der Zeitraum von 1519–30 ist vor allem durch spontane Aktionen einzelner Ritter geprägt. Von großer Bedeutung war dafür Martin Luthers (1483–1546) Schrift *An den christlichen Adel deutscher Nation* (1520): Die Verbindung reformatorischer Gedanken mit den sogenannten *Gravamina der deutschen Nation* bot auch für den Adel Anknüpfungspunkte, sich der reformatorischen Bewegung anzuschließen (▸ 6.1). Die Unterschiedlichkeit der Aneignung reformatorischer Gedanken durch Vertreter der Ritterschaft zeigt sich in vielfältiger Weise. Bei Sickingens Sympathie für das Evangelium mögen auch eigene politische Interessen im Hintergrund gestanden haben, dennoch wurde er in Flugschriften als ein Kämpfer für das Evangelium dargestellt (▸ 6.2 und 6.3). Andere Ritter, wie z. B. Hartmuth von Cronberg (1488–1549) griffen zur Feder und nahmen aktiv an der Flugschriftenpublizistik der frühen reformatorischen Bewegung teil (▸ 6.6). Die auch bei Sickingen erkennbare Verbindung von Reformation, Humanismus und Bildung zeigt sich in besonderer Weise bei den Herren von Gemmingen, die an ihrem Stammsitz schon sehr früh eine evangelisch geprägte Lateinschule einrichteten (▸ 6.5).

Eine zweite Phase der ritterschaftlichen Reformation setzte um 1530 ein. Durch territoriale Reformationen wie z. B. in der Landgrafschaft Hessen und Kursachsen, ergaben sich auch für den niederen Adel größere konfessionelle Spielräume. Ob allerdings eine untergeordnete Obrigkeit legitimiert war, in ihren Gebieten die Reformation einzuführen, war zu diesem Zeitpunkt noch umstritten (▸ 6.7b). Mit dem Augsburger Religionsfrieden von 1555 beginnt eine dritte Phase. Nach dem Prinzip »cuius regio, eius religio« wurde die konfessionelle Entscheidung dem Landesherren zuerkannt. Dieses Normensystem war für eine spontane ritterschaftliche Hinwendung zur Reformation ungünstig. So orientierten sich auch die Reichsritter, die anders als der landsässige Adel das »ius reformandi« besaßen, verstärkt an ihren Bestimmungshöfen. Eine für die spätere Zeit spannungsreiche Situation ergab sich in den geistlichen Fürstentümern. Da in ihnen der »geistliche Vorbehalt« galt, war ein Konfessionswechsel des Gebietes ausgeschlossen. Den Schutz der freien Religionsausübung evangelischer Ritter und Städte in diesen Gebieten sollte die sogenannten *Declaratio Ferdinandea* (24. September 1555) gewährleisten. Allerdings war diese vage formulierte und bis 1575 geheim gehaltene Zusage nicht offizieller Teil des Friedensvertrages. Ihre Legitimität wurde daher von der Obrigkeit immer wieder in Frage gestellt und führte zu langjährigen Spannungen mit dem landsässigen Adel.

Mathias Müller

Lit.: Press, Adel. – Andermann, Evangelium.

Die Möglichkeiten einer ritterschaftlichen Reformation sind besonders in den adlig dominierten Herrschaften Ostmitteleuropas erkennbar. Die Reformation in Polen-Litauen ist ein paradigmatischer Fall einer solchen ritterschaftlichen Reformation. Der Adel, der sich im 16. Jahrhundert ausschließlich als Ritterschaft definierte, bildete 6 – 8 % der Gesellschaft. Wenn die Reformation in Polen Fortschritte machte, dann erreichte sie auch die breite Masse der Adligen. Dank ihrer Standesprivilegien genossen sie eine relativ unabhängige Stellung in der Gesellschaft und sie durften im Bereich ihrer Grundherrschaft – auch Kraft der mittelalterlichen Patronatsrechte – souverän über die Konfessionszugehörigkeit entscheiden. Dem Adel wurde damit für die unterschiedlichen Strömungen der reformatorischen Bewegung die Rolle von Protektoren und »Senioren« der Kirchen zugesprochen. Die reformatorische Bewegung und ihre Prediger waren von ihrer Hilfe in finanzieller, organisatorischer und seelsorgerischer sowie in politischer Hinsicht abhängig.

Nach ersten Impulsen, die in intellektuellen und städtischen Milieus Rezipienten fanden und eine negative Reaktion der Obrigkeit hervorriefen (▸ 6.8), blühte die Reformation erst seit den 1540er Jahren auf, als der Prozess der Kirchenbildung rasche Fortschritte machte. Die relativ große Souveränität der Gemeinden unter Führung der Adligen ließ Raum für radikale Strömungen, unter denen die antitrinitarische Bewegung (▸6.12) eine besondere Rolle spielte. Dank Stiftungen und Unterstützung durch adlige Magnatenfamilien wie Radziwiłł, Oleśnicki oder Kiszka entstanden protestantische Bibelübersetzungen (▸6.10 und 6.11). In der Warschauer Konföderation (1573) (▸6.9) nutzte der Adel seine Sonderstellung und Standesprivilegien zur Lösung des konfessionellen Konflikts.

Hatte die ritterliche Reformation in Polen auch eine inhaltliche Bedeutung, die über diese soziale Erklärung hinausging? Aus dem Adel stammte eine ganze Reihe der protestantischen Geistlichen und Theologen wie Johannes a Lasco (1499–1560), Marcin Krowicki (1501–73), Andrzej Frycz Modrzewski (1503–72) und Jan Mączyński (1520–87). Dies bedeutete eine stärkere humanistische und insbesondere erasmianische Prägung, die in der Historiografie oft gewürdigt wurde. Den humanistischen Einflüssen, die nicht frei von elitären Zügen waren, entsprach das Bedürfnis der Adelsführer, in Briefkontakt mit den berühmtesten Theologen Europas zu treten. Der Brief war dadurch ein wichtiges Medium der Reformation. Aufgrund der Nähe zum Humanismus entwickelten viele Adlige eine gewisse Affinität zur calvinistischen Theologie. Dies dürfte auch mit der Sympathie für die synodale bzw. presbyterial-synodale Verfassung der calvinistischen Kirchen zu erklären sein. Es ist dagegen unwahrscheinlich, dass es Calvins (1509–64) Widerstandslehre war, welche seine Theologie für die Adelsvertreter attraktiv machte.

So entstand unter dem prägenden Einfluss des Adels ein eigener Typus der Reformation, der sich unabhängig von den konfessionellen Entscheidungen des Landesherren (Königs) entwickelte und in seiner religiösen Vielfalt soziale, politische, aber auch theologische Bedeutung hatte.

Maciej Ptaszynski

Lit.: s. Essay *Die Vielfalt ritterschaftlicher Reformation.*

6.1

6.1 Martin Luthers große Reformschrift an Kaiser und Adel

Martin Luther
An den Christlichen Adel deutscher Nation
[Leipzig: Valentin Schumann, wahrscheinlich 1520]
Titelholzschnitt des [Leipziger] Nachdruckes
Druck auf Papier
19,5 × 15,5 cm
Universitätsbibliothek Würzburg
Sign. Th.dp.q. 562, VD 16 L 3753

Das Bild zeigt einen bekränzten Ritter in voller Rüstung mit Fahne und Schwert in offener Landschaft. In einer gewissen Spannung zu den vielfältigen Adressaten, die Luther in dieser seiner wichtigsten Reformationsschrift anspricht, doch in Übereinstimmung mit dem Titel, repräsentiert der vorliegende Druck eine Zuspitzung der Rezeption auf den niederen Adel.

Luthers Schrift *An den christlichen Adel deutscher Nation* erschien zuerst in einem nicht firmierten Wittenberger Druck der Offizin Melchior Lotters d. J. (um 1490 – um 1542) gegen Ende Juli, Anfang August 1520. Aufgrund brieflicher Nachrichten ist gesichert, dass von der ersten Auflage 4.000 Exemplare gedruckt wurden und bereits nach wenigen Wochen verkauft waren. Bald nach Ende August nahm Lotter eine Neuauflage in Angriff, in der Luther einige Korrekturen und Erweiterungen vornahm. Mit Ausnahme einer namentlich gekennzeichneten Ausgabe, die bei Wolfgang Stöckel in Leipzig gedruckt wurde, sind alle weiteren 15 Einzel- und Teildrucke der Adelsschrift ohne Angabe eines Druckerkolophons, des Erscheinungsjahres und -ortes publiziert worden. Als Druckorte sind aufgrund typographischer Analysen neben Wittenberg (3 Drucke) Leipzig (2), Augsburg (5), Basel (2), Straßburg (2) und München (1) nachgewiesen.

Die Abfassung der Schrift fällt in den Sommer 1520, als Luther durch Nachrichten aus Rom darüber informiert war, dass er mit einer Verurteilung durch den römischen Papst zu rechnen habe, die am 15. Juni 1520 promulgierte Bannandrohnungsbulle *Exsurge Domine* aber noch nicht eingetroffen war. Zum Zeitpunkt des Erscheinens der »Adelsschrift« galt Luther also noch nicht als Ketzer. Er publizierte den von scharfer Polemik gegen den römischen Antichristen durchsetzten Text erstmals ohne expliziten Hinweis auf seine Ordenszugehörigkeit auf dem Titelblatt; dies entsprach der im Text in Anknüpfung an das Neue Testament ausgearbeiteten Konzeption des »Allgemeinen Priestertums der Glaubenden und Getauften«, mit dem Luther die bisherige Trennung der Christenheit in Kleriker und Laien von Grund auf kritisierte. Neben einer theologischen Grundlegung in Gestalt des ersten Teils der Schrift, in dem Luther eine päpstliche Auslegungsprärogative über die Heilige Schrift und eine Überordnung des Papstes über das Konzil bestritt und mit dem Allgemeinen Priestertum die theologische Legitimationstheorie laikalen Engagements zur *besserung* der kirchlichen Verhältnisse entfaltete, folgte ein weiterer größerer Abschnitt, der, unter Anknüpfung an die Tradition der auf den Reichstagen proponierten *Gravamina der deutschen Nation*, »Praktiken« der Bereicherung der römischen Kurie zu Lasten des Heiligen Römischen Reichs deutscher Nation anprangerte. Ein umfangreicher Schlussteil bot 27 Reformartikel, die in sehr grundsätzlicher Weise traditionelle Elemente des lateineuropäischen Kirchentums, wie Wallfahrten, Kirchenfeste, Beichtpflicht, Klosterwesen, Bruderschaften u.v.a.m., bekämpften und auch grundlegende Fragen der Bildungs- und Sittenreform behandelten. Da Luthers »Adelsschrift« alle Christen in allen Ständen dazu aufforderte, an je ihrem Ort zu *des christlichen Standes bes-*

serung zu wirken, bildet sie den Ausgangspunkt sowohl der städtischen als auch der bäuerlichen, der ritterschaftlichen wie auch der fürstlichen Reformationsprozesse.

Thomas Kaufmann

Lit.: Kaufmann, Kommentar. – Kohnle, Adelsschrift. – Moeller, Klerus.

6.2 Heinrich von Kettenbachs posthume Rechtfertigungsschrift für Sickingen

Heinrich von Kettenbach (gest. um 1524)
Ain vermanung Juncker Frantzen von Sickingen zů seynem hoer als er wolt ziehen wider den bischoff vonn Tryer auß byllicher sach vnnd raitzung. […] Welch vermanung iñ der hailgen schrift gegründet ist/ ist etwaz anderst gehandelt vnd boßhaitt volbracht in dem kryeg. Da ist Juncker Frantz vnschuldig an Brůder Hainrich von Kettenbach. (Titelblatt).
[Augsburg: Melchior Ramminger, 1523]
Druck auf Papier
19,1 × 14,4 cm
Staatsbibliothek Bamberg
Sign. 11 H 12#10, VD 16 K 838

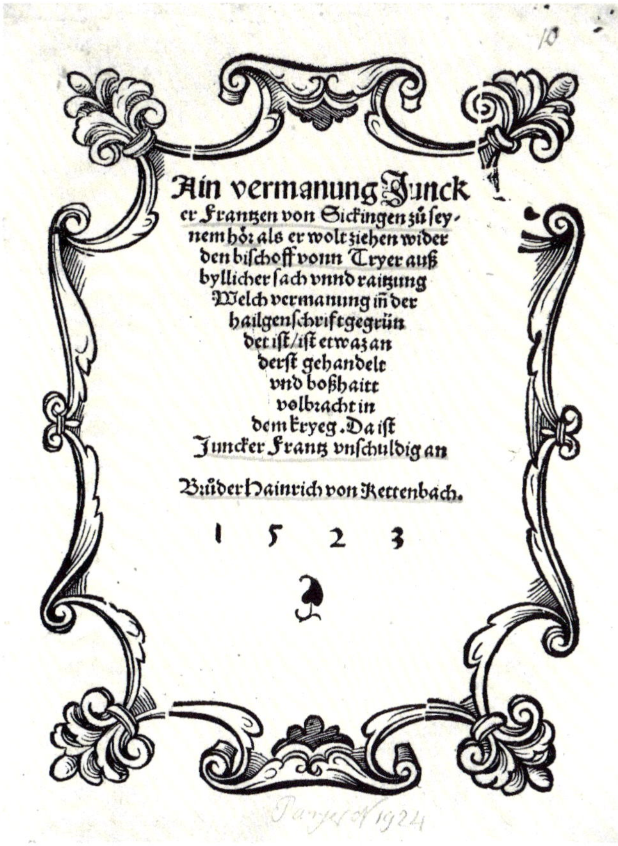
Ain vermanung Junck
er Frantzen von Sickingen zů sey-
nem hoͤr als er wolt ziehen wider
den bischoff vonn Tryer auß
byllicher sach vnnd raitzung
Welch vermanung iñ der
hailgenschrift gegrün
det ist/ist etwaz an
derst gehandelt
vnd boßhaitt
volbracht in
dem kryeg. Da ist
Juncker Frantz vnschuldig an
Brůder Hainrich von Kettenbach.
1 5 2 3

6.2

Die Flugschriften des Ulmer Franziskanermönches Heinrich Kettenbach (gest. um 1524) zählen zu den viel gelesenen und weit verbreiteten Flugschriften der Jahre 1521–25 – den »Sturmtruppen der Reformation« (Berger, Sturmtruppen). Über Kettenbachs Herkunft ist wenig bekannt; sowohl Geburtsjahr als auch Geburtsort liegen im Dunkeln. Nach eigenen Angaben trat er 1521 in das Franziskanerkloster in Ulm ein, in das gleiche Kloster, aus dem im Sommer desselben Jahres Eberlin von Güntzburg (um 1470–1533), der spätere Verfasser der *15 Bundesgenossen*, vertrieben wurde, nachdem er im Sinne Luthers gepredigt hatte. Wie Eberlin ergriff auch Kettenbach in Predigten Partei für Luther, wodurch auch er im Sommer 1522 aus Ulm fliehen musste. Seine literarische Tätigkeit erreichte danach ihren Höhepunkt – aus dem Jahr 1523 sind sechs Flugschriften, die alle durch eine starke Kritik an Papst und Klerus charakterisiert sind, erhalten. Aus den folgenden Jahren findet sich lediglich 1525 eine Predigt, die aber möglicherweise erst posthum gedruckt wurde. Hieraus wird geschlossen, dass Kettenbach schon 1524 verstorben sei. Eindeutige Informationen liegen jedoch nicht vor.

In der 1523 in Augsburg gedruckten *Vermahnung* tritt Kettenbachs Kleruskritik deutlich zum Vorschein. Die Annahme, Kettenbach habe sich nach seiner Flucht aus Ulm bei Sickingen aufgehalten und sei damit Augenzeuge des Feldzugs gegen Trier, ist nicht nachzuweisen und unwahrscheinlich. Kettenbach legt vielmehr, wie der Titel es anzeigt, die Worte in den Mund Sickingens. Dieser wird dadurch als ein Streiter für das Evangelium charakterisiert. Der Grund des Feldzugs sei nicht das Streben nach Macht, Geld und Land, sondern das Streiten gegen den Papst und die Bischöfe, die aufgrund ihres Handelns die *Feinde des Christentums* seien, zur Ehre Gottes. Nach dieser Eröffnung folgt in fünf Punkten die eigentliche Vermahnung an das Heer, wie sich dieses bei dem Feldzug verhalten solle.

Drei weitere Abschnitte nehmen auf die unmittelbar im Frühjahr 1523 geschehenden Ereignisse Bezug: (1) eine Missive Franz von Sickingens an das gegnerische Heer, die betont, dass ein Streiten gegen Sickingen ein Streiten gegen das Evangelium sei, (2) eine weitere Missive an den gegnerischen Adel, die auf die Situation des niederen Adels Bezug nimmt, (3) schließlich ein Nachwort über Sickingens Tod.

Kettenbach versteht Sickingens Scheitern nicht als Urteil Gottes über dessen Handeln. Vielmehr sei noch nicht der rechte Zeitpunkt gekommen gewesen, und Gott könne jederzeit einen neuen Samson erwecken. Kettenbach erwartet jedoch mit Verweis auf Dan 8 und 11, dass der Sieg des Evangeliums nicht mit Waffen, sondern durch das Schwert des Geistes geschehen werde.

Mathias Müller

Lit.: Berger, Sturmtruppen, bes. 59f. – Kaufmann, Geschichte, 303–319. – Volz, Kettenbach. – Wulfert, Kettenbach.

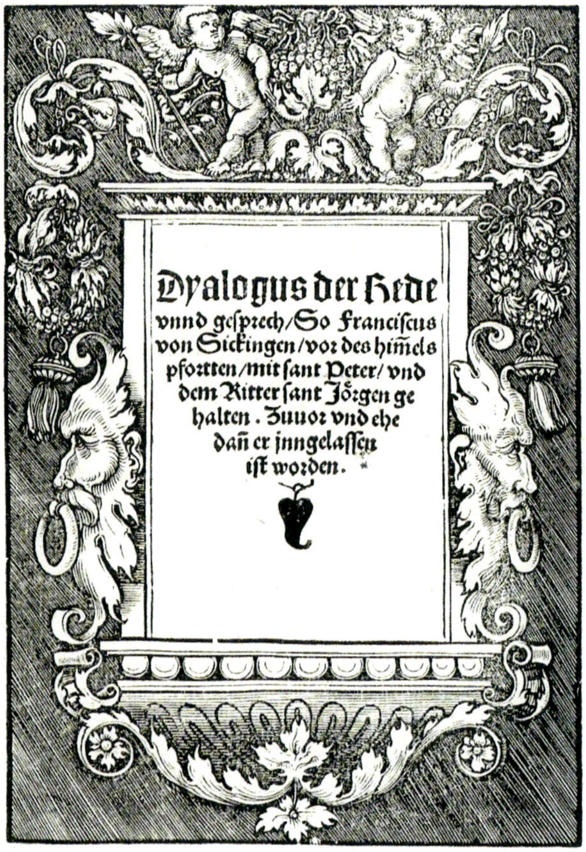

6.3

6.3 Ein nicht ganz alltäglicher Dialog an der Himmelspforte

Dyalogus der Rede vnnd gesprech. So Franciscus von Sickingen vor des hĩmels pfortten mit sant Peter vnd dem Ritter sant Jo̊rgen […]
[Speyer: Jakob Schmidt, 1523]
Druck auf Papier
18,5 × 15 cm
Forschungsbibliothek Gotha, Universitäts- und Forschungsbibliothek Erfurt/Gotha
Sign. Theol 4° 338-338b (32), VD 16 D 1321

Die Ereignisse um Franz von Sickingen fanden in den Flugschriften des Jahres 1523 ein breites Echo und wurden sowohl von Anhängern als auch von Gegnern vielfach aufgenommen (▸ 5.9 und 6.2). Zur posthumen Verteidigung Sickingens entstand dieser anonyme Dialog. Bei dieser literarischen Gattung treten in der Regel zwei bis fünf Personen, die entweder gesellschaftliche Prototypen (Bauer, Mönch, etc.) oder bekannte Persönlichkeiten sein können, auf. Neben Sickingen sind es in diesem Fall Petrus – als Pförtner – und Ritter St. Jörg (heiliger Georg); Schauplatz des Gespräches ist die Himmelspforte. Die gewählte Szenerie ist nicht ungewöhnlich und findet sich auch in anderen Flugschriften – so z. B. in der 1547 veröffentlichten Schrift *Ein Gesprech von einem Landsknecht, S. Peter, Babst, Teuffel und Gabriel der Engel* (VD16 G 1883). Sickingen begehrt als *ein verordneter Vollzieher der Gerechtigkeit* seinen gerechten Lohn, den Einlass in das Himmelreich, worauf ihn Petrus zunächst an St. Jörg verweist, der ihn verhört. Dem Einwand, dass es Franz nicht zugestanden habe, das Schwert um der Gerechtigkeit willen zu gebrauchen, begegnet dieser mit einer heftigen Kritik an Institutionen des Reiches. In scharfer Polemik wird das Verhalten der Fürsten angeprangert, die mit Hilfe ihrer *Vinanzer* neue Steuern erheben und statt sich der Gerechtigkeit anzunehmen, ihr Land erweitern wollen. An der harschen Kritik sowohl am Reichsregiment als auch am Kammergericht – wobei letzteres mit der Hölle verglichen wird – kommt die Ablehnung der neuen Reichsordnung zum Ausdruck. Anzeichen einer Städtefeindlichkeit zeigen sich in der Behauptung, dass diese nur dem Eigennutz und Wucher ihrer Kaufmannschaft verpflichtet seien, von deren Geld auch die Könige und Fürsten abhängig wären. Diese Kritik ist auf dem Hintergrund der Situation der Ritterschaft zu sehen, die ihre Stellung im Machtgefüge des Reiches und ihre Privilegien durch die neue Reichsordnung gefährdet sah und dieser ablehnend gegenüberstand. Sickingen wird dabei als ein Gewährsmann und Verteidiger nicht nur der ritterschaftlichen Anliegen, sondern auch der des gemeinen Mannes charakterisiert, als einer, der um der Gerechtigkeit willen handeln musste und nun nach seinem Tod den gerechten Lohn einfordert. Als St. Jörg einwendet, es sei Sickingen bei seinen Taten vor allem um seinen eigenen Nutzen, Pracht und Ehre gegangen, verteidigt sich dieser. Er habe, so viel es ihm möglich war, die Armen verschont, zu seiner Pracht nichts anderes getan, als seine Häuser gebaut und verstärkt, wodurch er den Armen weiter helfen und auch der evangelischen Lehre *einen freyen weg machen* wollte. Weil er seine Sünden bereut und sein Vertrauen an seinem Lebensende auf Gott gestellt habe, erhält er durch Petrus schließlich den Einlass in das Himmelreich.

Der Dialog wurde im Jahre 1523 zuerst in Speyer durch Jakob Schmidt gedruckt und erhielt bis 1526 vier weitere Auflagen (zwei aus dem Jahr 1523 mit den Druckorten Augsburg und Colmar, sowie zwei aus dem Jahr 1526 mit den Druckorten Altenburg und Zwickau).

Mathias Müller

Lit.: Polenz, Sprachgeschichte, 238–241. – Press, Führungsgruppen. – Schottenloher, Ritterschaftsbewegung.

6.4 Das Turnierbuch als Zeichen der Legitimierung des Standes

Turnierbuch der Freiherren von Gemmingen-Hornberg
Südwestdeutschland, 1616
Papier, Ledereinband
31 × 19 cm
Privatbesitz, Dajo Freiherr von Gemmingen-Hornberg, Burg Hornberg über dem Neckar

Das Turnierbuch der Freiherren von Gemmingen-Hornberg gehört in eine Reihe mehrerer gleichartiger Handschriften, die um die Wende des 16. Jahrhunderts von einem namentlich nicht bekannten Kompilator und Illustrator im Auftrag von Angehörigen der Kraichgauer Reichsritterschaft hergestellt wurden.

Nachdem der Ritteradel im Lauf des späten Mittelalters sich konsolidiert hatte und in den Landschaften Schwabens, Frankens und am Rhein seine hergebrachte Autonomie über

6.4

die Reichsreform hinaus nicht allein hatte bewahren, sondern in der Organisation der freien Reichsritterschaft auch weitgehend hatte absichern können, besann er sich auf seine Geschichte und suchte seine Stellung als privilegierter, zur Herrschaft berufener Stand anhand seiner Herkunft zu legitimieren. Was hätte dabei näher gelegen, als der Rückgriff auf ritterliche Traditionen und die Exklusivität des ritterlichen Turniers?

Bereits 1530 hatte der Reichsherold Georg Rüxner (oder: Rixner; ▸ 1.7) ein gedrucktes Turnierbuch vorgelegt, in dem er von 36 Turnieren berichtet, deren erstes bereits im Jahr 938 in Magdeburg stattgefunden haben soll. Dass mehr als ein Drittel der hier verzeichneten Turniere heute als erfunden gelten muss, spielte für die auf ihr ritterliches Herkommen bedachten Nutzer von Rüxners Werk keine Rolle, denn je früher der Reichsherold die Vorfahren aus dem eigenen und aus verwandten Geschlechtern als Teilnehmer von ritterlichen Kampfspielen »nachwies«, für umso älter durften sie ihren Adel ansehen und für desto vornehmer konnten sie sich halten. Der geschäftstüchtige Kompilator und Illustrator machte sich solche Bedürfnisse sozialer Konkurrenz zunutze, indem er die von Rüxner gebotenen Informationen unangesehen ihres Wahrheitsgehalts für repräsentative Zwecke ansprechend aufbereitete.

Auch das Augsburger Turnier des Jahres 1080, bei dem ein Philipp von Neipperg und ein Heinrich von Gemmingen aus dem Kraichgau (mit Lanzen) sowie ein Hans von Riedheim und ein Burkhard von Ellerbach aus Schwaben (mit Streitkolben) gegeneinander in die Schranken getreten sein sollen, gehört ins Reich der Phantasie. Gleichwohl zählen die Familien Neipperg (drei silberne Ringe in Rot) und Gemmingen (zwei goldene Balken in Blau), die urkundlich beide erst seit der Mitte des 13. Jahrhunderts nachgewiesen sind, unter die vornehmsten Geschlechter der Kraichgauer Ritterschaft; den Neipperg gelang im 18. Jahrhundert sogar der Aufstieg in den Hochadel. Beide Geschlechter waren maßgeblich beteiligt an der Einführung der Reformation im Kraichgau.

Kurt Andermann

Lit.: Kurras, Rixner. – Kurras, Ritter.

6.5 Die von Gemmingen: frühe und dauerhafte Förderer der Reformation

Grabmal für Dietrich von Gemmingen zu Guttenberg (gest. 1526), seine Frau Ursula von Nippenburg (gest. 1533) und sechs ihrer vorverstorbenen Kinder, 1550 von Philip von Gemmingen gestiftet
Sandstein
330 × 200 cm
Burgkapelle, Burg Guttenberg (Neckarmühlbach), Haßmersheim
(nicht im Original ausgestellt)

Das Grabmal für Dietrich von Gemmingen zu Guttenberg und seine Ehefrau Ursula von Nippenburg sowie für beider sechs vorverstorbene Kinder an der Außenwand der Burgkapelle und Pfarrkirche zu Neckarmühlbach bei Burg Guttenberg über dem Neckar ist in mehrfacher Hinsicht merkwürdig.

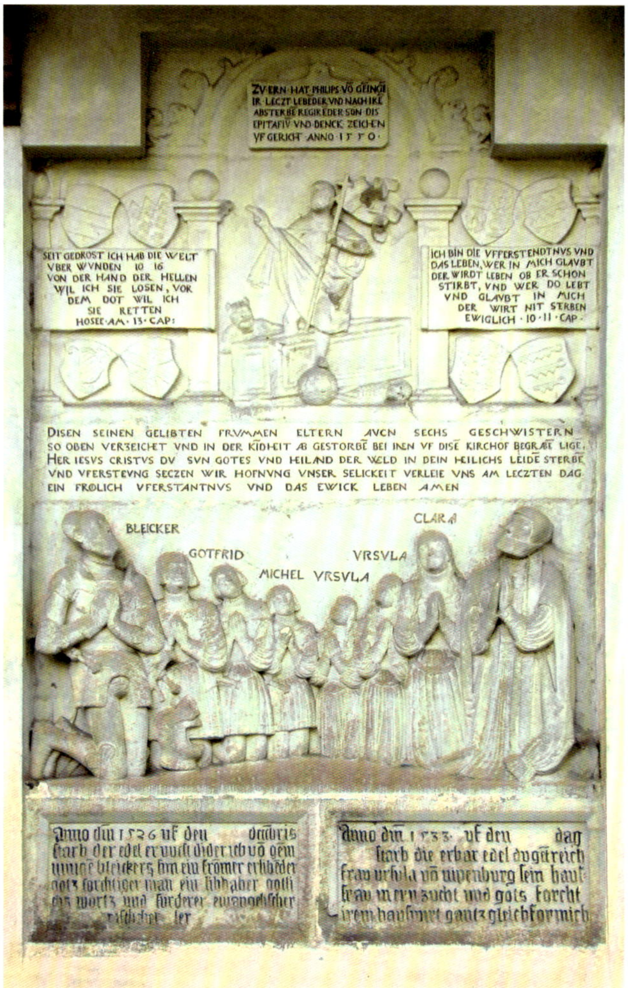

6.5

1550, das heißt Jahrzehnte nach dem Tod der Eheleute entstanden, ist es nicht mehr in der Art traditioneller Rittergrabmäler des ausgehenden Mittelalters gestaltet, vielmehr weist es, indem es die Verstorbenen im Kreis ihrer bereits verewigten Kinder zeigt, auf einen neuen, in der Renaissance und im Frühbarock verbreiteten Stil voraus. Der den Adel als solchen kennzeichnende Wappenschmuck erscheint zurückgenommen gegenüber dem im Zentrum stehenden, eben dem Grab entstiegenen Christus mit der Osterfahne, zu dem die Familie in Anbetung aufblickt. Zentrale, zwischen den Ahnenwappen platzierte Texte christlicher Glaubenszuversicht relativieren nicht nur den heraldischen Schmuck des Epitaphs zusätzlich, sondern beziehen auch die Vorfahren in die derart kundgemachten Verheißungen mit ein. Zu all dem fügt sich, dass Dietrich von Gemmingen in dem auf ihn bezogenen Teil der Inschrift als frommer, ehrliebender und gottesfürchtiger Mann, als Liebhaber des göttlichen Worts und Förderer der evangelisch-christlichen Lehre charakterisiert wird.

Bereits aus dem 15. Jahrhundert sind zahlreiche Zeugnisse für eine tiefe Frömmigkeit der Guttenberger Gemmingen überliefert, und unmittelbar nach der Heidelberger Disputation Martin Luthers am 26. April 1518 zählten Dietrich von Gemmingen zu Guttenberg und seine Brüder Wolf zu Gemmingen (gest. 1555) und Philipp zu Fürfeld (gest. 1544) zu den allerfrühesten Förderern der Reformation, die lutherisch gesinnten Predigern Zuflucht boten und ihre Herrschaften dem lutherischen Ritus öffneten. Zu Weihnachten 1525 lud Dietrich Vertreter der unterschiedlichen evangelischen Abendmahlsauffassungen zu einem Religionsgespräch auf seine Burg Guttenberg ein; die der Lehre Ulrich Zwinglis (1484–1531) verbundenen Straßburger mussten ihre Teilnahme jedoch witterungsbedingt absagen. Von großem Erfolg hingegen war die von den gemmingischen Brüdern am Stammort Gemmingen ins Leben gerufene Lateinschule, die sich rasch zu einer Kaderschmiede der frühen Reformation entwickelte und ihre Wirkung bis ins ferne Rostock entfaltete. Das Engagement der Gemmingen und ihrer Verwandtschaft bewirkte, dass der Kraichgau zu großen Teilen eine evangelische Landschaft wurde.

Kurt Andermann

Lit.: Ehmer, Kraichgauer Ritterschaft. – Gassner, Creutz.

6.6

6.6 Hartmuth von Cronberg: Ritter, Bundesgenosse Sickingens und Flugschriftenautor

Anonymer Künstler
Bildnis Hartmuth XII. von Cronberg
Kopie des 17. Jahrhunderts
Öl auf Holz
96,5 × 82 cm
Burgmuseum, Kronberg

Der Mann der schon so viel gelitten, steht noch merkwürdig fest im Glauben. So urteilt Martin Luther 1523 über Hartmuth von Cronberg, der am Anfang dieses Jahres kurz in Wittenberg weilte und von Luther freundlich aufgenommen wurde.

Der 1488 in Oppenheim geborene Cronberg war nicht nur mit Franz von Sickingen verwandt, sondern gehörte auch zu dessen eifrigen Unterstützern. Sein Schicksal steht in direkter Verbindung mit dem des Reichsritters. Seit Sickingens Fehde gegen die Reichsstadt Worms unterstütze Cronberg ihn nicht nur mit Geld und Truppen, sondern zählte auch zu dessen engstem Vertrautenkreis. Diese Nähe zeigt sich auch daran, dass er während Sickingens Fehdezug gegen Trier auf der Ebernburg verblieb und diese verwaltete.

Burg Kronberg im Taunus, erbaut im 13. Jahrhundert

Daher ging die gemeinsame Strafexpedition Kurtriers, der Landgrafschaft Hessen und der Kurpfalz zunächst gegen Cronberg vor und belagerte ihn im Spätherbst 1522 auf dessen Burg Kronberg. Ein weiterer Grund für dieses rasche Vorgehen der Fürsten dürfte zudem in Cronbergs aktiver Beteiligung an der Fehde gegen Hessen (1518) zu sehen sein, bei der er sich die Feindschaft des jungen Landgrafen zuzog. Der Belagerung konnte er sich zwar durch Flucht entziehen, verlor aber seinen gesamten Besitz. In den kommenden Jahren versuchte Cronberg aus dem Exil in Basel heraus, den Familienbesitz zurückzuerlangen. Ein erster Ausgleich mit Landgraf Philipp gelang jedoch erst 1541 durch Vermittlung Martin Bucers (▸ 4.5 und Kurzbeitrag *Martin Bucer*), den Cronberg noch aus der Zeit bei Sickingen kannte und mit dem er danach in Kontakt geblieben war. Nach dem Schmalkaldischen Krieg, in dem Cronberg sich neutral verhalten hatte, wurde der Vertrag von 1541 aufgelöst und das frühere Reichslehensverhältnis vollständig restituiert.

Durch die enge Verbindung mit Sickingen ist auch Cronberg 1519 in Kontakt zu Ulrich von Hutten gekommen, der ihn für die Lehre Luthers gewinnen konnte (▸ Essay *Hutten, Luther und die Reformation*). Ab Herbst 1521 ergriff er, nachdem der Wormser Reichstag im Frühjahr nicht den erhofften Ausgang gezeitigt hatte, in mehreren Flugschriften öffentlich Partei für Luther. Sie richteten sich u. a. an Kaiser Karl V. (1500–58) und Franz von Sickingen. Mit Luther stand er spätestens ab 1522 in Kontakt.

Der Aufbau der einzelnen Schriften zeigt, dass es sich bei Cronberg um einen von der reformatorischen Bewegung erfassten Laien und nicht um einen humanistisch geschulten Gelehrten handelt. Die Gedankengänge werden meist nicht stringent entfaltet, sondern kreisen vielmehr um ein Kernthema, welches immer wieder neu zu erklären versucht wird. Dabei spielen für Cronberg theologische Feinheiten oder Unterschiede keine bedeutende Rolle. Der zentrale Gedanke seiner Schriften ist die aus dem Evangelium gewonnene Rechtfertigung des Sünders allein aus Gottes Gnade. Dies ist die eine Wahrheit, welche die Adressaten erkennen und die sie zum Handeln für Luther bewegen soll. Papst und Klerus werden in diesem Sinne polemisch als Statthalter des Teufels und des Antichristen charakterisiert.

Cronbergs Wirkungszeit als Flugschriftenautor war nur von kurzer Dauer; sie war jedoch sehr produktiv. Seine letzte öffentliche Schrift – einen Trostbrief an Georg Spalatin (1484–1545) – verfasste er 1525. Danach galt sein Augenmerk vor allem der Rückgewinnung der 1522 verlorenen Besitzungen. Auch nach 1541 war er nicht mehr schriftstellerisch tätig. Der Lehre, der er sich 1519 anschloss, ist Cronberg aber bis zu seinem Tod 1549 treu geblieben.

Mathias Müller

Lit.: Bode, Cronberg. – Bogler, Kronberg. – Kück, Cronberg. – Thiessen, Nobles' Reformation.

6.7 Eberhard von der Tann: Ein hessischer Ritter unterstützt Luther und die Reformation

a
Visitationsbeschluss von Kursachsen
Papier
32,5 × 21 cm (geschlossen)
32,5 × 43,5 cm (aufgeklappt)
Hessisches Staatsarchiv Marburg
Best. 340 v. d. Tann Gelbschlossarchiv IV 11 e

b
Gutachten, über das Recht einer nachgeordneten Obrigkeit, ihren Untertanen Gottes Wort ohne Einverständnis der höheren Obrigkeit verkündigen zu lassen
Papier
32 × 21,5 cm
Hessisches Staatsarchiv Marburg
Best. 340 v. d. Tann Gelbschlossarchiv IV 11e

c
Kirchen Ordnung der Pfarr tzur Thann (1584)
Papier
32,5 × 21 cm (Buchmaß im geschlossenen Zustand);
32,5 × 43,5 cm (Buchmaß im aufgeklappten Zustand)
Hessisches Staatsarchiv Marburg
Best. 340 v. d. Tann Samtbau B I 3 Bl. 15

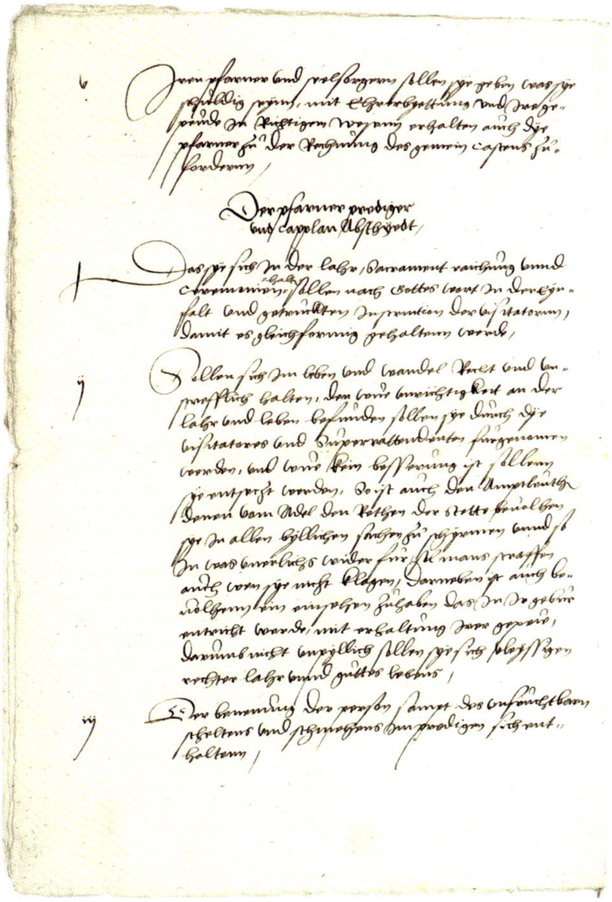

6.7a

Eberhard von der Tann (1495 – 1574) war einer der wichtigsten Räte und Politiker in Kursachsen und zugleich ein bedeutender Vertreter der reformatorischen Ritterschaft im Raum Hessen-Thüringen. Nach seinem Jurastudium, u. a. in Wittenberg, wo er Luther und seine Reformideen kennen- und schätzen lernte, trat er 1526 in den Dienst des sächsischen Kurfürsten Johann des Beständigen (1468 – 1532). Bis ins hohe Alter blieb er in den unterschiedlichsten Funktionen eine wichtige Stütze des wettinischen Zweiges des sächsischen Herrschaftshauses.

Von den Zeitgenossen wurde vor allem sein diplomatisches Geschick auf den zahlreichen Religionsgesprächen und Reichstagen, an denen er teilnahm, gerühmt. Besondere Erwähnung fand sein Durchsetzungsvermögen auf dem Reichstag von 1555, wo er entscheidend dazu beitrug, dass der Augsburger Religionsfrieden zustande kam und neben den Fürsten auch die Reichsritterschaft die Religionsfreiheit erhielt.

a. Neben den diplomatischen Bemühungen gehörte die Konsolidierung der protestantischen Landesherrschaft durch die Entwicklung einer effizienten Verwaltungsstruktur zu den wichtigsten Tätigkeitsfeldern von der Tanns im albertinischen Sachsen. Hierzu zählte auch die Durchführung der Kirchen- und Schulvisitationen im Lande. Nach der Einführung der Reformation war es besonders wichtig, die Arbeit in den Gemeinden und den angeschlossenen Schulen zu überwachen und festzustellen, ob die Pfarrer die neue evangelische Lehre ernst nahmen und sie den gewandelten Anforderungen an das Pfarramt gewachsen waren. Bereits 1528 hatte Philipp Melanchthon (1497 – 1560) mit seiner Schrift *Unterricht der Visitatoren an die Pfarrherren im Kurfürstentum Sachsen 1527* eine erste amtliche Kirchenordnung vorgelegt. Sie sollte die Pfarrer über die Organisation und die Aufgaben in der Gemeinde und über die Leitung von Gottesdienst und Schulunterricht informieren. In den Jahren 1545/46 führte Eberhard von der Tann eine umfassende Kirchenvisitation in Sachsen-Coburg durch, dem südlichsten Teil der Wettiner Herrschaft.

Die Ergebnisse der Visitation teilte Eberhard von der Tann in seinem Schlussbericht vom 1. März 1546 an Herzog Johann Ernst (1521 – 53) mit (Greiner, Coburg,

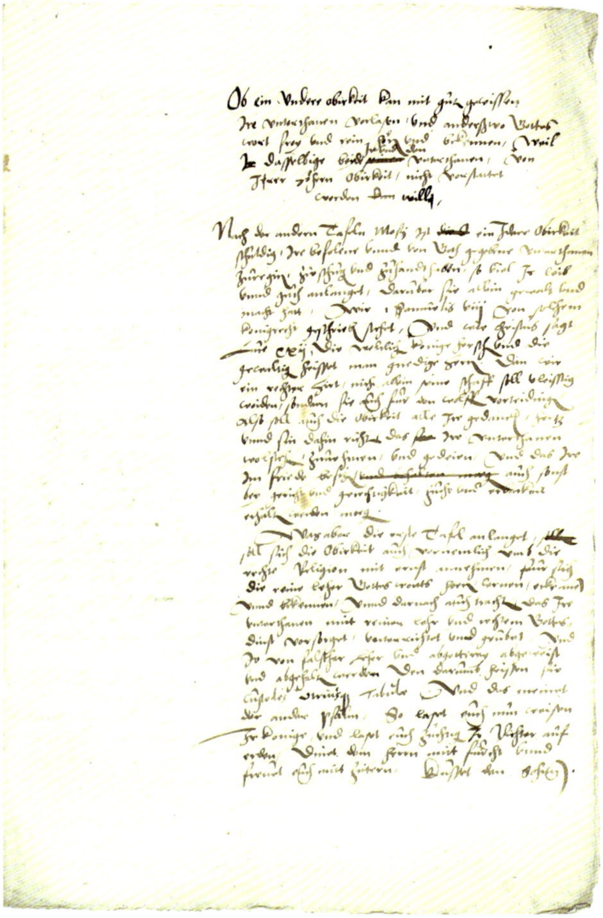

6.7b

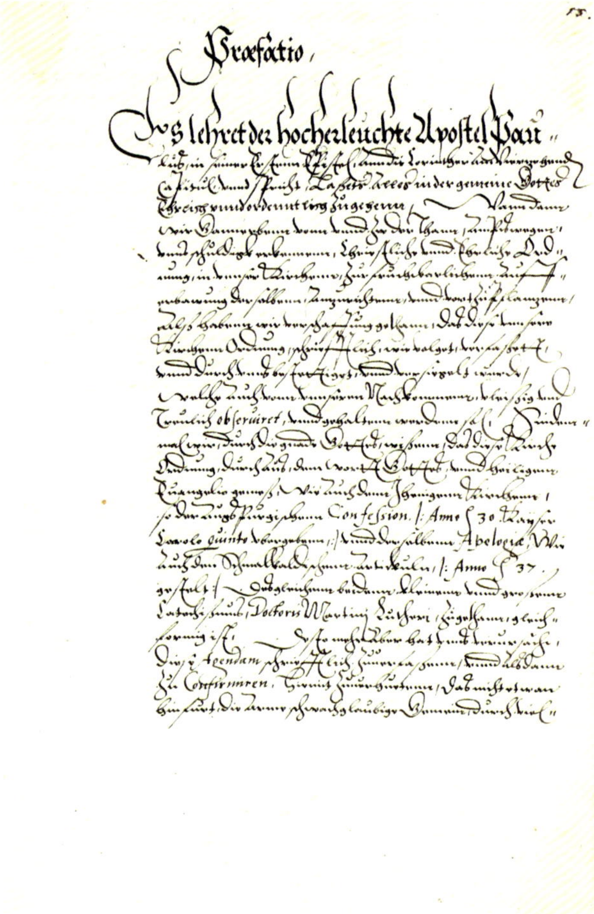

6.7c

139–212). Erfreut stellte er darin fest, dass er fast überall *die reine seligmachende Lehre des Heiligen Evangelii unvermischt ohne alle Sekten, Ketzereien und menschlichen Zusatz darzu die Prediger und Kirchendiener den mehrenteils an der Lehre tüchtig und unsträflich* befunden habe.

b. Das Gutachten bezieht sich auf die Situation evangelischer Adliger innerhalb eines altgläubigen Territoriums. Konkret dürfte es sich dabei um das Erzstift Fulda handeln. Bei der angesprochenen untergeordneten Obrigkeit sind somit Adelsfamilien wie z. B. die von der Tann im Blick. Der Gehorsam gegenüber einer übergeordneten Obrigkeit – beispielsweise Landesherr gegenüber Kaiser – war schon in den Jahren vor 1530 eine zentrale Frage gewesen. Zunächst klärt das Gutachten, ob es mit gutem Gewissen zu verantworten sei, dass man aufgrund des Glaubens, seinen Besitz aufgeben und seine Untertanen verlassen könne. Als untergeordnete Obrigkeit war dies dem Adel rechtlich möglich. Im Sinne der Zwei-Reiche-Lehre wird dargelegt, dass alle weltliche Obrigkeit nach der *andern Tafeln Moße* (Gebote 4–10) ihre Untertanen zu regieren und zu schützen habe. Nach der ersten Tafel des Gesetzes soll sie sich auch der rechten Religion annehmen, Gottes Wort hören und bekennen und danach trachten, dass ihre Untertanen darin unterrichtet werden. Da der evangelische Adel in einem altgläubigen Territorium nicht das Recht der Gewaltanwendung gegenüber dem Landesherrn habe und zudem zu schwach sei, die reine Lehre bei seinen Untertanen zu schützen, bestehen für ihn die Möglichkeiten, entweder seinen Besitz freiwillig abzutreten oder zu bleiben. Im letztgenannten Fall bestehe allerdings die Gefahr, dass er alles verliere, was er besitze. Den Untertanen soll angezeigt werden, dass ein jeder *fur sich gleube und thue, steht oder fliehe, wie ers wisse zuuerantworten*. Einer heimlichen Hinwendung zur Reformation wird deutlich widersprochen. Eine genaue Datierung des Gutachtens ist nicht möglich. Es muss aber nach Februar 1546 entstanden sein, weil Luthers Tod vorausgesetzt wird.

c. Im hessischen Tann (Rhön), dem Stammsitz der Adelsfamilie von der Tann, wurde 1584 – zehn Jahre nach dem Tode Eberhard von der Tanns – nach den Vorgaben Luthers und Melanchthons eine eigene Kirchenordnung verabschiedet. Hierbei einigten sich die Vertreter der vielfach verzweigten Familie darauf, bei der Berufung eines neuen Pfarrers einen gemeinsamen Beschluss zu treffen und nicht mehr nur dem Familienältesten dieses Recht zu belassen.

Horst Nieder (a und c), *Mathias Müller* (b)

Lit.: Greiner, Coburg. – Nieder, Tann.

6.8 Nachricht über frühe reformatorische Regungen im Norden Polens

Edikt Herzog Janusz von Masowien (1502–26)
13. März 1525, Kopie des 18. Jahrhunderts
Papier
30,8 × 19,7 cm
Hauptarchiv der alten Akten, Sammlung der Papierurkunden Nr. 1504
Historisches Zentralarchiv Warschau
Leihgabe finanziert durch die EKHN

Der Herausgeber des Edikts, Herzog Janusz III. von Masowien war der letzte Vertreter der Dynastie der Piasten, die im Mittelalter in Polen regiert hatte. Nach der Krise des 12. Jahrhunderts und der dynastischen Teilung des Königreichs Polen in kleinere Teilherzogtümer blieb Masowien ein Herzogtum unter Herrschaft der Piasten, wobei im Königreich Polen seit 1385 die Dynastie der Jagiellonen die Krone übernommen hatte. Mit dem Tod Herzog Janusz' III. (10. März 1526) ein Jahr nach der Proklamation dieses Edikts erlosch diese Linie der Piasten und das Herzogtum wurde in das Königreich Polen eingegliedert (1526–29).

Das vorliegende Edikt wurde vom Herzog von Masowien zwei Mal, am 13. und am 16. März 1525 proklamiert, es richtete sich gegen Anhänger Luthers. Das Edikt verbot, *predigen, glauben und verteidigen* von Luthers Lehre sowie den Besitz oder Verkauf seiner *auf Latein, auf Deutsch oder in anderen Sprachen* verfassten Bücher. Eine Verletzung des Verbots wurde mit der Todesstrafe und der Beschlagnahmung der Güter bedroht.

Das Edikt wurde am Ende von Unruhen proklamiert, die sich 1525 in Warschau, der Hauptstadt des Herzogtums, ereignet hatten. Diese Unruhen hatten allerdings keine religiösen oder konfessionellen Motive, sondern stellten einen typischen Fall der sozialen und politischen Konflikte inner-

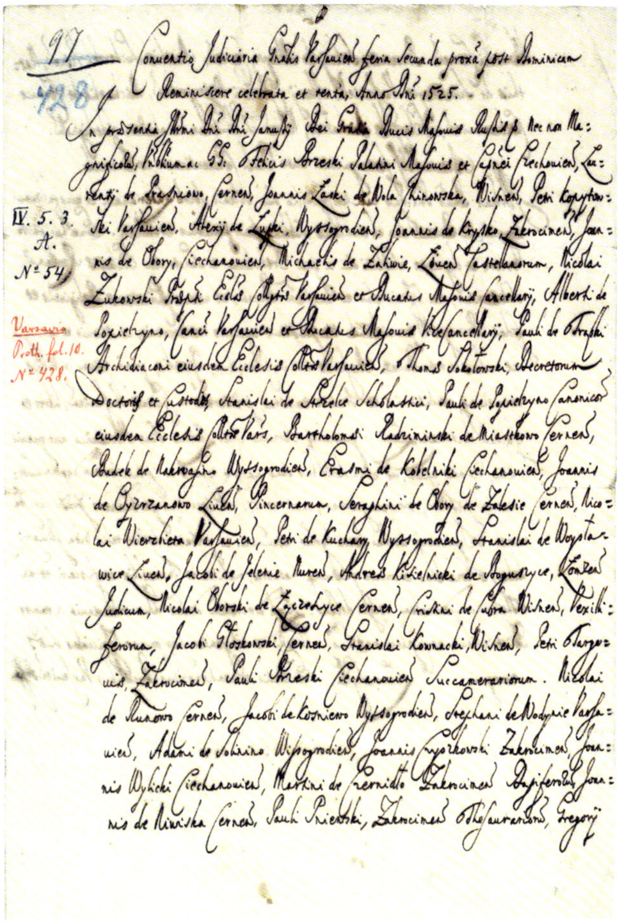

6.8

halb der städtischen Eliten an der Wende vom Spätmittelalter zur Frühneuzeit dar. In dieser Hinsicht ist die Entstehung des Edikts nicht direkt mit den städtischen Konflikten in Masowien, sondern eher mit dem lutherischen Einfluss in Pommerellen und im Deutschordensstaat Preußen verbunden. Nach der Konversion Albrechts von Preußen (1490–1568) und der Säkularisierung des Ordensstaats wurde Masowien von der königlichen Kanzlei und den Bischöfen von Płock als Grenzregion zu diesen protestantischen Gebieten wahrgenommen.

1527 bestätigte der König von Polen, Sigismund I. (1467–1548), das Edikt auf dem Reichstag in Krakau, womit das antilutherische Gesetzt ein Teil der Sonderrechte Masowiens wurde und ein Hindernis für die Verbreitung der Reformation in dieser polnischen Provinz darstellte.

Maciej Ptaszyński

Lit.: Schmidt, Felsen.

6.9a

IN NOMINE DOMINI AMEN

Stephanus Rex

6.9b

6.9 Ein einzigartiges Dokument religiöser Toleranz im 16. Jahrhundert: Die Warschauer Konföderation

a
Die Konföderation von Warschau vom 28. Januar 1573
Tinte auf Pergament
35 × 64 cm
206 Siegel
Historisches Zentralarchiv Warschau
Inv.Nr. 4467
(nicht im Original ausgestellt)

b
In conaentu coronationis
4. Mai 1576
Pergament
47 × 74 cm mit Siegel
Hauptarchiv der alten Akten, Sammlung der Pergamenturkunden Nr. 4667
Historisches Zentralarchiv Warschau
Leihgabe finanziert durch die EKHN

Die Warschauer Konföderation wurde während des Interregnums nach dem Tod Sigismunds II. Augustus (1520–72), König von Polen und Großherzog von Litauen, vorbereitet (▸ Essay *Die Vielfalt ritterschaftlicher Reformation*). Auf einer Konvokation bzw. einem Konvokationsreichstag (Sejm), der zwischen dem 6. und 28. Januar 1573 stattfand und über Zeit und Ort der Königswahl entscheiden sollte, beschloss der Adel die Annahme eines Dokuments, das den Religionsfrieden im Land garantieren sollte. Der *Frieden unter den Gespaltenen in den Glaubenssachen* gewährleistete freie Religionsausübung und sicherte Schutz gegen Verfolgung, ohne einzelne Konfessionen oder Kirchen zu nennen.

Das Dokument wurde wahrscheinlich unter dem Eindruck der Bartholomäusnacht in Frankreich (23./24. August 1572) angenommen, weil Heinrich von Valois (Herzog von Anjou, der spätere Heinrich III., 1551–89), einer der Mitverantwortlichen für das Massaker, sich auf den polnischen Königsstuhl bewarb. Als Hauptverfasser bzw. Initiatoren gelten die Führer der Protestanten: Der Kronmarschall Jan Firlej (1521–74) und Wojewode von Sendomir Piotr Zborowski (gest. 1580). Der Text wurde durch einen gemischtkonfessionellen Ausschuss vorbereitet, dessen acht Mitglieder aus der höheren Kammer des Sejm und acht Mitglieder aus der Abgeordnetenkammer stammten. Der Bischof von Włocławek, Stanisław Karnkowski (1520–1603) war der Vorsitzende, aber nach seiner Abreise am 27. Januar 1573 übernahm diese Funktion der Erzbischof von Gnesen (Gniezno) Jakub Uchański (1502–81). Trotz der Proteste der Bischöfe und des katholischen Adels aus Masowien wurde das Dokument am 29. Januar durch die Mehrheit der Anwesenden angenommen. Zwischen der Konvokation und der Elektion, die im April und Mai 1573 in Warschau stattfand, war die Konföderation durch eine Reihe von Landtagen bestätigt sowie in die Gerichtsbücher (Sammlung von Prozessprotokollen, Urteilen und Gesetzen) eingetragen worden. Trotzdem löste die Konföderation einen heftigen Konflikt zwischen den Protestanten und den Katholiken aus, der nach dem 28. April ausbrach und sogar zur Störung des Verfahrens der Königswahl führte. Angesichts der Gefahr, dass die Königswahl scheiterte, sahen sich die Katholiken und die Bischöfe gezwungen, die Konföderation zu akzeptieren.

Am 12. Mai wurde die Konföderation mit 17 Unterschriften und 206 Siegeln bestätigt und auf den 28. Januar 1573 datiert. Ca. 128 Siegel sind heute noch gut lesbar und ihre Besitzer lassen sich identifizieren. Domkapitel und katholische Bischöfe verweigerten die Anerkennung der Konföderation. Aus dem Kreis der kirchlichen Oberhäupter hat nur der Krakauer Bischof Franciszek Krasiński (1525–1577) seine Unterschrift und sein Siegel unter die Urkunde der Konföderation gesetzt.

Mein Blick auf Franz von Sickingen

Die Geschichte von Franz von Sickingen ist mir zum ersten Mal im Heimatkundeunterricht in der Volksschule meines Heimatortes Gimmeldingen in der Pfalz begegnet. Seine Geschichte gehört zu meinen Erinnerungen an diese Schulzeit, genauso wie die Klassenfahrten zum Trifels oder nach Speyer in den Kaiserdom und in das Historische Museum zu »unserem Gimmeldinger« Mithrasaltar. Es sind auch diese Erinnerungen und Erlebnisse, die Grundlage meiner emotionalen Bindung an diese Region, die Pfalz bilden. Ein Gefühl von Heimat.

Thomas Metz, Direktor der Generaldirektion Kulturelles Erbe Rheinland-Pfalz

Der neue König nahm in Paris im September 1573 die Konföderation an, weigerte sich aber im Februar 1574, sie bei der Krönung in Krakau nochmals zu bestätigen. Sein Nachfolger, Stefan Bathory (1533–86), war der erste Herrscher, der die Gültigkeit der Konföderation in Polen am 1. Mai 1576 bestätigte. Seit seiner Regierung gehörte die Konföderation zu den Grundrechten der adligen Republik und wurde von allen Nachfolgern akzeptiert.

Trotz der Konföderation wurden die Rechte der Protestanten im 17. und 18. Jahrhundert immer weiter begrenzt und oft verletzt. Die protestantischen Redner und Publizisten kämpften auf Reichstagen und mit vielen Flugschriften für die *Umsetzung der Konföderation* (*proces konfederacji*), was so viel wie den Vollzug der Bestimmungen der Konföderation bedeutet.

Erst 1632 und 1648 versuchten katholische Monarchen und Bischofe die Konföderation durch eine Ergänzung in ihrer Reichweite einzugrenzen. Das Dokument sollte nur *mit Vorbehalt der Rechte der römischen katholischen Kirchen* (*salvis iuribus Ecclesiae Catholicae Romanae*) gültig bleiben. Wegen des Widerstandes der Protestanten wurde dieses Vorhaben jedoch nicht durchgesetzt.

Maciej Ptaszyński

Lit.: Brüning, Unio.

6.10

6.10 Katholische Bibel mit der Darstellung von »Gesetz und Gnade«

Leopolita-Bibel (Krakauer Bibel), katholischer Bibeldruck
[Krakau: Stanislaus Scharffenberg, 1561]
Buchdruck
35 × 24 cm
Herzog August Bibliothek, Wolfenbüttel
Sign. Bibel-S. 4° 176
Leihgabe finanziert durch die EKHN

Der »Bibel von Leopolita« genannte Druck ist die erste vollständige neuzeitliche Übersetzung der Heiligen Schrift ins Polnische. Diese katholische Übersetzung erschien 1561 im Folioformat mit zahlreichen Abbildungen im Verlag der Familie Scharffenberg (Scharfenberger, Szarfenberger) in Krakau. Der Verlag hatte sich auf religiöse Literatur spezialisiert und schon 1556 ein polnisches Neues Testament herausgegeben. Die Übersetzung wurde durch den Drucker, Mikołaj Scharffenberg (ca. 1519–1606), König Sigismund II. August gewidmet. In der Einleitung beschwerte sich der Drucker darüber, dass die Arbeit ihn sehr viel Mühe gekostet habe. Er habe sogar mit einem deutschen Setzer arbeiten müssen, weil *die Polen die Arbeit verweigerten*. Seinen Lohn bekam der Drucker aus dem königlichen Schatz im November 1561.

Der Name des Übersetzers ist weder in der ersten (1561) noch in der zweiten Ausgabe (1575) erwähnt, aber der Redakteur verwendete das Akronym J.K.L. Jan Leopolita (Nicz, Nicius, Kasprowicz; ca. 1523–70), der sich hinter diesem Siglum verbirgt, stammte aus Lwiw und war Theologieprofessor an der Krakauer Akademie, wo er nach dem Studium (1538–44) den Titel des Magisters der Künste (1544) und schließlich des Doktors der Theologie (1569) erworben hatte. Seit 1545 war er als Lehrer in Krakauer Schulen und bei verschiedenen Familien angestellt. Neben der Lehrtätigkeit war er auch als Prediger in den Stadtkirchen aktiv. 1560 empfing er die Priesterweihe und begann, an der Theologischen Fakultät zu unterrichten (1560–72).

Die Papstkrone, Messung des Tempels Gottes durch Johannes, die zwei Zeugen (links) mit Feuerzungen, rechts das Tier aus dem Abgrund mit der päpstlichen Tiara (Apk. 11, 1-8), Kupferstich, in: Biblia das ist die gantze Heilige Sch=rifft Deudsch. Mart. Luth., [Wittenberg: Hans Lufft 1534], Staatsbibliothek zu Berlin, Preußischer Kulturbesitz, Berlin, Sign. 4 Bu 9401

Leopolita-Bibel (Krakauer Bibel) (katholisch), Darstellung »die Papstkrone wurde korrigiert«, 1561, Kupferstich, Herzog August Bibliothek, Wolfenbüttel, Sign. Bibel-S. 4°176

Gelobt für seine Gelehrsamkeit und Predigten interessierte sich Leopolita für humanistische Schriften, blieb aber allen protestantischen Ideen fern.

Die Übersetzung wurde auf Grundlage der *Vulgata* angefertigt und gilt nicht als gelungen. Sie besteht neben Altem und Neuem Testament aus zahlreichen deuterokanonischen Schriften (u. a. Tob, Jdt, Weish, Sir, 3 Bar, 3 Esra und 4 Esra, 1–3 Makk), die in späteren u. a. protestantischen Übersetzungen teilweise nicht berücksichtigt wurden. Eine zweite Ausgabe erschien 1575 und wurde dem neuen polnischen König Heinrich von Anjou gewidmet. 1577 erschien ein Nachdruck, der jedoch dem neuen König von Polen-Litauen, Stephan Bathory, und seiner Ehefrau Anna von Jagiellonen (Jagiellonica; 1523–96) dediziert war. Nach der Erscheinung der Bibelübersetzung von Jakob Wujek (1599; 1541–97) geriet die *Leopolita* in die Vergessenheit. Interessanterweise wurden in der ersten Ausgabe die Illustrationen aus der Böhmischen Bibel aus dem Jahr 1537 übernommen. Die Bildvorlagen, die den Papst sehr kritisch und Martin Luther und Philipp Melanchthon positiv darstellten, stammten ursprünglich aus Sachsen und waren zuvor von Melchior Lotter und Hans Lufft (1495–1584) verwendet worden.

Maciej Ptaszyński

Lit.: Kossowska, Biblia.

6.11 Calvinistische Bibel mit der Darstellung von »Gesetz und Gnade«

Radziwiłł-Bibel (Brester Bibel), calvinistischer Bibeldruck
[Brest: Radziwill, 1563]
Buchdruck
42 × 28 cm
Herzog August Bibliothek, Wolfenbüttel
Sign. Bibel-S. 2° 209
Leihgabe finanziert durch die EKHN

Die Bibel von Brest wird auch die Radziwiłł Bibel, die Bibel von Pińczów oder einfach die calvinistische Bibel genannt, weil sie im Auftrag der Familie Radziwiłł in der litauischen Stadt Brest (Brześć, heute: Weißrussland) im Verlag von Cyprian Bazylik (1535–91) 1563 gedruckt wurde. Von 1559 bis 1563 war an der Übersetzung in der protestantischen Gemeinde in Pińczów, auf den Privatgütern von Mikołaj Oleśnicki (gest. 1566), gearbeitet worden.

Die Entscheidung über die Übersetzung und den Druck einer polnischen Bibelausgabe war auf der Synode in Włodzisław 1557 diskutiert und auf der Synode in Pińczów 1559 getroffen worden. 1559–60 wurden die Übersetzer gewählt, zu denen die wichtigsten Gestalten der kleinpolnischen reformierten Kirche gehörten: Johannes a Lasco, Grzegorz Orszak (Orsacius, 1520–67), Jakub Lubelczyk (1530–63), Simon Zacius (ca. 1507–91), Andrzej Trzecieski (nach 1525–84), Marcin Krowicki und viele andere. Interessanterweise zählten zu dieser Gruppe auch ein Theo-

6.11

loge aus Schlesien, Georg Schomann (1530–91), und zwei Gelehrte aus Frankreich, Pierre Statorius (ca. 1530–91) und Jean Thenaudus (gest. 1582) sowie ein Italiener Francesco Stancaro (1501–74). Die Übersetzer stammen aus dem Umkreis des humanistischen Gymnasiums, das in Pińczów vom adligen Herrn der Stadt, Mikolaj Oleśnicki (gest. 1566), 1551 gegründet worden war.

Während der Arbeit an der Übersetzung kam es in der Reformierten Kirche zu Spaltungen, die sich schon 1556 mit dem Auftritt von Piotr von Goniądz (ca. 1530–73) gegen die traditionelle Christologie und Trinitätslehre angekündigt hatten. Francesco Stancaro wurde wegen seiner unorthodoxen Ansichten 1559 aus Pińczów ausgewiesen, bald danach standen auch die Rektoren des Gymnasiums, Grzegorz Orszak und Pierre Statorius, unter Verdacht und mussten Pińczów ebenfalls verlassen. Mit diesen Antitrinitariern sympathisierte sogar Nikolaus Czarny (»der Schwarze«) Radziwiłł (1515–65), der den Druck finanziert hatte.

Wegen der konfessionellen Streitigkeiten erschien die Bibel in Brest und wurde dem König Sigismund II. August gewidmet. Sie war nicht nur die erste polnische Übersetzung, die von Protestanten herausgegeben wurde, sondern auch die erste polnische Bibel, die nicht nur auf der Vulgata, sondern auch auf originalsprachlichen und humanistischen Ausgaben und Kommentaren gründete. Die Ausgabe wurde zudem mit Kommentaren und mit zwei Zeittafeln versehen, sie beinhaltet auch deuterokanonische Schriften (u. a. 3 Esra und 4 Esra, Tob, Jdt, Weish, Sir, Bar, Zusätze zu Dan, 1 Makk und 2 Makk).

Die Übersetzung hatte nur eine Auflage, deren Teile 1564 in Brest, 1580 und 1593 in Vilnius und 1585 in Thorn nachgedruckt wurden. Nach der Konversion zum Katholizismus befahl ein Mitglied der Familie Radziwill an der Wende zum 17. Jahrhundert, die noch vorhandenen Exemplare aufzukaufen und zu verbrennen. Gleichwohl sind viele Exemplare bis heute erhalten geblieben. Die Bibel von Brest leistete einen wichtigen Beitrag für die Entwicklung der polnischen Sprache. Die nächste reformierte Bibelübersetzung wurde von Daniel Mikołajewski (1560–1633) vorbereitet und 1632 in Danzig herausgegeben.

Maciej Ptaszyński

Lit.: Kossowska, Biblia.

6.12 Bibel der antitrinitarischen »polnischen Brüder« mit der Darstellung von »Gesetz und Gnade«

Nieśwież-Bibel, antitrinitarischer Bibeldruck
[Nieśwież: Hektor Kawieczyński, 1572]
Buchdruck
23 × 20 cm
Forschungsbibliothek Gotha, Universitäts- und Forschungsbibliothek Erfurt/Gotha
Sign. Theol 4° 37/01
Leihgabe finanziert durch die EKHN

Die Bibelübersetzung von Nieśwież wurde im Auftrag der antitrinitarischen Gemeinden von Szymon Budny (1530–93) vorbereitet und 1572 in der litauischen Stadt Nieśwież von den Brüdern Hektor und Achilles Kawieczyński, protestantischen Druckern und Verlegern, veröffentlicht.

Die Bibel im Folioformat erschien dank der finanziellen Unterstützung der Familie Radziwiłł. Während des

Druckvorgangs konvertierte Christoph Radziwiłł (1549–1616) zum Katholizismus und befahl die Schließung der Druckerei. Daher wurde die Einleitung von Budny auf den 7. Mai 1572 in Zasław datiert, wo vielleicht auch der Druck abgeschlossen wurde. Diese Ausgabe wurde Nikolaus Radziwiłł dem Roten (Mikołaj Radziwiłł Rudy, 1512–84) gewidmet.

Der Übersetzer, Szymon Budny, gehörte zu den wichtigsten Gestalten der protestantischen Bewegung in Polen. Über die Herkunft und die Ausbildung des gelehrten Theologen ist sehr wenig bekannt. Seine Karriere als Pastor war mit den litauischen Familien Radziwiłł und Kiszka verbunden. Nach der endgültigen Spaltung der reformierten Kirche in die antitrinitarische *Ecclesia minor* und die calvinistische *Ecclesia maior* (1563) neigte Budny zum Antitrinitarismus, seit 1565 besuchte er die Synode dieser Kirche. Als die antitrinitarische Synode in Skrzynno 1567 beschloss, dass die in Brest bereits erschienene Bibelausgabe korrigiert und verbessert werden sollte, übernahm Budny diese Aufgabe. Über seine Mitarbeiter ist nur wenig bekannt, aber in einem Exemplar befindet sich der Name von Tomasz Sokołowicz, den Alexander Brückner (1834–96) mit dem Lexikografen Jan Mączyński (1520–87) identifizierte.

Als Grundlage der Übersetzung nutzte Budny hebräische und griechische Textausgaben, er berief sich aber auch auf Kommentare von Johannes Calvin, Theodor Beza (1519–1605), Erasmus von Rotterdam (um 1467–1536) und Sebastian Castellio (1515–63). Die Übersetzung enthält auch die apokryphen Bücher, ihre Seiten wurden aber getrennt nummeriert. In der Einleitung berichtet Budny über Kommentare, die er für diese Ausgabe vorbereitet habe, die aber nicht gedruckt worden sind. Mit der Sprache geht Budny sehr schöpferisch um und vermied weder Neologismen, noch Regionalismen. Nach der ersten Ausgabe (1572) arbeitete Budny an seiner Übersetzung weiter, 1574 und 1589 gab er das Neue Testament heraus. 1577 und 1606

6.12

erschienen weitere Übersetzungen des Neuen Testaments, für antitrinitarische Gemeinden übersetzt und herausgegeben von Marcin Czechowic (1532–1613) und Valentin Schmalz (1572–1622). Im 17. und 18. Jahrhundert wurden die antitrinitarischen Bibeldrucke sowohl von Katholiken als auch von Protestanten konfisziert und zerstört, weshalb nur wenige Exemplare der Bibel von Nieśwież erhalten sind.

Maciej Ptaszyński

Lit.: Kossowska, Biblia. – Fleischmann, Budny.

SEKTION 7

Franz heiss ich, Franz pleib ich Die Nachwirkung Sickingens

Wann ein Mensch stirbt, so volgen Ime nichts nach dann seine werkh. Wer Ime in seinem Leben kain gedachtnus macht der hat nach seinem todt kein gedächtnus und desselben menschen wirdt mit dem glockendon vergessen. Franz von Sickingen beherzigte diese Mahnung seines Kaisers Maximilian I. (1493–1519) und sorgte schon zu Lebzeiten für seine Memoria. So begleitete er seine Fehden mit Flugschriften, die ihn ins rechte Licht rücken sollten. Um sein Ansehen in der Mitwelt und sein Andenken in der Nachwelt bemüht, veranlasste er auch die Ausgabe von Medaillen, aufwendige als fürstliche Geschenke bestimmt, bescheidenere zur Verteilung an seine Soldaten gedacht. Die künstlerisch anspruchsvollste Schaumünze von 1518 zeigt auf dem Revers den vor Maximilian knienden gerüsteten Ritter mit kräftigen Gesichtszügen und leicht gelocktem »Cäsarenkopf«, den für ihn offensichtlich kennzeichnenden breitkrempigen Federhut in den Nacken geschoben (▸ 2.16a). Auf gleichzeitige kleinere Medaillen mit dem Brustbild des barhäuptigen Kriegers im Harnisch und der Devise *ALLEIN GOT DIE ER . LIEB DEN GEMEINEN NUCZ . BESCHIRM DIE GERECHTIKEIT*, die Sickingen als christlichen Ritter ausweisen soll, geht wohl Hieronymus Hopfers (um 1500 – nach 1550) bekannte und weit verbreitete Radierung (▸ 2.1) zurück, die u. a. das Vorbild für die Büste in der Walhalla abgab. Seine Devise findet sich auch auf einer Medaille von 1521, die wahrscheinlich Hans Schwarz (1492 – um 1550) anlässlich des Wormser Reichstags entwarf und noch lange nach Sickingens Tod nachgeahmt wurde; er ist auf ihnen mit der flachen Mütze des Gelehrten als Humanistenfreund dargestellt (▸ 2.16b). Ein dritter, besonders populärer Typus, der den Ritter ebenfalls im Profil mit starkem Kinn und ausgeprägtem Nasensattel und in Rüstung zeigt, aber mit dem federgeschmückten, die Krempe einseitig aufgeschlagenen Hut, geht wohl ebenfalls auf die Zeit um 1520 zurück, ist aber nur in späteren Ahnenbildern (▸ 7.3) und Druckgrafiken (▸ 7.4) überliefert. Mit diesem (roten) Barett hat Sickingen auch Auftritte in der Literatur, z. B. in Conrad Ferdinand Meyers (1825–98) *Huttens letzte Tage*, in der Historienmalerei, der Denkmalplastik und im Comic unserer Tage. Zur Bekanntheit Sickingens trugen auch seine Gäste auf der Ebernburg bei: 1521 lässt Ulrich von Hutten (1488–1523) seinen Freund im Dialog *Monitor secundus* auftreten und vom Kaiser die Beseitigung der Pfaffenherrschaft der römischen Kirche erhoffen, und in dem Martin Bucer (1491–1551) zugeschriebenen *Gesprechbichlin neüw Karsthans* spricht er über die notfalls mit Gewalt zu beseitigenden Missstände der Kirche. 1522 erscheint unter Sickingens Namen, wenn auch wohl von Johannes Schwebel (1490–1540) verfasst, der *Sendbrief* an seinen Schwager Dieter von Handschuhsheim (1482–1521) über einige Glaubensartikel und über auf der Ebernburg eingeführte liturgische Neuerungen. Der Tod des Helden im Mai 1523 änderte nichts an seiner Popularität, im Gegenteil: Caspar Sturms (1475–1552) *Warlicher Bericht* über Sickingens Untergang erlebte nach der ersten Ausgabe in Mainz noch 1523 zahlreiche, u. a. mit der Sterbeszene illustriere Nachdrucke (▸ 5.9). Im selben Jahr, am Vorabend des Bauernkrieges, wird ein anonymes Flugblatt mit dem Gespräch Sickingens an der Himmelpforte veröffentlicht, in dem er die Interessen des armen gemeinen Mannes vertritt (▸ 6.3). Anonyme Gedichte wie *Franz haiss ich, Franz pleib ich* und Lieder ehren und bedauern den *werte(n) man*, der *die landsknecht all geliebt: Got tröst den Franzen lobesam.* Alle diese Flugschriften bezeugen den überregionalen Bekanntheitsgrad, den Sickingen innerhalb weniger Jahre gewonnen hatte. Der Baseler Heinrich Pantaleon (1522–95) nahm ihn in seine Sammlung *Der Teutschen Nation wahrhaffte Helden* (1567/69) auf, illustriert mit einem phantasievollen Porträt, das erste, das Sickingen mit einem Helm auf dem Haupt zeigt. Ein Holzschnitt mit dem »Humanistenkopf« ziert dagegen das *Bellum Sickinganum* (Straßburg 1616, ▸ 7.1), in dem neben Hubertus Leodius (1495–1555/56) *Historiola de Francisi a Sickingen eq. rebus gestis seu potius ausis et calamitoso obitu* Sturms Bericht erneut veröffentlicht wurde. Dieser findet sich auch in Johann Nikolaus Weislingers (1691–1755) antiprotestantischer Polemik *Huttenus delarvatus* (1730) wieder, illustriert mit einer Nachahmung von Hopfers Radierung, aber bezeichnenderweise ohne seine Devise und ohne das Kleinod mit dem hl. Michael, des Kämpfers für Gerechtigkeit und Gottes Ehre, das im Original Sickingen an einer Kette um den Hals trägt: Der Feind der römischen Kirche wird bewusst nicht als christlicher Kämpfer dargestellt. Im Sturm und Drang wird der Ritter als edler Vertreter einer heroischen Zeit, Vorkämpfer der deutschen Freiheit und starker Arm der Reformation wiederentdeckt. Goethe (1749–1832) setzte ihm 1773 im »Götz« als Schwager des Titelhelden ein literarisches Denkmal, dem im kommenden Jahrhundert zahlreiche Epigonen mit Sickingen-Stücken nacheiferten. Lediglich Ferdinand Lassalles (1825–64) Drama von 1857/59 (▸ 7.7), in dem er das Scheitern eines revolutionären Führers thematisiert, ist erwähnenswert. Wieland (1733–1813) und Herder (1744–1803) würdigten Sickingen im *Teutschen Merkur* 1776 und 1779, Stephan Würdtwein (1719–96), Georg Buddeus (1739–1814) und Carl Lang (1766–1822) widmeten ihm 1787/97 größere biografische Abhandlungen, und für Goethes Schwager Christian August Vulpius (1762–1827) war Sickingens Name *Teutscher Freiheit und Teutscher Sinne stets werth und heilig.* Mit seinen und Berlichingens Taten sei das *letzte Streben Teutscher Ritterkraft* erloschen. Für die katholische Publizistik in den konfessionellen Auseinandersetzungen des 19. Jahrhunderts, die im Kulturkampf ihren Höhepunkt fanden, war er dagegen ein egoistischer Gewalttäter, Umstürzler und Feind von Kirche und Kaiser. König Ludwig I. (1786–1868) nahm ihn dennoch 1842 in *Walhalla's Genossen* auf, die bayerische Regierung ließ das Grabmal Sickingens 1869 wiederherstellen und genehmigte die Errichtung des Denkmals für ihn und Hutten unterhalb der Ebernburg 1889. Wenn es auf evangelischer Seite auch kritische Stimmen gab, z. B. Paul Kalkoff (1858–1928), der Sickingens »Pfaffenkrieg« verurteilte, da er der Reformation nur geschadet habe, überwog im evangelisch geprägten Hohenzollern-Reich das positive Bild des *Vorkämpfers deutscher Einheit und Größe*. In Berlin wurde er auf den Wandbildern im Neuen Museum und in der Staatsbibliothek, im kulturgeschichtlichen Fries der Nationalgalerie und beim Lutherdenkmal neben der Marienkirche in die großen Gestalten der Reformationszeit eingereiht. Zur weiteren Popularisierung trugen Erzählungen und »Volksromane« wie der von Conrad von Bolanden (1828–1920; ▸ 7.8), aber auch Reklame-Sammelbilder mit Szenen aus seiner Vita bei. Den Nationalliberalen wie später den Nationalsozialisten galt er als Vorbild in seinem Kampf gegen fürstlichen Partikularismus für ein nach außen mächtiges, im Innern einiges (romfreies) Deutschland. Die marxistische Geschichtsschreibung der DDR sah in ihm einen potentiellen Verbündeten der Massen der frühbürgerlichen Revolution, denen durch sein verfrühtes Losschlagen und Scheitern die militärische Kompetenz fehlte. Daneben gab und gibt es bis heute das Interesse an Franz von Sickingen als »local hero«. So erinnern in Landau sein Porträtkopf an einer Kaufhausfassade (1888) und ein Wandbild im Rathaus (1951) an den Rittertag von 1522 im »Haus zum Maulbeerbaum«. Als Namenspatron von Schulen und Kunstpreisen, als Identifikationsfigur für das Selbstbewusstsein von »Sickingenstädten« wie Landstuhl oder Bad Münster am Stein-Ebernburg und für den regionalen Tourismus ist er auch nach 500 Jahren noch präsent.

Anton Neugebauer

Lit.: BADER, 200 Jahre. – BECKER, Hutten – Sickingen. – FETZER, Sickingen. – NEUGEBAUER, Epitaph. – SCHAUDER, Franz haiß ich. – SCHAUDER, Sickingen. – WEBER, Sickingen.

Hutten und Sickingen in der Denkmalplastik

In der europäischen Kunstgeschichte gibt es eine ganze Reihe von Skulpturen berühmter Männer-Paare, von Brüdern und Freunden, Heroen, Heiligen, Königen, Dichtern und Philosophen – von Castor und Pollux bis zu Marx und Engels. Zu diesen Doppelstandbildern zählt auch das Denkmal für Franz von Sickingen und Ulrich von Hutten, das 1888 aus Anlass des 400. Geburtstags des Dichters von einem Denkmalkomitee, an der Spitze der preußische Landrat von Kreuznach und freikonservative Politiker Otto Agricola (1829–1902), in Auftrag gegeben wurde (▸ Abb. S. 242). Es entstand in der Werkstatt der Brüder Emil d. J. (1867–1946), Robert d. J. (1863–1947), Hugo (1864–1918) und Ludwig Cauer (1866–1947) und wurde 1889 mit Genehmigung der bayerischen Staatsregierung unterhalb der Ebernburg aufgestellt. Die Widmung »Den Vorkämpfern deutscher Einheit und Größe« sollte katholischen Kritikern den Wind aus den Segeln nehmen, die in den Skulpturen der Anhänger der Reformation und Protagonisten des Pfaffenkriegs ein Denkmal des Kulturkampfs sahen. Die Brüder modifizierten einen Entwurf ihres Vaters Carl (1828–67) aus den frühen 60er Jahren, besonders die Gestalt Huttens wurde dynamisch-bewegter. Der Poet drängt den Ritter zur Tat, der zum Schwert greift. Das Porträt Huttens mit Barett orientiert sich an einem Holzschnitt von 1517, das Sickingens im Harnisch und mit Federhut an Kupferstichen und Gemälden des 17. und 18. Jahrhunderts (▸ 7.3). Das Denkmal unterhalb der Ebernburg hatte eine Reihe von Vorläufern: Im Schlosspark von Bettenburg (Unterfranken), der nach 1790 im Geist der frühen Romantik angelegt wurde finden sich ein Baldachin für Ulrich von Hutten und, sicher angeregt durch Goethes Drama, eine Art Triumphpforte mit Reliefs für Götz von Berlichingen (um 1480–1562) und Franz von Sickingen. Dessen Porträt folgt den Kupferstichen von Egid Verhelst d. J. (1733–1818) und Abraham Wolfgang Küffner (1760–1817) von 1778 bzw. 1791 (▸ 7.4). In einem Entwurf für ein Luther-Denkmal (1805) sah Karl Friedrich Schinkel (1781–1841) die Gestalten Sickingens und Huttens als Assistenzfiguren einer monumentalen Lutherstatue vor. Der katholische König Ludwig I. nahm die nebeneinander angeordneten Marmorbüsten der beiden Anhänger Luthers, des Poeta laureatus (Joseph Kirchmayer [1772–1845], 1811) und des barhäuptig mit Lockenkopf nach der Radierung Hieronymus Hopfers gestalteten Ritters (Ernst von Bandel [1800–76], 1827) als große Deutsche 1842 in die Walhalla auf. Eine im Zweiten Weltkrieg schwer beschädigte Kopie der Sickingen-Büste (Arnold Hermann Lossow [1805–74], 1828) kam in die Münchner Ruhmeshalle. Im Vorfeld des 350. Jahrestages des Thesenanschlags formierten sich 1857/58 Initiativen für das Luther-Denkmal in Worms und das Unionsdenkmal in Kaiserslautern. Das von Ernst Rietschel (1804–61) entworfene vielfigurige Wormser Reformationsdenkmal (eingeweiht 1869) räumt Hutten und Sickingen auf der Rückseite des Sockels der Lutherstatue (neben u. a. Zwingli und Calvin) zwei Bildnismedaillons ein, um sie als Unterstützer der Reformation zu ehren, Hutten wieder mit Lorbeerkranz, Franz von Sickingen mit breitkrempigem Federhut. Eine Statue Huttens hatte das Denkmalkomitee wegen dessen fragwürdigen Lebenswandels abgelehnt. Konrad Knoll (1829–99) übernahm in seinem Denkmal zur Erinnerung an die pfälzische Kirchenunion von 1818 in der Stiftskirche Kaiserslautern diese Darstellungen; weitere Porträtköpfe zeigen Martin Bucer, Philipp Melanchthon (1497–1560) und Ulrich Zwingli (1484–1531) (1883). Zu den Denkmalsinitiativen gehört auch die Wiederherstellung des teilzerstören und kopflosen Grabdenkmals Sickingens in der Andreaskirche Landstuhl auf Initiative des bayerischen Regierungspräsidenten Sigmund von Pfeufer (1824–94) durch den Mannheimer Wilhelm Hornberger (1819–82) 1868/69 (▸ 7.5). Er wurde dabei durch den Koblenzer Staatsarchivar Leopold von Eltester (1822–79) fachlich beraten und vom Industriellen und freikonservativen Politiker Carl Ferdinand Stumm (1836–1901) finanziell unterstützt. Dieser war damals Eigentümer der Burg Nanstein, für deren Burghof er 1869/70 durch Hornberger eine Statue des geharnischten und behelmten Ritters Franz anfertigen ließ, wohl inspiriert durch Dürers Meisterstich »Ritter, Tod und Teufel« (▸ 1.4). Gleichartig

Ernst Rietschel, Lutherdenkmal auf dem Wormser Lutherplatz, 1856–68, Fotografie, ca. 1970, Foto Marburg, Aufnahme-Nr. 1.556.831

gestaltet ist Sickingen unter den Skulpturen der Reformatoren von 1890/91 an der Nordwand des Zwickauer Domes (Emil Huber [1858–96]). Neben Kurfürst Friedrich dem Weisen von Sachsen (1463–1525) steht er am zweiten Strebepfeiler gleich hinter Luther und Melanchthon; Hutten zwei Reihen dahinter neben Hans Sachs (1494–1576) (Oskar Rassau [1843–1912]). Anlässlich des 400. Geburtstages des Reformators 1883 bildete sich auch in Berlin ein Komitee für die Errichtung eines Luther-Denkmals, das 1895 auf dem Neuen Markt neben der Marienkirche errichtet wurde. Es orientiert sich im Aufbau an dem Denkmal in Worms. Während dort Philipp von Hessen (1504–67) und Friedrich der Weise die Rolle als Beschützer der Reformatoren zukommt, flankierten beim Berliner Denkmal von Martin Otto (1846–93) und Robert Toberentz (1849–95) die geharnischten Sitzfiguren Franz von Sickingens – das Schwert auf den Knien – und Ulrichs von Hutten– in die Lektüre eines Buchs vertieft – den Zugang zum Denkmal. Die Skulpturen wurden im Zweiten Weltkrieg eingeschmolzen.

Anton Neugebauer

Lit.: Böcher, Denkmal. – Brehm/Ernsting, Berlin, 200 und 287. – Kammer, Reformationsdenkmäler. – Neugebauer, Epitaph. – Theiselmann, Wormser Lutherdenkmal.

Franz von Sickingen im Ensemble der Protestationsgedächtniskirche zu Speyer

Im ikonografischen Programm der Eingangshalle der Gedächtniskirche der Protestation in Speyer hat Franz von Sickingen das erreicht, was ihm im Leben versagt blieb.

Auf Postamenten stehen dort im Kreis um Martin Luther in lebensgroßen Statuen die sechs Fürsten, die am 19. April 1529 auf dem Reichstag zu Speyer gegen den Beschluss, künftig alle reformatorischen Aktivitäten mit der Reichsacht zu ahnden, entschieden protestiert haben: Kurfürst Johann von Sachsen (der Beständige; 1468–1532), Herzog Ernst von Braunschweig-Lüneburg (der Bekenner; 1497–1546) und sein jüngerer Bruder Herzog Franz (1508–49), Fürst Wolfgang von Anhalt-Köthen (der Standhafte; 1492–1566), Markgraf Georg von Brandenburg-Ansbach (der Fromme; 1484–1543) und Landgraf Philipp von Hessen (der Großmütige). Des Weiteren sind dort die Wappen der vierzehn Frei- und Reichsstädte angebracht, die 1529 im Verein mit den Fürsten protestierten. Und schließlich zeigen die drei großdimensionierten Fenster über den Portalen besondere Förderer der Reformation. Wiederum in der Mitte ist Martin Luther dargestellt, wie er die päpstliche Bannbulle verbrennt. Links sieht man Herzog Ludwig von Pfalz-Zweibrücken (1502–32), der 1521 Luther auf dem Reichstag in Worms beigestanden hatte, und Kurfürst Ottheinrich von der Pfalz (1502–59), unter dessen Regierung die Kurpfalz endgültig evangelisch wurde. Auf der rechten Seite sind Kurfürst Friedrich der Weise von Sachsen und Franz von Sickingen zu sehen; der eine, weil er Luther Zuflucht bot und ihn förderte, der andere, weil er mit großer Entschiedenheit für Luthers Lehren eintrat und sie in seinen Herrschaften als einer der Allerersten in die Tat umsetzte.

Aufgrund seines großen und weit gestreuten Besitzes war Franz von Sickingen für ritteradlige Verhältnisse ungewöhnlich reich. Und weil er sich in zahlreichen Fehden bewährt, sich darüber hinaus als Verhandlungspartner von Kaiser und Fürsten als durchsetzungsfähig erwiesen hatte, war es nur folgerichtig, dass er seinen von Territorien und Reich bedrängten Standesgenossen als idealer Vorkämpfer für ihre ritteradligen Standesinteressen galt. So wählte ihn die in Landau versammelte Ritterschaft aus den Landschaften um den mittleren und nördlichen Oberrhein Mitte August 1522 zu ihrem Hauptmann. 1519 war Sickingen durch den aus fränkischem Adel stammenden Humanisten Ulrich von Hutten mit den Lehren Martin Luthers bekanntgeworden, hatte sich diese sogleich angeeignet und auf seiner

Seitenansicht der Gedächtniskirche der Protestation zu Speyer, in: Ludwig Gümbel, Die Gedächtniskirche der Protestation von 1529 zu Speyer. Ein Dankesdenkmal der gesamten evangelischen Welt, Speyer 1904

Glasfenster mit der Darstellung Kurfürst Friedrichs des Weisen von Sachsen und Franz von Sickingen, 1904, Gedächtniskirche, Speyer

Ebernburg umgesetzt. Wie tief im Einzelnen der »derbe« Sickingen in Luthers anspruchsvolles theologisches Lehrgebäude einzudringen vermochte, mag dahingestellt bleiben. Ganz sicher aber hat er die Kernaussage der Schrift *Von der Freiheit eines Christenmenschen* (1521) – *sola gratia, sola fide, sola scriptura* – begriffen, die ihm wie auch seinen in ihrer Autonomie bedrohten Standesgenossen zweifellos auf Anhieb verständlich war. Und unter solchen Voraussetzungen war es gewiss nur ein kleiner Schritt, nicht allein die Vermittlerrolle der alten Kirche in puncto Seelenheil, sondern auch gleich die Existenzberechtigung der geistlichen Fürstentümer in Frage zu stellen, um sich auf ihre Kosten vielleicht sogar selbst in den Fürstenstand aufzuschwingen. Aber die eben dafür im Spätsommer 1522 angezettelte Fehde gegen das Erzstift Trier scheiterte, und im folgenden Frühjahr unterlag Franz von Sickingen einer Koalition der Fürsten von Trier, Pfalz und Hessen. Dabei verlor er Besitz und Leben.

Den weiteren Fortgang der Reformation und die Speyrer Protestation von 1529 hat Franz von Sickingen also gar nicht mehr erlebt. Aber mit seinem spektakulären Eintreten für die frühe Reformation hat er sich dem evangelischen Bewusstsein eingeprägt. Und indem die Protestantische Kirche der Pfalz ihn mit dem Speyrer Fensterbild dafür ehrt, stellt sie ihn dorthin, wohin er zu seinen Lebzeiten selbst strebte – unter die Fürsten.

Kurt Andermann

Lit.: Andermann, Evangelium.

7.1 Sickingen wird Geschichte: Eine frühe Sammlung der Quellen

Hubert Thomas Leodius
Das ist/ Kurtze doch umständliche Historische erzehlung/ deren von dem Edlen Teutschen Helden Frantzen von Sickingen […] der Belagerung der Sickingischen Vesten Landstall
[Straßburg: Rihel, 1626]
19 × 15,5 cm
Pfälzische Landesbibliothek, Speyer, Landesbibliothekszentrum Rheinland-Pfalz
Sign. 26.1687 Rara, VD 17 23:000356H

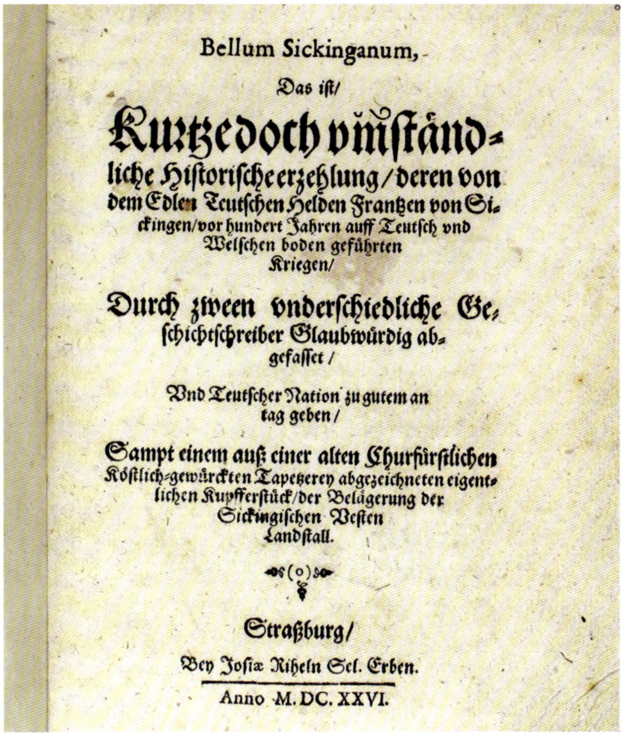

Bellum Sickinganum,
Das ist/
Kurtzedoch vmständliche Historische erzehlung/deren von dem Edlen Teutschen Helden Frantzen von Sickingen/vor hundert Jahren auff Teutsch vnd Welschen boden geführten Kriegen/
Durch zween vnderschiedliche Geschichtschreiber Glaubwürdig abgefasset/
Vnd Teutscher Nation zu gutem an tag geben/
Sampt einem auß einer alten Churfürstlichen Köstlich-gewürckten Tapetzerey abgezeichneten eigentlichen Kupfferstück/der Belägerung der Sickingischen Vesten Landstall.
Straßburg/
Bey Josiæ Riheln Sel. Erben.
Anno M.DC.XXVI.

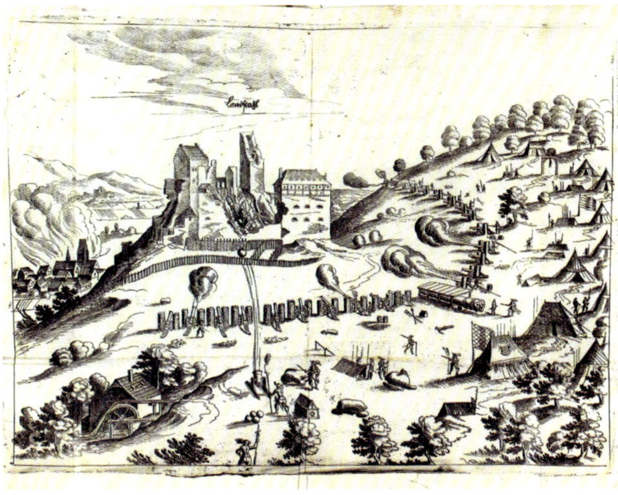

7.1

Auch im 17. Jahrhundert blieb die Sickingen-Tradition noch lebendig. Dies zeigt 1626 das Erscheinen des *Bellum Sickinganum*. Über dessen Entstehungsgeschichte ist, außer dass es aus der Druckerei Rihel in Straßburg stammt, leider nichts Genaueres bekannt.

Das Werk gliedert sich in zwei Teile, welchen ein zweiseitiges Vorwort vorangestellt ist. Dieses adressiert das Werk *an den Teutschen Geschichtsbegirigen Leser* und stellt Sickingen als Beispiel des »überlegenen« deutschen Adels dar, der ganz Europa in Schrecken versetzt hat.

Der erste, dreizehnseitige Teil mit dem Titel *Der Sickingische Krieg / Anno 1522. Vorgangen / Beschrieben in Latein / durch Den Vornehmen Geschichtsschreibern Hubert Thomas Leodius / jetzunder erstmahls in Teutsch in Truck ubersetzt.* ist eine deutsche Übersetzung des ursprünglich 1523, vermutlich kurz nach Sickingens Tod, in Latein verfassten Berichts *De Francisci a Sickingen* […] des pfälzischen Rates und Sekretärs Hubert Thomas Leodius. Wahrscheinlich war es Leodius Aufgabe, das von den Siegern erbeutete und inzwischen zerstreute und teilweise unauffindbare Sickingen-Archiv zu sichten und aufzuteilen. Da der Inhalt seines Berichtes auf die Kenntnis des Archivs schließen lässt, war es ihm wohl so möglich auf Primärquellen zurückzugreifen. Leodius stellt Sickingen als pfälzischen Emporkömmling dar, welcher die Wohltaten der Pfalz mit Undank heimzahlt. Der Bericht findet sich 1611 im *Rerum Germanicarum Scriptores* […] von Marquard Freher (1565 – 1614), welcher ebenfalls kurpfälzischer Rat und ein bedeutender Vertreter der Reichs- und Verfassungsgeschichte an der Universität Heidelberg war. So ist es nicht verwunderlich, dass dieser fünfzehn Jahre später wieder aufgegriffen wurde.

Der zweite Teil mit dem Titel *Bericht von Trier / Pfalz / Hessen / Frantz von Sickingen uberzogen / Durch Caspar Sturm / Ehrnholden genant Teutschland Anno 1523.* umfasst auf 16 Seiten den *Warlichen Bericht* des in Mainz ansässigen Reichherolds Caspar Sturm von 1523 (▸ 5.9), welcher noch im selben Jahr zum ersten Mal in Mainz bei Johann Schöffer (1475 – 1531) und danach immer wieder gedruckt wurde.

Auf den letzten beiden Seiten befinden sich zwei Drucke, welche die Belagerung der Burg Nanstein bei Landstuhl darstellen.

Obwohl über die Umstände der Erscheinung des Werkes wenig bekannt ist, ist es doch bemerkenswert, dass rund hundert Jahre nach dem Tode Sickingens ein Werk erscheint, welches sich die Mühe macht, zwei der wichtigsten Quellen über Sickingen zusammenzutragen und diese in deutscher Sprache zu veröffentlichen.

Christoph Euser

Lit.: Dotzauer, Bericht.

7.2 Glasfenster Speyer: Sickingen neben Luther

Mayersche Königliche Hofkunstanstalt für Glasmalerei München
Glasfenster mit der Darstellung Kurfürst Friedrichs des Weisen von Sachsen und Franz von Sickingens (a)
Luther verbrennt die Bannbulle (b)
1904
Glasfenster
Gesamtmaße: 10 × 3,60 m
Gedächtniskirche, Speyer
(nicht im Original ausgestellt)

7.2a

In der späten Gründerzeit erlebt der protestantische Kirchenbau einen erheblichen Aufschwung. Häufig stilisieren die zugehörigen Ausstattungsprogramme Luther und seine Wegbegleiter als vorbildliche Neuerer. Ein anschauliches Beispiel bietet die 1893 bis 1904 errichtete Gedächtniskirche in Speyer. Der neogotische Bau darf dabei durchaus als programmatischer Gegenentwurf zum katholischen (und wenige Jahre zuvor umfassend erneuerten) Dom verstanden werden. Von der Ausstattung treten besonders die prachtvollen Glasfenster hervor, welche schlaglichtartig wichtige Ereignisse und bedeutende Protagonisten der Reformation – im wahrsten Sinne des Wortes – beleuchten. Die Ausführung übernahm die Mayersche Königliche Hofkunstanstalt für Glasmalerei in München.

Das Gesamtprogramm deckt neben alt- und neutestamentarischen Szenen auch Episoden der Reformationsgeschichte ab, dazu zählt mit übergeordnetem Stellenwert die »Verbrennung der Bannbulle«. Obwohl Papst Leo X. (1475–1521) in der berühmten Bulle *Exsurge Domini* Luther 1520 den Kirchenbann angedroht hatte, weigerte sich der Reformator, seine Thesen zu widerrufen, und verbrannte die Bulle samt einiger Kirchenrechtsbücher. Die Glasmalerei legt den geschichtsträchtigen Akt, der den endgültigen Bruch mit der Papstkirche symbolisiert, in einer breiten Komposition an. Zentral ist das lodernde Feuer zu sehen, neben dem Luther in einer blau-schwarzen Kutte steht. Kontrastreich hebt sich die weiße Bannbulle davon ab. Die Bildtradition verlangt, dass das Schauspiel von weiteren Personen betrachtet wird: Dazu zählen ein skeptisch blickender Mönch am linken Rand sowie diskutierende Universitätsangehörige. Rechts hinter Luther bringen zwei Kinder Holzscheite für das Feuer herbei. Die Kinder der Fensterstifter (eine Familie Haid aus Speyer) sind hier abgebildet. Die Vorbilder für die Komposition liegen in Illustrationen zum Leben Luthers (von Gustav König [1808–69]) und in Reproduktionsstichen nach Historiengemälden (von Carl Friedrich Lessing [1808–80]).

Zu finden ist die Szene mittig im Vorraum der Kirche, der sogenannten Lutherhalle. Die übrigen Fenster des Raums zeigen Einzelpersonen. Auf der einen Seite sind dies Franz von Sickingen neben Friedrich dem Weisen, denen auf der anderen Seite Ludwig von Pfalz-Zweibrücken und Ottheinrich von der Pfalz gegenübergestellt sind. Es werden somit die reformationswilligen Landesherren versammelt, zu denen Sickingen – hinsichtlich seines Standes eher eine Übertreibung – gezählt wird. Als Adlige sind ihnen jeweils die Familienwappen beigeordnet. Sickingen erscheint als tatkräftiger Ritter im Harnisch, dessen Linke zum Schwertknauf greift. Die Figur orientiert sich an Dürers *Paumgartner Altar*, der zeitweise als Sickingen-Darstellung galt (▸ Essay *Franz von Sickingen in der Bildenden Kunst*), kombiniert

7.2b

mit der Rüstung des Grabmals. Das Porträt rezipiert die Medaille von 1521 (▸ 2.16b). Es ist nicht die einzige Darstellung Sickingens in den Fenstern der Gedächtniskirche, denn in der sogenannten Märtyrerrose, die den Kreis der Unterstützer der Reformation abbildet, ist er in einem Vierpass gemeinsam mit Ulrich von Hutten zu sehen.

Stefan Heinz

Lit.: Beck, Glasfenster Speyer.

7.3 Das Nachleben des Ritters: Ölgemälde Franz von Sickingens

a
Anonym
Franz von Sickingen
18. Jahrhundert (?)
Öl auf Leinwand
52 × 41 cm
Stadtmuseum Simeonstift Trier
Inv.Nr. III.0576

b
Anonym
Franz von Sickingen
19. Jahrhundert (?)
Öl auf Leinwand
68 × 55 cm
Museum der Stadt Worms im Andreasstift, Worms
Inv.Nr. 000566

Die Darstellung Franz von Sickingens mit dem Federhut des Landsknechtsführers war und ist besonders populär. So zeigen ihn die Kupferstiche von Eberhard Kieser (ab 1583–1631; ▸ 7.4), Egid Verhelst d.J. (▸ 7.4) und Abraham Wolfgang Küfner, die Denkmäler in Worms, Kaiserslautern und Ebernburg, Historienbilder des 19. und 20. sowie Comics des 21. Jahrhunderts. Die beiden Porträts aus Trier und Worms mit Sickingen als Brustbild im strengen Profil, gekleidet in einen Küriss mit hohen Brechrändern, begleitet im linken Obereck von seinem (Voll-)Wappen, gehören zu einem weit verbreiteten Typus. Ähnliche Gemälde hängen z. B. im Museum St. Wendel und in Schloss Schönstein in Wissen an der Sieg und waren in den letzten Jahren mehr-

Mein Blick auf Franz von Sickingen

Franz von Sickingen ist eng mit der Ebernburg und diese durch Ulrich von Hutten mit dem Begriff »Herberge der Gerechtigkeit« verbunden. Zu Beginn des 19. Jahrhunderts entstanden nationalromantische Gefühlsregungen begeisterter protestantischer Patrioten in Kreuznach und Umgebung. In den 1830er Jahren äußerte sich dies in der Umbenennung des Kehrenbachtals in Huttental. Die Verehrung für Sickingen und Hutten gipfelte in dem 1888/89 am Fuß der Ebernburg errichteten monumentalen Hutten-Sickingen-Denkmal, nach einem Entwurf Carl Cauers, mit dem sie als »Vorkämpfer Deutscher Einheit und Größe« geehrt wurden. Nach zwei Weltkriegen tritt das nationale Moment ihrer Verehrung in den Hintergrund. Was bleibt, ist der Blick auf die Ziele der Reformatoren und Humanisten – ein guter Ausgangspunkt für die Zukunft.

Heike Kaster-Meurer, Oberbürgermeisterin von Bad Kreuznach

7.3a

7.3b

fach im Kunsthandel. Die eher derben Gesichtszüge und den Harnisch (allerdings ohne die Kette mit St. Michael) haben diese posthumen Bildnisse Sickingens des 17. bis 19. Jahrhunderts mit Hopfers Radierung (▸ 2.1) gemeinsam. Wie deren Vorlage wird auch ihr Vorbild noch zu Lebzeiten des Ritters entstanden sein. Die Rückseite des Trierer Gemäldes ist bezeichnet *Ware Conterfeiung Franciscus von Sickingen seeliger seines allters Im 34 Jahr als er anno 1515. die Stadt Worms belagert hat.* Das Gemälde stammt zwar wahrscheinlich aus dem 18. Jahrhundert, aber die Inschrift ist offensichtlich von einem älteren Vorbild übernommen. Ein um 1600 auf Holz gemaltes und mit biografischen Hinweisen auf der Rückseite versehenes Exemplar dieser Reihe mit denselben Maßen soll sich laut Ernst Münch 1819 im Besitz des Buchhändlers Christian Friedrich Winter (1773–1858) in Heidelberg befunden haben. Ernst Fries (1801–33) zeichnete es, und Karl August Schwerdtgeburth (1785–1878) lithografierte diese Zeichnung. Das Bild soll in den Besitz des Großherzogs von Baden gekommen sein, ist aber in den Sammlungskatalogen nicht nachweisbar. Vielleicht ist dieses Gemälde aus Heidelberg identisch mit einem Porträt, das 2011 in einer Auktion in München angeboten wurde. Dieses ebenfalls auf Holz gemalte und mit einer Kurz-Vita auf der Rückseite beschriftete Bildnis zeigte wie Schwerdtgeburths Lithografie die Wappenschilde Sickingen und Flersheim links und rechts über dem Ritter. Es war also für eine Ahnengalerie bestimmt. Franz' Frau Hedwig (gest. 1515), die Stammmutter aller folgenden Sickinger, war durch ihr Wappen ebenfalls als Ahnin präsent. Auch die übrigen Porträts dieser Serie werden als Ahnenbilder in Auftrag geben worden sein; das Bild in Schönstein hängt jedenfalls in der dortigen Ahnengalerie. Das Gemälde im Stadtmuseum Trier schenkte der Mainzer Domherr, Kunstsammler und Malerdilettant Franz Graf von Kesselstadt (1753–1841) der Stadtbibliothek seiner Vaterstadt, die 1522 von Franz von Sickingen belagert worden war. Laut Heinrich Ulmann gab es das Vorbild für das Medaillon am Wormser Luther-Denkmal ab. Er hielt es für ein *ächtes Portrait*, angeblich von Hans Holbein (1497/98–1543), während Münch das Heidelberger Gemälde für ein Werk Albrecht Dürers (1471–1528) hielt. Das Wormser Exemplar wurde von der Stadt 1959 angekauft; es hing zuvor im Schloss Herrnsheim. Ob es dort als Ahnenbild zur ursprünglichen Ausstattung des von Emmerich Josef von Dalberg (1773–1833) neu- bzw. wieder aufgebauten Schlosses gehörte oder erst durch den Industriellen Cornelius Heyl zu Herrnsheim (1843–1923) erworben wurde, lässt sich nicht feststellen. Auch für die Stadt Worms ist Sickingen durch seine Fehde mit der Reichsstadt 1515 von historischer Bedeutung.

Anton Neugebauer

Lit.: Chabouillet, Sickingen. – Münch, Sickingen. – Neugebauer, Epitaph. – Ulmann, Sickingen. – Weber, Sickingen.

7.4 Sickingen in der Druckgrafik

a

Eberhard Kieser
Bildnis Franz von Sickingen auf dem Pferd
um 1620/1630
Radierung
22,6 × 17 cm
Historisches Museum der Pfalz, Speyer
Inv.Nr. BS-1796

b

Egid Verhelst d.J.
Ritter Franz von Sickingen
1778
Kupferstich
15,3 × 9,2 cm
Historisches Museum der Pfalz, Speyer
Inv.Nr. BS-1797

Der Ritter sitzt stolz auf seinem Pferd. Das Wappen mit den fünf silbernen Kugeln auf der rechten Seite und der begleitende Text weisen ihn als Franz von Sickingen aus. Die Eisenradierung ist Teil einer umfangreichen Folge von 78 Blättern des Frankfurter Künstlers Eberhard Kieser, die Kaiser, Kurfürsten und adlige Herren auf ihren Pferden zeigt. Daniel Meisner (1585–1625) steuerte die Verse bei. Dort wird Franz von Sickingen als tapferster und heldenhafter Ritter gepriesen, der sich großen Ruhm erkämpfte.

Eberhard Kieser schuf zahlreiche Kopien nach Grafiken von Albrecht Dürer, so u.a. auch von *Ritter, Tod und Teufel* (▸ 1.4). Auch Sickingens Darstellung basiert auf einer

Albrecht Dürer (1471–1528), Der Heilige Georg zu Pferd, Kupferstich 1508, Museum Otto Schäfer, Schweinfurt, Inv.Nr. D-56

7.4a

7.4b

Komposition von Albrecht Dürer, dem Kupferstich *Der heilige Georg zu Pferd*. Kieser scheint das Dürerblatt auf eine Kupferplatte exakt übertragen zu haben. Durch den Druckvorgang entstand dann eine spiegelbildliche Version. Alle Details beispielsweise des spätgotischen Harnischs, des Zaumzeugs oder der kupierte Schweif des Pferdes, der mit Eichenlaub bekränzt ist, finden sich wieder. Zudem wandelte Kieser die Vorlage entsprechend ab, beispielsweise ließ er den toten Drachen, das Attribut des hl. Georg, sowie die Lanze mit der Fahne weg und ergänzte dafür das Schwert und den Kommandostab. Der Ritter trägt bei Kieser die stilisierten Gesichtszüge Sickingens, die von einem aufgefalteten Landsknechtshut umgeben werden. Dies scheint eine freie Adaption des Heiligenscheins des hl. Georg zu sein, die Kieser in die mit Federn prächtig geschmückte Kopfbedeckung abändert. Vielleicht ist diese Komposition sogar der Grundtypus für die später noch folgenden Profildarstellungen Sickingens, die alle diesen auffälligen Landsknechtshut aufweisen (▸ vgl. 7.3).

Egid Verhelst d. J. bleibt dieser Sickingen-Ikonografie treu und zeigt ihn ebenfalls im Profil, den Kopf wieder gerahmt durch den Hut eines Landsknechtes. Der in Mannheim tätige Verhelst, der sich auf derartige Miniaturporträts spezialisierte, übernimmt zudem viele Details der Rüstung, beispielsweise der Schulterpartien oder des Dekors um den Hals, die auf das Dürervorbild zurückgehen. Das Gesicht des Pfälzer Ritters ist bei Verhelst prägnanter und weit detaillierter wiedergegeben. Ob er sich dabei an Hieronymus Hopfer (▸ 2.1) oder dem Münzbildnis Sickingens (▸ 2.16b) orientiert, ist nicht näher zu bestimmen. Vermutlich diente der Kupferstich, auf dem Sickingen medaillonartig gerahmt und mit Wappen und Bezeichnung eindeutig benannt ist, als Titelvignette. Ein fast identisches Frontispiz findet sich wenige Jahre später im *Historischen Almanach für den deutschen Adel* (▸ 7.8).

Karoline Feulner

Lit.: Schoch/Mende/Scherbaum, Dürer Kupferstiche, 116 f. – Thieme/Becker, Lexikon, 62. – Weber, Sickingen, 152–157, 162.

7.5 Das ritterliche Wandgrabmal als Ahnenprobe

Jost Neipeck (zugeschrieben)
Grabmal des Franz von Sickingen
um 1543/45
Sandstein, modern gefasst
460 × 181 cm
Andreaskirche, Sickingenstadt Landstuhl
(nicht im Original ausgestellt)

In der hochbarock ausgestatteten Andreaskirche von Landstuhl wirkt das frühneuzeitliche Grabdenkmal für Franz von Sickingen wie ein Fremdkörper. Errichtet wurde es ursprünglich für den Vorgängerbau, eine gotische Marienkapelle, die bereits im 17. Jahrhundert zerstört wurde. Die Bruchstücke des dabei in Mitleidenschaft gezogenen Denkmals übertrug man im 18. Jahrhundert in den barocken Neubau und lagerte sie dort mehr oder minder sachgemäß im Turmuntergeschoss. Pläne zu einer Wiederherstellung gab es spätestens ab 1785, angeregt vom Wormser Weihbischof und Altertumsforscher Stephan Alexander Würdtwein, die jedoch im Sande verliefen. Aus der Mitte des 19. Jahrhunderts stammt die älteste – nur bedingt vertrauenswürdige – Ansicht, die sich in Ernest Bouteillers Buch *Histoire de Frantz de Sickingen* (▸ 7.8) findet. Vielleicht handelt es sich um den Nachdruck eines Kupferstichs von 1792, der bislang nur in Quellen überliefert ist.

Als in den späten 1860er Jahren die Ideen reiften, das Grabmal zu rekonstruieren, war der Kopf verschollen und wurde vom Bildhauer Wilhelm Hornberger als Idealporträt neu geschaffen. Der Entschluss zum Wiederaufbau dürfte mit einer gesteigerten Heldenverehrung Sickingens zusammenhängen, die durch die Reichsgründung 1871 nochmals befeuert wurde (▸ Essay *Franz von Sickingen in der Bildenden Kunst*). Ursprünglich in der Mitte des Kirchenschiffs aufgestellt, wurde es später in die Südwestecke versetzt. Im Herbst 1938 gab es schließlich Pläne, das Denkmal auf Burg Nanstein zu versetzen, um dort eine nationalsozialistische Weihestätte zu schaffen; eine Konkretisierung erlebten diese Überlegungen aufgrund des Zweiten Weltkrieges jedoch nicht mehr.

Das aus Sandstein gefertigte Grabmal entspricht den Konventionen eines ritterlichen Wandgrabmals, wenngleich die Größenverhältnisse – 4,60 (bzw. 3,62 ohne den Sockel) × 1,81 Meter – durchaus zu beeindrucken wissen. Als überlebensgroße Standfigur in Rüstung befindet sich Sickingen mit gefalteten Händen in einem Architekturrahmen. Wie viele seiner Standesgenossen steht er auf einem Löwen, ein bereits auf mittelalterlichen Rittergrabmälern zu beobachtendes Zeichen von Stärke und Macht. Die beiden Pilaster sind mit acht Wappen samt Helmzier und erläuternder Beischrift geschmückt. Es handelt sich um die Ahnenprobe, also den Nachweis einer adligen Abstammung.

Trotz des schlechten Erhaltungszustandes ist der Wille zur akkuraten Wiedergabe von Rüstungsdetails erkennbar, beispielsweise an der Halskette mit ihrem kreuzförmigen Anhänger. Ein ähnliches Schmuckstück zeigt das Brettener Denkmal für Hans von Sickingen (gest. 1547), den Sohn von Franz. Beide Grabmäler sind darüber hinaus formal und stilistisch aufs engste verknüpft und entstanden zur gleichen Zeit, denn das Grabmal für Franz wurde erst zwei Jahrzehnte nach seinem Tod aufgestellt, als seine Söhne 1542 ihr Erbe (nach langwierigen Verhandlungen) antreten konnten. Als Bildhauer von beiden Werken wird ein Künstler angenommen, der zunächst nur unter »Meister von Sickingen« firmierte, inzwischen jedoch mit Jost Neipeck identifiziert wird. Er ist im Kraichgau sowie im pfälzischen und mittelrheinischen Gebiet nachweisbar.

7.5

Stefan Heinz

Lit.: Eckardt/Gebhard, Kunstdenkmäler, 278f. – Kahle, Plastik, 85f.

7.6 Der Tod des Helden als Opfer für eine große Sache

a
Carl Trost (1811–84)
Der Tod des Franz von Sickingen
um 1838
Öl auf Leinwand
81,5 × 57,5 cm
Historisches Museum Frankfurt
Inv.Nr. B.2014.002.Lg

b
Friedrich Ludwig Unzelmann (1797–1854) (nach Originalzeichnung Adolph Menzels [1815–1905] von 1839)
Franz von Sickingens Tod zu Landstuhl
1840
Holzstich
28,3 × 32,3 cm
Stiftung Deutsches Historisches Museum, Berlin
Inv.Nr. Gr 90/1017

c
Wilhelm Lindenschmit d. J. (1829–95)
Franz von Sickingens Tod zu Landstuhl
um 1861
Lithografie
28,1 × 20,6 cm
Graphische Sammlung, Landesmuseum Mainz, GDKE
Inv.Nr. GS 1983/350

d
Johann Caspar Bosshardt (1823–87)
Der Tod Franz von Sickingens
1854
Öl auf Leinwand
150 × 210 cm
Privatbesitz Schweiz

7.6a

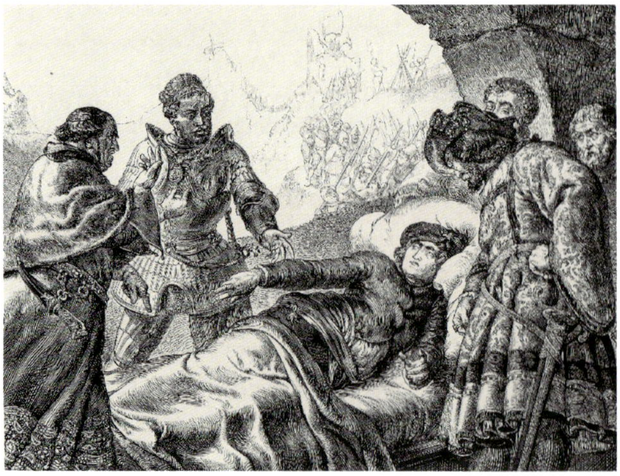

7.6b

Es erscheint wie eine Ironie der Geschichte, dass kaum eine Begebenheit im Leben des Franz von Sickingen nachträglich eine so große Bildwirkung erzielte wie sein Tod. Ursächlich verantwortlich dafür ist die Kunst des 19. Jahrhunderts, welche der Szene in der Historienmalerei, aber auch in Gedenkblättern und Romanillustrationen (▸ 7.8) eine weitreichende Verbreitung bescherte. Der ritterliche Tod ist in diesen Darstellungen keineswegs als ein Scheitern verstanden worden, sondern in stärkerem Maße als die Bereitschaft, sich für eine größere Sache – die Reformation oder die Sicherung der Reichseinheit – zu opfern.

Das Urbild für die Ikonografie stammt jedoch nicht aus dem 19. Jahrhundert, sondern aus dem Todesjahr des Ritters. Bereits kurz nach seinem Ableben erschien im Umfeld des pfälzischen Hofes der *warliche Bericht* des Reichsherolds Caspar Sturm (▸ 5.9). Während der Text die Todesumstände enthüllt, illustriert das Titelblatt (zumindest in der

7.6c

Wilhelm Lindenschmit d. J., Sickingens Tod in der Burg Landstuhl, um 1861, Studienblatt in Bleistift und Kreide, Graphische Sammlung, Landesmuseum Mainz, GDKE, Inv.Nr. GS 1983/35 0W

Straßburger Ausgabe) die Szene und liefert alle Erkennungsmerkmale, die von der Historienmalerei bereitwillig aufgegriffen werden. Die unabdingbaren Ingredienzien bestehen aus dem meist in ein Burggewölbe verorteten Sterbelager Sickingens, dem die drei siegreichen Fürsten entgegentreten. Varianten kommen durch eine gezielte Schwerpunktsetzung oder künstlerische Freiheit zustande und bei Romanillustrationen durch die Notwendigkeit, fiktionale Ereignisse hinzuzufügen. Zentrale Figur bleibt jedoch durchgängig Sickingen.

Der Topos von befreundeten oder verfeindeten Personen, die an die Leiche, das Grab oder eben das Sterbebett eines Helden herantreten, ist in der Historienmalerei allgegenwärtig. 1831 malte Paul Delaroche (1797–1856) *Cromwell an der Leiche Karls I.*, noch größere Bedeutung erzielte *Seni an der Leiche Wallensteins* von Carl Theodor von Piloty (1826–86). Für derartige Bildmuster bot sich auch der Tod Sickingens an, da seine Gegner und ihre Reaktionen am Sterbebett historisch verbürgt waren und zugleich einen gewissen Interpretationsrahmen boten.

Ein anschauliches Beispiel bietet das Ölgemälde, das um 1838 von Carl Trost gemalt wurde. Es zeigt den entwaffneten Ritter niedergesunken auf einem Stuhl auf Burg Nanstein. Vor ihm stehen die Fürsten von Trier, Hessen und der Pfalz. Während der Trierer Erzbischof Richard – in schwarzer Rüstung mit dem kurtrierischen Kreuz auf der Brust – abschätzig auf den Toten blickt, verharrt Philipp von Hessen andächtig im Gebet. Philipp, der sich 1524 zur Reformation bekannte, wird so in die Nachfolge Sickingens gestellt, während der Erzbischof als militärischer und konfessioneller Gegenspieler instrumentalisiert wird.

Weitaus theatralischer wird die Szene 1854 vom Schweizer Historienmaler Johann Caspar Bosshart umgesetzt. Effektvoll inszeniert er den verwundeten Sickingen als heroischen Widerständler, der noch im Tod dem Willen der Fürsten trotzt. Das für den Industriellen Ludwig Greuter (1774–1856) als Auftragsarbeit entstandene Gemälde erweitert den Personenkreis zudem erheblich. Auch die Version Johann Carl Bährs (1801–69), die 1865 entstand und heute im Rathaus von Oberderingen aufbewahrt wird, versammelt eine größere Zuschauermenge.

Nicht alle Darstellungen des 19. Jahrhunderts haben sich erhalten, doch scheint das Thema beliebt gewesen zu sein. Der Stuttgarter Maler Carl von Haeberlin (1832–1911)

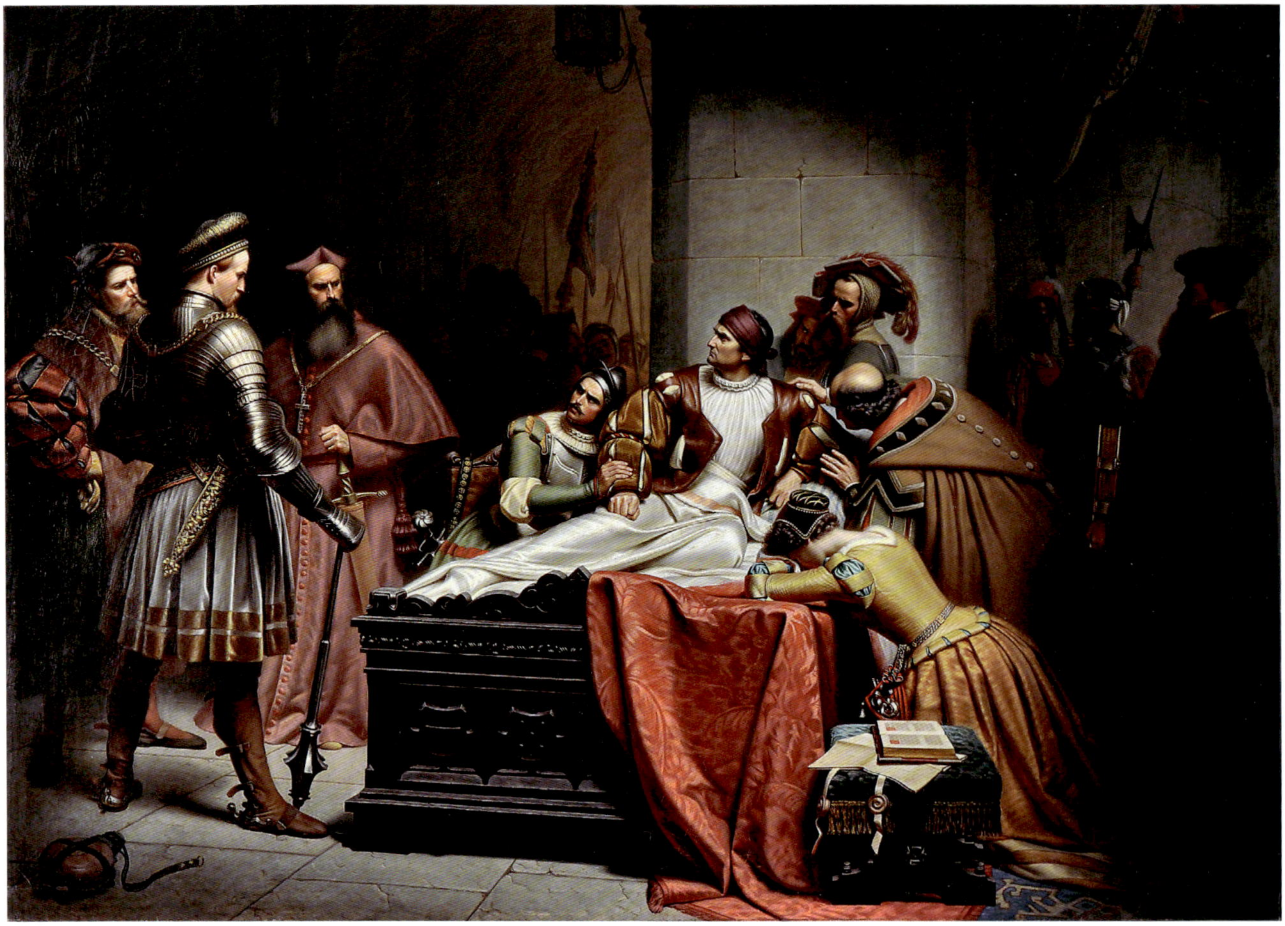

7.6d

wählte das Sujet für sein erstes Ölgemälde unter seinem Lehrer Theodor Hildebrandt (1804–74). Studien und Vorzeichnungen belegen, dass auch Johann Kirchhoff (1796–1848), Gustav Metz (1816–53) und nicht zuletzt Wilhelm Lindenschmit (Vater [1806–48] und Sohn) sich des Themas annahmen. Der jüngere Lindenschmit verhandelte sogar 1861 mit dem Leipziger Verleger Johann Jakob Weber (1803–80) über die Möglichkeit fotografischer Reproduktionen seines Werkes, wenn auch erfolglos.

In den grafischen Medien ist die Szene gleichermaßen präsent. Ein Stich Friedrich Ludwig Unzelmanns, der auf eine Zeichnung von Adolph Menzel zurückgeht, erschien 1840 mit einer Darstellung Gutenbergs zur Säkularfeier der Erfindung des Buchdrucks. Menzel illustriert die Disputation, in welcher der Trierer Erzbischof Sickingen nach seinen Motiven fragt und jener abfällig zu verstehen gibt, dass alles seinen Grund habe und er jetzt mit einem höheren Herrn zu sprechen habe. Die Gestaltung Philipps von Hessen und des Pfalzgrafen Ludwig (1478–1544) sind an altdeutschen Kunstwerken orientiert; im Gegensatz zu ihnen ist die Figur des Trierer Erzbischofs eine überzeichnete Erfindung.

Noch häufiger sind Buchillustrationen der Szene: Karl Baumeister (1840–1932) illustrierte den Roman von Conrad von Bolanden, der 1859 auf den Markt gebracht wurde. Er lässt die siegreichen Fürsten am Sterbelager Sickingens niederknien, während ein Priester jenem das letzte Geleit gibt (▸ 7.8). Abraham Wolfgang Küfner, der die Abbildungen zum Text von Carl Lang beisteuerte, entschied sich hingegen für die Szene, in welcher der Pfalzgraf vor den Sterbenden tritt, der daraufhin demütig sein Barett abnimmt. Dieser Moment wurde auch 1830 für die Illustration im *Pantheon Deutscher Helden* von Friedrich Philipp Wilmsen (1770–1831) ausgewählt.

Stefan Heinz

Lit.: Ausst.Kat. Mythos Burg, 124 (Kat.Nr. 3.57, Ursula Peters). – Best.Kat. Adolph Menzel, 319 f. (Kat.Nr. 222, Ingeborg Becker). – Pech, Haeberlin.

7.7 Alles Theater: Sickingen auf der Bühne

a
Anonym
Theaterplakat mit Ankündigung der Erstaufführung der historischen Tragödie »Franz von Sickingen« von Ferdinand Lassalle
Bühne für Volkskunst im Volkswohltheater, 6. März 1921
schwarze Druckfarbe auf Papier
90 × 59 cm
Buchdruckerei Thiele (?)
Stiftung Deutsches Historisches Museum, Berlin
Inv.Nr. P 55/536

b
Franz Gaul (1837–1906)
Kostümentwurf für die Figur Franz von Sickingens aus Goethes »Götz von Berlichingen mit der eisernen Hand« (1837)
1879
Bleistift, Aquarell
29,5 × 17 cm
Germanisches Nationalmuseum, Nürnberg
Inv.Nr. HB 21906, Kapsel 1368e

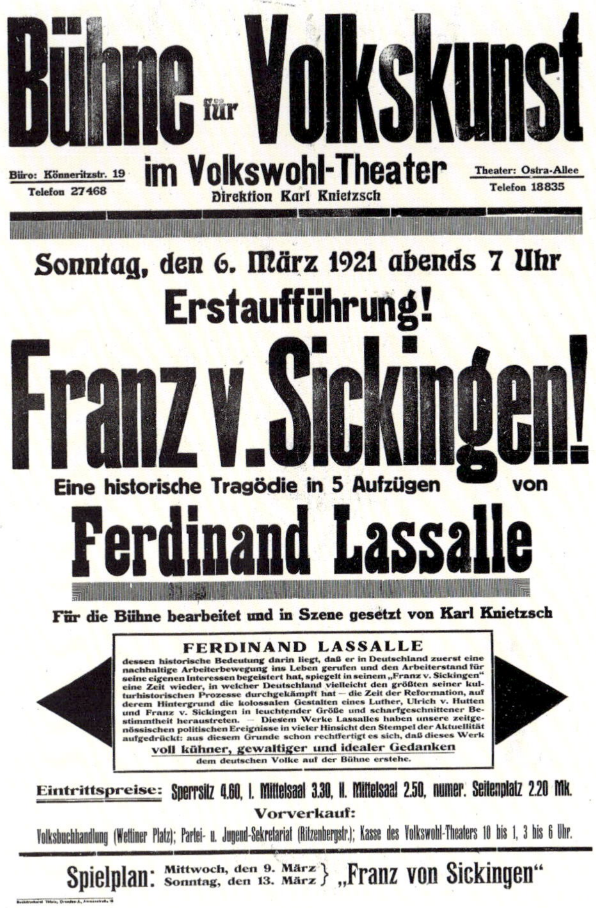

7.7a

Das Theaterstück *Franz von Sickingen – eine historische Tragödie* von Ferdinand Lassalle ist keineswegs ein Einzelfall in der literarischen Rezeptionsgeschichte des »letzten Ritters«. Das Drama, welches 1859 erschien, reiht sich in eine beachtliche Anzahl von Bühnenstücken, Romanen und Novellen, die sich mit Sickingen auseinandersetzen. Die starke Beschäftigung mit dem Rittertum in der Literatur hat ihren Ursprung bereits im 18. Jahrhundert. Um Flagge gegen die französische höfische Adelskultur zu zeigen, entdeckt die bürgerliche Opposition in dieser Zeit ihre Sympathie mit dem alten ritterlichen Feudaladel. Das wohl wichtigste Beispiel für diese Wiederentdeckung des Rittertums ist Goethes Drama *Götz von Berlichingen*, welches 1773 erschien.

Der Sozialist Lassalle hingegen benutzt die Figur des Ritters, seine Liebe zur Freiheit und seinen Patriotismus, um die Ursachen der missglückten Revolution von 1848 und die Fehler ihrer Anführer aufzuzeigen. Laut Lassalle soll das Schauspiel vor allem den Konflikt zwischen Idee und Wirklichkeit verdeutlichen, den jeder Revolutionär zu bestreiten hat. Auch wenn Lassalle für sich beanspruchte die Tragödie der *formalen revolutionären Idee par excellence* (Hinderer, Sickingen-Debatte 2, 218) geschrieben zu haben, wirkt das Stück eher wie ein Geschichtsaufsatz in Dialogform. So musste der Text 1886 von O. G. Flüggen für die Bühne bearbeitet werden und wurde dann 1890 in Berlin uraufgeführt. Das abgebildete Plakat (**a**) wirbt für eine weitere Aufführung, die 1921 im Dresdener Volkswohl-Theater stattfand. Trotz oder gerade wegen der deutlichen dramatischen Schwächen des Stückes, löste Lassalles Schauspiel bei seinem Erscheinen die sogenannte »Sickingen-Debatte« zwischen Marx (1818–83), Engels (1820–95) und Lassalle aus, die heute als der Beginn vieler großer Literaturdebatten des Marxismus gilt. In dieser Diskussion, die ausschließlich über einen regen Briefwechsel ausgetragen wurde, äußerten sich Marx und Engels so ausführlich wie nie zuvor über ihre Ansichten zur Literatur und deren Funktion für gesellschaftliche Entwicklungen. Ihr Urteil über das Schauspiel Lassalles blieb jedoch sowohl formell als auch inhaltlich kritisch. Nicht zuletzt warfen Sie Lassalle einen verfehlten ideologischen Ansatz vor.

Im 19. Jahrhundert findet sich eine regelrechte Flut von historisch-romantischen Dramen über die schillernde Figur

7.7b

Franz von Sickingen. Eines der ersten Schauspiele stammt von Julius Graf von Soden (1754–1831), erschienen 1808. Dem folgten u. a. Ludwig Rellstabs (1799–1860) eher erfolglose Tragödie (1843), Dramen von Friedrich Furchau (1787–1868; 1821), Adolf Wahrmund (1827–1913; 1864) oder Eduard von Bauernfeld (1802–90; 1850). In Romanen und Novellen taucht von Sickingen u. a. bei Wilhelm Fricke (1839–1908) oder Paul Wichmann (1829–93) auf.

Die größte Bekanntheit jedoch gewann unser »letzter Ritter« durch seinen Auftritt in dem bereits erwähnten Drama *Götz von Berlichingen mit der eisernen Hand*. Das wohl populärste Stück des Sturm und Drang wurde 1774 in Berlin auf die Bühne gebracht. Historisch inkorrekt heiratet Sickingen in Goethes Drama die Schwester des Götz. Weiter unterstützt er den Titelhelden in seiner Fehde mit dem Bischof von Bamberg und befreit ihn im vierten Aufzug sogar mit einer stattlichen Armee aus der Gefangenschaft in Heilbronn. Diese ritterliche »Zusammenarbeit« geht durchaus auf historische Fakten zurück, denn tatsächlich wurde Berlichingen 1519 im Heilbronner Bollwerksturm gefangen gehalten. Durch das Einwirken von Sickingens durfte er schließlich die Gefangenschaft gegen »ritterliche Haft« im Gasthaus zur Krone tauschen.

Goethes Drama kam auf den Bühnen Deutschlands und Europas freilich häufiger zur Aufführung als Lassalles Schauspiel über Sickingen, so auch am Wiener Burgtheater 1879. Für diese Inszenierung schuf der Künstler Franz Gaul den Kostümentwurf für die Figur des Franz von Sickingen (**b**). Vermutlich war dies einer der letzten Entwürfe, die Gaul für das Burgtheater anfertigte. Im selben Jahr wechselte er als Kostüm-Maler zur Wiener Hofoper. Der hier gezeigte Entwurf, entstand während der produktivsten Zeit des Historienmalers, wie Gaul sich selbst nannte, der ab 1868 an den Hoftheatern angestellt war. Mehr als 2.000 Entwürfe sind aus diesen Jahren erhalten. Fast alle sind, wie dieses Blatt, in Aquarelltechnik über einer Bleistiftzeichnung ausgeführt und versuchen eine große historische Authentizität zu vermitteln. Obwohl Franz Gaul dem Historismus verpflichtet war, spielte er in seinen Entwürfen mit Symbolik und visuellen Effekten. Der Charakter der Figuren sollte durch deren Erscheinung unterstrichen werden. So verzichtet Gaul auch in dieser Zeichnung auf eine allzu penible Ausführung und entwickelt mit lockerem Strich eine stattlich stolze Figur in typischer Kleidung des Adels seiner Zeit.

Die Präsenz des Franz von Sickingen im Theater und in der Literatur vom 18. bis zum 20. Jahrhundert und die Tatsache, dass er selbst neben dem großen Götz von Berlichingen nicht in Vergessenheit geraten ist, zeigt die historische Bedeutung dieses einflussreichen Reichsritters der Reformationszeit.

Anke Hillen

Lit.: Borchmeyer, Goethe. – Hinderer, Sickingen-Debatte. – Hinderer, Sickingen-Debatte 2, 218. – Schauder, Franz haiß ich. – Wambsganz, Gaul.

7.8 Die Rezeption Sickingens in der Literatur

a
Carl Lang, Historischer Almanach für den deutschen Adel [...], Frankfurt am Main 1792, darin: Franz von Sickingen, 10,5 × 7,2 cm, Staatsbibliothek Bamberg, Sign. JH.Cal.d.5

b
Ernst Georg von Brunnow (1796–1845), Ulrich von Hutten, der Streiter für deutsche Freiheit. Historisches Gemälde aus den Zeiten der Reformation, Leipzig 1843, 14,8 × 11,4 cm, Pfälzische Landesbibliothek, Speyer, Landesbibliothekszentrum Rheinland-Pfalz, Sign. 1.7212/3

c
Ernest de Bouteiller (1826–83), Histoire de Frantz de Sickingen, chevalier allemand du seizième siècle, Metz 1860, 22,3 × 16,5 cm, Pfälzische Landesbibliothek, Speyer, Landesbibliothekszentrum Rheinland-Pfalz, Sign. 22.6501

d
Die Gartenlaube, 1860, Heft 37, Nr. 5, darin: »Sickingen wird von Hutten auf der Ebernburg unterrichtet«, 31,5 × 22 cm, Wissenschaftliche Stadtbibliothek, Mainz, Sign. 65:4°/18 (zweiter Band)

e
Conrad von Bolanden, Franz von Sickingen – Historischer Roman aus dem XVI Jahrhundert, Regensburg 1871, Teil 1, darin: »Sickingen diskutiert über die Schriften«, 16,2 × 11,5 cm, Pfälzische Landesbibliothek, Speyer, Landesbibliothekszentrum Rheinland-Pfalz, Sign. 25.1788/3

f
Deutscher Bilderbogen für Jung und Alt. Kriegshelden des Mittelalters, Nr. 231, Stuttgart 1871, darin: »Sickingen als reitender Ritter«, 44,5 × 35,7 cm, Graphische Sammlung, Landesmuseum Mainz, GDKE, Inv.Nr. GS 2014/130

g
Westermanns illustrierte deutsche Monats-Hefte, 50. Band, Braunschweig 1880/81, 23,5 × 17 cm, Wissenschaftliche Stadtbibliothek, Mainz, Sign. Z 29/395

h
Wilhelm Schneegans, Ulrich von Hutten und Franz von Sickingen. Die beiden Vorkämpfer Deutscher Einheit und Größe [...], Bad Kreuznach 1887, 24,5 × 16 cm, Pfälzische Landesbibliothek, Speyer, Landesbibliothekszentrum Rheinland-Pfalz, Sign. 47.982

i
August Bungert (1845–1915), Hutten und Sickingen. Ein dramatisches Festspiel für das deutsche Volk, 3. Aufl., Volksausg. Berlin 1889, 19 × 13 cm, Pfälzische Landesbibliothek, Speyer, Landesbibliothekszentrum Rheinland-Pfalz, Sign. 4.5300

j
W. Blos (Hg.), Dr. W. Zimmermann's großer deutscher Bauernkrieg, Hamburg/ Stuttgart 1891, 23 × 16,5 cm, Wissenschaftliche Stadtbibliothek, Mainz, Sign. 42/2538

Die geschichtswissenschaftliche Aufarbeitung des Franz von Sickingen ist im 19. Jahrhundert vorrangig mit zwei Namen verknüpft, Ernst Münch und Heinrich Ulmann. Zuvor hatte der Wormser Weihbischof und Altertumsforscher Stephan Alexander Würdtwein mit dem Band *Kriege und Pfedtschaften* 1787 quasi die erste Sickingen-Biografie vorgelegt. Obwohl die Arbeiten methodisch und inhaltlich als überholt anzusehen sind, bezeugen sie das Interesse an der Figur und sind zugleich Spiegel ihrer Zeit; es ist kein Zufall, dass Ulmanns Biografie ein Jahr nach der Reichsgründung veröffentlicht wurde, während Münchs dreibändiges Opus von 1827–29 stark von spätromantischer Ritterverehrung geprägt ist. Doch waren es gerade seine historischen Erkenntnisse, welche die fiktionale Literatur nachhaltig beflügelten, wenngleich die Übergänge von historisch zu historisierend fließend sind. Für Sickingens Bekanntheit dürfte darüber hinaus Goethes *Goetz von Berlichingen* eine nicht zu unterschätzende Rolle gespielt haben. Im Verlauf des 19. Jahrhunderts wird er jedenfalls immer wieder zum Protagonisten.

Der Sickingen-Stoff erfuhr zahlreiche Bearbeitungen in den einzelnen Gattungen, Dramen erschienen beispielsweise 1808 bzw. 1819 (Julius von Soden) und 1850 (Eduard von Bauernfeld), ein Gedicht 1833 (Eduard Duller [1809–53]), Romane unter anderem 1859 (Conrad von Bolanden, auch unter dem Pseudonym Joseph Bischoff) und 1860 (Wilhelm Raible) sowie eine Novelle 1883 (Paul Wichmann). Eine Besonderheit, da in französischer Sprache verfasst, stellt der 1854 erschienene Roman *Geneviève de Si-*

7.8b

7.8f Detail

7.8e

ckingen des Belgiers Maurice-Augustin Maurage (1828–94) dar. Die auf die Ebernburg verortete Handlung kreist um die Tochter Franz von Sickingens, die sich im Zuge diplomatischer Verhandlungen in einen französischen Gesandten verliebt. Das »Happyend« dieser deutsch-französischen Liaison ist eine Wunschvorstellung vor dem Hintergrund der sich abzeichnenden preußisch-französischen Spannungen. Franz als Ritter alten Schlages bleibt im Buch eine widersprüchliche Figur am Vorabend des Bauernkrieges.

Das revolutionäre Motiv ist auch die Grundlage für Ferdinand Lassalles Tragödie *Franz von Sickingen* (▸ 7.7), die 1859 erschienen war und als sogenannte Sickingen-Debatte ein Stück literaturtheoretischer Wissenschaftsgeschichte geworden ist. Das vor Pathos strotzende Theaterstück versucht sich als Spiegelbild der Ereignisse der gescheiterten Revolution von 1848. Als Lassalle seinen Text Karl Marx zukommen ließ, erfuhr er im Antwortschreiben zwar Anerkennung, aber auch Kritik. So bemängelte Marx, dass nicht etwa die Bauern in den Mittelpunkt der Erhebung gerückt seien, sondern die Ritterschaft. Kritikwürdig erschien ihm zudem die Konzentration auf das Einzelschicksal, das konträr zur Vorstellung des Klassenkampfes als Massenbewegung stand.

Inhaltlicher Grundtenor der Publikationen des späteren 19. Jahrhunderts ist ansonsten oftmals der Wunsch nach nationaler Einheit, so in der dreibändigen Hutten-Biografie von Ernst Georg von Brunnow, die 1842/43 vorgelegt wurde. Einige Texte entstanden sogar im direkten Zusammenhang mit der Errichtung des Sickingen-Denkmals am Fuße der Ebernburg. Dazu zählt der 1887 vorgelegte Band von Wilhelm Schneegans (*Ulrich von Hutten und Franz von Sickingen*). Er beinhaltet einen dreiseitigen Aufruf für das Hutten-Sickingen-Denkmal auf der Ebernburg und stellt Modelle für das 1889 aufgerichtete Monument vor. Aus dem Jahr der Errichtung stammt das dramatische Festspiel *Hutten und Sickingen* aus der Feder des Musikdirektors von Bad Kreuznach, August Bungert. Mit dem bereits zuvor veröffentlichten Theaterstück sollte ein Fundraising für den Bau eines Festspielhauses gestartet werden. Die Neuauflage zur Denkmalsetzung sprang auf den Zug der Sickingen-Verehrung auf.

In den historischen Romanen galt den Illustrationen ein besonderes Augenmerk. Carl Langs Band *Franz von Sickingen* erschien zunächst innerhalb des *Historischen Almanachs für den deutschen Adel* Ende des 18. Jahrhunderts, erfolgreicher wurde die posthume Auflage von 1825. Darin finden sich elf Illustrationen der wichtigsten Stationen aus dem Leben Sickingens, die von Abraham Wolfgang Küfner stammten. Eine Randnotiz gilt Dürers Stich *Ritter Tod und Teufel*, der im frühen 19. Jahrhundert als Franz von Sickingen identifiziert wurde (▸ 1.4). Mehr oder weniger getreue Nachstiche konnten daher als Porträt Sickingens dienen, beispielsweise in Ernest de Bouteillers französischer Monografie *Histoire de Frantz de Sickingen, chevalier allemand du seizième siècle*, die 1860 in Metz erschien. Auch *Westermanns illustrierte deutsche Monatshefte* (Band 50 von 1880/81), eine jener großen kulturellen Bildungszeitschriften, verwendete den Stich mit dem Vermerk, dass es zwar andere Interpretationen gäbe, doch vergegenwärtige dieser *vortrefflich … Franciscus, der durch Tod und Teufel hindurch … reitet* und *sein hohes Ziel fest im Auge* habe.

Stefan Heinz

Lit.: Eggert, Roman. – Hinderer, Sickingen-Debatte. – Siblewski, Patriotismus.

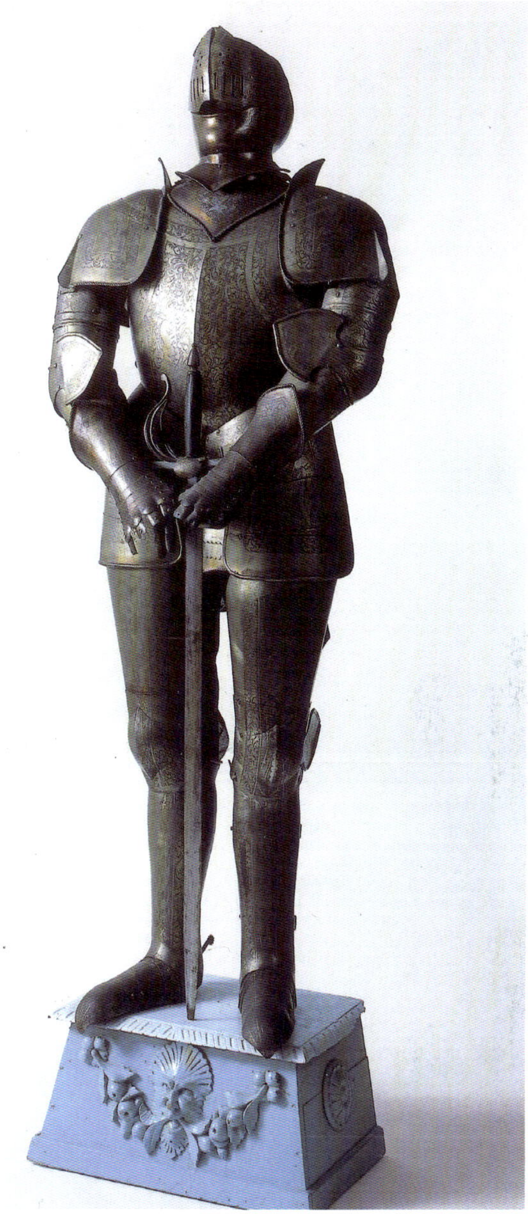

7.9

7.9 Revival von Ritterrüstungen im 19. Jahrhundert

Harnisch
Mitte 19. Jahrhundert (nach Vorbild des 16. Jahrhunderts)
Podest um 1840
Eisen
ca. 170 cm × 55 cm
Burg Sooneck
Burgen, Schlösser, Altertümer, Koblenz, GDKE

Stellt man heute die Frage, woran man einen Ritter erkennt, dürfte die Antwort fast immer lauten – an seiner Rüstung. Mit der Blüte des ministerialen Rittertums im 12. und 13. Jahrhundert fiel die Weiterentwicklung der ritterlichen Rüstung zusammen. Die über mehrere Jahrhunderte verwendete Ausstattung, die überwiegend aus Nasenhelm und Kettenhemd bestand, führte innerhalb der beiden nachfolgenden Jahrhunderte zur Ausbildung des vollen Harnisch, den wir heute gerne als typische Ritterrüstung betrachten. Um 1500 ist diese Entwicklung abgeschlossen: Mit Visierhelm, Harnischkragen, Rumpfpanzer, Ober- und Unter-

Caspar Johann Nepomuk Scheuren, Der große Rittersaal von Schloss Stolzenfels im Jahr 1847, Aquarell, Direktion Burgen, Schlösser, Altertümer, Schloß Stolzenfels, Koblenz, GDKE, Inv.Nr. 1492

armröhren, Panzerhandschuhen, Bauchreifen, Beintaschen, Dichlingen, Beinröhren, Kuhmaul (Panzerschuh) ist der Ritter vollkommen gepanzert. Die Kunst des Herstellens von Rüstungen war auf ihrem Zenit angekommen.

Zur selben Zeit verloren die Ritter aber zusehends an Bedeutung. Mit der zunehmenden Territorialisierung waren es nun die Landesherren und die Städte, die mehr politisches Gewicht gewannen; mit der zunehmenden Kriegsführung durch Söldnerheere und nicht zuletzt mit dem Durchbruch der Feuerwaffen verlor der Ritter samt Rüstung auch in militärischer Hinsicht zunehmend an Bedeutung. Der gepanzerte Reiterkrieger, der über mehrere Jahrhunderte die ausschlaggebende Waffe in allen Gefechten gewesen war, war im Begriff zu verschwinden. Während das Ende des Rittertums als politischer Machtfaktor eingeläutet wurde, überstand sein Markenzeichen, die Rüstung, allerdings diesen gesellschaftlichen Umbruch.

Als Prunkrüstungen für Adlige, in Turnieren und weiterhin als Körperschutz im Gefecht finden sich Rüstungen, insbesondere der Rumpfpanzer bis ins 19. Jahrhundert. Aber selbst danach kam die »Ritterrüstung« nicht aus der Mode. Mit der beginnenden Mittelalterromantik (▸ 7.10), dem Wiederaufbau der Burgen u. a. auch im Mittelrheintal, wurden Rüstungen nicht nur zu dekorativen Zwecken aufgestellt. Eindrucksvoll ablesbar ist dies in der Innenausstattung von Schloss Stolzenfels. Sowohl der kleine Rittersaal, der in seinem aufwendigen Bildprogramm sechs ritterliche und herrschaftliche Tugenden zeigt, als auch der große Rittersaal mit seiner eindrucksvollen Sammlung von Rüstungen, Rüstungsteilen und mittelalterlichen Waffen demonstrieren die Bedeutung, die der Rüstung und dem Ritter selbst im 19. Jahrhundert beigemessen wurden. Militärtechnisch längst überholt, war die Rüstung nun eine Allegorie für ritterliche Tugenden und eine Erinnerung an die bessere, da übersichtliche Welt des Mittelalters.

Florian Hasenkopf

Lit.: Funcken/Funcken, Waffen. – Karcheski, Waffen, 27. – Schlunk/Giersch, Ritter, 9.

7.10a

7.10 Ritter- und Burgenromantik des 19. Jahrhunderts

a
Wilhelm Lindenschmit d. Ä.
Ritterturnier
nach 1830
Öl auf Leinwand
64 × 91,5 cm
Landesmuseum Mainz, GDKE
Inv.Nr. DL 2014/1

b
Ludwig Lindenschmit d. Ä. (1809–93)
Ritter mit seinen Knechten
2. Hälfte 19. Jahrhundert
Öl auf Leinwand
54,5 × 66 cm
Landesmuseum Mainz, GDKE
Inv.Nr. 1194

c
Wilhelm Lindenschmit d. Ä.
Kampf zweier Ritter zu Pferd (Entwurf für das »Prachtturnier von Nordhausen«)
um 1840
Aquarell, Deckweiß und Feder in Schwarzbraun über Bleistift
21 × 15,1 cm
Landesmuseum Mainz, GDKE
Inv.Nr. GS 0/1269

d
Johann Heinrich Rosenkranz (1801–51)
Luthers Einzug auf die Wartburg
1. Hälfte 19. Jahrhundert
Öl auf Leinwand
28,5 × 40,5 cm
Privatbesitz Wiesbaden

7.10b

7.10c

In Lichter Waffen Scheine ein Ritter nahte da, so tugendlicher Reine, ich keinen noch ersah (1. Akt, zweite Szene aus Richard Wagners Lohengrin, 1850 uraufgeführt). Es sind Idealvorstellungen von ritterlichen Tugenden wie Treue und ewigen Werten, die man vor allem zu Beginn des 19. Jahrhunderts in Deutschland in der Epoche des Mittelalters verwirklicht sah. Nach den Wirren der Befreiungskriege und im Zuge der vergeblichen Bemühungen der bürgerlichen Gesellschaft um eine nationale Einheit sah man die eigenen Ziele in einer weit zurückliegenden mittelalterlichen Welt umgesetzt, auf die man mit einer nostalgischen Sehnsucht zurückblickte. Dieses idealisierte Bild diente als Utopie für ein geeintes Deutsches Reich mit festen Gesellschaftsstrukturen.

Im Zuge dieser »Wiederentdeckung« des Mittelalters fand neben der Literatur und Musik auch die Historienmalerei an mittelalterlichen Themen großes Gefallen. Die Brüder der Mainzer Malerfamilie Lindenschmit, Ludwig und Wilhelm, studierten zunächst bei dem Nazarener Peter Cornelius (1783–1867) an der Münchner Akademie und beteiligten sich dort an verschiedenen Projekten, wie u. a. der Ausmalung der Arkaden des Münchner Hofgartens oder den Wandbildern im Schloss Hohenschwangau, die Schlachtenmotive bzw. mittelalterliche Szenen zeigen. Nachfolgend entstanden Werke der Lindenschmits u. a. zum Tod des Götz von Berlichingen, der Geschichte der Landgrafen von Thüringen oder eine Episode aus der Mainzer Stiftsfehde 1462.

Die aus heutiger Sicht eher naiv wirkenden Klischees dieser schwärmerischen Ritterromantik finden sich beispielsweise im *Ritterturnier* (**a**) von Wilhelm Lindenschmit d. Ä. dargestellt: Ein Ritter in einer goldenen Rüstung tritt im Turnier gegen einen Gegner in dunklem Harnisch an. Ein weißes Pferd galoppiert gegen ein schwarzes. Gut gegen Böse – das Gute gewinnt. Der dunkle Mitstreiter fällt gerade rücklings vom Pferd. Die Gebete der Königin, die das Geschehen von einer Tribüne aus am linken Bildrand verfolgt, wurden erhört. Das Publikum ist zufrieden und die Fanfaren spielen.

Es gibt zahlreiche weitere Arbeiten, die turnierende Ritter im edlen Kampf Mann gegen Mann zeigen (**c**). Dabei sind die Szenen stets dramatisch arrangiert, und man sieht kraftvolle, sich aufbäumende Pferde im Moment des Zusammenstoßes der Turnierlanzen. Wenn Ludwig Lindenschmit einen ausziehenden Ritter mit seinen Knechten (**b**) malt, scheint man eine Aufbruchstimmung zu spüren. Der Ritter in glänzender Rüstung zieht mit seinem bewaffneten Gefolge in den Kampf und wirft uns einen siegessicheren Blick zu.

Da Ludwig Lindenschmit mit der Revolution von 1848 sympathisierte, ist das Gemälde vielleicht ein Hinweis auf seine eigenen politischen Ideale.

7.10d

Die Brüder, vor allem Ludwig, hatten zudem ein großes Interesse an der Geschichte ihrer Heimat und hielten in vielen Skizzen und Studien zahlreiche Burgen und Ruinen, beispielsweise des Rhein-und Moseltales und in der Pfalz, detailtreu fest. Auch diese Wiederentdeckung der eigenen Monumente und Geschichte führte zu einer intensiven Beschäftigung mit der als groß empfundenen deutschen Vergangenheit. Aus diesem historischen und auch archäologischen Interesse heraus wurde Ludwig Lindenschmit der Begründer des Römisch-Germanischen Zentralmuseums in Mainz (1852).

Ein weiterer beliebter Topos der Ritterromantik ist die Burg, als wehrhafter, sicherer Ort. Der Frankfurter Landschaftsmaler Johann Heinrich Rosenkranz zeigt die Wartburg als solch einen Sehnsuchtsort (**d**). Sicher erhöht auf dem Felsen gelegen, reiten die Ritter im Vordergrund gerade auf den von der durchbrechenden Sonne erleuchteten Eingangsbereich zu. Möglicherweise geleiten diese Martin Luther, alias Junker Jörg, auf die sichere Festung. Das Tor der Burg ist offen, die beschwerliche Reise bald zu Ende. Die Wartburg, die durch das berühmte »Wartburgfest« und als Ort von Luthers Übersetzung des Neuen Testaments zum vaterländischen Symbol avancierte, ist ohne den markanten Bergfried dargestellt, da dieser im Zuge der einsetzenden Wiederherstellung der Burg (ab 1838) erst von 1853 bis 1859 erbaut wurde. Rosenkranz malte eine »feste« Burg mit dicken Mauern und schuf so auf dem Hintergrund der Umbrüche seiner eigenen Zeit einen romantischen Rückzugsort.

Karoline Feulner

Lit.: Ausst.Kat. Lindenschmit. – Grebe, Mythos. – Seidl, Ritterromantik.

Literatur

Ammerich, Flersheim Hans Ammerich: Philipp Freiherr von Flersheim, in: Neue Deutsche Biographie 20, 2001, S. 386. [Onlinefassung: http://www.deutsche-biographie.de/pnd139291679.html]

Andermann, Berlichingen Kurt Andermann: Götz von Berlichingen (um 1480–1562). Adliger Grundherr und Reichsritter, in: Fränkische Lebensbilder 20, hg. v. Erich Schneider, Neustadt an der Aisch 2004, S. 17–37.

Andermann, Evangelium Kurt Andermann: Dem Evangelium eine Öffnung? Überlegungen zu Franz von Sickingens Trierer Fehde, in: Mitteilungen des Historischen Vereins der Pfalz 109 (2011), S. 65–86.

Andermann, Grundherrschaften Südwestdeutschland Kurt Andermann: Grundherrschaften des spätmittelalterlichen Niederadels in Südwestdeutschland. Zur Frage der Gewichtung von Geld- und Naturaleinkünften, in: Blätter für deutsche Landesgeschichte 127 (1991), S. 145–190.

Andermann, Niederadel Kurt Andermann: Studien zur Geschichte des pfälzischen Niederadels im späten Mittelalter. Eine vergleichende Untersuchung an ausgewählten Beispielen (Schriftenreihe der Bezirksgruppe Neustadt im Historischen Verein der Pfalz 10), Speyer 1982.

Andermann, Raubritter Kurt Andermann (Hg.): »Raubritter« oder »Rechtschaffene vom Adel«? (Oberrheinische Studien 14), Sigmaringen 1997.

Andermann, Ritterschaft Kurt Andermann: Ritterschaft und Konfession. Beobachtungen zu einem alten Thema, in: Zwischen Stagnation und Innovation. Landsässiger Adel und Reichsritterschaft im 17. und 18. Jahrhundert. Drittes Symposion »Adel, Ritter, Ritterschaft vom Hochmittelalter bis zum Modernen Verfassungsstaat« (Schriften zur südwestdeutschen Landeskunde 56), hg. v. Kurt Andermann/Sönke Lorenz, Ostfildern 2005, S. 93–104.

Andermann, Rittersitze Kurt Andermann (Hg.): Rittersitze. Facetten adligen Lebens im Alten Reich (Kraichtaler Kolloquien 3), Tübingen 2002.

Assmann, Gedächtnis Jan Assmann: Das kulturelle Gedächtnis. Schrift, Erinnerung und politische Identität in frühen Hochkulturen, München 1992.

Ausst.Kat. Albrecht von Brandenburg Albrecht von Brandenburg. Kurfürst. Erzkanzler. Kardinal. 1490–1545, hg. v. Berthold Roland, Ausst. Kat. Landesmuseum Mainz, 26.6.–26.8.1990, Mainz 1990.

Ausst.Kat. Apelles Apelles am Fürstenhof. Facetten der Hofkunst um 1500 im Alten Reich, hg. v. Matthias Müller u. a., Ausst.Kat. Kunstsammlungen der Veste Coburg, 22.8.–7.11.2010, Berlin 2010.

Ausst.Kat. Auge des Sammlers Das Auge des Sammlers, hg. v. Oliver Kornhoff, Ausst.Kat. Arp Museum Bahnhof Rolandseck, 5.2.–9.8.2009, Köln 2010.

Ausst.Kat. Burg und Herrschaft Burg und Herrschaft, hg. v. Rainer Atzbach u. a., Ausst.Kat. Deutsches Historisches Museum, 25.6.–24.10.2010, Berlin/Dresden 2010.

Ausst.Kat. Cranach der Ältere Cranach der Ältere, hg. v. Bodo Brinkmann, Ausst.Kat. Städel Museum, Frankfurt am Main 23.11.2007–17.2.2008, Ostfildern 2007.

Ausst.Kat. Der Kardinal Der Kardinal. Albrecht von Brandenburg. Renaissancefürst und Mäzen, 2 Bde., hg. v. Thomas Schauerte/Andreas Tacke, Ausst.Kat. Ausstellung der Stiftung Moritzburg, Regensburg 2006.

Ausst.Kat. Die Wittelsbacher am Rhein Die Wittelsbacher am Rhein, die Kurpfalz und Europa, 2 Bde. (Publikationen der Reiss-Engelhorn-Museen 60), hg. v. Alfried Wieczorek, Ausst.Kat. Reiss-Engelhorn-Museen Mannheim, 8.9.2013–2.3.2014, Regensburg/Mannheim 2013.

Ausst.Kat. Drache Drache, Greif und Liebesleut'. Mainzer Bildteppiche aus spätgotischer Zeit, hg. v. Winfried Wilhelmy, Ausst.Kat. Bischöfliches Dom- und Diözesanmuseum Mainz, 14.4.–3.10.2000, Mainz 2000.

Ausst.Kat. Dürer Dürer. Kunst – Künstler – Kontext, hg. v. Jochen Sander, Ausst.Kat. Städel Museum, Frankfurt am Main, 23.10.2013–2.2.2014, München u. a. 2013.

Ausst.Kat. Heidelberg Heidelberg im konfessionellen Zeitalter. Aus der Sicht des Heidelberger Kirchenrates Dr. Marcus zum Lamm (1544–1606), hg. v. Jörn Bahns, Ausst.Kat. Ausstellung zur Eröffnung des Kurpfälzischen Museums im Juni 1991, 16.6.–21.7.1991, Heidelberg 1991.

Ausst.Kat. Heiliges Römisches Reich Heiliges Römisches Reich Deutscher Nation 962 bis 1806. Altes Reich und neue Staaten 1495 bis 1806, 2 Bde., hg. v. Hans Ottomeyer u. a., Ausst.Kat. Deutsches Historisches Museum Berlin, 28.8.–10.12.2006, Dresden 2006.

Ausst.Kat. Kaiser Maximilian I. Kaiser Maximilian I. Der letzte Ritter und das höfische Turnier (Publikationen der Reiss-Engelhorn-Museen 61), hg. v. Sabine Haag u. a., Ausst.Kat. Reiss-Engelhorn-Museen Mannheim, 13.4.–9.11.2014, Regensburg 2014.

Ausst.Kat. Kaiser Maximilian I. Bewahrer und Reformer Kaiser Maximilian I. Bewahrer und Reformer, hg. v. Georg Schmidt von Rhein, Ausst.Kat. Kammergerichtsmuseum Wetzlar, 2.8.–31.10.2002, Ramstein 2002.

Ausst.Kat. Kaiser Maximilian I. und die Kunst der Dürerzeit Kaiser Maximilian I. und die Kunst der Dürerzeit, hg. v. Eva Michel/Maria Luise Sternath, Ausst.Kat. Albertina, Wien, 14.9.2012–6.1.2013, München u. a. 2012.

Ausst.Kat. Köpfe der Lutherzeit Köpfe der Lutherzeit, hg. v. Werner Hofmann, Ausst.Kat. Hamburger Kunsthalle, 4.3.–24.4.1983, Hamburg/München 1983.

Ausst.Kat. Landgraf Philipp Landgraf Philipp der Grossmütige (1504–1567). Hessen im Zentrum der Reform, hg. v. Ursula Braasch-Schwersmann u. a., Ausst.Kat. Marburger Landgrafenschloss, 4.9.–28.11.2004, Marburg/Neustadt an der Aisch 2004.

Ausst.Kat. Lindenschmit Die Künstlerfamilien Lindenschmit aus Mainz. Gemälde, Graphiken, Dokumente, hg. v. Mittelrheinischen Landesmuseum Mainz, Ausst.Kat. Mittelrheinisches Landesmuseum Mainz, 14.5.–19.6.1983, Kaiserslautern 1983.

Ausst.Kat. Lucas Cranach Lucas Cranach. Gemälde, Zeichnungen, Druckgraphik, 2 Bde., hg. v. Dieter Koepplin/Tilman Falk, Ausst.Kat. Kunstmuseum Basel, 15.6.–8.9.1974, Basel/Stuttgart 1974–1976.

Ausst.Kat. Luther und die Folgen Luther und die Folgen für die Kunst, hg. v. Werner Hofmann, Ausst.Kat. Hamburger Kunsthalle, 11.11.1983–8.1.1984, Hamburg 1983.

Ausst.Kat. Martin Luther Martin Luther und die Reformation in Deutschland, hg. v. Gerhard Bott, Ausst.Kat. Germanisches Nationalmuseum, Nürnberg, 25.6.–25.9.1983, Frankfurt am Main/Nürnberg 1983.

Ausst.Kat. Mythos Burg Mythos Burg, hg. v. G. Ulrich Großmann, Ausst.Kat. Germanisches Nationalmuseum Nürnberg, 8.7.–7.11.2010, Dresden 2010.

Ausst.Kat. Renaissance am Rhein Renaissance am Rhein, hg. v. Lothar Altringer u. a., Ausst.Kat. LVR-LandesMuseum Bonn, 16.9.2010–6.2.2011, Ostfildern 2010.

Ausst.Kat. Ritter! Traum und Wirklichkeit Ritter! Traum und Wirklichkeit, hg. v. Sabine Haag, Ausst.Kat. Kunsthistorisches Museum Wien, Schloß Ambras Innsbruck, 6.6.–8.9.2013, Wien 2013.

Ausst.Kat. Ritterturnier. Geschichte und Wirklichkeit Ritterturnier. Geschichte einer Festkultur, hg. v. Peter Jezler/Peter Niederhäuser/Elke Jezler-Hübner, Ausst.Kat. Museum zu Allerheiligen Schaffhausen, 10.04. –21.09. 2014, Luzern 2014.

Ausst.Kat. Ritterwelten im Spätmittelalter Ritterwelten im Spätmittelalter. Höfisch-ritterliche Kultur der Reichen Herzöge von Bayern-Landshut, hg. v. Franz Niehoff (Schriften aus den Museen der Stadt Landshut 29), Ausst.Kat. Museen der Stadt Landshut, Spitalkirche Heiliggeist, 26.6.–27.9.2009, Landshut 2009.

Ausst.Kat. Schau mich an Schau mich an! Portraits seit 1500, hg. v. Oliver Kornhoff, Ausst.Kat. Arp Museum Bahnhof Rolandseck, 17.5.–4.5.2014, Bielefeld/Berlin 2014.

Ausst.Kat. Welt des Lucas Cranach Die Welt des Lucas Cranach. Ein Künstler im Zeitalter von Dürer, Tizian und Metsys, hg. v. Guido Messling, Ausst.Kat. Palast der Schönen Künste, Brüssel, 20.10.–23.01.2011, Leipzig 2010.

Ausst.Kat. Zürcher Kunst Zürcher Kunst nach der Reformation. Hans Asper und seine Zeit, hg. v. Präsidialabteilung der Stadt Zürich u. a., Ausst. Kat. Helmhaus Zürich, 9.5.–28.6.1981, Zürich 1981.

Backes/Straeter, Burgen Magnus Backes/Heinz Straeter: Staatliche Burgen, Schlösser und Altertümer in Rheinland-Pfalz (Edition Burgen Schlösser Altertümer Rheinland-Pfalz Führungsheft 7), Regensburg 2003.

Badea, Präeminenz Andreea Badea: Kurfürstliche Präeminenz, Landesherrschaft und Reform. Das Scheitern der Kölner Reformation unter Hermann von Wied (Reformationsgeschichtliche Studien und Texte 154), Münster 2009.

Bader, 200 Jahre Erich Bader: 200 Jahre – auf der Suche nach dem wahren Franz von Sickingen, in: Jahrbuch zur Geschichte von Stadt und Landkreis Kaiserslautern 20/21 (1982/83), S. 167–200.

Balzer, Corpus Oswald Balzer (Hg.): Corpus Iuris Polonici, Bd. 3, Krakau 1906.

Bartusch, Inschriften Ilas Bartusch (Bearb.): Die Inschriften der Stadt Baden-Baden und des Landkreises Rastatt (Deutsche Inschriften 78), Wiesbaden 2009.

Bechtoldt, Aspekte Hans-Joachim Bechtoldt: Aspekte des Finanzwesens des Franz von Sickingen. Verträge im Kontext des Silberbergbaus in der Umgebung der Ebernburg im frühen 16. Jahrhundert, in: Jahrbuch für westdeutsche Landesgeschichte 33 (2007), S. 175–212.

Bechtoldt, Ebernburg Hans-Joachim Bechtoldt: Die Ebernburg im europäischen Licht. Europäisches Kulturerbesiegel an die Ebernburg verliehen, in: Ebernburg-Hefte 47 (2013) = Blätter für pfälzische Kirchengeschichte und religiöse Volkskunde, 80 (2013), S. 199 (7)–202 (10).

Bechtoldt, Neufund Hans-Joachim Bechtoldt: Neufund einer Bauinschrift des 16. Jahrhunderts bei Umbauarbeiten auf der Ebernburg im Jahr 2010, in: Jahrbuch für westdeutsche Landesgeschichte 36 (2010), S. 163–177.

Bechtoldt, Sickingen Hans-Joachim Bechtoldt: FRANCISCUS VON SICKINGEN, EIN FEIND ALLER PFAFFEN UND GEISTLICHEN. Sebastian Francks Notizen über Franz von Sickingen in seiner *Chronica* von 1531, in: Ebernburg-Hefte 42 (2008), S. 51–74 = Blätter für pfälzische Kirchengeschichte und religiöse Volkskunde 75 (2008), S. 363 (51)–386 (74).

Bechtoldt, Wappensiegel Hans-Joachim Bechtoldt: Wappensiegel der Sickinger. Auslassungen in ausgewählter genealogischer, heraldischer und sphragistischer Hinsicht zu einer im Stadtarchiv Bad Kreuznach aufgefundenen Kompilation verschiedener Wappensiegel des Adelsgeschlechts der Sickinger, in: Jahrbuch für westdeutsche Landesgeschichte 34 (2008), S. 129–167.

Beck, Glasfenster Speyer Monika Beck: Die Glasfenster der Gedächtniskirche zu Speyer. Meisterwerke der Glasmalerei und protestantische Ikonographie in nazarenischem Stil um 1900, Heidelberg 2004. [Onlinefassung: http://archiv.ub.uni-heidelberg.de/volltextserver/4545/]

Becker, Dialoge Arnold Becker: Ulrichs von Hutten polemische Dialoge im Spannungsfeld von Humanismus und Politik (Super alta perennis 15), Göttingen 2013.

Becker, Hutten – Sickingen Albert Becker: Hutten – Sickingen im Zeitenwandel. Ein Beitrag zur Pflege Pfälzer Geistesgeschichte (Beiträge zur Heimatkunde der Pfalz 16), Heidelberg 1936.

Benzing, Hutten Josef Benzing: Ulrich von Hutten und seine Drucker. Eine Bibliographie der Schriften Huttens im 16. Jahrhundert. Mit Beiträgen von Heinrich Grimm (Beiträge zum Buch- und Bibliothekswesen 6), Wiesbaden 1956.

Berger, Sturmtruppen Berger, Arnold E.: Die Sturmtruppen der Reformation. Flugschriften der Jahre 1520–1525 (Deutsche Literatur. Sammlung Literarischer Kunst- und Kulturdenkmäler in Entwicklungsreihen. Reihe Reformation 2), Darmstadt 1964 (unveränderter reprografischer Nachdruck der Ausgabe Leipzig 1931).

Best.Kat. Adolph Menzel Adolph Menzel. Zeichnungen, Druckgraphik und illustrierte Bücher. Ein Bestandskatalog der Nationalgalerie, des Kupferstichkabinetts und der Kunstbibliothek, Staatliche Museen Preußischer Kulturbesitz, hg. v. Lucius Grisebach u. a., Berlin 1984.

Beutel, Luther-Handbuch Albrecht Beutel (Hg.): Luther-Handbuch, 2. Aufl., Tübingen 2010.

Bezner, St. Maximin Frank Bezner: Von der Liturgie zur Geschichte. Die Riesenbibel von St. Maximin und die *Historia Excidii Sancti Maximini* (Illuminationen 16), Ramsen/Schweiz 2011, S. 145–336.

Biblioteka XX Biblioteka XX. Czartoryskich, Kraków, msc. 80, fol. 275–276, 291.

Biller/Großmann, Burg Thomas Biller/G. Ulrich Großmann: Burg und Schloss. Der Adelssitz im deutschsprachigen Raum, Regensburg 2002.

Birtsch, Sickingen Günter Birtsch: Franz von Sickingen 1481 bis 1523. Reichsritter aus Rheinpfalz, in: Vor-Zeiten. Geschichte in Rheinland-Pfalz. Band 4, hg. v. Dieter Lau/Franz-Josef Heyen, Mainz 1988. S. 87–108.

Biundo, Aquila Georg Biundo: Kaspar Aquila. Ein Kämpfer für das Evangelium in Schwaben und der Pfalz, in Sachsen und Thüringen (Veröffentlichungen des Vereins für Pfälzische Kirchengeschichte 10), Grünstadt 1963.

Böcher, Denkmal Otto Böcher: Das Hutten-Sickingen-Denkmal bei der Ebernburg. Festvortrag vor dem Denkmal aus Anlaß seiner 100-Jahr-Feier am Sonntag, den 11. Juni 1989, 14.30 Uhr, in: Ebernburg-Hefte 23

(1989), S. 27–39 = Blätter für Pfälzische Kirchengeschichte und religiöse Volkskunde 56 (1989), S. 199–211.

Böcher, Ebernburg Otto Böcher: Die Ebernburg in Bad Münster am Stein, 2. Aufl., Köln 2007.

Böcher, Theologen der Ebernburg Otto Böcher: Die Theologen der Ebernburg: Kaspar Aquila, Martin Bucer, Johannes Oekolampad und Johannes Schwebel, in: Ebernburg–Hefte 33 (1999), S. 11–31 = Blätter für Pfälzische Kirchengeschichte und religiöse Volkskunde 66/67 (1999/2000), S. 403–423.

Böcking, Hutten Schriften Eduard Böcking (Hg.): Ulrichs von Hutten Schriften (Ulrichi Hutteni equitis Germani opera quae reperiri potuerunt omnia), Leipzig 1859–1861 (ND Aalen 1963).

Bode, Cronberg Helmut Bode: Hartmut XII. von Cronberg, Reichsritter der Reformationszeit, Frankfurt am Main 1987.

Bogler, Kronberg Wilhelm Bogler: Hartmuth von Kronberg. Eine Charakterstudie aus der Reformationszeit (Schriften des Vereins für Reformationsgeschichte 14), Halle an der Saale 1897.

Bömer, Epistulae Aloys Bömer: Epistulae obscurorum virorum, Heidelberg 1924 (ND Aalen 1978).

Bonkhoff, Schweblin Bernhard H. Bonkhoff (Hg.): Johannes Schweblin Deutsche Schriften. Mit einer historisch-theologischen Einleitung von Thomas Hohenberger (Evangelische Kirche der Pfalz. Texte und Dokumente 5), Speyer 2009.

Bönnen, Worms Gerold Bönnen: Geschichte der Stadt Worms, Stuttgart 2005.

Borchmeyer, Goethe Dieter Borchmeyer: Höfische Gesellschaft und französische Revolution bei Goethe, Kronberg 1977.

Brall, Hutten–Sammlung Artur Brall: Die Hutten–Sammlung der Hessischen Landesbibliothek Fulda, Fulda 1988.

Brassat, Tapisserien Wolfgang Brassat: Tapisserien und Politik. Funktionen, Kontexte und Rezeption eines repräsentativen Mediums, Berlin 1992.

Brecht, Luther Martin Brecht: Martin Luther. Sein Weg zur Reformation 1483–1521, Stuttgart 1981.

Brehm/Ernsting, Berlin Knut Brehm/Bernd Ernsting u.a.: Stiftung Stadtmuseum Berlin. Katalog der Bildwerke 1780–1920, Köln 2003.

Breiding, Reiterharnisch Dirk Breiding: Der Reiterharnisch Philipps – »unsers herrn vatters gottseliger gedechtnus leibcurißׅ«, in: Landgraf Philipp der Grossmütige (1504–1567). Hessen im Zentrum der Reform, hg. v. Ursula Braasch–Schwersmann u.a., Marburg/Neustadt an der Aisch 2004, S. 194 f.

Breul, Fulda Wolfgang Breul: Fulda und Erfurt. Der Einfluß des Humanismus auf die Reichsabtei Fulda am Vorabend der Reformation, in: Fuldaer Geschichtsblätter 75 (1999), S. 69–131.

Breul, Trauma Wolfgang Breul: Das Trauma der frühen Jahre. Philipp von Hessen und Franz von Sickingen, in: Ebernburg-Hefte 46 (2012), S. 7–36 = Blätter für pfälzische Kirchengeschichte und religiöse Volkskunde 46 (2012), S. 547–576.

Brieger, Aleander Theodor Brieger: Aleander und Luther 1521. Die vervollständigten Aleander–Depeschen nebst Untersuchungen über den Wormser Reichstag, Gotha 1884.

Brinkmann, Grabdenkmäler Inga Brinkmann: Grabdenkmäler, Grablegen und Begräbniswesen des lutherischen Adels. Adelige Funeralrepräsentation im Spannungsfeld von Kontinuität und Wandel im 16. und beginnenden 17. Jahrhundert, Berlin/München 2010.

Brockmann, Konzilsfrage Thomas Brockmann: Die Konzilsfrage in den Flug- und Streitschriften des deutschen Sprachraumes 1518–1563 (Schriftenreihe der Historischen Kommission bei der Bayerischen Akademie der Wissenschaften 57), Göttingen 1998.

Brohl, Festungen Hessen Elmar Brohl: Festungen in Hessen, Regensburg 2013.

Brüning, Unio Arno Brüning: Unio non est unitas. Polen-Litauens Weg im konfessionellen Zeitalter (1569–1648), Wiesbaden 2008.

Bucer, Correspondance Martin Bucer. Correspondance Vol. 1, hg. v. Jean Rott, Leiden u.a. 1979.

Bucer, Einheit Martin Bucer (1491–1551). Auf der Suche nach Wiederherstellung der Einheit, erarb. v. Albert de Lange, Begleitband zur Ausstellung im Universitätsmuseum Heidelberg, 9.11.2001–24.01.2002, Ubstadt-Weiher 2001.

Bucer, Schriften Martin Bucer. Deutsche Schriften, Bd. 1, hg. v. Robert Stupperich, Gütersloh/Paris 1960.

Buck, Villa August Buck: Die Villa als Lebensform der italienischen Renaissance, Stuttgart 1992.

Burger, Dürer Daniel Burger: Albrecht Dürers »Unterricht zur Befestigung« (1527) und der deutsche Festungsbau des 16. Jahrhunderts, in: Das Dürer-Haus. Neue Ergebnisse der Forschung, hg. v. Georg Ulrich Großmann/Franz Sonnenberger, Nürnberg 2007.

Burger, Festungen Bayern Daniel Burger: Festungen in Bayern (Deutsche Festungen 1), Regensburg 2008.

Burschel, Monster Peter Burschel: Das Monster. Katholische Luther-Imagination im 16. Jahrhundert, in: Luther zwischen den Kulturen. Zeitgenossenschaft – Weltwirkung, hg. v. Hans Peter Medick/Peer Schmidt, Göttingen 2004, S. 33–48.

Buschmann, Gewalt Arno Buschmann: Gewalt und Frieden – zur Entwicklung der inneren Friedensordnung in Europa, in: Gewalt und Recht. Ringvorlesung zum 30jährigen Bestehen der Rechtswissenschaftlichen Fakultät der Universität Salzburg, hg. v. Johann J. Hagen/Peter Mader, Frankfurt 1997, S. 11–33.

Carl, Genossenschaft Horst Carl: Genossenschaft und Herrschaftsverdichtung. Zur politischen Kultur von Adelseinungen im Alten Reich, in: Staatsbildung als kultureller Prozess. Strukturwandel und Legitimation von Herrschaft in der Frühen Neuzeit, hg. v. Ronald G. Asch/Dagmar Feist, Köln u.a. 2005, S. 405–438.

Carl, Landfrieden Horst Carl: Landfrieden, in: Handwörterbuch zur deutschen Rechtsgeschichte 3, 2. Aufl., Berlin 2014, Sp. 483–505.

Carl, Landfriedensbrecher Horst Carl: Landfriedensbrecher und »Sicherheitskräfte«. Adlige Fehdeführer und Söldner im 16. Jahrhundert, in: Sicherheit in der frühen Neuzeit. Norm, Praxis, Repräsentation. Beiträge der 9. Arbeitstagung der Arbeitsgemeinschaft Frühe Neuzeit im Verband der Historikerinnen und Historiker Deutschlands vom 15. bis zum 17. September 2011 (Frühneuzeit-Impulse 2), hg. v. Christoph Kampmann/Ulrich Niggemann, Köln u.a. 2013, S. 273–287.

Carl, Schwäbischer Bund Horst Carl: Der Schwäbische Bund. Landfrieden und Genossenschaft im Übergang vom Spätmittelalter zur Reformationszeit (Schriften zur südwestdeutschen Landeskunde 24), Leinfelden-Echterdingen 2000.

Carl/Lorenz, Anpassung Horst Carl/Sönke Lorenz (Hg.): Gelungene Anpassung? Adelige Antworten auf gesellschaftliche Wandlungsvorgänge vom 14. bis zum 16. Jahrhundert (Schriften zur südwestdeutschen Landeskunde 53), Ostfildern 2005.

Chabouillet, Sickingen Anatole Chabouillet: Notice sur un coffret d'argent éxecuté pour Frantz de Sickingen accompagnée d'observations sur divers monuments relatifs à ce personage, in: Revue Archéologique. Nouvelle Série 3 (1861), S. 230–247, 272–285.

Decot, Religionsfrieden Rolf Decot: Religionsfrieden und Kirchenreform. Der Mainzer Kurfürst und Erzbischof Sebastian von Heusenstamm 1545–1555 (Veröffentlichungen des Instituts für europäische Geschichte Mainz Abt. Abendländische Religionsgeschichte 100), Wiesbaden 1980.

Deutsche Burgenvereinigung, Mitteleuropa Deutsche Burgenvereinigung e.V.: Burgen in Mitteleuropa. Ein Handbuch, Bd. 1, Stuttgart 1999.

Dolch/Keddigkeit, Nanstein Martin Dolch/Jürgen Keddigkeit: Nanstein, in: Pfälzisches Burgen-Lexikon 2, Kaiserlautern 2002, S. 646–661.

Dotzauer, Bericht Winfried Dotzauer: Der »Warliche Bericht« des Reichsherolds Caspar Sturm über den Kriegszug der drei verbündeten Fürsten gegen Franz von Sickingen im Jahre 1523, in: Ebernburg-Hefte 3 (1969), S. 73–97 = Blätter für pfälzische Kirchengeschichte und religiöse Volkskunde 37/38 (1970/71), S. 348–372.

Drach/Könnecke, Bildnisse Alhard von Drach/Gustav Könnecke: Die Bildnisse Philipps des Großmütigen. Festschrift zur Feier seines 400. Geburtstages (13. November 1904) (Veröffentlichungen der Historischen Kommission für Hessen 4), Marburg 1905.

Drescher, Reformationsdrucke Georg Drescher: Reformationsdrucke der Bibliothek Otto Schäfer, in: 50 Jahre Sammler und Mäzen. Der Historische Verein Schweinfurt seinem Ehrenmitglied Dr. phil. h.c. Otto Schäfer (1912–2000) zum Gedenken, hg. v. Uwe Müller, Schweinfurt 2001, S. 45–93.

Drös, Inschriften Harald Drös: Die Inschriften des Hohenlohekreises (Die Deutschen Inschriften 73, Heidelberger Reihe 16), Wiesbaden 2008.

Dürer, Meisterblätter Albrecht Dürer. 80 Meisterblätter. Holzschnitte, Kupferstiche und Radierungen aus der Sammlung Otto Schäfer, hg. v. Germanisches Nationalmuseum, Nürnberg, München u. a. 2000.

Eckardt/Gebhard, Kunstdenkmäler Anton Eckardt/Torsten Gebhard: Die Kunstdenkmäler der Pfalz. Stadt und Landkreis Kaiserslautern (Die Kunstdenkmäler von Bayern 6.9), München 1942 (ND München/Berlin 1975).

Eger, Ludwig V. Wolfgang Eger: Kurfürst Ludwig V., der Friedfertige (von Wittelsbach), Pfalzgraf bei Rhein, in: Der Reichstag zu Worms von 1521. Reichspolitik und Luthersache, hg. v. Fritz Reuter, Worms 1971, S. 352–368.

Eggert, Roman Hartmut Eggert: Roman und Wissenschaft im 19. Jahrhundert. Ein Essay, in: Literaturwissenschaft und politische Kultur. Festschrift für Eberhard Lämmert zum 75. Geburtstag, hg. v. Winfried Menninghaus/Klaus R. Scherpe, Stuttgart/Weimar 1999, S. 97–106.

Ehmer, Kraichgauer Ritterschaft Hermann Ehmer: Die Kraichgauer Ritterschaft und die Reformation, in: Die Kraichgauer Ritterschaft in der Frühen Neuzeit (Melanchthonschriften der Stadt Bretten 3), hg. v. Stefan Rhein, Sigmaringen 1993, S.173–195.

Engels, Bauernkrieg Friedrich Engels: Der deutsche Bauernkrieg, in: Neue Rheinische Zeitung. Politisch-Ökonomische Revue 5/6 (1850).

Fabisch/Iserloh, Dokumente Peter Fabisch/Erwin Iserloh: Dokumente zur Causa Lutheri. Teil 2: Vom Augsburger Reichstag 1518 bis zum Wormser Edikt 1521 (Corpus Catholicorum 42), Münster 1991.

Fetzer, Sickingen Roman Fetzer: »Allein Gott die Ehr, lieb den gemeinen Nutzen, beschirm die Gerechtigkeit« – Franz von Sickingen zwischen Mythos und Wahrheit, Hamburg 2013.

Fey, Hochgrab Carola Fey: Hochgrab und Wanddenkmal. Ausdrucksformen adeliger Sepulkralkultur im Wandel, in: Adelige und bürgerliche Erinnerungskulturen des Spätmittelalters und der Frühen Neuzeit (Formen der Erinnerung 8), hg. v. Werner Rösener, Göttingen 2000, S. 125–144.

Flachmann, Luther Holger Flachmann: Martin Luther und das Buch (Spätmittelalter und Reformation Neue Reihe 8), Tübingen 1996.

Fleischmann, Budny Stefan Fleischmann: Szymon Budny: ein theologisches Portrait des polnisch-weißrussischen Humanisten und Unitariers (ca. 1530–1593), Köln 2006.

Fouquet, Pfälzer Niederadel Gerhard Fouquet: Pfälzer Niederadel am Königshof und an Fürstenhöfen im späten Mittelalter, in: Mitteilungen des Historischen Vereins der Pfalz 108 (2010), S. 399–413.

Franz, Sickingen Günther Franz: Franz von Sickingen, in: Jahrbuch zur Geschichte von Stadt und Landkreis Kaiserslautern 12/13 (1974/75), S. 169–184, abgedruckt in: Günther Franz. Persönlichkeit und Geschichte. Aufsätze und Vorträge, hg. v. Oswald Hauser. Göttingen 1977, S. 51–66.

Franz, Trier Gunther Franz: Trier zur Reformationszeit, in: Trier im Mittelalter (2000 Jahre Trier 2), hg. v. Hans Hubert Anton/Alfred Haverkamp, Trier 1996, S. 533-588, bes. 570–574.

François, Grenze Etienne François: Die unsichtbare Grenze. Protestanten und Katholiken in Augsburg 1648–1806 (Abhandlungen zur Geschichte der Stadt Augsburg 33), Sigmaringen 1991.

Friedensburg, Sickingen Walter Friedensburg: Sickingen, in: Im Morgenrot der Reformation, hg. v. Julius von Plugk-Hartung, Lörrach 1924, S. 557–666.

Fröhlich, Drachenfels Matthias Fröhlich: Drachenfels bei Bad Dürkheim, in: Pfälzisches Burgenlexikon 1, 2. Aufl., Kaiserslautern 2003, S. 407–425.

Funcken/Funcken, Waffen Fred Funcken/Liliane Funcken: Historische Waffen und Rüstungen: Ritter und Landsknechte vom 8. bis 16. Jahrhundert, Niedernhausen 2001.

Füssel, Kaiser Maximilian Stephan Füssel: Kaiser Maximilian und die Medien seiner Zeit: Der Theuerdank von 1517. Eine kulturhistorische Einführung, Köln u. a. 2003.

Gassner, Creutz Klaus Gassner: So ist das Creutz das recht Panier. Die Anfänge der Reformation im Kraichgau, Ubstadt-Weiher 1994.

Goertz, Bildpropaganda Hans-Jürgen Goertz: »Bannwerfer des Antichrist« und »Hetzhunde des Teufels«. Die antiklerikale Spitze der Bildpropaganda in der Reformation, in: Archiv für Reformationsgeschichte 82 (1991), S. 5–38.

Goertz, Gewissensfreiheit Stephan Goertz: Von der Religionsfreiheit zur Gewissensfreiheit. Erwägungen im Anschluss an Dignitatis humanae. In: Trierer Theologische Zeitschrift 119/3 (2010), S. 235–249.

Goldkuhle/Krueger/Schmidt, Landesmuseum Bonn Fritz Goldkuhle u. a. (Bearb.): Rheinisches Landesmuseum Bonn. Gemälde bis 1900, Köln/Bonn 1982.

Gordon/Wipfler, Schwert Michael Gordon/Esther Wipfler: Sog. Schwert des kaiserlichen Herolds Kaspar Sturm, in: Als Friede möglich war. 450 Jahre Augsburger Religionsfrieden, hg. v. Carl Hoffmann, Ausst. Kat. Maximilianmuseum Augsburg, 16.6.–16.10.2005, Regensburg 2005, S. 311–312.

Graf, Herold Klaus Graf: Herold mit vielen Namen. Neues zu Georg Rüxner alias Rugen alias Jerusalem alias Brandenburg alias…, in: Ausst. Kat. Ritterwelten im Spätmittelalter, S. 115–125.

Gräf/Tacke, Janssen Holger Th. Gräf/Andreas Tacke: Preußen in Marburg, Peter Janssens historistische Gemäldezyklen in der Universitätsaula (Quellen und Forschungen zur hessischen Geschichte 140), Darmstadt/Marburg 2004.

Grebe, Mythos Anja Grebe: Mythos Burg – Zu den Ursprüngen des modernen Burgenbildes in der frühen Neuzeit, in: Die Burg. Wissenschaftlicher Begleitband zu den Ausstellungen »Burg und Herrschaft« und »Mythos Burg«, hg. v. G. Ulrich Großmann und Hans Ottomeyer, Dresden 2010, S. 236–253.

Greiner, Coburg Albert Greiner: Die Einführung der Reformation in der Pflege Coburg 1520–1555, 3. Heft, Coburg 1938, S. 139–212.

Greschat, Bucer Martin Greschat: Martin Bucer. Ein Reformator und seine Zeit (1491–1551), 2. Aufl., Münster 2009.

Grimm, Hutten Hans Grimm: Ulrich von Hutten. Wille und Schicksal (Persönlichkeit und Geschichte 60/61), Göttingen 1971.

Groll, Passional Karin Groll: Das »Passional Christi und Antichristi« von Lucas Cranach d. Ä. (Phil. Diss. Freiburg i. Br. 1989), Frankfurt am Main u. a. 1990.

Günther, Codex Diplomaticus Rheno-Mosellanus Wilhelm Günther: Codex Diplomaticus Rheno-Mosellanus. Urkunden-Sammlung zur Geschichte der Rhein- und Mosellande, der Nahe- und Ahrgegend, und des Hundsrückens, des Meinfeldes und der Eifel, Tl. 5. Urkunden des XVI., XVII. und XVIII. Jahrhunderts, Koblenz 1826.

Günther, Hopfer Tobias Günther: Von Künstlern und Kaufleuten. Lambrecht und Hieronymus Hopfer, in: Daniel Hopfer. Ein Augsburger Meister der Renaissance, hg. v. Christof Metzger, München 2009.

Gutjahr, Schwert Mirko Gutjahr: Angebliches Schwert des Reichsherolds Kaspar Sturm, in: Fundsache Luther. Archäologen auf den Spuren des Reformators, hg. v. Harald Meller, Stuttgart 2008, S. 229.

Hartmann, Hessus Karl-Heinz Hartmann: Helius Eobanus Hessus (Frankenberger Hefte 12), Kassel 2013.

Hartung, Burgenbrevier Arndt Hartung (Hg.): Pfälzer Burgenbrevier. Aufbaustudien von Architekt Arndt Hartung mit einer geschichtlichen Skizze von Dr. Ing. Walter Hartung, 6. erg. Aufl., Landau 1985.

Heimbach-Steins, Religionsfreiheit Marianne Heimbach-Steins: Religionsfreiheit. Ein Menschenrecht unter Druck, Paderborn 2012.

Heinemeyer, Philipp Walter Heinemeyer: Philipp der Großmütige und die Reformation in Hessen (Veröffentlichungen der Historischen Kommission für Hessen 24,7), Marburg 1997.

Heinz, Grabmal Stefan Heinz: Aspice Ricardi monumentum… Das Grabmal für Erzbischof Richard von Greiffenklau im europäischen Kontext, in: Der Trierer Reichstag von 1512 in seinem historischen Kontext, hg. v. Michael Embach, Trier 2012, S. 313–328.

Heinz/Rothbrust/Schmid, Grabdenkmäler Stefan Heinz u. a.: Die Grabdenkmäler der Erzbischöfe von Trier, Köln und Mainz, Trier 2004.

Helm, 1495 Claudia Helm (Red.): 1495 – Kaiser, Reich, Reformen. Der Reichstag zu Worms. Ausstellung des Landeshauptarchivs Koblenz in Verbindung mit der Stadt Worms zum 500jährigen Jubiläum des Wormser Reichstags von 1495 (Veröffentlichungen der Landesarchivverwaltung Rheinland-Pfalz, Katalogreihe), Koblenz 1995.

Hepp, Kurpfalz Frieder Hepp: Religion und Herrschaft in der Kurpfalz um 1600 aus der Sicht des Heidelberger Kirchenrates Dr. Marcus zum Lamm (1544–1606) (Buchreihe der Stadt Heidelberg 4), Heidelberg 1993.

Herrbach-Schmidt, Glasgemälde Brigitte Herrbach-Schmidt: Glasgemälde aus der St. Johanneskirche in Ottersweier, in: Die Glasgemäldesammlung der Großherzöge von Baden, hg. v. der Kulturstiftung der Länder/Badisches Landesmuseum, Berlin 2003, S. 47–53.

Heuser, Drachenfels Emil Heuser: Das Ganerbenschloß Drachenfels, Kaiserslautern 1911.

Himmighöfer, Reformation Traudel Himmighöfer: Landesfürstliche Reformation, in: Zeitbilder aus der Geschichte der protestantischen Kirche der Pfalz von der Reformation bis in die Gegenwart, hg. v. Traudel Himmighöfer u. a., Speyer 1999, S. 22.

Hinderer, Sickingen-Debatte Walter Hinderer (Hg.): Sickingen-Debatte. Ein Beitrag zur materialistischen Literaturtheorie (Sammlung Luchterhand 141), Darmstadt 1974.

Hinderer, Sickingen-Debatte 2 Walter Hinderer: Sickingen-Debatte. Ein Beitrag zur materialistischen Literaturtheorie, in: The German Quarterly 49/2 (1976), S. 218–221.

Hinz, Ikonographie Berthold Hinz: Die Ikonographie Philipps von Hessen, in: Landgraf Philipp der Großmütige von Hessen und seine Residenz Kassel (Veröffentlichungen der Historischen Kommission für Hessen 24,8), hg. v. Heide Wunder u. a., Marburg 2004, S. 3–26.

Hirschfeld, Kunstdenkmäler Peter Hirschfeld (Bearb.): Die Kunstdenkmäler des Landkreises Rastatt (Die Kunstdenkmäler Badens 12,1), Karlsruhe 1963.

Hohenberger, Systembruch Thomas Hohenberger: »Also bedarf man by unseren Zyten eins anderen Sant Paulus«. Theologischer Systembruch als Proprium der Lutherrezeption in den frühen Reformatorischen Flugschriften, in: Luther 71 (2000), S. 67–85.

Holsing, Luther Henrike Holsing: Luther – Gottesmann und Nationalheld. Sein Image in der deutschen Historienmalerei des 19. Jahrhunderts, Diss. phil. Köln 2004 [http://kups.ub.uni-koeln.de/2132/].

Holzberg, Pirckheimer Niklas Holzberg: Willibald Pirckheimer. Griechischer Humanismus in Deutschland (Humanistische Bibliothek, Reihe I, Bd. 41), München 1981.

Hoppe, Schlossbau Stephan Hoppe: Die funktionale und räumliche Struktur des frühen Schlossbaus in Mitteldeutschland. Untersucht an Beispielen landesherrlicher Bauten der Zeit zwischen 1470 und 1570, Köln 1996.

Huber-Rebenich, Epistolae Gerlinde Huber-Rebenich: ›Epistolae obscurorum virorum‹, in: Deutscher Humanismus 1480–1520. Verfasserlexikon 1, Berlin 2008, Sp. 646–658.

Huber-Rebenich/Lütkemeyer, Hessus Gerlinde Huber-Rebenich/Sabine Lütkemeyer: Hessus, Helius Eobanus, in: Deutscher Humanismus 1480–1520. Verfasserlexikon 1, Berlin 2008, Sp. 1066–1122.

Hutten, Brief Pirckheimer Ulrich von Hutten: Brief an Willibald Pirckheimer, in: Flugschriften der frühen Reformationsbewegung Bd. 1, hg. v. Adolf Laube u. a., Vaduz 1983, S. 558–562.

Hutten, Klage Ulrich von Hutten: Die verdeutschte Klage an Friedrich von Sachsen, in: Flugschriften der frühen Reformationsbewegung Bd. 2, hg. v. Adolf Laube u. a., Vaduz 1983, S. 694–708.

Hutten, Opera Ulrichs von Hutten Schriften (Ulrichi Hutteni equitis Germani opera quae reperiri potuerunt omnia) hg. v. Eduard Böcking, 5 Bde. Leipzig 1859–1861 (ND Aalen 1963).

Hutten, Schriften Ulrich von Hutten. Deutsche Schriften, hg. v. Peter Ukena, Übersetzung des Pirckheimer-Briefes von Annemarie Holborn, München 1970.

Hutten, Tyrannen Ulrich von Hutten. Die Schule des Tyrannen. Lateinische Schriften, hg. v. Martin Treu, Leipzig 1991.

Jendorff, Ganerbenburg Alexander Jendorff: Die Ganerbenburg. Zur politisch-sozialen Funktion eines Burgentyps für Herrschaftsgemeinschaften, in: Die Burg. Wissenschaftlicher Begleitband zu den Ausstellungen »Burg und Herrschaft« und »Mythos Burg«, hg. v. G. Ulrich Großmann/Hans Ottomeyer, Dresden 2010, S. 102–109.

Jung, Schwebel Fritz Jung: Johannes Schwebel der Reformator von Zweibrücken, Kaiserslautern 1910.

Jürgens, a Lasco Henning Jürgens: Johannes a Lasco in Ostfriesland. Der Werdegang eines europäischen Reformators, Tübingen 2002.

Jürgensmeier, Albrecht Friedhelm Jürgensmeier (Hg.): Erzbischof Albrecht von Brandenburg 1490–1545. Ein Kirchen- und Reichsfürst der Frühen Neuzeit (Beiträge zur Mainzer Kirchengeschichte 3), Frankfurt am Main 1990.

Kahle, Plastik Hertha Kahle: Studien zur mittelrheinischen Plastik des 16. Jahrhunderts (Kunstgeschichtliche Forschungen des Rheinischen Vereins für Denkmalpflege und Heimatschutz 5), Bonn 1939.

Kalkoff, Depeschen Paul Kalkoff: Die Depeschen des Nuntius Aleander vom Wormser Reichstage 1521, Halle 1886.

Kalkoff, Hutten Paul Kalkoff: Ulrich von Hutten und die Reformation. Eine kritische Geschichte seiner wichtigsten Lebenszeit und der Entscheidungsjahre der Reformation (1517–1523) (Quellen und Forschungen zur Reformationsgeschichte 4), Leipzig 1920.

Kammer, Reformationsdenkmäler Otto Kammer: Reformationsdenkmäler des 19. und 20. Jahrhunderts. Eine Bestandsaufnahme (Stiftung Luthergedenkstätten in Sachsen-Anhalt, Katalog 9), Leipzig 2004.

Kammer/Reuter/Oelschläger, Spuren Otto Kammer u. a.: Auf den Spuren Luthers und der Reformation in Worms, 5. Aufl., Worms 2012.

Karcheski, Waffen Walter J. Karcheski, Jr.: Europäische Waffen und Rüstungen, in: Imperial Austria. Steirische Kunst- und Waffenschätze aus vier Jahrhunderten, hg. v. Steiermärkischen Landesmuseum Joanneum, Ausst.Kat. Burg Rabenstein, Frohnleiten, 12.5.–29.10.2000, Graz 2000.

Kaufmann, Ebernburg-Kreis Thomas Kaufmann: Sickingen, Hutten, der Ebernburg-Kreis und die reformatorische Bewegung, in: Ebernburg-Hefte 49 (2015) = Blätter für pfälzische Kirchengeschichte 82 (2015) [erscheint November 2015].

Kaufmann, Geschichte Thomas Kaufmann: Geschichte der Reformation, Frankfurt am Main 2009.

Kaufmann, Kommentar Thomas Kaufmann: An den christlichen Adel deutscher Nation von des christlichen Standes Besserung (Kommentare zu Schriften Luthers 3), Tübingen 2014.

Kehrer, Sickingen Harold H. Kehrer: Die Familie von Sickingen und die deutschen Fürsten 1262 bis 1523, in: Zeitschrift für die Geschichte des Oberrheins 127 (1979), S. 71–158 und 129 (1981), S. 82–188.

Kemnitzer/Raschzok, Beichte Konstanze Kemnitzer/Klaus Raschzok: Beichte, in: Das Luther-Lexikon, Regensburg 2014, S. 104–106.

Kentenich, Trier Gottfried Kentenich: Geschichte der Stadt Trier von ihrer Gründung bis zur Gegenwart. Denkschrift zum hundertjährigen Jubiläum der Zugehörigkeit der Stadt zum preußischen Staat, Trier 1915 (ND Trier 1979).

Keßler, Heilmittel Eckhard Keßler (Hg.): Heilmittel gegen Glück und Unglück. Lateinisch-deutsche Ausgabe in Auswahl, übers. und komm. von Rudolf Schottlaender (Humanistische Bibliothek Reihe 2 Texte 18), München 1988.

Kleineidam, Universitas Erich Kleineidam: Universitas studii Erfordensis. Überblick über die Geschichte der Universität Erfurt (im Mittelalter 1392–1521), Bd. II: 1460–1521 (Erfurter Theologische Studien 22/II), 2. Aufl., Leipzig 1983.

Kohnle, Adelsschrift Armin Kohnle: Martin Luthers Adelsschrift und ihre Rezeption. Beobachtungen am Beispiel einer »reformatorischen Hauptschrift«, in: Buch und Reformation (Schriften der Stiftung Luthergedenkstätten in Sachsen-Anhalt 16), hg. v. Enno Bünz u. a., Leipzig 2014, S. 69–85.

Kohnle, Geschichte Armin Kohnle: Kleine Geschichte der Kurpfalz, Karlsruhe 2005.

Kohnle, Luther Armin Kohnle: Luther und das Reich, in: Luther-Handbuch, hg. v. Albrecht Beutel, Tübingen 2005, S. 196–205.

Kornfeld, Huttens Stellung Heike Kornfeld: Ulrich von Huttens Stellung zu Martin Luther, in: Ebernburg-Hefte 23 (1989), S. 59–81 = Blätter für pfälzische Kirchengeschichte 56 (1989), S. 231–253.

Korolko, Klejnot Miroslaw Korolko: Klejnot swobodnego sumienia. Polemika wokół konfederacji warszawskiej w latach 1573–1658, Warszawa 1974.

Kossowska, Biblia Maria Kossowska: Biblia w języku polskim. Bd. 1, Poznań 1968.

Krause, Hessus Carl Krause: Helius Eobanus Hessus, 2 Bde., Gotha 1879.

Kreutz, Hutten Wilhelm Kreutz: Die Deutschen und Ulrich von Hutten. Rezeption von Autor und Werk seit dem 16. Jahrhundert, München 1984.

Krieb, Flersheim Steffen Krieb: »Unnd maihne, das das kheinem ritter nie wiederfahren sey, als mir.« Die Briefe Friedrichs von Flersheim als Selbstzeugnisse, in: Kommunikation mit dem Ich. Signaturen der Selbstzeugnisforschung an europäischen Beispielen des 12. bis 16. Jahrhunderts, hg. v. Heinz-Dieter Heimann/Pierre Monnet, Bochum 2004, S. 135–146.

Kriegseisen, Protestanten Wojciech Kriegseisen: Die Protestanten in Polen-Litauen (1696–1763). Rechtliche Lage, Organisation und Beziehungen zwischen den evangelischen Glaubensgemeinschaften, Wiesbaden 2011.

Kriegseisen, Stosunki Wojciech Kriegseisen: Stosunki wyznaniowe w relacjach państwo-kościół między reformacją a oświeceniem (Rzesza Niemiecka – Niderlandy Północne – Rzeczpospolita polsko-litewska), Warszawa 2010.

Kroos, Grabbräuche Renate Kroos: Grabbräuche – Grabbilder, in: Memoria. Der geschichtliche Zeugniswert des liturgischen Gedenkens im Mittelalter, hg. v. Karl Schmid/Joachim Wollasch, München 1984, S. 285–353.

Kruip, Katholische Kirche Gerhard Kruip: Katholische Kirche und Religionsfreiheit, in: Ein neuer Kampf der Religionen? Staat, Recht und religiöse Toleranz, hg. v. Hubert Rottleuthner/Matthias Mahlmann, Berlin 2006, S. 101–125.

Kück, Cronberg Eduard Kück: Die Schriften Hartmuths von Cronberg. Flugschriften der Reformationszeit XIV, Halle 1899.

Kück, Schriftstellernde Adlige Eduard Kück: Schriftstellernde Adlige der Reformationszeit I. Sickingen und Landschad, Rostock 1899.

Kühn, Sickingen Hans-Joachim Kühn: Franz von Sickingen an Saar, Mosel und Maas, St. Wendel 2004.

Kunze, Orzelski Edward Kunze (Hg.): Świętosław Orzelski, Ś. Orzelski, Bezkrólewia ksiąg ośmioro 1572–1576, Krakau 1917.

Kuhr, Macht Olaf Kuhr: »Die Macht des Bannes und der Buße«. Kirchenzucht und Erneuerung der Kirche bei Johannes Oekolampad (1482–1531), Bern u. a. 1999.

Kurras, Ritter Lotte Kurras: Ritter und Turniere. Ein höfisches Fest in Buchillustrationen des Mittelalters und der frühen Neuzeit, Stuttgart/Zürich 1992.

Kurras, Rixner Lotte Kurras: Georg Rixner, der Reichsherold »Jerusalem«, in: Mitteilungen des Vereins für Geschichte der Reichsstadt Nürnberg 69 (1982) S. 341–344.

Leppin, Luther Volker Leppin: Martin Luther (Gestalten des Mittelalters und der Renaissance), Darmstadt 2006.

Losse, Festungen Eifel Michael Losse: Burgen und Schlösser in der Eifel, Rheinbach 2013.

Luther, Briefwechsel (WA) D. Martin Luthers Werke. Kritische Gesamtausgabe, Briefwechsel, 13 Bde., Weimar 1930–1968.

Luther, Tischreden (WA) Martin Luther: Tischreden, Bde. 1, 2, 4 (Weimarer Ausgabe), Weimar 1912–21.

Luther, Verhandlungen (WA) Martin Luther: Verhandlungen mit D. Martin Luther auf dem Reichstage zu Worms, in: Luther, Werke, Bd. 7 (Weimarer Ausgabe), S. 814–887.

Luther, Werke (WA) D. Martin Luthers Werke. Kritische Gesamtausgabe (Weimarer Ausgabe), Weimar 1883–2009.

Luttenberger, Ludwig V. Albrecht Luttenberger: Ludwig V. der Friedfertige, Kurfürst von der Pfalz (seit 1508), in: Neue Deutsche Biographie 15 (1987), S. 412–413.

Maresch, Schlösser, Burgen & Herrensitze Hans Maresch/Doris Maresch: Rheinland-Pfalz' und Saarlands Schlösser, Burgen & Herrensitze, Husum 2014.

Melanchthon, Briefwechsel Melanchthons Briefwechsel, hg. v. Heinz Scheible, Stuttgart-Bad Canstatt 1977–2014.

Mende, Baldung Grien Matthias Mende: Hans Baldung Grien. Das graphische Werk. Vollständiger Bildkatalog der Einzelholzschnitte, Buchillustrationen und Kupferstiche, hg. v. Stadtgeschichtlichen Museum Nürnberg u. a., Unterschneidheim 1978.

Menke-Schwinghammer, Kaulbach Annemarie Menke-Schwinghammer: Weltgeschichte als ›Nationalepos‹. Wilhelm von Kaulbachs kulturhistorischer Zyklus im Treppenhaus des Neuen Museums in Berlin, Berlin 1994.

Mennecke-Haustein, Epistolae Ute Mennecke-Haustein: Epistolae obscurorum virorum, in: Walther Killy – Literaturlexikon 3, Gütersloh/München 1989, S. 270–272.

Mennecke, Luther Ute Mennecke: Luther als Junker Jörg, in: Lutherjahrbuch 79 (2012), S. 63–99.

Meyer/Thon, Ebernburg Bernhard Meyer/Alexander Thon: Ebernburg, in: Pfälzisches Burgen-Lexikon I, Kaiserlautern 1999, S. 277–288.

Michel, Transformation Paul Michel: Transformation und Augmentation bei Petrarca und seinem Meister, in: Enzyklopädistik 1550–1650. Typen und Transformationen von Wissensspeichern und Medialisierungen des Wissens (Pluralisierung & Autorität 18), hg. v. Martin Schierbaum, Münster/Berlin 2009.

Moeller, Erfurt Bernd Moeller: Erwägungen zur Bedeutung Erfurts als Kommunikationszentrum der frühen Reformation, in: Erfurt Geschichte und Gegenwart (Schriften des Vereins für die Geschichte und Altertumskunde von Erfurt 2), hg. v. Weiss Ulman, Weimar 1995.

Moeller, Flugschriften Bernd Moeller: Flugschriften der Reformationszeit, in: Theologische Realenzyklopädie 11, Berlin/New York 1983, S. 240–246.

Moeller, Klerus Bernd Moeller: Klerus und Antiklerikalismus in Luthers Schrift ›An den Christlichen Adel deutscher Nation‹ von 1520, in: Bernd Möller. Luther-Rezeption. Kirchenhistorische Aufsätze zur Reformationsgeschichte, hg. v. Johannes Schilling, Göttingen 2001, S. 108–120.

Möller, Mobiliar Roland Möller: Mobiliar auf Burgen im Mittelalter, in: Alltag auf Burgen im Mittelalter (Veröffentlichungen der Deutschen Burgenvereinigung e.V., Reihe B: Schriften), hg. v. Joachim Zeune, Braubach 2006, S. 90–99.

Molitor, Glaubenskämpfe Hansgeorg Molitor: Das Erzbistum Köln im Zeitalter der Glaubenskämpfe 1515–1688 (Geschichte des Erzbistums Köln 3), Köln 2008.

Moraw, Verfassung Peter Moraw: Von offener Verfassung zu gestalteter Verdichtung. Das Reich im späten Mittelalter 1250 bis 1490, Berlin 1985.

Morsel, Soziogenese Joseph Morsel: Die Erfindung des Adels. Zur Soziogenese des Adels am Ende des Mittelalters – das Beispiel Frankens, in: Nobilitas. Funktion und Repräsentation des Adels in Alteuropa (Veröffentlichungen des Max Planck-Instituts für Geschichte 133), hg. v. Otto Gerhard Oexle/Werner Paravicini, Göttingen 1997, S. 312–375.

Müller, Bekenntnispolitik Michael G. Müller: »Nicht für die Religion selbst ist die Conföderation inter dissidentes eingerichtet …«. Bekenntnispolitik und Respublica-Verständnis in Polen-Litauen, in: Aspekte der politischen Kommunikation im Europa des 16. und 17. Jahrhunderts. Politische Theologie – Res Publica-Verständnis – konsensgestützte Herrschaft (Historische Zeitschrift Beihefte NF 39), hg. v. Luise Schorn-Schütte, München 2004, S. 311–328.

Müller, Dürer Heinrich Müller: Albrecht Dürer. Waffen und Rüstungen, Darmstadt 2002.

Müller, Gedechtnus Jan-Dirk Müller: Gedechtnus. Literatur und Hofgesellschaft um Maximilian I., München 1982.

Münch, Catus Birgit Ulrike Münch: Periculosus Catus. Subversive Kritik in Bildern und Texten Thomas Murners, in: Von der Freiheit der Bilder. Spott, Kritik und Subversion in der Kunst der Dürerzeit, hg. v. Thomas Schauerte u. a., Petersberg 2013, S. 196–217.

Münch, Sickingen Ernst Münch: Franz von Sickingens Thaten, Plane, Freunde und Ausgang, Stuttgart/Tübingen 1827.

Nettner-Reinsel, Bildnisse Renate Nettner-Reinsel: Die zeitgenössischen Bildnisse Ulrichs von Hutten, in: Ulrich von Hutten. Ritter, Humanist, Publizist 1488–1523, hg. v. Land Hessen in Zusammenarbeit mit dem Germanischen Nationalmuseum, Ausst.Kat. Ausstellung des Landes Hessen anlässlich des 500. Geburtstages, Schlüchtern, 3.7.–11.9.1988, Kassel 1988, S. 119–135.

Neugebauer, Epitaph Anton Neugebauer: »Ein neues bedeutsames Denkmal aus verhängnisvoller Zeit« – Anmerkungen zum Sickingen-Epitaph in Landstuhl, in: Kaiserslauterer Jahrbuch für pfälzische Geschichte und Volkskunde 13 (2015), S. 79–102.

Neumaier, Ort Odenwald Helmut Neumaier: »Daß wir kein anderes Haupt oder von Gott eingesetzte zeitliche Obrigkeit haben«. Ort Odenwald der fränkischen Reichsritterschaft von den Anfängen bis zum Dreißigjährigen Krieg (Veröffentlichungen der Kommission für Geschichtliche Landeskunde in Baden-Württemberg, Reihe B, 161), Stuttgart u. a. 2005.

Nieder, Tann Horst Nieder: Die Geschichte der Familie von der Tann in der Reformationszeit, Petersberg 2015.

Nikitsch, Inschriften Bad Kreuznach Eberhard J. Nikitsch: Die Inschriften des Landkreises Bad Kreuznach (Die deutschen Inschriften 34, Mainzer Reihe 3), Wiesbaden 1993.

Nikitsch, Inschriften Rhein-Hunsrück-Kreis Eberhard J. Nikitsch: Die Inschriften des Rhein-Hunsrück-Kreises I (Boppard, Oberwesel, St. Goar) (Die deutschen Inschriften 60, Mainzer Reihe 8), Wiesbaden 2004.

Nikitsch, Totenschild Flersheim Eberhard J. Nikitsch: Totenschild des Philipp von Flersheim, in: Die Inschriften des Rhein-Hunsrück-Kreises I Boppard, Oberwesel, St. Goar (Die deutschen Inschriften 60, Mainzer Reihe 8), hg. v. Eberhard J. Nikitsch, Wiesbaden 2004, Nr. 219.

Ninnes, Niemandsland Richard J. Ninnes: Im konfessionellen Niemandsland. Neue Forschungsansätze zur Geschichte der Reichsritterschaft zwischen Reformation und Dreißigjährigem Krieg. Das Vermächtnis von Volker Press, in: Historisches Jahrbuch 134 (2014), S. 142–164.

Ninnes, Press Richard J. Ninnes: Volker Press' »Adel, Reich und Reformation« aus der Sicht des 21. Jahrhunderts und neue Perspektiven für die Erforschung der Reichsritterschaft, in: Jahrbuch der Hessischen Kirchengeschichtlichen Vereinigung 64 (2013), S. 109–125.

Oelschläger, Sendbrief Ulrich Oelschläger: Der Sendbrief Franz von Sickingens an seinen Verwandten Dieter von Handschuchsheim, in:

Ebernburg-Hefte 4 (1970), S. 71–85 = Blätter für pfälzische Kirchengeschichte und religiöse Volkskunde 37/38 (1970/71) S. 710–724.

Oexle, Memoria Otto Gerhard Oexle: Memoria als Kultur, in: Memoria als Kultur, hg. v. Otto Gerhard Oexle, Göttingen 1995, S. 9–78.

Otto, Lamm Eduard Otto: Dr. Markus zum Lamm und sein Thesaurus Picturarum, in: Zeitschrift für Bücherfreunde NF 1, Bd. 2 (1910) S. 404–418.

Paravicini, Adelsherrschaft Werner Paravicini: Adelsherrschaft in der Krise. Der Bauernkrieg von 1525, in: Jahrbuch 2008 der Akademie der Wissenschaften zu Göttingen (2009), S. 450–484; erneut in: Werner Paravicini: Noblesse. Studien zum adeligen Leben im spätmittelalterlichen Europa, hg. v. Ulf Christian Ewert u. a., Ostfildern 2012, S. 97–128 (Ergänzungen S. 601 f.).

Pech, Haeberlin Peter Wilhelm Pech: Carl von Haeberlin (1832–1911). Studien zu Leben und Werk eines Historienmalers und Akademieprofessors in Stuttgart in der zweiten Hälfte des 19. Jahrhunderts, Tübingen 1982.

Pfaffenbichler, Maximilian I. Matthias Pfaffenbichler: »Wie der jung [...] kunig in allen ritterspilen, auch in teutschen und welschen stechen ubertreffenlichen was« – Maximilian I. und das höfische Turnier, in: Ausst.Kat. Kaiser Maximilian I., S. 129–139.

Pfeifer/Andermann, Ansitz Gustav Pfeifer/Kurt Andermann (Hg.): Ansitz – Freihaus – corte franca. Bauliche und rechtsgeschichtliche Aspekte adligen Wohnens in der Vormoderne (Veröffentlichungen des Südtiroler Landesarchivs 36), Innsbruck 2013.

Pociecha, Walka Wacław Pociecha: Walka sejmowa o przywileje Kościoła w Polsce w latach 1520–1537, in: Reformacja w Polsce 2 (1922), S. 161–184.

Polenz, Sprachgeschichte Peter von Polenz: Deutsche Sprachgeschichte vom Spätmittelalter bis zur Gegenwart, Bd. 1: Einführung, Grundbegriffe, 14. bis 16. Jahrhundert, 2. Aufl., Berlin/New York 2000.

Polke, Ebernburg Johannes Polke: »Wiewohl es ein rühmlich und wohlgebaut Haus gewesen«. Das Ende der Ebernburg 1523 im Spiegel hessischer Dokumente, in: Ebernburg-Hefte 8 (1974) S. 45–109 = Blätter für pfälzische Kirchengeschichte und religiöse Volkskunde 41 (1971), S. 133–197.

Press, Adel Volker Press: Adel, Reich und Reformation, in: Stadtbürgertum und Adel in der Reformation. Studien zur Sozialgeschichte der Reformation in England und Deutschland (Veröffentlichungen des Deutschen Historischen Instituts in London 5), hg. v. Wolfgang J. Mommsen, Stuttgart 1979, S. 330–383.

Press, Führungsgruppen Volker Press: Führungsgruppen in der deutschen Gesellschaft im Übergang zur Neuzeit um 1500, in: Volker Press. Das Alte Reich. Ausgewählte Aufsätze (Historische Forschungen 59), hg. v. Johannes Kunisch, Berlin 1997, S. 515–557.

Press, Karl V. Volker Press: Kaiser Karl V., König Ferdinand und die Entstehung der Reichsritterschaft (Institut für Europäische Geschichte Mainz, Vorträge 60), 2. Aufl., Wiesbaden 1980.

Press, Ritter Volker Press: Ein Ritter zwischen Rebellion und Reformation. Franz von Sickingen (1481–1523), in: Ebernburg-Hefte 17 (1983), S. 7–33 = Blätter für Pfälzische Kirchengeschichte und religiöse Volkskunde 50 (1983), S. 151–177.

Press, Ritterschaft Volker Press: Die Ritterschaft im Kraichgau zwischen Reich und Territorium 1500–1623, in: Zeitschrift für die Geschichte des Oberrheins 122 (1974), S. 35–98.

Press, Zweite Reformation Press, Volker: Die »Zweite Reformation« in der Kurpfalz, in: Die reformierte Konfessionalisierung in Deutschland – Das Problem der »Zweiten Reformation« (Schriften des Vereins für Reformationsgeschichte 195), hg. v. Heinz Schilling, Gütersloh 1986, S. 104–129.

Rabeler, Lebensformen Sven Rabeler: Niederadlige Lebensformen im späten Mittelalter. Wilwolt von Schaumberg (um 1450–1510) und Ludwig von Eyb d. J. (1450–1521) (Veröffentlichungen der Gesellschaft für fränkische Geschichte IX, 53), Würzburg 2006.

Rademacher/Höfer, Vogel Greif Heinz Rademacher/Jörg Höfer: Der »Vogel Greif«, in: Mitteilungen des Bundes Deutscher Feuerwerker und Wehrtechniker 60 (2011), Heft 3, S. 24; Heft 4, S. 26–28.

Ranft, Adel Andreas Ranft: Einer von Adel. Zu adligem Selbstverständnis und Krisenbewußtsein im 15. Jahrhundert, in: Historische Zeitschrift 263 (1996), S. 317–343.

Ranft, Adelsgesellschaften Andreas Ranft: Adelsgesellschaften. Gruppenbildung und Genossenschaft im spätmittelalterlichen Reich (Kieler Historische Studien 38), Sigmaringen 1994.

Ranft, Ritterbünde Andreas Ranft: »Ritterbünde, -gesellschaften«, in: Lexikon des Mittelalters VII, München 2002, Sp. 876–877.

Reiniger, Publizistik Wolfgang Reiniger: Sickingens Ebernburg in der Publizistik 1520–1523, in: Ebernburg-Hefte 24 (1990), S. 85–106.

Rendenbach, Fehde Karl Hans Rendenbach: Die Fehde Franz von Sickingens gegen Trier (Historische Studien 224), Berlin 1933.

Reuter, Worms Fritz Reuter (Hg.): Der Reichstag zu Worms 1521. Reichspolitik und Luthersache, Worms 1971.

Riedenauer, Reichsritterschaft Erwin Riedenauer: Reichsritterschaft und Konfession, in: Deutscher Adel 1554–1740, hg. v. Hellmuth Rössler (Schriften zur Problematik der deutschen Führungsschichten in der Neuzeit 2; Büdinger Vorträge 2), Darmstadt 1965, S. 1–63.

Ritzmann, Fehdetätigkeit Peter Ritzmann: »Plackerey in teutschen Landen«. Untersuchungen zur Fehdetätigkeit des fränkischen Adels im frühen 16. Jahrhundert und ihrer Bekämpfung durch den Schwäbischen Bund und die Reichsstadt Nürnberg, insbesondere am Beispiel des Hans Thomas von Absberg und seiner Auseinandersetzung mit den Grafen von Öttingen (1520–1531), München 1995.

Rödel, Gemeinschaft Volker Rödel: Die Burg als Gemeinschaft. Burgmannen und Ganerben, in: Zur Sozial- und Kulturgeschichte der mittelalterlichen Burg (Interdisziplinärer Dialog zwischen Archäologie und Geschichte 1), hg. v. Lukas Clemens/Sigrid Schmitt, Trier 2009, S. 109–140.

Roethe, Sturm Gustav Roethe: Sturm, Kaspar, in: Allgemeine Deutsche Biographie 37 (1894), S. 41–42.

Rösener, Adel im Spätmittelalter Werner Rösener: Befand sich der Adel im Spätmittelalter in einer Krise? Zur Lage des südwestdeutschen Adels im 14. und 15. Jahrhundert, in: Zeitschrift für Württembergische Landesgeschichte 61 (2001), S. 91–109.

Roth, Eltz Friedrich Wilhelm Emil Roth: Geschichte der Herren und Grafen zu Eltz, 2 Bd., Mainz 1889–1890.

Rupprich, Dürer Hans Rupprich (Hg.): Dürer. Schriftlicher Nachlass, 3 Bde. (Deutscher Verein für Kunstwissenschaft), Berlin 1956–1969.

Russell, Luther William R. Russell: Martin Luther's Understanding of the Pope as the Antichrist, in: Archiv für Reformationsgeschichte 85 (1994), S. 32–44.

Sachs/Drescher, Gemerbüchlein Hans Sachs/Karl Drescher (Hg.): Das Gemerbüchlein des Hans Sachs (1555–1561) nebst einem Anhange (Neudrucke deutscher Literaturwerke des XVI. und XVII. Jahrhunderts, No. 149–152), Halle 1898.

Schaab, Kurpfalz Meinrad Schaab: Geschichte der Kurpfalz, Bd. 2: Neuzeit, Stuttgart u. a. 1992.

Schade, Satiren Oskar Schade: Satiren und Pasquillen aus der Reformationszeit. Bd. 2, 2. Ausg., Hannover 1863.

Schauder, Franz haiß ich Karlheinz Schauder: »Franz haiß ich, Franz pleib ich«. Das Sickingen-Lesebuch, Otterbach 1999.

Schauder, Sickingen Karlheinz Schauder: Franz von Sickingen (Pfälzische Profile), Kaiserslautern 2006.

Schäufele, Herberge der Gerechtigkeit Wolf-Friedrich Schäufele: »Herberge der Gerechtigkeit« oder »Wartburg des Westens«? Die Ebernburg in Luthers Tischreden, in: Ebernburg-Hefte 46 (2012), S. 69–76 = Blätter für pfälzische Kirchengeschichte 79 (2012), S. 609–616.

Schäufele, Oekolampad Wolf-Friedrich Schäufele: Johannes Oekolampad, in: Das Reformatorenlexikon, Darmstadt 2014, S. 189–193.

Scheidig, Petrarca-Meister Walther Scheidig: Die Holzschnitte des Petrarca-Meisters. Zu Petrarcas Werk »Von der Artzney bayder Glück des guten und wiederwärtigen« Augsburg 1532, Berlin 1955.

Schenck zu Schweinsberg, Jugendzeit Philipps G. Schenck zu Schweinsberg: Aus der Jugendzeit Landgraf Philipps des Großmütigen, in: Philipp der Großmütige. Beiträge zur Geschichte seines Lebens und seiner Zeit, hg. v. Historischen Verein für das Großherzogtum Hessen, Marburg 1904, S. 71–143.

Schilling, Flugschriften Johannes Schilling: Flugschriften der Reformationszeit, in: Religion in Geschichte und Gegenwart 3, 4. Aufl., Tübingen 2000, Sp. 169–170.

Schilling, Hutten Johannes Schilling: Hutten und Luther, in: Ulrich von Hutten in seiner Zeit. Schlüchterner Vorträge zu seinem 500. Geburtstag (monographia hassiae 12), hg. v. Johannes Schilling/Ernst Giese, Kassel 1988, S. 87–117.

Schilling, Luther Heinz Schilling: Martin Luther. Rebell in einer Zeit des Umbruchs, München 2012.

Schilling, Passio Johannes Schilling: Passio Doctoris Martini Lutheri. Bibliographie, Texte und Untersuchungen (Quellen und Forschungen zur Reformationsgeschichte 57), Gütersloh 1989.

Schlunk/Giersch, Ritter Andreas Schlunk/Robert Giersch: Die Ritter. Geschichte – Kultur – Alltagsleben, Begleitbuch zur Ausstellung »Die Ritter« im Historischen Museum der Pfalz Speyer, 30.5.–16.10.2003, Stuttgart 2003.

Schmidchen, Bombarden Volker Schmidchen: Bombarden, Befestigungen, Büchsenmeister. Von den ersten Mauerbrechern des Spätmittelalters zur Belagerungsartillerie der Renaissance, Düsseldorf 1977.

Schmidt, Felsen Christoph Schmidt: Auf Felsen gesät. Die Reformation in Polen und Livland, Göttingen 2000.

Schneider, Ganerbschaften Joachim Schneider: Ganerbschaften und Burgfrieden in der Frühen Neuzeit – Relikte oder funktionale Adaptionen?, in: Adel in Hessen. Herrschaft, Selbstverständnis und Lebensführung vom 15. bis ins 20. Jahrhundert (Veröffentlichungen der Historischen Kommission für Hessen 70), hg. v. Eckart Conze u. a., Marburg 2010, S. 129–148.

Schneider, Niederadel Joachim Schneider: Spätmittelalterlicher deutscher Niederadel – ein landschaftlicher Vergleich (Monographien zur Geschichte des Mittelalters 52), Stuttgart 2003.

Schneider, Philipp von Hessen Hans Schneider: Die reformatorischen Anfänge Landgraf Philipps von Hessen im Spiegel einer Flugschrift, in: Hessisches Jahrbuch für Landesgeschichte 42 (1992), S. 131–166.

Schneider, Schweblin Johannes Schneider: Schweblin, Johannes, in: Allgemeine Deutsche Biographie 33 (1891), S. 318–322.

Schoch/Mende/Scherbaum, Dürer Buchillustrationen Rainer Schoch u. a. (Hg.): Albrecht Dürer. Das druckgraphische Werk, Bd. 3: Buchillustrationen, München u. a. 2004.

Schoch/Mende/Scherbaum, Dürer Kupferstiche Rainer Schoch u. a. (Hg.): Albrecht Dürer. Das druckgraphische Werk, Bd. 1: Kupferstiche, Eisenradierungen und Kaltnadelblätter, München 2001.

Scholz, Frömmigkeit Sebastian Scholz: Öffentliche Frömmigkeit im 15. Jahrhundert. Stiftung, Memoria und Repräsentation auf Denkmälern, in: Religiöse Ordnungsvorstellungen und Frömmigkeitspraxis im Hoch- und Spätmittelalter, hg. v. Jörg Rogge, Korb 2008, S. 115–134.

Scholz, Grabmäler Sebastian Scholz: Grabmäler von Laien im Mittelalter. Zu ihrer Funktion, Bedeutung und kanonistischen Problematik, in: Wider das Vergessen und für das Seelenheil. Memoria und Totengedenken im Mittelalter, hg. v. Rainer Berndt, Münster 2013, S. 271–285.

Scholzen, Fehde Reinhard Scholzen: Franz von Sickingen (1481–1523): Fehde als Beruf, in: Österreichische Militärische Zeitschrift (ÖMZ) 5 (2014), S. 523–531.

Scholzen, Machtkampf Reinhard Scholzen: Franz von Sickingen als Faktor im Machtkampf zwischen Mainz, Hessen, Kurtrier und Kurpfalz, in: Ebernburg-Hefte 34 (2000), S. 75–93 = Blätter für pfälzische Kirchengeschichte und religiöse Volkskunde 68 (2001), S. 287–305.

Scholzen, Sickingen Reinhard Scholzen: Franz von Sickingen. Ein adeliges Leben im Spannungsfeld zwischen Städten und Territorien (Beiträge zur pfälzischen Geschichte 9), Kaiserslautern 1996.

Schottenloher, Ritterschaftsbewegung Karl Schottenloher: Flugschriften der Ritterschaftsbewegung des Jahres 1523 (Reformationsgeschichtliche Studien und Texte 53), Münster 1929.

Schramm, Polnische Adel Gottfried Schramm: Der polnische Adel und die Reformation 1548–1607, Tübingen 1965.

Schreyl, Schäufelin Stadtgeschichtliche Museen Nürnberg u. a. (Hg.): Hans Schäufelin. Das druckgraphische Werk Bd. I, bearb. v. Karl Heinz Schreyl, Nördlingen 1990.

Schuchardt, Cranach Christian Schuchardt: Lucas Cranach der Ältere, Leben und Werke, 3 Bde., Leipzig 1851–1871.

Schwitalla, Flugschrift Johannnes Schwitalla: Flugschrift, Tübingen 1999.

Seidl, Ritterromantik Katharina Seidl: Ritterromantik. Streiflichter von Cervantes bis George Lucas, in: Ausst.Kat. Ritter! Traum und Wirklichkeit, S. 67–73.

Siblewski, Patriotismus Klaus Siblewski: Ritterlicher Patriotismus und romantischer Nationalismus in der deutschen Literatur 1770–1830. Zur konservativen Rezeption der Reformation, des Bauernkriegs und der Aufstandsbewegung des niederen Adels (Literatur in der Gesellschaft 4), München 1981.

Silver, Emperor Maximilian I Larry Silver: »Die guten alten history«. Emperor Maximilian I, »Teuerdank« and the »Heldenbuch« Tradition, in: Jahrbuch des Zentralinstituts für Kunstgeschichte, 2 (1988), 71–106.

Silver, Marketing Maximilian Larry Silver: Marketing Maximilian. The Visual Ideology of a Holy Roman Emperor, Princeton/Oxford 2008.

Sobieski, Archiwum Waclaw Sobieski, (Hg.) Archiwum Jana Zamoyskiego, Bd. 1, Krakau 1903.

Spehr, Konzil Christopher Spehr: Luther und das Konzil. Zur Entwicklung eines zentralen Themas in der Reformationszeit (Beiträge zur historischen Theologie 153), Tübingen 2010.

Spieß, Familie Karl-Heinz Spieß: Familie und Verwandtschaft im deutschen Hochadel des Spätmittelalters (13. bis Anfang des 16. Jahrhunderts)

(Vierteljahrschrift für Sozial- und Wirtschaftsgeschichte, Beih. 111), Stuttgart 1993.

Spieß, Memoria Karl-Heinz Spieß: Liturgische Memoria und Herrschaftsrepräsentation im nichtfürstlichen Hochadel des Spätmittelalters, in: Werner Rösener (Hg.): Adelige und bürgerliche Erinnerungskulturen des Spätmittelalters und der Frühen Neuzeit (Formen der Erinnerung 8), Göttingen 2000, S. 97–124.

Staehelin, Lebenswerk Ernst Staehelin: Das theologische Lebenswerk Johannes Oekolampads (Quellen und Forschungen zur Reformationsgeschichte 21), Leipzig 1939 (ND New York u. a. 1971).

Steger, Bildnisbüsten Simone Steger: Die Bildnisbüsten der Walhalla bei Donaustauf. Von der Konzeption durch Ludwig I. von Bayern zur Ausführung (1807–1842), Diss. phil. München 2011.

Steinmetz, Conterfei Thomas Steinmetz: Conterfei etlicher Kriegshandlungen von 1523 bis in das 1527 Jar. Zu Burgendarstellungen über die »Absberger Fehde« oder den »Fränkischen Krieg«, in: Beiträge zur Erforschung des Odenwaldes und seiner Randlandschaften 4 (1986), S. 365–386.

Steinmetz, Politik Max Steinmetz: Die Politik der Kurpfalz unter Ludwig V. (1508–44). 1. Teil: Die Grundlagen, Die Zeit vor der Reformation. Diss. Freiburg 1940 (ungedr.).

Szujski, Diariusze Józef Szujski (Hg.): Diariusze sejmów koronnych 1548, 1553 i 1570, Krakau 1872.

Tacke, Denkmal Charlotte Tacke: Denkmal im sozialen Raum. Nationale Symbole in Deutschland und Frankreich im 19. Jahrhundert, Göttingen 1995.

Tacke, Geschichte Andreas Tacke: Geschichte wird gemacht. Zu den Metamorphosen eines Herrscherbildes. Die Darstellungen des Kurfürsten Joachim II. von Brandenburg vom 16. bis zum 20. Jahrhundert, in: Kunst, Kritik, Geschichte. Festschrift für Johann Konrad Eberlein, hg. v. Johanna Aufreiter u. a., Berlin 2013, S. 353–372.

Tacke, Lehnin Andreas Tacke: Lehnin. Von der mittelalterlichen Klosterkirche zum national-dynastischen Denkmal im 19. Jahrhundert, in: Von Berlin nach Weimar, Bd. 1: Kunstgeschichte und Museum, Beiträge zu Ehren von Rolf Bothe, hg. v. Michael Bollé/Thomas Föhl, München/Berlin 2002, S. 62–83.

Tacke, Reformation Andreas Tacke: »jung wie ein Parvenü«. Auswirkungen der Reformation auf die Baugeschichte Preußens, in: »Es thvn iher viel Fragen …«. Kunstgeschichte in Mitteldeutschland. Hans-Joachim Krause gewidmet, Petersberg 2001, S. 239–244.

Tacke, Wettiner Andreas Tacke: »hab den hertzog Georgen zcu tode gepett«. Die Wettiner, Cranach und die Konfessionalisierung der Kunst in den Anfangsjahrzehnten der Reformation, in: Glaube & Macht. Sachsen im Europa der Reformationszeit, hg. v. Harald Marx, Aufsatzband zur 2. Sächsischen Landesausstellung, Torgau, Schloss Hartenfels 24.5.–10. 10.2004, Dresden 2004, S. 236–245.

Theiselmann, Wormser Lutherdenkmal Christiane Theiselmann: Das Wormser Lutherdenkmal Ernst Rietschels im Rahmen der Lutherrezeption des 19. Jahrhunderts, Frankfurt am Main 1992.

Thieme/Becker, Lexikon Ulrich Thieme/Felix Becker: Allgemeines Lexikon der bildenden Künstler. Von der Antike bis zur Gegenwart, Bd. 20 (Eberhard Kieser), Bd. 34 (Egid Verhelst), Leipzig 1907.

Thiessen, Nobles' Reformation Victor David Thiessen: Nobles' Reformation. The reception and adaptation of Reformation ideas in the pamphlets of Noble Writers from 1520 to 1530, Kingston 1998.

Thurn, Handschriften UB Würzburg 5 Hans Thurn (Bearb.): Bestand bis zur Säkularisierung. Erwerbungen und Zugänge bis 1803 (Die Handschriften der Universitätsbibliothek Würzburg 5), Wiesbaden 1994.

Tischer, Alte Ordnung Anuschka Tischer: Alte Ordnung oder neue Ordnung? Die Reichsreform von 1495, in: Neue Modelle im Alten Europa. Traditionsbruch und Innovation als Herausforderung in der Frühen Neuzeit, hg. v. Christoph Kampmann u. a., Köln u. a. 2012, S. 37–48.

Tümmers, Altarbilder Bruyn Horst-Johs Tümmers: Die Altarbilder des älteren Bartholomäus Bruyn. Mit einem kritischen Katalog, Köln 1964.

Ufer, Flugschriften Joachim Ufer: Wie zeitgenössische Flugschriften vom Reichstag zu Worms 1521 berichteten, in: Ebernburg-Hefte 6/7 (1972/1973), S. 5–18 = Blätter für pfälzische Kirchengeschichte und religiöse Volkskunde 40 (1973), S. 196–209.

Ulmann, Sickingen Heinrich Ulmann: Franz von Sickingen. Nach meistens ungedruckten Quellen, Leipzig 1872.

Ulmschneider, Berlichingen Helgard Ulmschneider: Götz von Berlichingen. Ein adeliges Leben der deutschen Renaissance, Sigmaringen 1974.

Ulrichs, Lehnhof Cord Ulrichs: Vom Lehnhof zur Reichsritterschaft. Strukturen des fränkischen Niederadels am Übergang vom späten Mittelalter zur frühen Neuzeit (Vierteljahrschrift für Sozial- und Wirtschaftsgeschichte, Beiheft 134), Stuttgart 1997.

Uppenkamp, Judith Bettina Uppenkamp: Judith – zur Aktualität einer biblischen Heldin im 16. Jahrhundert, in: Eine starke Frauengeschichte. 500 Jahre Reformation, Ausst.Kat. Schloss Rochlitz, 1.5.–31.10.2014, hg. v. Simona Schellenberger u. a., Markkleeberg 2014, S. 71–77.

van Gülpen, Humanismus Ilonka van Gülpen: Der deutsche Humanismus und die frühe Reformationspropaganda 1520–1526. Das Lutherporträt im Dienst der Bildpublizistik (Studien zur Kunstgeschichte 144), Hildesheim u. a. 2002.

Vignjević, Darstellungen Tomislav Vignjević: Darstellungen der drei Stände an der Schwelle zur Neuzeit. Zum Verhältnis von bildlicher Darstellung und gesellschaftlicher Realität, in: Wiener Jahrbuch für Kunstgeschichte, 57 (2008), S. 31–50.

Volz, Kettenbach Hans Volz: Heinrich von Kettenbach, in: Neue Deutsche Biographie 8 (1969), S. 412–413.

Waltz, Flersheimer Chronik Otto Waltz (Hg.): Die Flersheimer Chronik, Leipzig 1874 (Textedition).

Wambsganz, Gaul Ingrid Wambsganz/Franz Gaul: Figurinen für die Wiener Theater, Nürnberg 2002.

Warnke, Cranachs Luther Martin Warnke: Cranachs Luther. Entwürfe für ein Image, 2. Aufl., Frankfurt am Main 1994.

Weber, Sickingen Wilhelm Weber: Bildnisse und Denkmäler Franz von Sickingens im Wandel der Zeit, in: Jahrbuch zur Geschichte von Stadt und Landkreis Kaiserslautern 8/9 (1970/71), S. 147–181.

Weiss, Bürger Ulman Weiss: Die frommen Bürger von Erfurt. Die Stadt und ihre Kirche im Spätmittelalter und in der Reformationszeit, Weimar 1988.

Werthmann, Glasgemäldesammlung Gabriele Werthmann (Red.): Die Glasgemäldesammlung der Großherzöge von Baden, hg. v. Kulturstiftung der Länder. Badisches Landesmuseum Karlsruhe (Patrimonia 238), Berlin/Karlsruhe 2003.

Wessel u. a., Mapping Paul Wessel u. a.: Generic mapping tools. Improved version released. Eos, Transactions American Geophysical Union 94/45 (2013), S. 409–410.

Wohlfeil, Reichstag Rainer Wohlfeil: Der Wormser Reichstag von 1521, in: Der Reichstag zu Worms von 1521. Reichspolitik und Luthersache, hg. v. Fritz Reuter, Worms 1971, S. 59–154.

Wohlfeil/Wohlfeil, Stände und Konfessionen Rainer Wohlfeil/Trudl Wohlfeil: Stände und Konfessionen. Lucas Cranach d. J.: »Die Predigt Johannes des Täufers«, Bartholomäus Bruyn d. Ä.: »Die Drei Stände der Christenheit« im Vergleich, in: Die Bildung des frühmodernen Staates – Stände und Konfessionen, hg. v. Heiner Timmermann, Saarbrücken 1989, S. 263–292.

Wohlfeil/Wohlfeil, Verbildlichung Rainer Wohlfeil/Trudl Wohlfeil: Verbildlichung ständischer Gesellschaft. Bartholomäus Bruyn d. Ä. – Petrarcameister, in: Ständische Gesellschaft und soziale Mobilität (Schriften des Historischen Kollegs. Kolloquien, Bd. 12), hg. v. Winfried Schulze mit Helmut Gabel, München 1988, S. 269–331.

Worstbrock, Brief Franz-Josef Worstbrock (Hg.): Der Brief im Zeitalter der Renaissance (Deutsche Forschungsgemeinschaft, Mitteilung IX der Kommission für Humanismusforschung), Weinheim 1983.

Wulfert, Kettenbach Heiko Wulfert: Kettenbach, Heinrich von, in: Biographisch-Bibliographisches Kirchenlexikon III, Herzberg (1992), Sp. 1452–1427.

Wulfert, Kritik Heiko Wulfert: Die Kritik an Papsttum und Kurie bei Ulrich von Hutten (1488–1523) (Rostocker Theologische Studien 21), Münster 2009.

Wüst, Reformation Wolfgang Wüst: Reformation und Konfessionalisierung in der fränkischen Reichsritterschaft. Zwischen territorialer Modernisierung und patriarchalischer Politik, in: Zeitschrift für bayerische Landesgeschichte 95 (2002), S. 409–446.

Wuttke, Pirckheimer Briefwechsel Willibald Pirckheimers Briefwechsel, Bd. III, hg. v. Dieter Wuttke, bearb. v. Helga Scheible, München 1989.

Zajic, Grabdenkmal Andreas Hermenegild Zajic: Jahrtag und Grabdenkmal. Spätmittelalterliche Stiftungen und die Realien der Memoria, in: Freund Hein? Tod und Ritual, hg. v. Wolfgang Hameter u. a., Innsbruck u. a. 2007, S. 82–99.

Zimmerische Chronik Karl August Barack (Hg.): Zimmerische Chronik, 4 Bde., 2. verb. Aufl., Freiburg i. Br., Tübingen 1881–1882.

Zorn, Humanisten Wolfgang Zorn: Die soziale Stellung der Humanisten in Nürnberg und Augsburg, in: Die Humanisten in ihrer politischen und sozialen Umwelt (Deutsche Forschungsgemeinschaft, Mitteilung der Kommission für Humanismusforschung), hg. v. Otto Herding/Robert Stupperich, Boppard 1976, S. 35–49.

Abbildungsnachweis

S. 20 Generallandesarchiv Karlsruhe, 67 Nr. 1057
S. 21 Foto: Peter Schmelzle, www.cranach.net
S. 23 Foto: Dr. Manfred Schneider, Nußloch, www.manfred-schneider.de
S. 25 Foto: Kurt Andermann
S. 30 Karte: Kurt Andermann
S. 31 © bpk/Kupferstichkabinett, SMB, Foto: Jörg P. Anders
S. 33 Kunsthistorisches Museum Wien
S. 34 Universitätsbibliothek Heidelberg, B 3665 Res:2, Frontispiz
S. 36 © bpk/Gemäldegalerie, SMB, Foto: Jörg P. Anders
S. 40 © Hochschul- und Landesbibliothek Fulda, Hutten-Benzing 144
S. 43 © bpk/Handschriftenabteilung, Staatsbibliothek zu Berlin – Preußischer Kulturbesitz
S. 44 © bpk
S. 45 UB Würzburg Horn 608
S. 49 © bpk, Germanisches Nationalmuseum, Nürnberg
S. 50 und S. 201 UB Würzburg 35/A 20.14
S. 51 Herzog August Bibliothek Wolfenbüttel, 154.3 Theol. (1)
S. 52 und S. 196 Universitäts- und Landesbibliothek Darmstadt
S. 53 SLUB Dresden/Deutsche Fotothek
S. 60 © bpk/Kupferstichkabinett, SMB, Foto: Volker-H. Schneider
S. 62 © Bildarchiv Foto Marburg, Foto: unbekannt, ca. 1920
S. 63 © Bildarchiv Foto Marburg, Foto: unbekannt
S. 65 © bpk
S. 66 Kunsthalle zu Kiel, Graphische Sammlung, Foto: Martin Frommhagen
S. 69 Stiftung Johannes a Lasco Bibliothek Große Kirche Emden
S. 71 Karte: Mathias Müller
S. 73 Archiv des Autors
S. 74, S. 234 und S. 248 oben © Warszawa, Archiwum Główne Akt Dawnych
S. 75 © Blauel/Gnamm – ARTOTHEK
S. 81 Landesbibliothekszentrum Rheinland-Pfalz/Pfälzische Landesbibliothek Speyer, 22.6501
S. 82 © bpk/Bayerische Staatsgemäldesammlungen
S. 83 links und S. 254 © Landesmuseum Mainz – GDKE, Foto: Ursula Rudischer
S. 83 rechts Bibliotheken der Stadt Mainz – Wissenschaftliche Stadtbibliothek, 65: 40/18 (zweiter Band)
S. 85 © Landesmuseum Mainz – GDKE, Foto: Ursula Rudischer
S. 87 Stiftung Luthergedenkstätten in Sachsen-Anhalt
S. 90 und S. 99 Deutsches Historisches Museum, Berlin, Foto: A. Psille
S. 93 © bpk, Foto: Hermann Buresch
S. 94 und S. 132 links Kunsthistorisches Museum Wien
S. 96 Archiv Landesdenkmlpflege – GDKE, Foro: Heinz Straeter
S. 98 LHA Ko Best. 1 A Nr. 1721
S. 100 © LVR – LandesMuseum Bonn, Foto: Jürgen Vogel
S. 101 Staatsbibliothek Bamberg, Foto: Gerald Raab
S. 102 Landesbibliothekszentrum Rheinland-Pfalz/Bibliotheca Bipontina, Zweibrücken
S. 104 links © Germanisches Nationalmuseum, Nürnberg, Foto: M. Runge
S. 104 rechts © Germanisches Nationalmuseum, Nürnberg, Foto: G. Janßen
S. 105 Landesbibliothekszentrum Rheinland-Pfalz/Rheinische Landesbibliothek Koblenz, 89 A/1519 P-Som
S. 107 © Städel Museum – ARTOTHEK
S. 109 UB Würzburg 35/A 10.19
S. 110 und S. 111 Privatsammlung, Jagsthausen
S. 112 © Bildarchiv Foto Marburg, Foto: Helga Schmidt-Glassner, 1956
S. 113 unten Akademie der Wissenschaften Mainz, Foto: Thomas G. Tempel
S. 113 oben UB Würzburg M.ch.f.78
S. 115 Badisches Landesmuseum Karlsruhe, Foto: Thomas Goldschmidt
S. 116 und S. 139 links Hessisches Staatsarchiv Marburg, Bestand 3, Nr. 85, Bl. 38
S. 119 und S. 222 © Landesmuseum Mainz – GDKE, Foto: Ursula Rudischer
S. 121 und S. 122 Landesbibliothekszentrum Rheinland-Pfalz/Bibliotheca Bipontina, Zweibrücken
S. 123 © Landesmuseum Mainz – GDKE, Foto: Ursula Rudischer
S. 124 Stammtafel: Kurt Andermann
S. 125 © LHA KO Foto: Petra Cammnitzer
S. 126 Deutsches Historisches Museum, Berlin, Foto: S. Ahlers
S. 127 Stadtarchiv Mainz, U/1514 November 3
S. 128 oben Bayerische Staatsbibliothek München, Res/4 Ded. 102, Titelblatt
S. 128 unten Landesbibliothekszentrum Rheinland-Pfalz/Pfälzische Landesbibliothek Speyer, 1a 5033 Rara
S. 129 Deutsches Historisches Museum, Berlin, Foto: S. Ahlers
S. 131 © Landesmuseum Mainz – GDKE, Foto: Ursula Rudischer
S. 132 rechts © Bildarchiv Foto Marburg, Dauerleihgabe Landesamt für Denkmalpflege Hessen
S. 133 © bpk
S. 134 links Hessisches Staatsarchiv Marburg, Bestand 1, Nachträge 60
S. 134 rechts Hessisches Staatsarchiv Marburg, Bestand 3, Nr. 86, Bl. 84
S. 135 Hessisches Staatsarchiv Marburg, Bestand 3, Nr. 85, Bl. 37/II
S. 137 Hessisches Staatsarchiv Marburg, Bestand 3, Nr. 87, Bl. 68
S. 138 Hessisches Staatsarchiv Marburg, Bestand 3, Nr. 87, Bl. 76
S. 139 rechts Sächsisches Staatsarchiv, Hauptstaatsarchiv Dresden, 10024 Geheimer Rat (Geheimes Archiv), Loc., 8658/13, Bl. 121 f.
S. 141 Museumslandschaft Hessen Kassel, Sammlung Angewandte Kunst, Foto: Arno Hensmanns
S. 142 Badisches Landesmuseum Karlsruhe, Foto: Thomas Goldschmidt
S. 143 © Staatliche Münzsammlung München, Foto: Nicolai Kästner
S. 144 und S. 145 © Tobias Baumann, Lit.: Wessel u. a., Mapping
S. 148 und S. 165 rechts Stiftung Luthergedenkstätten in Sachsen-Anhalt
S. 151 Stadtarchiv Worms
S. 153 © bpk
S. 154 © bpk, Foto: Josef Albert Slominski
S. 155 Stadtarchiv Erfurt, Inv.Nr. 1-1/10B 13- 46, Band 2 1498–1599
S. 157 © Hochschul- und Landesbibliothek Fulda, Hutten-Benzing 243
S. 158 © Germanisches Nationalmuseum, Digitalisat [Krause, Merlind] Slg: N 428
S. 159 links Staatsbibliothek Bamberg, Foto: Gerald Raab
S. 159 rechts © Germanisches Nationalmuseum, Nürnberg
S. 161 Bibliothek und Medienzentrale der Evangelischen Kirche der Pfalz, Speyer

S. 162 UB Würzburg Th.dp.q.172
S. 163 © Forschungsbibliothek Gotha
S. 164 Wetterau-Museum Friedberg, Foto: Peter Kynast
S. 165 links © bpk, RMN – Grand Palais, Foto: Gérard Blot
S. 166 UB Würzburg Th.dp.q. 570
S. 168 Original in der Stadtbibliothek Worms, Reproduktion vom Stadtarchiv Worms
S. 169 Hochschul- und Landesbibliothek Fulda, Hutten C 210
S. 170 Original in der Stadtbibliothek Worms, Reproduktion vom Stadtarchiv Worms
S. 172 links © Städel Museum – ARTOTHEK
S. 172 rechts Albertina, Wien
S. 173 Schweinfurt, Dr.-Otto-Schäfer-Stiftung e.V.
S. 174 und S. 175 Staatsbibliothek Bamberg, Foto: Gerald Raab
S. 177 © Germanisches Nationalmuseum, Digitalisat [Kleer, Lena], [Postinc.] 8° L. 1967
S. 178 und S. 179 Original in der Stadtbibliothek Worms, Reproduktion vom Stadtarchiv Worms
S. 180 Staatsbibliothek Bamberg, Foto: Gerald Raab
S. 181 © Remagen, Arp Museum Bahnhof Rolandseck/Sammlung Rau für UNICEF, GR 1.691, Foto: Peter Schälchli, Zürich
S. 183 LVR – LandesMuseum Bonn, Foto: Jürgen Vogel
S. 184 und S. 191 © Landesmuseum Mainz – GDKE, Foto: Ursula Rudischer
S. 187 Stiftung Luthergedenkstätten in Sachsen-Anhalt
S. 189 Herzog August Bibliothek Wolfenbüttel, A: 108.5 Quod. (19)
S. 192 Hessisches Staatsarchiv Marburg, Bestand 3, Nr.99 fol. 166
S. 193 Bischöfliches Dom- und Diözesanmuseum Mainz, Foto: d'Art Speltdoorn & fils, Brüssel
S. 195 links Hochschul- und Landesbibliothek Fulda, Hutten Benzing 83
S. 195 rechts © Landesmuseum Mainz – GDKE, Foto: Ursula Rudischer
S. 197 © Staatliche Münzsammlung München, Foto: Nicolai Kästner
S. 198 links Original in der Stadtbibliothek Worms, Reproduktion vom Stadtarchiv Worms
S. 198 rechts Kunstmuseum Basel, Foto: Martin P. Bühler
S. 200 © Landesmuseum Mainz – GDKE, Foto: Ursula Rudischer
S. 202 Original in der Stadtbibliothek Worms, Reproduktion vom Stadtarchiv Worms
S. 203 © Landesmuseum Mainz – GDKE, Foto: Ursula Rudischer
S. 204 und S. 226 Staatsbibliothek Bamberg, Foto: Gerald Raab
S. 207 © bpk
S. 209 © bpk/Münzkabinett, SMB
S. 211 © Bildarchiv Foto Marburg
S. 213 LHA Ko Best. 1 C Nr. 9198 fol. 11
S. 214 © Landesmuseum Mainz – GDKE, Foto: Ursula Rudischer
S. 215 LHA Ko Best. 1 C Nr. 9198 fol. 67
S. 216 LHA Ko Best. 1 A Nr. 9339
S. 217 links LHA Ko Best. 1 C Nr. 9198 fol. 31
S. 217 rechts Hessisches Staatsarchiv Marburg, Bestand 3, Nr. 121, Bl. 36
S. 218 Karte: Mathias Müller
S. 219 Hohe Domkirche Trier, Foto: Rita Heyen
S. 220 Hohe Domkirche Trier, Foto: Stefan Heinz
S. 221 links Historisches Museum der Pfalz Speyer, Foto: Peter Haag-Kirchner
S. 221 rechts © Kulturstiftung des Hauses Hessen, Museum Schloss Fasanerie, Eichenzell
S. 223 © Landesmuseum Mainz – GDKE, Foto: Ursula Rudischer
S. 225 links Staatsbibliothek Bamberg, Foto: Gerald Raab
S. 225 rechts Staatsbibliothek zu Berlin – Preußischer Kulturbesitz, Abteilung Historische Drucke, Flugschr. 1523/1A
S. 227 Bibliotheken der Stadt Mainz – Wissenschaftliche Stadtbibliothek, 523 q1 bzw. Ink A 174 c
S. 228 und S. 229 Staatsbibliothek Bamberg, Foto: Gerald Raab
S. 230 © Städel Museum – ARTOTHEK
S. 232 Staatsbibliothek Bamberg, Foto: Gerald Raab
S. 233 links © Landesmuseum Koblenz – GDKE
S. 233 Mitte Rheinisches Bildarchiv, Marion Mennicken, rba_d037807
S. 233 rechts Rheinisches Bildarchiv, Marion Mennicken, rba_d037808
S. 238 UB Würzburg Th.dp.q.562
S. 239 Staatsbibliothek Bamberg, Foto: Gerald Raab
S. 240 © Forschungsbibliothek Gotha
S. 241 Bibliothek Dajo von Gemmingen-Hornberg, Burg Hornberg
S. 242 Neckarzimmern, Burg Hornberg, Bibliothek, Foto: Bernolph von Gemmingen-Guttenberg
S. 243 und S. 244 © Landesmuseum Mainz – GDKE, Foto: Ursula Rudischer
S. 245 und S. 246 links Hessisches Staatsarchiv Marburg, Bestand 340 v. d. Tann Gelbschlossarchiv IV 11 e
S. 246 rechts Hessisches Staatsarchiv Marburg, Bestand 340 v. d. Tann Samtbau B I 3 Bl. 15
S. 247 © Warszawa, Archiwum Główne Akt Dawnych
S. 248 unten © Warszawa, Archiwum Główne Akt Dawnych
S. 250 und S. 251 rechts Herzog August Bibliothek Wolfenbüttel, Bibel-S. 4° 176
S. 251 links © bpk/Staatsbibliothek zu Berlin
S. 252 Herzog August Bibliothek Wolfenbüttel, Bibel-S. 2° 209
S. 253 © Forschungsbibliothek Gotha
S. 260 © Bildarchiv Foto Marburg, Foto: Helga Schmidt-Glassner, 1970 (?)
S. 261 Archiv des Autors
S. 262, S. 264 und S. 265 Foto: Dr. Anke Elisabeth Sommer
S. 263 Landesbibliothekszentrum Rheinland-Pfalz/Pfälzische Landesbibliothek Speyer, 26.1687 Rara
S. 266 links Stadtmuseum Simeonstift Trier, Foto: Matthias Schmitt
S. 266 rechts Museum der Stadt Worms im Andreasstift
S. 267 links Schweinfurt, Dr.-Otto-Schäfer-Stiftung e.V.
S. 267 rechts und S. 268 Historisches Museum der Pfalz Speyer, Foto: Peter Haag-Kirchner
S. 269 LHA Ko Best. 710 Nr. 3762
S. 270 oben historisches museum frankfurt, Dauerleihgabe der Adolf und Luisa Haeuser-Stiftung für Kunst und Kulturpflege, Foto: Horst Ziegenfusz
S. 270 unten Deutsches Historisches Museum, Berlin, Foto: I. Desnica
S. 271 und S. 272 © Landesmuseum Mainz – GDKE, Foto: Ursula Rudischer
S. 273 Deutsches Historisches Museum, Berlin, Foto: I. Desnica
S. 274 © Germanisches Nationalmuseum, Nürnberg, Foto: M. Runge
S. 276 links oben Landesbibliothekszentrum Rheinland-Pfalz/Pfälzische Landesbibliothek Speyer, 1.7212/3
S. 276 links unten Landesbibliothekszentrum Rheinland-Pfalz/Pfälzische Landesbibliothek Speyer, 25.1788/3-5
S. 276 rechts © Landesmuseum Mainz – GDKE, Foto: Ursula Rudischer
S. 277 Koblenz, Direktion Burgen Schlösser Altertümer – GDKE
S. 278 Archiv Landesdenkmalpflege – GDKE, Foto: Sigmar Fitting
S. 279, S. 280 und S. 281 © Landesmuseum Mainz – GDKE, Foto: Ursula Rudischer

Impressum

Ritter! Tod! Teufel?
Franz von Sickingen und die Reformation

Generaldirektion Kulturelles Erbe Rheinland-Pfalz (GDKE),
Landesmuseum Mainz

21. Mai bis 25. Oktober 2015

Die Ausstellung ist der zentrale Beitrag des Landes Rheinland-Pfalz zum Reformationsjubiläum im Rahmen der sogenannten Lutherdekade »Luther 2017 – 500 Jahre Reformation« und entstand in Kooperation mit der Johannes Gutenberg Universität Mainz (JGU), vertreten durch ihren Präsidenten Univ.-Prof. Dr. Georg Krausch. Sie steht unter der Schirmherrschaft der Ministerpräsidentin des Landes Rheinland-Pfalz Malu Dreyer und wird von der Beauftragten der Bundesregierung für Kultur und Medien (BKM) Prof. Monika Grütters aufgrund eines Beschlusses des Deutschen Bundestages gefördert.

Gesamtverantwortung
Thomas Metz, Generaldirektor GDKE

Ausstellungsleitung
Dr. Andrea Stockhammer, Direktorin Landesmuseum Mainz
Prof. Dr. Wolfgang Breul, Evangelisch-Theologische Fakultät JGU, Seminar für Kirchengeschichte

Konzept der Ausstellung
Prof. Dr. Wolfgang Breul, Evangelisch-Theologische Fakultät JGU, Seminar für Kirchengeschichte

Kuratorin der Ausstellung
Dr. Karoline Feulner, Landesmuseum Mainz, auf Basis von Vorarbeiten von Dr. Eva Maria Breisig

Wissenschaftlicher Beirat unter der Leitung von Generaldirektor Thomas Metz
Prof. Dr. Kurt Andermann, Generallandesarchiv Karlsruhe und Historisches Seminar der Universität Freiburg i. Br.
Dr. Joachim Glatz, Generaldirektion Kulturelles Erbe Rheinland-Pfalz
Dr. Stefanie Hahn, Ministerium für Bildung, Wissenschaft, Weiterbildung und Kultur
Dr. Angela Kaiser-Lahme, Generaldirektion Kulturelles Erbe Rheinland-Pfalz
Prof. Dr. Thomas Kaufmann, Georg-August-Universität Göttingen
Prof. Dr. Hans-Christian Maner, Johannes Gutenberg-Universität Mainz
Anton Neugebauer, Ministerium für Bildung, Wissenschaft, Weiterbildung und Kultur
Prof. Dr. Matthias Schnettger, Johannes Gutenberg-Universität Mainz
Prof. Dr. Dr. Johannes Schilling, Christian-Albrechts-Universität Kiel
Prof. Dr. Dr. Andreas Tacke, Universität Trier

Katalog

Herausgeber
Johannes Gutenberg-Universität Mainz, Evangelisch-Theologische Fakultät (Prof. Dr. Wolfgang Breul) und Generaldirektion Kulturelles Erbe Rheinland-Pfalz

Konzept und wissenschaftliche Koordination
Prof. Dr. Wolfgang Breul

Unter Mitarbeit von
Dr. Karoline Feulner

Bild- und Textredaktion Katalog
Alexandra Vinzenz
Mathias Müller

Autoren
Prof. Dr. Kurt Andermann
Prof. Dr. Matthieu Arnold
Apl. Prof. Dr. OStD Hans-Joachim Bechtoldt
Prof. Dr. Wolfgang Breul
Christoph Euser
Dr. Karoline Feulner
Prof. Dr. Gunther Franz
Dr. Christoph Galle
Florian Hasenknopf
Dr. Stefan Heinz
Anke Hillen
Dr. Traudel Himmighöfer
Dr. Angela Kaiser-Lahme
Prof. Dr. Thomas Kaufmann
Prof. Dr. Gerhard Kruip
Mathias Müller
Anton Neugebauer
Dr. Horst Nieder
Dr. Ulrich Oelschläger
Dr. Almut Pollmer-Schmidt
Dr. Maciej Ptaszyński
Prof. Dr. Christine Reinle
Prof. Dr. Monika Rener
Prof. Dr. Wolf Friedrich Schäufele
Prof. Dr. Dr. Johannes Schilling
Prof. Dr. Joachim Schneider
Prof. Dr. Matthias Schnettger
Dr. Reinhard Scholzen
Prof. Dr. Christopher Spehr
Dr. Andrea Stockhammer
Prof. Dr. Dr. Andreas Tacke
Dr. Joachim Ufer
Prof. Dr. Thomas Gerhard Wilhelmi
Prof. Dr. Wilhelm Ernst Winterhager
Dr. Fritz Wolff

Für den Inhalt der Texte zeichnen sich die Autoren verantwortlich.

Ausstellung

Organisation und Koordination
Dr. Eva Brachert
Dr. Karoline Feulner

Mitmachausstellung Ritter! Spiel! Spaß!
Dr. Julia Ellinghaus
Nora Korte

Restauratorische Betreuung
Dr. Eva Brachert
Manuela Fürstenau
Madlon Gunia
Hans-Peter Schnellbächer

Ausstellungstexte
Dr. Karoline Feulner
Gernot Frankhäuser
Monika Uliarczyk

Fotografische Betreuung
Ursula Rudischer

Ausstellungsaufbau
Peter Gieseking
Oliver Gruber
René Romahn
Michael Rupprecht
Holger Schäfer
Wolfgang Elstner
sowie die Bauhütte der Direktion Burgen, Schlösser, Altertümer der GDKE

Verwaltung
Nadine Bachor
Gernot Frankhäuser
Stefanie Kauf-Leinhoß
Ramona Messerig
Rita Müller
Joachim Weiler
Christian Wostry
Noelia Wostry

Museumspädagogik
Ellen Löchner

Marketing und Öffentlichkeitsarbeit
Dr. Julia Ellinghaus
Monika Uliarczyk
Birgit Stuhlmacher
Matthias Weber
Agentur und Verlag Bonewitz, Bodenheim
C.A.B. Artis, Bamberg
SRG Werbeagentur, Mannheim

Ausstellungsarchitektur
W Ü R T H + W I N D E R O L L
Petra Winderoll und Klaus Würth, Seefeld
Audioguide: Antenna International, Berlin
Touchscreens: media machine (Susanne Hartmann)

Wir danken folgenden Leihgebern

Bamberg, Staatsbibliothek Bamberg
Berlin, Stiftung Deutsches Historisches Museum
Berlin, Preußischer Kulturbesitz, Staatsbibliothek
Bonn, LVR-LandesMuseum Bonn
Boppard, Karmeliterkirche
Burg Hornberg, Privatbesitz
Darmstadt, Universitäts- und Landesbibliothek
Dresden, Sächsisches Staatsarchiv – Hauptstaatsarchiv Dresden
Eichenzell, Kulturstiftung des Hauses Hessen, Museum Schloss Fasanerie
Erbach (Odenwald), Staatliche Schlösser und Gärten Hessen, Schloss Erbach
Erfurt, Stadtarchiv
Frankfurt am Main, Historisches Museum Frankfurt
Frankfurt am Main, Städel Museum
Friedberg (Hessen), Wetterau-Museum
Fulda, Hochschul- und Landesbibliothek
Gotha, Universitäts- und Forschungsbibliothek Erfurt/Gotha
Jagsthausen, Privatbesitz
Karlsruhe, Badisches Landesmuseum Karlsruhe
Kassel, Museumslandschaft Hessen Kassel
Koblenz, Landeshauptarchiv Koblenz
Koblenz, Landesbibliothekszentrum Rheinland-Pfalz, Rheinische Landesbibliothek
Koblenz, Privatbesitz
Köln, Stadtmuseum
Kronberg im Taunus, Stiftung der Burg Kronberg im Taunus
Mainz, Bischöfliches Dom- und Diözesanmuseum
Mainz, Gutenberg-Museum
Mainz, Stadtarchiv
Mainz, Wissenschaftliche Stadtbibliothek
Marburg, Hessisches Staatsarchiv Marburg
München, Staatliche Münzsammlung
Nürnberg, Germanisches Nationalmuseum
Remagen, Arp Museum Bahnhof Rolandseck
Schweinfurt, Museum Otto Schäfer
Schweiz, Privatbesitz
Sickingenstadt Landstuhl, Sickingen-Museum
Speyer, Bibliothek und Medienzentrale der Evangelischen Kirche der Pfalz
Speyer, Historisches Museum der Pfalz
Speyer, Landesbibliothekszentrum Rheinland-Pfalz, Pfälzische Landesbibliothek
Trier, Stadtmuseum Simeonstift Trier
Warschau, Historisches Zentralarchiv
Wien, Albertina
Wien, Kunsthistorisches Museum, Hofjagd- und Rüstkammer
Wiesbaden, Privatbesitz
Wolfenbüttel, Herzog August Bibliothek
Worms, Museum der Stadt Worms im Andreasstift
Worms, Stadtbibliothek
Würzburg, Universitätsbibliothek
Zweibrücken, Landesbibliothekszentrum Rheinland-Pfalz, Bibliotheca Bipontina

Förderer

AM ANFANG WAR DAS WORT
LUTHER 2017
500 JAHRE REFORMATION

Die Beauftragte der Bundesregierung für Kultur und Medien

EVANGELISCHE KIRCHE IN HESSEN UND NASSAU

Wir danken der Evangelischen Kirche in Hessen und Nassau für die Übernahme der Kosten für die Leihgaben aus Polen in Sektion 6 der Ausstellung.

Bibliografische Information der Deutschen Nationalbibliothek:
Die Deutsche Nationalbibliothek verzeichnet diese Publikation in der Deutschen Nationalbibliografie; detaillierte bibliografische Daten sind im Internet über http://dnb.dnb.de abrufbar.

1. Auflage 2015

Satz: typegerecht, Berlin
Umschlaggestaltung: Anna Braungart, Tübingen
Druck: BGZ Druckzentrum GmbH, Berlin

ISBN: 978-3-7954-2953-9

Weitere Informationen zum Verlagsprogramm erhalten Sie unter:
www.schnell-und-steiner.de